EL TALMUD DE BABILONIA

Tratado de Berajot (bendiciones)

EL TALMUD DE BABILONIA

Tratado de Berajot (bendiciones)

© Copyright 2011 por Abraham Weiss
Publicado por BN Publishing

Fax: 1 (815)6428329
Contacto: info@bnpublishing.net

www.bnpublishing.com

Edición: Benjamin Noaj

Diseño Portada: Jose Neuman

ISBN 978-1-63823-146-2

PRESENTACIÓN DE LA OBRA

Entre los documentos históricos que han adquirido relevante notoriedad y han ejercido una influencia importante en un sector de la humanidad, y por reflejo en toda la humanidad, se encuentra la recopilación de escritos conocida con el nombre de Talmud.

La Tora, complementada con los restantes libros que integran el libro fundamental de los judíos, ha sido permanentemente la ley constitucional israelita. Junto a ella, que es la ley escrita, se fue formando paulatinamente un conjunto de prescripciones que se llamó la ley oral y que se transmitió de generación en generación, a partir de las explicaciones y disposiciones ampliatorias que, según la tradición, impartió el mismo Moisés en el monte Sinaí. El tránsito de las explicaciones y disposiciones, a las que se fueron agregando las interpretaciones de las leyes bíblicas, las reglamentaciones y las normas que su aplicación reclamaba en las distintas circunstancias de la historia, comenzó con los primeros sacerdotes y fue pasando sucesivamente de estos a los profetas y de los profetas a los rabíes y los sabios de la ley.

El proceso cultural judío se plasmó a través de múltiples vicisitudes y a lo largo de muchos siglos. El pueblo judío presenta la particularísima peculiaridad de haber creado una fisonomía propia, característica, en un cuerpo cuyos miembros se hallaban frecuentemente dispersados por lejanos lugares de la tierra. Para que esta unificación de lo disperso se pudiera mantener, resistiendo los embates del tiempo, el espacio y las persecuciones, era preciso que existiera una fuerza adhesiva, poderosa, indestructible, y un órgano original que le sirviera de vehículo. Esa fuerza fue la fe del pueblo judío en sus valores espirituales y en el mensaje humano que defendían ante los pueblos del mundo. El vehículo fue el Talmud, ese conjunto de normas reglamentarias de las leyes bíblicas que regían la vida de los judíos en cualquier parte del mundo donde la suerte o la adversidad los arrojara.

Con el correr de los siglos se fue constituyendo un abundante y nutrido cuerpo de doctrina que abarcaba todas las manifestaciones de la vida, y un conjunto de códigos que gobernaba las actividades civiles y religiosas. Las normas se transmitían de maestros a discípulos en forma de enseñanzas o *mishnás*, que los maestros o *tanaítas* dictaban en reuniones periódicas, en las que eran repetidas y aprendidas de memoria mediante un sistema didáctico de preguntas y respuestas. Con el transcurso del tiempo comenzó a hacerse prácticamente imposible retener y reproducir con el solo recurso de la memoria la gran cantidad de enseñanzas acumuladas. Las mishnás, jurisprudencia oral, no se registraban por escrito, y los maestros y los discípulos se valían de breves anotaciones particulares y de guías mnemotécnicas, que les ayudaban a reconstruir el texto.

El creciente número de reglas impuso finalmente la necesidad de clasificarlas y escribirlas, y esta tarea la realizaron varios rabíes a partir del siglo I, aisladamente, en forma parcial y sin un plan preconcebido de conjunto. No se conoce exactamente el orden y desarrollo de los trabajos de compilación y publicación de las diversas Mishnás que se fueron produciendo, pero se cree que su iniciador fue el rabí Akiba, secundado y continuado por su discípulo el rabí Meir. Muchos otros estudiosos emprendieron trabajos similares, con el resultado de que llegaron a encontrarse diversas colecciones de mishnás, dispares o superpuestas.

Finalmente en el siglo II el rabí Iehudá el príncipe, llamado también el santo (135-215), acometió la tarea de unificar los libros existentes. Reunió el material disperso, compuesto por enseñanzas de tanaítas, de autores anónimos y de famosos sabios y rabíes, lo clasificó, lo ordenó y compuso la Mishná, o libro de las enseñanzas e interpretaciones reglamentarias de la ley escrita, impartidas durante tres siglos por los tanaítas y los maestros de la ley.

De los pocos manuscritos que han sobrevivido a las persecuciones antijudías y su cortejo de quemazón de libros, el que se considera mejor y más fiel es el que sirvió para la conocida edición Romm, de Vilna, usada para realizar la presente traducción al castellano. De acuerdo con él la Mishná se divide en seis series o *sedarim*. Cada séder se divide a su vez en tratados, con un total de sesenta y tres, en el siguiente orden:

Séder Zeraím (semillas), once tratados: Berajot (bendiciones), Peá (rincón), Demái (dudosos), Kilaím (mezclas), Shebiit (el año sabático), Terumot (ofrendas mecidas), Maaserot (diezmos), Maaser Shení (el segundo diezmo), Jalá (masa, cochura), Orlá (incircuncisión), Bicurim (primicias).

Séder Moed (temporada), doce tratados: Sabat (sabat), Eruvín (recinto), Pesajim (Pascuas). Shecalim (siclos), Iomá (el día), Sucá (cabaña), Betsá (huevo), Rosh Hashaná (principio de año), Taanit (ayuno), Meguilá (rollo), Moed Catón (fiesta menor), Jaguigá (festividad).

Séder Nashim (mujeres), siete tratados: Iebamot (matrimonio de la cuñada), Ketuvot (documentos matrimoniales), Nedarim (votos), Guitín (divorcios), Sotá (la sospechosa de adulterio), Nazir (nazareno), Kidushín (consagraciones).

Séder Nezikín (agravios), diez tratados: Baba Kamá (la primera puerta, o parte), Baba Metsía (la puerta, o parte, intermedia), Baba Batrá (la última puerta, o parte), Sanedrín (sanedrín, consejo supremo), Macot (azotes; más exacto: magulladuras, heridas), Shevuot (juramentos), Edaiot (testimonios), Avodá Zará (idolatría), Avot (padres), Horaiot (decisiones).

Séder Codashim (santidades), once tratados: Zebajim (sacrificios), Menajot (ofrendas), Julín (cosas profanas), Bejorot (primogénitos), Erajín (estimaciones), Temurá (sustituciones), Keritot (excisiones), Meilá (violaciones), Tamid (ofrendas continuas), Midot (dimensiones), Kinim (nidos de aves).

Séder Taharot (purezas), doce tratados: Kelim (vasijas), Ohalot (tiendas), Negaín (plagas), Pará (la vaca bermeja), Taharot (purezas), Micvaot (baños), Nidá (impurezas de la menstruación), Majshirín (preparaciones), Zabim (los que sufren de flujos), Tebul Iom (inmersión del día), Iadaím (manos), Uctsín (cañas).

La Mishná está redactada en un lenguaje mixto compuesto por el hebreo popular, deformado, de la época del segundo Templo, e intercalaciones de arameo. Abundan los vocablos griegos y latinos, sobre todo en los nombres de objetos, animales y plantas que no tenían equivalente en hebreo. Predomina en las oraciones la construcción aramea.

Después de su compilación la Mishná fue estudiada y analizada por los amoraítas de las academias babilónicas de Surá, Nehardea y Pumbedita, los que se ocuparon en interpretar su contenido, muchas veces oscuro por su redacción excesivamente sintética; trataron, además, de explicar las contradicciones de su texto con los agregados o *toseftas* incorporados por los tanaítas para ampliar las mishnás, las rectificaciones que les introdujeron para mejorarlas, y las *baraítas*, o enseñanzas tradicionales que no se habían incluido en la Mishná y que fueron luego reunidos en una nueva compilación por los rabíes Jiiá y Oshaiiá. Las discusiones de los rabíes se resolvían por la norma bíblica de la mayoría y en ellas se citaban las baraítas con las frases "Se ha enseñado...", o "Enseñaron los rabíes..." Se formó de este modo un nuevo y abundante material que exigió a su turno un nuevo trabajo de redacción, clasificación y ordenamiento, y esta tarea la iniciaron los rabíes Ashí y Rabiná en el siglo v, y la terminaron los saboraítas en los siglos posteriores. El material recopilado y ordenado constituye la Guemará, que se incorporó en los tratados del Talmud (no en todos) a continuación de las mishnás correspondientes.

El Talmud se compone, por lo tanto, de dos partes: la Mishná y la Guemará. Esta última contiene, además, las *halajot*, o jurisprudencia aceptada de las leyes, invocada generalmente para dirimir una discusión, y las *hagadot*, conjunto de proverbios, fábulas y relatos populares que aparecen en forma arbitraria en medio de los debates.

El lenguaje de la Guemará es una mezcla de hebreo popular y arameo, heterogénea e intrincada; excesivamente condensado, trata a veces de transmitir en una frase, o hasta en una sola palabra, un conjunto complicado de ideas.

*

La misión original del Talmud, como órgano legislativo para regir y ordenar la vida del pueblo judío, quedó cumplida con positivos resultados. Nuevas leyes gobiernan ahora la existencia de los israelitas modernos, aunque siempre inspiradas en la ley fundamental mosaica, base indestructible en la que se asienta la civilización universal. El Talmud es una obra de estudio que contiene en sus millares de páginas valiosos aportes a la historia, la sociología y la legislación. Una obra de esta envergadura era menester hacerla accesible al lector que no domina los idiomas originales del Talmud. Y este es el criterio que guió al editor al dar a conocer esta versión castellana, primera y única que se haya hecho hasta la fecha. No hemos escatimado esfuerzos para poner la monumental obra al alcance de la curiosidad intelectual de los lectores de habla hispana. A través de ella podrán conocer interesantes detalles de la vida judía durante los primeros tres siglos de la era cristiana; se pondrán en contacto con las costumbres de los israelitas: sabrán qué comían, cómo vestían y dónde y cómo habitaban; apreciarán la extensa y profunda versación de sus sabios y estudiosos en todas las formas de la actividad y el pensamiento humanos. Verán a los israelitas dedicados tanto a la agricultura, la industria y el comercio, como a la filosofía, la astronomía, la medicina y la ingeniería. Se asombrarán al enterarse de que ya conocían y practicaban muchas cosas que hoy parecen adelantos modernos. Conocerán sus inquietudes y sus problemas, y al mismo tiempo que admirarán su sabiduría sonreirán ante el ingenio y la ingenuidad, a la par, de sus fantasías y creencias populares, infaltables en la historia de todos los pueblos de la tierra.

La obra constará de veintiséis tomos de gran formato, encuadernados en cuerina, con la reproducción fotográfica del original hebreo y frente a cada página su correspondiente traducción castellana. Hemos agregado al texto una abundante cantidad de notas marginales explicativas extraídas de los más autorizados comentaristas talmúdicos, entre ellos el rabí Shlomó ben Itsjaki (*Rashi*, 1040-1105), el rabí Moshé ben Maimón (Maimónides, el *Rambam*, 1135-1204), cuya introducción a la Mishná publicamos en este tomo, traducida por primera vez al castellano de la versión hebrea, los tosafitas (Iacov ben Meir Tam, nieto de Rashi. Itsjac ben Asher Halevi, y otros), y de muchos libros de consulta entre los cuales nombraremos los de H. L. Strack (*Introduction to the Talmud and Midrash*), Herbert Dany (*The Mishnah*), Meir Waxman (*A history of jewish literature*). Julius Kaplan (*The redaction of the Talmud*), Abraham Weiss (*The Babylonian Talmud as a literary unit*), etcétera.

Nos hemos preocupado de dar al texto de la versión castellana una redacción clara, ampliada, siguiendo siempre fielmente, paso a paso, el texto original, pero facilitando hasta el máximo posible la comprensión de su contenido. Los diálogos de las guemarás se han separado con guiones para individualizar a los interlocutores, aceptando las opiniones más verosímiles en los casos, muy frecuentes, en los que es difícil determinarlos. La falta de puntuación del hebreo junto con el estilo descuidado, de construcción casi taquigráfica de las mishnás y las guemarás, hace muchas veces imposible la discriminación inequívoca de los coloquios. Las aclaraciones y las palabras puestas entre corchetes para completar las frases tienen el mismo objetivo.

Al final de cada tomo encontrará el lector un sumario con el detalle de los temas tratados en las mishnás. La obra tendrá, además, en el último tomo, un índice general y otro analítico. En los nombres propios y en los vocablos hebreos que figuran en el texto se han reproducido del siguiente modo los sonidos que no tienen equivalente en castellano: la letra *zain* (sonido de s vibrante), con la letra *z*; la *shin* (sonido de la *ch* francesa, la *sh* inglesa o la *sch* alemana), con el grupo *sh*; la *he* (*h* aspirada), con la *h*.

ABRAHAM J. WEISS

INTRODUCCIÓN AL SÉDER ZERAÍM

De los once tratados que componen el séder Zeraím, diez están dedicados a la legislación agrícola de la Tora. Ninguno de ellos tiene guemarás, limitándose las mishnás a reglamentar las normas bíblicas del cultivo de la tierra y el aprovechamiento y distribución de los productos entre sus dueños, los pobres y los sacerdotes.

Se agrupan bajo el nombre de *mishnaot*, mishnás (tomo II de esta colección) y comienzan con el Peá (rincón), que trata de las leyes contenidas en los versículos Levítico, XIX, 9 y siguientes, ídem, XXXIII, 22, y Deuter., XXIV, 19 al 21. Se refiere a los rincones que deben ser dejados sin segar en los campos, para que los recojan los pobres, lo mismo que los restos de los frutos de las vides. Le sigue el tratado Demái (dudosos), en el que se determina el procedimiento a seguir con los productos de los que se ignora si se cumplió con ellos la obligación de los diezmos y las oblaciones. El tratado siguiente, Kilaím (mezclas) se ocupa con la prohibición, establecida en Levítico, XIX, 19 y Deuter., XXII, 9 a 11, de mezclar semillas, animales y tejidos de especies heterogéneas. Shebiit (el septenio) reglamenta la ley del año sabático expuesta en Éxodo, XXIII, 2, Levítico, XXV, 2 a 7 y Deuteronomio, XV, 1 al 11.

Los tres tratados siguientes —Terumot (oblaciones), Maaserot (diezmos) y Maaser shení (segundo diezmo)— analizan el procedimiento de las oblaciones y los diezmos, de los que tratan los versículos: Números, XVIII, 12, y 21 al 24, Levítico, XXVII, 30 al 33, y Deuteronomio, XIV, 22 y siguientes. Jalá (torta de masa) trata de la oblación de la harina amasada para el pan, dispuesta en Números XV, 20 y 21. Orlá (incircuncisos), de los árboles nuevos, cuyo fruto no se debe comer durante los tres primeros años. La ley correspondiente está contenida en Levítico, XIX, 23 y 24. Finalmente Bicurim (primicias), se refiere a la ofrenda de las primicias determinada en Deuteronomio, XXVI, 1 y siguientes.

EL TRATADO BERAJOT. Podría parecer extraño que el tratado relativo a las bendiciones (berajot) integrara la serie de las semillas, que trata de la producción agrícola. Es, además, el primero de la serie, y el primero de todos los tratados que forman el Talmud. La explicación está en que la fertilidad de la tierra es una bendición y una concesión del cielo, y la bendición que el hombre recibe con los frutos de la tierra que le aseguran la subsistencia debe ser retribuida, agradeciendo y bendiciendo al cielo que permite su producción. El hombre trabaja la tierra y le extrae sus frutos, pero la tierra no es suya y los frutos que le ha sido dado obtener deben ser compartidos con los que no poseen nada y con los sacerdotes dedicados a impetrar la protección divina, y consagrados a la divinidad, dueña *de la tierra y su plenitud* (Salmos, XXIV, 1), que los concede.

Este planteo justifica la ubicación del tratado de las bendiciones en el grupo de las leyes agrícolas y a la cabeza del Talmud, y explica asimismo las normas impuestas por la Tora para la distribución de las partes correspondientes a los pobres, los extranjeros, las viudas y los huérfanos, las donaciones a los sacerdotes y los levitas y la consagración de las primicias.

El tratado Berajot establece en sus nueve capítulos las normas a que deben ajustarse las oraciones diarias, el uso de las filacterias, las bendiciones que deben pronunciarse antes y después de las comidas y las que corresponden a cada uno de los objetos o de los hechos que intervienen en la vida humana.

Las *agadot*, o relatos incluidos en el texto, son proporcionalmente muchas en el tratado Berajot, y entre ellas merecen destacarse las que se refieren a la interpretación de los sueños y a las normas y costumbres de las comidas.

ABRAHAM J. WEISS

ÍNDICE DE CAPÍTULOS

SUMARIO

[1] Primera palabra del versículo Deuter., VI, 4 (Oye, Israel, el señor, nuestro Dios, el señor es uno), el que junto con las secciones Deut., VI, 5-9, ídem, XI, 13-20, y Núm., XV, 17-41, se leen por la mañana y por la tarde.

[2] Los sacerdotes que por alguna causa (de las enumeradas en Levít., XXII, 4-7) se han vuelto inmundos, y que deben darse un baño y aguardar a la puesta del sol para poder comer oblaciones que se consideran sagradas.

[3] V. Núm. XVIII, 8.

[4] Hasta que haya transcurrido una de las tres guardias nocturnas. V. infra, 3 a.

[5] Los tanaítas autores de las mishnás. El Talmud suele usar el plural incluso para referirse a un solo tanaíta.

[6] Los del rabán Gamaliel.

[7] Los sabios.

[8] De las ofrendas.

[9] El autor de la mishná.

[10] ¿Dónde dice que debe recitarse el shemá?

[11] Deut., VI, 7.

[12] Comenzando por la oración de la noche.

[13] Génesis, I, 5.

[14] En la mishná siguiente, infra, 11 a.

[15] Para comer la oblación, aunque lo sea para la purificación.

[16] Levít., XXII, 7.

[2 a] *MISHNÁ* 1. *¿Desde qué momento se puede recitar el shemá[1] por la tarde? Desde que entran los sacerdotes[2] a comer la oblación[3] hasta el final de la primera guardia.[4] Estas son las palabras del rabí Eliézer. Los sabios[5] dicen: Hasta la medianoche. El rabán Gamaliel dice: Hasta la llegada del alba. Ocurrió cierta vez que sus hijos[6] regresaron de un banquete y le dijeron: [Todavía] no hemos recitado el shemá. — Si aún no llegó el alba —les contestó— están obligados a recitarlo. — Y no lo dicen[7] únicamente con respecto a esto, sino que siempre que los sabios dicen "hasta la medianoche", el mandamiento rige hasta la llegada del alba. El mandamiento de quemar la grasa y las partes del animal[8] puede cumplirse hasta la llegada del alba. Asimismo, el mandamiento de consumir dentro del día [las ofrendas] se puede cumplir hasta la llegada del alba. ¿En tal caso, por qué dicen los sabios "hasta la medianoche"? Para alejar al hombre de la transgresión.*

GUEMARÁ. ¿En qué se basa el tanaíta[9] para decir *desde qué momento*?[10] ¿Además, por qué empieza por el [shemá] de la tarde? ¿Por qué no habla primero del de la mañana? — El tanaíta se basa en el versículo que dice: ...*y al acostarte, y cuando te levantes.*[11] Por eso enseña de este modo: ¿Desde qué momento se lee el *shemá* [correspondiente] al acostarse? Desde que entran los sacerdotes a comer la oblación. Y si quieres diré: Lo enseña así[12] por la creación del mundo, porque dice lo escrito: *Y fue la tarde y la mañana un día.*[13] — ¿En tal caso, ¿por qué no empieza por el [shemá] de la tarde en la parte final [de esta norma],[14] donde dice: "Por la mañana se pronuncian dos bendiciones antes [del shemá] y una después"? — El tanaíta comienza con el de la tarde y luego enseña el de la mañana, y cuando habla del de la mañana explica los detalles, y luego explica los detalles del de la tarde.

Dijo el maestro: *Desde que entran los sacerdotes a comer la oblación.* ¿Cuándo comen la oblación los sacerdotes? Desde que aparecen las estrellas. Que diga, entonces: "Desde que aparecen las estrellas". — De paso enseña otra cosa: que los sacerdotes comen la oblación desde que salen las estrellas. Y también nos enseña que la ofrenda de expiación no es indispensable,[15] como se ha enseñado: *Cuando el sol se pone, es limpio.*[16] Es indispensable la puesta del sol para comer oblación; no es indispensable la ofrenda expiatoria para comer oblación. — ¿Cómo sabemos que [la frase] *cuando el sol se pone* se refiere

17 Completa, con salida de estrellas.
18 Es *limpio* puede referirse al sacerdote o al día. (En este caso, sería: "se limpia", se retira.)
19 Al día siguiente.
20 Purificado mediante una ofrenda de expiación.
21 En Palestina, situada al oeste de Babilonia.
22 Enseñanzas que no figuran en las mishnás.
23 Para que los sacerdotes coman la oblación.

24 Que el día termina con la aparición de las estrellas.
25 Nehemías, IV, 15.
26 Ídem, íd., 16.
27 ¿Qué objeto tiene la segunda cita?
28 Nehemías y sus hombres.
29 Cenan a la misma hora.

30 Al rabí Meir.

31 Cuál de los dos horarios.

32 La noche.

a la puesta del sol,[17] y [la frase] *es limpio* a la limpieza del día?[18] [2 b] Tal vez signifique: Y cuando sale el sol;[19] y *es limpio*, que el hombre queda limpio.[20] — Respondió Rabáh hijo del rabí Shilá: En tal caso debería decir "será limpio". ¿Por qué *es limpio*? El día se va, como dice la gente: Se puso el sol y se fue el día. En el oeste[21] no conocían esta explicación de Rabáh hijo del rabí Shilá, y formularon la siguiente pregunta: ¿*Cuando el sol se pone* se refiere realmente a la puesta del sol, y *es limpio* a que se va el día? ¿No se referirá a la salida del sol, y *es limpio* a la purificación del hombre? Lo aclararon de acuerdo con una *baraíta*;[22] dice una *baraíta*: La señal[23] es la aparición de las estrellas. De aquí se deduce que *cuando el sol se pone* [significa] la puesta del sol, y *es limpio*, la retirada del día.

Dijo el maestro: *Desde que entran los sacerdotes a comer la oblación.* Quiero señalar una contradicción. ¿Desde cuándo se recita el *shemá* por la tarde? Desde que los pobres vuelven [a su casa] a comer pan con sal, hasta que se levantan de comer. La cláusula final contradice indudablemente a la mishná. ¿También la contradice la primera? — No; los pobres y los sacerdotes [tienen fijada] la misma hora. — Quiero señalar una contradicción. ¿Cuándo se comienza a recitar el *shemá* de la tarde? Cuando la gente vuelve [a su casa] la víspera del sabat, a comer su pan. Estas son las palabras del rabí Meir. Los sabios dicen: Cuando los sacerdotes tienen derecho a comer la oblación. El signo es la aparición de las estrellas. Y aunque no está demostrado,[24] hay una insinuación en el versículo que dice: *De este modo trabajábamos en la obra; y la mitad empuñaba las lanzas desde el alba hasta la salida de las estrellas.*[25] Y luego dice: *y de noche sirvan de centinela, y de día en la obra.*[26] — ¿Por qué "y luego"?[27] — Si me dijeras que la noche comienza en realidad con la puesta del sol, pero que ellos[28] se fueron tarde y vinieron temprano, [te contestaría]: ven y escucha: *y de noche sirvan de centinela, y de día en la obra;* se sabe que los pobres y los hombres [corrientes] tienen el mismo horario.[29] Y si dices que los pobres y los sacerdotes también tienen el mismo horario, resultaría que los sabios [opinan] lo mismo que el rabí Meir. Debemos, más bien, deducir que los pobres tienen un horario y los sacerdotes otro horario. — No, los pobres tienen el mismo horario que los sacerdotes, pero no tienen el mismo horario que los hombres [corrientes]. — ¿Los pobres tienen el mismo horario que los sacerdotes? Quiero señalar una contradicción. ¿Cuándo se comienza a recitar el *shemá* de la tarde? Cuando el día se consagra la víspera del sabat. — Son las palabras del rabí Eliézer. El rabí Iehoshúa dijo: Cuando los sacerdotes quedan limpios para comer la oblación. El rabí Meir dijo: Cuando los sacerdotes toman el baño para comer la oblación. — El rabí Iehudá le replicó:[30] Cuando los sacerdotes toman el baño todavía es de día. — El rabí Janiná dijo: Cuando los pobres vuelven [a su casa] a comer pan con sal. El rabí Ajái (según otros, el rabí Ajá) dijo: Cuando la mayoría de la gente vuelve a su casa para recostarse [a comer]. Si dices que los pobres y los sacerdotes tienen el mismo horario, resultaría que el rabí Janiná [opinaría] lo mismo que el rabí Iehoshúa. Debemos, por lo tanto, deducir que los pobres tienen un horario y los sacerdotes otro [distinto]. — Infiérelo de aquí. — ¿Cuál de ellos es posterior?[31] — Es lógico suponer que el de los pobres es posterior. Porque si dijéramos que el de los pobres es anterior, resultaría [que] el rabí Janiná [opina] lo mismo que el rabí Eliézer, Debemos, por lo tanto, deducir que el horario de los pobres es posterior. — Infiérelo de aquí.

Dijo el maestro: "El rabí le replicó [al rabí Meir]: Cuando los sacerdotes toman el baño todavía es de día". La objeción del rabí Iehudá al rabí Meir es acertada. — El rabí Meir le contestó lo siguiente: ¿Tú crees que me refiero a tu [definición del] crepúsculo? Me refiero al crepúsculo [según la definición] del rabí Iosí. Dijo el rabí Iosí: El crepúsculo es como un parpadeo. Esta[32] vie-

33 El día.

34 Fija el mismo acto, respectivamente, después y antes del crepúsculo.

35 Las palabras del rabí Eliézer se refieren al término del plazo dentro del cual se puede recitar el shemá.

36 Jeremías, xxv, 30. La triple repetición de la palabra rugirá indica las tres guardias nocturnas.

37 Sin ventanas.

38 El profeta.

39 V. infra, 29 a.

40 De haber hecho una cita ilegal con una mujer.

ne y aquel [33] se va, y no se puede separarlos con exactitud. [3 a] — El rabí Meir contradice [en una baraíta] al rabí Meir [de la otra baraíta].[34] — Dos tanaítas [interpretaron de modo diferente] la opinión del rabí Meir. — El rabí Eliézer contradice [en una baraíta] al rabí Eliézer [de la mishná]. — Dos tanaítas [interpretaron de distinta manera] la opinión del rabí Eliézer. Y si quieres diré que la cláusula inicial [de la mishná] no es del rabí Eliézer.[35]

Hasta el final de la primera guardia. ¿Qué opina el rabí Eliézer? Si considera la noche [dividida] en tres guardias, debería decir: "Hasta la cuarta hora [de la noche]". Si considera la noche [dividida] en cuatro guardias, debería decir: "Hasta la tercera hora". — En realidad considera la noche [dividida] en tres guardias, pero nos quiere enseñar que hay guardias en el cielo y guardias en la tierra. Porque se ha enseñado que dijo el rabí Eliézer: De noche hay tres guardias, y en cada guardia el santo, bendito sea, se sienta a rugir como un león, como dice lo escrito: *El señor rugirá desde lo alto, y desde su morada santa dará su voz; rugirá, rugirá contra su morada.*[36] El signo de esto es, en la misma guardia, que el asno rebuzna; en la segunda, que los perros ladran, y en la tercera que el niño mama el pecho de la madre y la mujer habla con el marido. — ¿Cómo considera el rabí Eliézer [las guardias]? ¿Desde el comienzo? Para la primera guardia no hace falta ningún signo, porque todavía es de día. ¿Se refiere al final de las guardias? La última guardia no necesita signo, porque ya es de día. — Se refiere al fin de la primera guardia, al comienzo de la última, y a la mitad de la de en medio. Y si quieres diré que se refiere al final de todas las guardias, y si me dijeras que la última guardia no necesita [signo], [te contestaría que] sirve para la lectura del *shemá*, para el que duerme en un cuarto oscuro [37] y no sabe cuándo llega el momento de recitar la oración. Se levanta a leerla cuando la mujer charla con el marido y el niño mama el pecho de la madre.

Dijo el rabí Itsjac bar Shemuel en nombre de Rab: La noche tiene tres guardias, y en cada guardia el santo, bendito sea, se sienta a rugir como un león y dice: ¡Ay de mis hijos, por cuyos pecados destruí mi casa y quemé mi templo, y a quienes desterré a las naciones del mundo! — Se ha enseñado que dijo el rabí Iosí: Cierta vez que viajaba por el camino, entré a rezar en una de las ruinas de Jerusalén. Vino Elías,[38] de bendita memoria, y esperó en la entrada a que terminara de orar. Cuando terminé de orar, me dijo: La paz sea contigo, maestro. — La paz sea contigo, maestro y señor — le contesté. — Hijo mío — me dijo —, ¿por qué entraste en estas ruinas? — Para orar — respondí. — Podías orar en la calle — me dijo. — Temía que los transeúntes me interrumpieran — contesté. — Me dijo entonces: Podías haber dicho la oración abreviada.[39] — En ese momento aprendí con él tres cosas: que no se debe entrar en las ruinas; que se puede orar en la calle; y que para rezar en la calle se puede decir una oración abreviada. — Luego me dijo: Hijo mío, ¿qué voz oíste en la ruina? — Oí — contesté — una voz celestial que arrullaba como una paloma y decía: ¡Ay de mis hijos, por cuyos pecados destruí mi casa y quemé mi templo, y a quienes desterré a las naciones del mundo! — ¡Por tu vida y por tu cabeza! — me respondió —. No sólo en este momento lo dice, sino tres veces por día. Más aún; cuando los israelitas van a las casas de oración y a las casas de estudio y exclaman: "Bendito sea su gran nombre", el santo, bendito sea, sacude la cabeza y dice: Dichoso del rey al que alaban en su casa. Ay del padre que expulsa a sus hijos, y ay de los hijos que son expulsados de la mesa del padre.

Enseñaron los rabíes: No se debe entrar en las ruinas por tres razones: por la sospecha,[40] por los [posibles] derrumbes, y por los espectros. — "Por la

[41] Bastaría una sola razón. ¿Por qué tres?

[42] Se dan otras razones, además del posible derrumbe, para las ruinas donde ese peligro no existe.

[43] Cuando hay dos personas los espectros no atacan.

[44] Aunque sean dos personas.

[45] El rabí Iehudá, el príncipe, o el santo, a quien llamaban Rabí por antonomasia.

[46] Jueces, VII, 19.

[47] ¿Cómo explica el vocablo "intermedio"?

[48] Salmos, CXIX, 62 y 148.

[49] Que después de la medianoche queden todavía vigilias (en plural).

[50] ¿Cómo explica ese plural?

[51] Hasta la tercera hora después del alba se puede leer el *shemá* de la mañana.

[52] Desde la medianoche hasta las ocho (tres horas después del alba, hora a la que se levantan los reyes); son las dos guardias (o vigilias) de cuatro horas cada una, de las que habla David en el versículo.

[53] Sería ofensivo para el difunto, porque él no podría participar de la conversación.

[54] Salmos, CXIX, 147.

[55] Prov., VII, 9.

[56] 1 Samuel, XXX, 17.

[57] Éxodo, XI, 4.

[58] Obtengan alimentos por la fuerza de las armas.

sospecha." ¿No sería suficiente decir "por los derrumbes"? [41] [3 *b*] Por las ruinas nuevas.[42] — Bastaría decir "por los espectros". — [Se dan otras razones] para el caso de que sean dos personas.[43] — Cuando son dos personas no hay sospechas. — [Las hay] cuando las dos son disolutas. — "Por los derrumbes": ¿no sería suficiente decir "por la sospecha y por los espectros"? — [Lo dicen] para el caso de que sean dos personas correctas. — "Por los espectros": ¿no sería suficiente decir "por la sospecha y por los derrumbes"? — [Lo dicen] para el caso de que sea una ruina nueva y dos personas correctas. — Cuando son dos personas no temen a los espectros. — En su guarida son de temer.[44] Y si quieres diré que se refiere realmente a una persona, y a una ruina nueva, situada en el campo. Aquí no hay sospecha, porque no puede encontrarse una mujer en el campo, pero existe el peligro de los espectros.

Enseñaron los rabíes: La noche tiene cuatro guardias. — Son palabras de Rabí.[45] El rabí Natán dijo: Tiene tres. — ¿En qué se funda el rabí Natán? — En el versículo que dice : *Llegaron, pues, Gedeón y los cien hombres que llevaba consigo, al extremo del campamento, al principio de la guardia intermedia de la noche.*[46] Y uno enseñó: "Intermedio" es lo que está entre uno anterior y uno posterior. — ¿Y Rabí? [47] — Intermedio significa uno de los del medio. — ¿Y el rabí Natán? — No dice el versículo "una [guardia] de las del medio", sino "la [guardia] intermedia". — ¿En qué se funda Rabí? — Dice un versículo —declaró el rabí Zericá en nombre del rabí Iehoshúa ben Leví: *A medianoche me levanto para alabarte por tus justos juicios*; y otro versículo dice: *Se anticiparon mis ojos a las vigilias de la noche.*[48] ¿Cómo es eso? [49] — Es porque la noche tiene cuatro guardias. — ¿Y el rabí Natán? [50] — Tiene la misma opinión que el rabí Iehoshúa; porque hemos visto que dijo el rabí Iehoshúa: Hasta la tercera hora,[51] porque los reyes acostumbran levantarse a la tercera hora. Seis horas de la noche y dos horas del día son dos guardias.[52] — Dijo el rabí Ashí: Siendo una guardia y media también se diría "guardias".

Dijo también el rabí Zericá que dijo el rabí Amí en nombre del rabí Iehoshúa ben Leví: Delante de un cadáver sólo se puede hablar de lo que se relaciona con el muerto. — Dijo el rabí Abá bar Cahaná: Sólo se prohíbe hablar de temas de la Tora; [53] los temas mundanos no importan. — Según otros, dijo el rabí Abá bar Cahaná: Se prohíbe hablar de temas de la Tora, y con mayor razón de temas mundanos.

¿David se levantó a medianoche? ¿No se levantó con el crepúsculo? Porque dice lo escrito: *Me anticipé al crepúsculo, y clamé.*[54] ¿Y cómo sabemos que se refiere al crepúsculo de la tarde? Porque dice el versículo: *en el crepúsculo, a la tarde del día, en la oscuridad y tinieblas de la noche.*[55] — David dijo —replicó el rabí Oshaiiá en nombre del rabí Ajá—: Nunca pasé la medianoche durmiendo. — Dijo el rabí Zerá: Hasta la medianoche dormitaba, como los caballos; luego andaba con el vigor de un león. — Dijo el rabí Ashí: Hasta la medianoche estudiaba la Tora; luego recitaba canciones y alabanzas. — ¿Donde dice *crepúsculo* se refiere al crepúsculo de la tarde? ¿No se refiere más bien al crepúsculo de la mañana? Porque dice lo escrito: *Y los hirió David desde aquel crepúsculo hasta la tarde del día siguiente.*[56] ¿No significa esto desde la mañana hasta la tarde? — No, significa desde la tarde hasta la tarde. — Si fuera así, diría: Del crepúsculo al crepúsculo, o de la tarde a la tarde. — Es que hay —dijo Rabá— dos crepúsculos, un crepúsculo de la noche, al que le sigue el día, y un crepúsculo del día, al que le sigue la noche.

¿Pero acaso sabía David cuándo era medianoche? Ni nuestro maestro Moisés lo sabía, como dice lo escrito: *Como a la medianoche saldré por en medio de Egipto.*[57] ¿Por qué *como a la medianoche*? ¿Diremos que el santo, bendito sea, le dijo así [a Moisés]: *como a la medianoche*? ¿Pero es que puede haber indecisión en el cielo? Debemos deducir, por lo tanto, que [Dios] le dijo "a medianoche" y él dijo "a esa de medianoche". De aquí se desprende que no lo sabía a ciencia cierta; ¿y [si Moisés no lo sabía] lo sabría David? — David tenía una señal. Lo dijo el rabí Ajá bar Bizná en nombre del rabí Shimeón el piadoso: Sobre la cama de David pendía un arpa, y cuando vino la medianoche llegó viento del norte, sopló [en las cuerdas] y [el arpa] tocó por sí misma. [David] se levantó y estudió la Tora hasta la aurora. En cuanto amaneció entraron los sabios de Israel y le dijeron: Señor y rey nuestro, el pueblo de Israel necesita alimentos. — Que salgan —dijo— y se mantengan los unos a los otros. — Un puñado —le contestaron— no satisface a un león, ni se puede llenar un pozo con su propia excavación. — Entonces —les dijo— vayan a estirar los brazos en los batallones.[58] — Pidieron consejo a Ahitofel, consul-

[59] El del pectoral del sumo sacerdote.

[60] En esta cita del Talmud dice *Benaía hijo de Joiada* (como en el versículo 2 Samuel, xx, 23); el texto bíblico dice: *Joiada hijo de Benaía.*

[61] 1 Crón., xxvii, 34.

[62] 2 Samuel, xvi, 23.

[63] Abiatar era el sumo sacerdote de David.

[64] 2 Samuel, xx, 23.

[65] A los miembros del sanedrín.

[66] De *keret*, cortar.

[67] De *felé*, distinguirse, destacarse.

[68] Lo del arpa de David.

[69] Salmos, lvii, 9.

[70] Cuándo era el momento exacto de la medianoche.

[71] El episodio relatado en Éxodo, xi, 4.

[72] Salmos, lxxxvi, 1 y 2.

[73] Salmos, cxix, 62.

[74] Dejando el boato de la corte se ocupaba en cuestiones religiosas.

[75] Salmos, cxix, 46.

[76] *Meti*, de mi boca, *boshet*, vergüenza.

[77] V. 2 Samuel, iii, 3.

[78] El nombre Quileab está formado por las palabras *maclim ab*, avergonzó al padre (o maestro).

[79] Prov., xxiii, 15.

[80] Ídem, xxvii, 11.

[81] Salmos, xxvii, 13.

[82] Los puntos sobre la palabra *lule* (si no creyera) indican que estaba en duda.

[83] David no estaba muy seguro de su piedad.

[84] Génesis, xxviii, 15.

[85] Ídem, xxxii, 8.

[86] De que Dios dejara sin efecto su promesa del primer versículo.

[87] Éxodo, xv, 16.

[88] A Palestina, con Josué.

[89] Con Esdras.

[90] Entraron únicamente como súbditos de Ciro.

taron al sanedrín e interrogaron al oráculo.[59] — Dijo el rabí Iosef: ¿De qué versículo [se deduce todo esto]? *Después de Ahitofel estaba Benaía, hijo de Joiada,*[60] *y Abiatar. Y Joab era el general del ejército del rey.*[61] Ahitofel era el consejero, como dice lo escrito: *Y el consejo que daba Ahitofel en aquellos días, era como si se consultara la palabra de Dios.*[62] [4 a] Benaía hijo de Joiada era el [jefe del] sanedrín. Y Abiatar, era el [portador del] oráculo.[63] Dice al respecto el versículo: *y Benaía hijo de Joiada (quedó) sobre los cereteos y peleteos.*[64] — ¿Por qué les decían cereteos y peleteos? [65] — Cereteos, porque su palabra era incisiva; [66] peleteos, porque se distinguían por la palabra.[67] — Y sólo entonces [nombra a] *Joab, general del ejército del rey.* — Dijo el rabí Itsjac bar Adá (según otros, el rabí Itsjac hijo del rabí Idí): ¿De qué versículo [se toma]?[68] [Del que dice:] *Despierta, alma mía; despierta, salterio y arpa; me levantaré de mañana.*[69]

Dijo el rabí Zerá: Moisés lo sabía, sin duda,[70] y también lo sabía David. — ¿Si David lo sabía, para qué quería el arpa? — Para que lo despertara. — ¿Si Moisés lo sabía, por qué dijo *a eso de la medianoche?* — Moisés pensó que los astrólogos del faraón podrían equivocarse, y llamarían mentiroso a Moisés. Como dijo el maestro: Enseña a tu lengua a decir no sé, para no incurrir en aparentes falsedades. — Dijo el rabí Ashí: Fue[71] en la medianoche del trece al catorce [de nisán], y Moisés habló de este modo a los israelitas: Dijo el santo, bendito sea: Mañana, [a una hora] *como* la medianoche de hoy, saldré por en medio de Egipto.

(Oración) de David. . . . Guarda mi alma, porque soy piadoso.[72] Leví y el rabí Itsjac [opinan de distinto modo]. — David —dijo uno— habló de este modo ante el santo, bendito sea: Señor del mundo, ¿yo no soy piadoso? Todos los reyes del este y del oeste duermen hasta la tercera hora [del día]; yo, en cambio *a medianoche me levanto para alabarte.*[73] — David —dijo el otro— habló de este modo ante el santo, bendito sea: Señor del mundo, ¿yo no soy piadoso? Todos los reyes del este y el oeste se sientan rodeados de magnificencia; yo, en cambio, tengo siempre las manos manchadas de sangre [de menstruación], de fetos y secundinas, para declarar a las mujeres limpias para el marido.[74] Y no sólo eso; todo lo que hago lo consulto con mi maestro Mefiboset y le digo: ¿maestro Mefiboset, juzgué correctamente? ¿Condené con justicia? ¿Absolví con rectitud? ¿Fue justa mi declaración de limpio? ¿Fue justa mi declaración de inmundo? Y no me avergüenzo por eso. — Dijo el rabí Iehoshúa hijo del rabí Idí: ¿En qué versículo [se funda]? *Hablaré de tus testimonios delante de los reyes, y no me avergonzaré.*[75] — Se ha enseñado: No se llamaba Mefiboset, sino Isboset. ¿Por qué le decían Mefiboset? Porque avergonzaba[76] a David en la jurisprudencia. Por eso mereció David engendrar a Quileab.[77] — Dijo el rabí Iojanán: No se llamaba Quileab, sino Daniel. ¿Por qué le decían Quileab? Porque avergonzaba a Mefiboset en la jurisprudencia.[78] Y de él dijo Salomón, en su sabiduría: *Hijo mío, si tu corazón fuere sabio, también a mí se me alegrará el corazón;*[79] y también:[80] *Sé sabio, hijo mío, y alegra mi corazón, y tendré qué responder al que me agravie.*

¿Cómo es que David se llamó piadoso? ¿No dice lo escrito: *Si no creyera que veré la bondad del señor en la tierra de los vivientes?*[81] Y se ha enseñado en nombre del rabí Iosí: ¿Por qué tiene puntos *si no creyera?*[82] David le dijo al santo, bendito sea: Señor del mundo, estoy seguro de que en el mundo futuro darás una buena recompensa a los justos, pero no sé si a mí me tocará alguna parte.[83] — [Temía que] algún pecado pudiera ser la causa [de que la perdiera]. Concuerda con [lo que enseñó] el rabí Iacov bar Idí. El rabí Iacov bar Idí señaló una contradicción. Dice un versículo: *He aquí, yo estoy contigo, y te guardaré por dondequiera que fueres;*[84] y otro versículo: *Entonces Jacob tuvo gran temor.*[85] — Pensó que algún pecado pudiera ser la causa.[86] Se ha enseñado igualmente: *Hasta que haya pasado tu pueblo, señor, hasta que haya pasado ese pueblo que tú rescataste.*[87] — *Hasta que haya pasado, señor,* se refiere a la primera entrada;[88] *hasta que haya pasado ese pueblo que tú rescataste,* a la segunda entrada.[89] De aquí deducen los sabios que los israelitas habían merecido que en la época de Esdras ocurrieran por ellos los mismos milagros que en los tiempos de Josué hijo de Nun; pero los pecados fueron la causa [de que no se produjeran].[90]

Los sabios dicen: Hasta la medianoche. ¿Con qué opinión concuerdan los sabios? ¿Con la del rabí Eliézer? ¿Por qué no lo enseñan como el rabí Eliézer?

[4 *b*] ¿Con la del rabán Gamaliel? ¿Por qué no lo enseñan como el rabán Gamaliel? — En realidad con la del rabán Gamaliel, pero dice *hasta la medianoche*, para alejar a los hombres de las transgresiones. Porque se ha enseñado: Los sabios les hacen un cerco a sus palabras, para que los hombres no digan, cuando vuelven por la tarde del campo a casa: Voy a casa, comeré algo, beberé un poco, dormiré un rato y luego diré el *shemá* y las oraciones. Y luego los domina el sueño y se quedan dormidos toda la noche. Es preferible que los hombres, cuando vuelven por la tarde del campo, vayan a la casa de oraciones. Los que acostumbran leer, que lean; los que acostumbran estudiar, que estudien. Luego que digan el *shemá* y las oraciones, y entonces [se pueden ir a casa] a comer y pronunciar las bendiciones. Los que contravienen las palabras de los sabios merecen morir. — ¿En qué se diferencia este caso, en el que dicen "merecen morir", de los demás casos, en los que no dicen "merecen morir"? — Si quieres diré que [aquí] existe el riesgo de que los domine el sueño; y si quieres, diré que es para excluir la opinión del que dice que la oración de la noche es voluntaria. Por eso nos enseñan que es obligatoria.

Dijo el maestro: "Que digan el *shemá* y las oraciones". Lo cual concuerda con la opinión del rabí Iojanán.[91] Dijo el rabí Iojanán: ¿De quién será el mundo del futuro? De los que pronuncian las oraciones de la noche con la bendición por el éxodo. — Dijo el rabí Iehoshúa ben Leví: Las oraciones están intercaladas en el medio.[92] ¿Qué [motiva esa] diferencia de opinión? — Si quieres diré [que la motiva la interpretación de] un versículo; y si quieres diré que es por sus distintos razonamientos. "Por sus distintos razonamientos." El rabí Iojanán opina que si bien la liberación completa [de Egipto] fue por la mañana, hubo [un comienzo de] liberación por la tarde [del día anterior].[93] En cambio el rabí Iehoshúa ben Leví opina que siendo [la liberación completa] la de la mañana, la anterior no es la verdadera. "Si quieres diré que es [por la interpretación de] un versículo." Ambos lo deducen del mismo versículo, el que dice: *y al acostarte, y cuando te levantes;*[94] el rabí Iojanán opina que debe compararse *al acostarse* con *te levantas:* lo mismo que al levantarse se lee el *shemá* antes de las oraciones, así también al acostarse debe leerse el *shemá* antes de las oraciones. El rabí Iehoshúa ben Leví opina, en cambio, que debe compararse *al acostarse* con *te levantas:* lo mismo que al levantarse se recita el *shemá* junto a la cama,[95] también al acostarse se recita el *shemá* junto a la cama.[96] — Preguntó Mar hijo de Rabiná: Por la tarde se dicen dos bendiciones antes [del *shemá*] y dos bendiciones después.[97] ¿Por qué dices que debe pronunciarse la bendición por el éxodo junto con las oraciones, si [entre la una y las otras] debe leerse la oración "déjanos reposar"? — Como [la oración] "déjanos reposar" —contestaron— la establecieron los rabíes, se considera prolongación de la bendición por el éxodo. Y si no lo crees así, [dime] cómo es posible agregarla por la mañana, [si recordamos que] el rabí Iojanán dijo: Al comienzo[98] se recita: *Señor, abre mis labios,*[99] y al final, *sean aceptables las palabras de mi boca.*[100] Lo mismo que se considera [la oración] *señor, abre mis labios,* como prolongación de las oraciones, por haberla establecido los rabíes, también se considera "déjanos reposar", por haberla establecido los rabíes, como una bendición prolongada por el éxodo.

Dijo el rabí Eleazar en nombre del rabí Abiná: Los que leen tres veces por día [el salmo] *alabanza de David,*[101] tienen la certeza de que serán del mundo futuro. — ¿Por qué razón? ¿Diremos que es porque [el salmo] está en orden alfabético? En tal caso, es mejor recitar [el salmo] *Bienaventurados los perfectos de camino,*[102] que tiene un orden alfabético óctuple. ¿Diremos que es porque tiene un versículo que dice *abres tu mano?*[103] Es mejor, entonces, recitar el gran salmo de glorificación, en el que dice [un versículo]: *el que da alimento a todo ser viviente.*[104] — Será, más bien, porque tiene ambas cosas.[105] — Dijo el rabí Iojanán: ¿Por qué falta la N en el [salmo] *te exaltaré?*[106] — Porque comienza con ella la caída de los enemigos de Israel,[107] como dice lo escrito: *Cayó*[108] *la virgen de Israel, y ya no se levantará.*[109] En el oeste[110] interpretan este versículo de este modo: *Cayó, pero ya no* [*volverá a caer*]; *levántate, virgen de Israel.* — Dijo el rabí Najmán bar Itsjac: No obstante, David se refiere a ella[111] por inspiración santa, profetizándole apoyo, como dice lo escrito: *Sostiene el señor a todos los que caen.*[112]

Dijo el rabí Eleazar bar Abiná: Son más grandes las cosas que se dicen de Miguel que las que se dicen de Gabriel. Dice lo escrito de Miguel: *Y voló hacia mí uno de los serafines;*[113] y de Gabriel: *el varón Gabriel, a quien había visto en la visión al principio, volando en vuelos,* etcétera.[114] — ¿Cómo se sabe

[91] De que en las oraciones de la noche debe decirse primero el *shemá*.

[92] Entre *shemá* y *shemá*; se dicen por la mañana después del *shemá* y por la tarde antes de él.

[93] Por eso la bendición por el éxodo que se pronuncia por la tarde debe ir con las oraciones.

[94] Deut., VI, 7.

[95] Es decir, inmediatamente después de levantarse, antes de las oraciones.

[96] Antes de acostarse, por lo tanto, después de las oraciones.

[97] V. *infra*, 11 a.

[98] De las oraciones matinales.

[99] Salmos, LI, 17.

[100] Ídem, XIX, 15.

[101] Salmo CXLV.

[102] Salmo CXIX.

[103] Vers. 16, del salmo CXLV.

[104] Salm., CXXXVI, 25.

[105] El orden alfabético y el vers. 16 (*abres tu mano, y colmas de bendición a todo ser viviente*).

[106] Los versículos del salmo CXLV comienzan, en orden, con las letras del alefato, con excepción de la letra *nun* (N).

[107] Es decir, la caída de Israel, transferida a sus enemigos.

[108] En hebreo esta palabra comienza con n.

[109] Amós, V, 2.

[110] En Palestina.

[111] A la caída de Israel, que anunciara Amós.

[112] Salmos, CXLV, 14.

[113] Isaías, VI, 6.

[114] Daniel, IX, 21. El ángel Miguel, en cambio, hizo un solo vuelo.

que ese *uno* [*de los serafines*] era Miguel? — Dijo el rabí Iojanán: Se deduce por comparación, de [la repetición de] *uno y uno*. Aquí dice: *y voló hacia mí uno de los serafines*, y allí dice: *pero he aquí Miguel, uno de los principales príncipes, vino para ayudarme.*[115] — Se ha enseñado: Miguel [llega] en un [vuelo], Gabriel en dos, Elías en cuatro y el ángel de la muerte, en ocho, aunque en tiempo de epidemia en uno.

Dijo el rabí Iehoshúa ben Leví: Aunque se haya dicho el *shemá* en la casa de oraciones, es una buena acción volver a recitarlo en la cama. — Dijo el rabí Iosí: ¿En qué versículo [se funda esta norma]? — *Temblad y no pequéis; meditad en vuestro corazón estando en cama, y callad. Selá.*[116] — Dijo el rabí Najmán: [5 a] El que es erudito no necesita hacerlo. — Dijo Abaie: También los eruditos deberían recitar un versículo de oración, como por ejemplo: *En tu mano encomiendo mi espíritu; tú me has redimido, señor, Dios de verdad.*[117]

Dijo el rabí Leví bar Jamá en nombre del rabí Shimeón ben Lakish: El hombre siempre debe incitar sus buenos impulsos contra sus malos impulsos, como dice lo escrito: *Temblad*[118] *y no pequéis.*[119] Si los domina, bien; si no, que estudie la Tora, como dice el versículo: *meditad en vuestro corazón.*[119] Si los domina, bien; si no, que lea el *shemá*, como dice lo escrito: *estando en cama.*[119] Si los domina, bien; si no, que recuerde el día de la muerte, como dice el versículo: *y callad. Selá.*

Dijo también el rabí Leví bar Jamá en nombre del rabí Shimeón ben Lakish: ¿Qué significa el versículo que dice: *te daré las tablas de piedra, y la ley, y mandamientos que he escrito para enseñarles?*[120] — *Las tablas de piedra*, son los diez mandamientos; *la ley*, es la Tora; *y mandamientos*, es la Mishná; *que he escrito*, son los [libros de los] Profetas y los Escritos; *para enseñarles*, es la Guemará. Esto nos enseña que todo eso le fue dado a Moisés en el Sinaí.

Dijo el rabí Itsjac: El que dice el *shemá* en la cama es como si tuviera en la mano una espada de doble filo,[121] como dice lo escrito: *Exalten a Dios con sus gargantas, y espadas de dos filos en las manos.*[122] — ¿De qué manera se deduce? — Dijo Mar Zutrá (según otros, el rabí Ashí): Por el versículo anterior, que dice: *Regocíjense los santos por su gloria, y canten aun sobre sus camas.*[123] Y a continuación dice: *Exalten a Dios con sus gargantas, y espadas de dos filos en las manos.* — Dijo también el rabí Itsjac: Cuando uno recita el *shemá* en la cama, los espectros no se acercan, como dice lo escrito: *las chispas se levantan para volar por el aire.*[124] [La palabra] *volar* no puede referirse más que a la Tora, porque dice el versículo: *¿Quieres dejar volar tus ojos sobre aquello?*[125] *Ya no está.*[126] Y *chispas* sólo puede referirse a los espectros, como dice lo escrito: *Consumidos serán de hambre y devorados por chispas ardientes, y por peste amarga.*[127] — Dijo el rabí Shimeón ben Lakish: Al que estudia la Tora no le vienen sufrimientos, porque dice lo escrito: *las chispas se levantan para volar por el aire.*[124] [La palabra] *volar* no puede referirse más que a la Tora, porque dice el versículo: *¿Quieres dejar volar tus ojos sobre aquello? Ya no está.* Y *chispas* sólo puede referirse a los sufrimientos, como dice lo escrito: *Consumidos serán de hambre y devorados por chispas ardientes.* — Eso —le respondió el rabí Iojanán— lo saben hasta los escolares, porque dice el versículo: *Y dijo: Si oyeres atentamente la voz del señor tu Dios, e hicieres lo recto delante de sus ojos, y dieres oído a sus mandamientos, y guardares todos sus estatutos, ninguna enfermedad de las que envié a los egipcios te enviaré a ti; porque yo soy el señor, tu sanador.*[128] — [Digamos,] más bien, que al que puede estudiar la Tora y no lo hace, el santo, bendito sea, le envía feos y repugnantes sufrimientos, que lo afligen, como dice lo escrito: *Enmudecí con silencio, me callé aun respecto de lo bueno; y se agravó mi dolor;*[129] *lo bueno* no puede referirse más que a la Tora, porque dice el versículo: *Porque os doy buena enseñanza; no desamparéis mi ley.*[130]

Dijo el rabí Zerá (según otros, el rabí Janiná bar Papa): Ven a ver que los procedimientos de los hombres no son los mismos que los procedimientos del santo, bendito sea. Los procedimientos del hombre: Cuando alguien vende a otro[131] un objeto de valor, el vendedor queda triste y el comprador, alegre. El santo, bendito sea, es distinto; dio la Tora a Israel y se alegró, como lo escrito: *Porque os doy buena enseñanza; no desamparéis mi ley.*

Dijo Rabá (según otros, el rabí Jisdá): El hombre que comienza a tener sufrimientos debe examinar su conducta, como dice lo escrito: *Escudriñemos nuestros caminos, y busquemos, y volvamos al señor.*[132] Si busca y no encuentra nada [censurable], debe atribuirlo al abandono [del estudio] de la Tora, porque dice el versículo: *Bienaventurado el hombre a quien tú, señor, corriges, y*

115 Isaías, X, 13.

116 Salmos, IV, 5.

117 Salmos, XXXI, 6.

118 *Reguez*, temblor, significa también agitación, y por extensión, en este caso, incitación.
119 Salmos, IV, 5.

120 Éxodo, XXIV, 12.

121 Para protegerse de los espectros.
122 Salmos, CXLIX, 6.

123 Ídem, íd., 5.

124 Job, V, 7.
125 Es decir, descuidas la Tora.
126 Prov., XXIII, 5.
127 Deut., XXXII, 24.

128 Éxodo, XV, 26.

129 Salmos, XXXIX, 3.

130 Prov., IV, 2.

131 Impulsado por la necesidad.

132 Lament., III, 40.

[133] Salmos, xciv, 12.

[134] Prov., iii, 12.

[135] Isaías, liii, 10.

[136] Salmos, lxvi, 20.

[137] Inferencia *a fortiori*.
[138] El derecho a la libertad del esclavo a quien el amo hiere en un ojo o le hace saltar un diente. (Cf. Éxodo, xxi. 26 y 27.)
[139] Levítico, ii, 13.

[140] Deut., xxviii, 96. Último versículo del capítulo que trata de los sufrimientos de Israel.

[141] Deut., viii, 5.
[142] Ídem, íd., 7.

[143] Prov., vi, 23.

[144] Ídem, xvi, 6.

[145] Ídem, xxi, 21.
[146] Ídem, xxiii, 23.
[147] Jerem., xxxii, 18.
[148] Las que se enumeran en Negaín, I, 1.
[149] Rige en Babilonia.
[150] La del rabí Iojanán.
[151] De los de Palestina, donde los leprosos tienen que vivir fuera de la ciudad. Para ellos la lepra no es "castigo de amor".
[152] Un diente, que conservaba y mostraba a los que perdían un hijo, para decirles que a él se le habían muerto diez.

en tu ley lo instruyes.[133] Si tampoco encuentra allí la causa, no hay duda de que son sufrimientos de amor. Porque dice el versículo: *el señor al que ama castiga.*[134]

Dijo Rabá que dijo el rabí Sajorá en nombre del rabí Huná: El santo, bendito sea, abruma de sufrimientos a los que le agradan, como dice lo escrito: *Al señor le agradó, y lo abrumó de enfermedades.*[135] Podría creerse que sería lo mismo aunque no los recibiera con amor; por eso dice el versículo:[135] *Cuando haya puesto su alma en expiación...* Así como la [ofrenda de] expiación [se presenta] voluntariamente, también deben [soportarse] los sufrimientos voluntariamente. ¿Y si los recibe [con amor], cuál es su recompensa? *Verá linaje, vivirá por largos días.*[135] Y más que eso; le quedarán sus estudios [de la Tora], como dice el versículo: *Y la voluntad del señor prosperará en su mano.*[135]

Los rabíes Iacov bar Idí y Ajá bar Janiná opinan de distinta manera. El uno dice: Son penas de amor, las que no estorban el estudio de la Tora, como dice lo escrito: *Bienaventurado el hombre a quien tú, señor, corriges, y en tu ley lo instruyes.*[133] — Y el otro dice: Son penas de amor, las que no estorban las oraciones, como dice lo escrito: *Bendito sea Dios, que no desechó mi oración ni (apartó) de mí su misericordia.*[136] — El rabí Jiiá bar Abá —les contestó el rabí Abá hijo del rabí Jiiá bar Abá— dijo lo siguiente, en nombre del rabí Iojanán: Ambas son penas de amor, como dice lo escrito: *Porque el señor al que ama castiga.*[134] ¿Por qué dice, entonces, *y en tu ley lo instruyes*? No leamos *lo instruyes*, sino *nos instruyes.* Nos lo enseña [deduciéndolo] por *cal vajomer*[137] [de la ley] del diente y el ojo.[138] Un diente y un ojo no son más que partes de un hombre; sin embargo el esclavo obtiene por ellos la libertad. Con mayor razón darán ese resultado los sufrimientos, que abarcan todo el cuerpo. Es lo que dijo el rabí Shimeón ben Lakish. Figura [la palabra] *pacto* con respecto a la sal, y figura [la palabra] *pacto* con respecto al sufrimiento. Figura [la palabra] *pacto* con respecto a la sal, en el versículo: *y no harás que falte jamás de tu ofrenda la sal del pacto de tu Dios.*[139] Y figura [la palabra] *pacto* respecto a los sufrimientos, en el versículo: *Estas son las palabras del pacto.*[140] Así como en el pacto mencionado con respecto a la sal, la sal da sabor a la carne, en el pacto mencionado con respecto a los castigos, los castigos limpian al hombre de todos sus pecados.

Se ha enseñado que dijo el rabí Shimeón ben Iojái: El santo, bendito sea, dio a Israel tres buenos dones, y los tres sólo por medio de sufrimientos. Ellos son: La Tora, el país de Israel y el mundo del futuro. ¿Cómo [sabemos lo] de la Tora? Porque dice lo escrito: *Bienaventurado el hombre a quien tú, señor, corriges, y en tu ley lo instruyes.*[133] ¿Y lo del país de Israel? Porque dice lo escrito: *como castiga el hombre a su hijo, así el señor tu Dios te castiga.*[141] Y luego dice:[142] *Porque el señor, tu Dios, te introduce en la buena tierra.* ¿Y lo del mundo del futuro? Porque dice el versículo: *El mandamiento es lámpara, y la enseñanza es luz, y camino de vida las reprensiones que te instruyen.*[143]

Expuso un tanaíta ante el rabí Iojanán: El hombre que se ocupa en el estudio de la Tora y en hacer buenas acciones, [5 b] y entierra a sus hijos, a ese hombre se le perdonan todos sus pecados. — Lo admito —le respondió el rabí Iojanán— en cuanto al estudio de la Tora y las buenas acciones, porque dice lo escrito: *Con misericordia y verdad se corrige el pecado.*[144] *Misericordia*, son las buenas acciones, como dice el versículo: *El que siga la justicia y la misericordia hallará la vida, la justicia y la honra.*[145] *Verdad*, es la Tora, como dice lo escrito: *Compra la verdad, y no la vendas.*[146] ¿Pero cómo sabes [lo que dices] sobre el que entierra a los hijos? —Un anciano le recitó en nombre del rabí Shimeón ben Iojái: Se deduce de la palabra *pecado.* Aquí dice: *Con misericordia y verdad se corrige el pecado;* y allí dice: *castiga el pecado de los padres en sus hijos.*[147]

Dijo el rabí Iojanán: La lepra y la falta de hijos no son penas de amor. — ¿La lepra no [es pena de amor]? Sin embargo, se ha enseñado: Cuando alguien presenta alguna de estas cuatro señales de lepra,[148] no es otra cosa que un altar de expiación. —Es altar de expiación, pero no castigo de amor. Y si quieres, diré que esta [enseñanza] es nuestra,[149] y aquella[150] es de ellos.[151] Y diré, si quieres: Esta [enseñanza] se refiere a la [lepra] oculta; la otra, a la visible. — ¿La falta de hijos no es [pena de amor]? ¿De qué modo? ¿Diremos que uno tiene varios, y se le mueren? ¿No dijo el rabí Iojanán: Este es un hueso de mi décimo hijo?[152] —[Digamos], más bien, que esta se refiere al que no tiene [hijos], y aquella al que tuvo y se le murieron.

El rabí Jiiá bar Abá estaba enfermo y el rabí Iojanán fue a visitarlo. —

153 El que se somete con buen ánimo a los sufrimientos obtiene una recompensa mayor en el mundo del futuro.
154 Lo curó tocándole la mano.
155 Si pudo curar al rabí Jiiá bar Abá, podía curarse a sí mismo.
156 Tiene que ser otro el que lo saque, y otro el que levante al enfermo.
157 El rabí Iojanán era tan hermoso que su cuerpo despedía luz. (Cf. Baba Metsía, 84 a.)
158 Riquezas en este mundo y bienaventuranza en el otro.

¿Te agradan los sufrimientos? —le preguntó. —Ni ellos ni su recompensa —contestó.[153] —Dame la mano —le dijo. —Se la dio, y [el rabí Iojanán] lo levantó.[154]

El rabí Iojanán estaba enfermo y el rabí Janiná fue a visitarlo. —¿Te agradan los sufrimientos? —le preguntó. —Ni ellos ni su recompensa —contestó. —Dame la mano —le dijo. —Se la dio, y [el rabí Janiná] lo levantó. —¿El rabí Iojanán no se pudo levantar él mismo? [155] —El prisionero —contestaron— no puede librarse a sí mismo del cautiverio.[156]

El rabí Eliézer enfermó y el rabí Iojanán fue a visitarlo y lo encontró acostado en un cuarto oscuro. [El rabí Iojanán] se desnudó un brazo, el que irradió luz.[157] Vio entonces que el rabí Eliézer lloraba. —¿Por qué lloras? —le preguntó. —¿Por no haber estudiado bastante la Tora? Hemos visto al respecto: Tienen el mismo mérito los que hacen mucho y los que hacen poco, siempre que tengan puestos los pensamientos en el cielo. ¿Será por falta de alimentos? No todos consiguen dos mesas.[158] ¿Será por falta de hijos? ¡Este es el hueso de mi décimo hijo! —Lloro —respondió— por esa belleza [tuya] que se pudrirá en la tierra. —Si lloras por eso —repuso— tienes razón. —Y lloraron los dos. Entretanto le preguntó: ¿Te agradan tus sufrimientos? —Ni ellos ni su recompensa —contestó. —Dame la mano —le dijo. —Se la dio y lo levantó.

159 Habrá cometido algún pecado.

160 Véase Baba Metsía, 103 b.

Al rabí Huná se le agriaron cuatrocientas vasijas de vino. Fueron a verlo el rabí Iehudá, hermano del rabí Salá el piadoso, los [demás] rabíes (según otros, el rabí Adá bar Ahabá y los [demás] rabíes), y le dijeron: El maestro debería revisar sus acciones.[159] —¿Soy sospechoso para ustedes? —replicó. —¿Es sospechoso el santo, bendito sea —le respondieron—, de castigar sin razón? —Contestó [el rabí Huná]: Si alguien sabe algo [censurable] de mí, que lo diga. —Hemos sabido —le dijeron— que el maestro no le da a su arrendatario las ramas [que le corresponden] de las vides.[160] —¡Si no me deja ninguna! —contestó—. Se las roba todas. —Eso es precisamente lo que dice la gente —le respondieron—: El robo, aunque se le robe a un ladrón, siempre sabe a robo. —Contestó [el rabí Huná]: Me comprometo a dárselas. —Dicen unos que el vinagre volvió a transformarse en vino, y otros que el vinagre subió tanto, que se vendió al precio del vino.

Se ha enseñado: Dos cosas —dijo Abá Biniamín— me preocuparon toda la vida: decir las oraciones ante la cama, y que mi cama esté orientada de norte a sur. "Decir las oraciones ante la cama." ¿Qué significa ante la cama? ¿Diremos que significa, literalmente, delante de la cama? Pero el rabí Iehudá dijo en nombre de Rab (según otros, del rabí Iehoshúa ben Leví): ¿Cómo se sabe que el que reza no debe estar separado por nada de la pared? Porque dice el versículo: *Entonces volvió Ezequías su rostro a la pared, y rezó.*[161] —No

161 Isaías, XXXVIII, 2.

162 *Tsafunejá.* Leyendo *tsafonejá* sería "de tu norte".
163 Salmos, XVII, 14.

164 Génesis, XXV, 24.

leamos "ante la cama", sino "junto a la cama". —"Y que mi cama esté orientada de norte a sur." Porque dijo el rabí Jamá hijo del rabí Janiná en nombre del rabí Itsjac: Los que ponen la cama de norte a sur engendran hijos varones, como dice lo escrito: *Y cuyo vientre está lleno de tu tesoro,*[162] *sacian a sus hijos.*[163] —Dijo el rabí Najmán bar Itsjac: Y su mujer no aborta, porque dice el versículo aquí: *y cuyo vientre está lleno de tu tesoro,* y dice el versículo allí: *Cuando se cumplieron sus días para dar a luz, he aquí que había mellizos en su vientre.*[164]

165 Job, XVIII, 4. Interpretado de este modo: Tu oración será despedazada ante ti, si abandonas la casa de oraciones.
166 Deut., XXXII, 18.

Se ha enseñado que dijo Abá Biniamín: Cuando dos [personas] entran a orar [a la casa de oraciones], y una de ellas termina de rezar antes y sale sin esperar a su compañero, le rompen la oración en la cara, como dice lo escrito: *Tú, que te despedazas en tu furor, ¿será abandonada la tierra por tu causa...?*[165] Y más aún; hace que la presencia divina se retire de Israel, como dice el versículo:[165] *¿...y será removida de su lugar la peña?* Y la peña no es otra que el santo, bendito sea, como dice lo escrito: *De la peña que te creó te olvidaste.*[166]

¿Y si esperara [al compañero], cuál sería su recompensa? [6 a] — Dijo el rabí Iosí hijo del rabí Janiná: Obtiene las bendiciones contenidas en este versículo: *Si hubieras atendido a mis mandamientos, tu paz sería como un río, y tu justicia como las ondas del mar. Tu descendencia sería como la arena, y los renuevos de tus entrañas como los granos de arena*, etcétera.[167]

[167] Isaías, XLVIII, 18 y 19.

Se ha enseñado que dijo Abá Biniamín: Si les otorgaran a los ojos el poder de verlo todo, ninguna criatura podría resistir [la vista de] los demonios. — Dijo Abaie: Son más que nosotros, y nos rodean como la colina al campo. — Dijo el rabí Huná: Cada uno de nosotros tiene millares de ellos a la izquierda y decenas de miles a la derecha. — Dijo Rabá: Ellos son los causantes del amontonamiento de los cursos;[168] son los causantes de la debilidad en las rodillas; son los causantes de que se gaste la ropa de los rabíes, porque se rozan [continuamente con ellos]; son los causantes de las magulladuras de los pies. El que quiera descubrir sus huellas que tome ceniza cernida y la espolvoree alrededor de la cama; al día siguiente verá unas huellas parecidas a las pisadas de un gallo. El que quiera verlos, que tome las secundinas de una gata negra, hija de gata negra, primogénita, que la queme con fuego, pulverice [la ceniza] y se ponga un poco [de polvo] en los ojos; luego los verá. [El polvo] que lo eche en un caño de hierro y lo cierre con un sello de hierro, para que [los demonios] no se lo roben. Pero también tiene que cerrar la boca, para no sufrir algún daño. El rabí Bibái bar Abaie lo hizo,[169] los vio y le hizo daño. Pero los rabíes rogaron por él, y sanó.

[168] Las reuniones de los sabios de Babilonia destinadas a la exposición de la Tora.

[169] Se echó el polvo en los ojos.

Se ha enseñado que dijo Abá Biniamín: Las oraciones de los hombres sólo son oídas [por Dios] en la casa de oraciones, como dice lo escrito: ...*oyendo la canción y la oración*.[170] Se dicen las oraciones donde no hay canciones. — Dijo Rabín hijo del rabí Adá en nombre del rabí Itsjac: ¿Cómo se sabe que el santo, bendito sea, se encuentra en la casa de oraciones? — Por el versículo que dice: *Dios está en la reunión de Dios*.[171] — ¿Cómo se sabe que cuando diez [personas] rezan la presencia divina se encuentra con ellos? — Porque dice el versículo: *Dios está en la reunión de Dios*.[172] — ¿Cómo se sabe que cuando se reúnen tres [jueces] para formar el tribunal, la presencia divina se encuentra con ellos? — Porque el versículo [171] dice: *En medio de los jueces juzga*. — ¿Cómo se sabe que cuando dos personas se reúnen a estudiar la Tora, la presencia divina está con ellos? — Por el versículo que dice: *Entonces los que temían al señor hablaron cada uno a su compañero; y el señor escuchó*, etcétera.[173] — ¿Qué significa *los que piensan en su nombre*?[173] — Dijo el rabí Ashí: Cuando el hombre se propone cumplir un mandamiento y no lo hace, por alguna causa accidental que se lo impide, la Escritura lo da por cumplido. — ¿Cómo se sabe que cuando un solo hombre se sienta a estudiar la Tora, la presencia divina lo acompaña? — Porque dice lo escrito: *En todo lugar donde yo hiciere que esté la memoria de mi nombre, vendré a ti y te bendeciré*.[174] — Si [la presencia divina] está con un solo hombre, no hace falta decir [que deben ser] dos. — Cuando son dos, se inscriben sus palabras en el libro de la recordación; las palabras de uno solo no se inscriben en el libro de la recordación. — Si no se hace eso con dos, no hace falta hablar de tres. — Podría creerse que la justicia se ocupa únicamente en hacer la paz, para lo cual no viene la presencia divina. Por eso nos enseña que la justicia también es Tora. — Si es así con respecto a tres, no hace falta hablar de diez. — A las reuniones de diez viene la divina presencia primero; a las de tres, cuando ya están reunidos.

[170] 1 Reyes, VIII, 28.

[171] Salm., LXXXII, 1.

[172] Se considera reunión cuando hay un mínimo de diez personas. Cf. Sanedrín, 2 b.

[173] Malaquías, III, 16.

[174] Éxodo, XX, 21.

Dijo el rabí Abín[175] hijo del rabí Adá, en nombre del rabí Itsjac: ¿Cómo se sabe que el santo, bendito sea, se pone filacterias? — Porque dice: *Juró el señor por su mano derecha, y por su poderoso brazo*.[176] — *Por su mano derecha*, es la Tora, porque dice el versículo: *Con la ley de fuego a su mano derecha*;[177] y *por su poderoso brazo*, son las filacterias, porque dice: *El señor dará poder a su pueblo*.[178] — ¿Cómo se sabe que las filacterias dan poder a Israel? — Por el versículo que dice: *Y verán todos los pueblos de la tierra que el nombre del señor es invocado sobre ti, y te temerán*.[179] Y se ha enseñado que dijo el rabí Eliézer el mayor: Se refiere a la filacteria frontal.[180]

[175] Rabín.

[176] Isaías, LXII, 8.
[177] Deut., XXXIII, 2.

[178] Salmos, XXIX, 11.

[179] Deut., XXVIII, 10.
[180] La del brazo, que se cubre con la manga, no se ve.

Dijo el rabí Najmán bar Itsjac al rabí Jiiá bar Abín: ¿Qué dicen las filacterias del señor del mundo? — Le contestó [el rabí Jiiá]: ¿Y qué pueblo hay en la tierra como tu pueblo Israel?[181] — ¿El santo, bendito sea, canta las alabanzas de Israel? — Sí, porque dice lo escrito: *Has declarado solemnemente hoy*, y el versículo siguiente: *Y el señor ha declarado hoy*.[182] El santo, bendito sea, dijo a Israel: Ustedes me reconocieron único en el mundo, y yo haré de ustedes una nación única en el mundo. "Me reconocieron único en el mundo", como

[181] 1 Crón., XVII, 21.

[182] Deuter., XXVI, 17 y 18.

183 Deut., VI, 4.

184 De las cuatro que tiene la filacteria de la cabeza.
185 Deut., IV, 7 y 8.
186 Ídem, XXXIII, 29.
187 Ídem, IV, 34.
188 Ídem, XXVI, 19.

189 Isaías, L, 10.

190 Ídem, íd., 2.

191 Génesis, XIX, 27.
192 Salmos, CVI, 30.

193 Oseas, VI, 3.

194 Se prohíbe marchar a pasos largos los sábados. Cf. Sabat, 113 b.
195 Oseas, XI, 10.

196 Las conferencias de las que participan, además de los rabíes, los miembros de las academias babilónicas.
197 Las expresiones de dolor.

198 Salmos, XII, 9.

199 Las oraciones.

200 El colibrí.
201 El hombre que necesita la ayuda de sus semejantes.

dice lo escrito: *Oye, Israel, el señor nuestro Dios, el señor es uno.*[183] — "Y yo haré de ustedes una nación única en el mundo", como dice el versículo: *¿Y qué pueblo hay en la tierra como tu pueblo Israel?*[181] — Dijo el rabí Ajá hijo de Rabá al rabí Ashí: Esto es lo que dice en una de las cajas;[184] ¿y en las otras? [Estos versículos] —contestó—: *Porque, ¿qué nación grande...?, ¿Qué nación grande...?,*[185] *Bienaventurado tú, Israel...,*[186] *¿O ha intentado Dios...?,*[187] y: *a fin de exaltarle sobre todas las naciones...*[188] — En tal caso, debería haber más cajas. — Es así: *Porque, ¿qué nación grande...?* y *¿Qué nación grande...?,* que son iguales, están en una caja; *Bienaventurado tú, Israel... y ¿O ha intentado Dios...?* en otra caja; y, *a fin de exaltarte,* en otra caja. [6 b] Y todos estos [versículos] están en [la filacteria que se coloca en] el brazo.

Dijo Rabín hijo del rabí Adá en nombre del rabí Itsjac: Cuando alguien, que acostumbra ir [todos los días] a la casa de oraciones, falta un día, el santo, bendito sea, pregunta por él; lo dice el versículo: *¿Quién hay entre vosotros que teme al señor, y oye la voz de su siervo? El que anda en tinieblas y carece de luz...*[189] Si [falta] para cumplir una obligación religiosa, tendrá luz; si es para cumplir actividades mundanas, no tendrá luz. ...*confíe en el nombre del señor.*[189] ¿Por qué? Porque debía confiar en el nombre del señor, y no confió.

Dijo el rabí Iojanán: Cuando el santo, bendito sea, va a la casa de oraciones y no encuentra diez [personas], monta en seguida en cólera, como dice lo escrito: *¿Por qué cuando vine, no hallé a nadie, y cuando llamé, nadie respondió?*[190]

Dijo el rabí Jelbó en nombre del rabí Huná: Al que tiene un lugar reservado para rezar, lo asiste el Dios de Abraham. Cuando muere, dicen de él: ¿Dónde está el humilde, dónde está el piadoso, el discípulo de nuestro padre Abraham? — ¿Cómo se sabe que nuestro padre Abraham tenía un lugar reservado [para orar]? — Por el versículo que dice: *Y subió Abraham por la mañana al lugar donde se había puesto de pie.*[191] Y estar de pie significa orar, como dice lo escrito: *Entonces Finees se puso de pie y oró.*[192]

Dijo el rabí Jelbó en nombre del rabí Huná: El que sale de la casa de oración no debe hacerlo a pasos largos. — Dijo Abaie: Eso es para salir; para entrar, hacerlo corriendo es una buena acción, como dice el versículo: *Corramos a conocer al señor.*[193] — Dijo el rabí Zerá: Al principio, cuando veía que los sabios corrían, los sábados, a escuchar la exposición, creía que profanaban el sabat;[194] desde que supe lo que dijo el rabí Tanjum en nombre del rabí Iehoshúa ben Leví, de que el hombre debe siempre apresurarse a escuchar jurisprudencia, incluso los sábados, como dice el versículo: *En pos del señor caminarán: él rugirá como león,*[195] corro yo también. — Dijo el rabí Zerá: El mérito de las exposiciones está en correr [a escucharlas]. — Dijo Abaie: El mérito de las reuniones ampliadas[196] está en el amontonamiento. — Dijo Rabá: El mérito de las enseñanzas está en la reflexión. — Dijo el rabí Papa: El mérito de la concurrencia a una casa de duelo está en el silencio. — Dijo Mar Zutrá: El mérito del ayuno está en la caridad. — Dijo el rabí Sheshet: El mérito de las condolencias está en alzar [la voz].[197] — Dijo el rabí Ashí: El mérito de la asistencia a una boda está en las frases [de felicitación]. — Dijo el rabí Huná: Al que reza detrás de la casa de oración lo llaman impío, porque dice el versículo: *Cercando andan los malos.*[198] — Dijo Abaie: Es así únicamente cuando no vuelve la cara hacia la casa de oración; pero si vuelve la cara hacia la casa de oración no tenemos nada que objetar. Había una vez un hombre que rezaba detrás de la casa de oración, sin volver la cara hacia ella. Pasó Elías y se le apareció con la forma de un mercader árabe. ¿Le das la espalda a tu señor? —le dijo, y sacando la espada lo mató. — Dijo uno de los rabíes al rabí Bibái bar Abaie (según otros, el rabí Bibái al rabí Najmán bar Itsjac): ¿Por qué [dice el versículo]: *Cuando la vileza es exaltada entre los hijos de los hombres?*[198] — Son las cosas —le contestó— que aunque están en el punto más alto del mundo, los hombres no las valoran.[199] — Dijeron tanto el rabí Iojanán como el rabí Eleazar: Cuando un hombre necesita el apoyo de sus congéneres se le cambia enseguida el color de la cara, como a un *kerum.* Ya lo dice lo escrito: "Los hijos de los hombres vilipendian las cosas exaltadas" (*kerum*). — ¿Qué es el *kerum*? — Cuando llegó [Palestina] el rabí Dimí, dijo: Hay un pájaro, [en los lejanos países de] allende el mar, llamado *kerum,*[200] que cambia de color cuando le da el sol. — Los rabíes Amí y Así dijeron ambos: [Se siente][201] como si hubiese recibido dos castigos, [uno] con fuego y [otro] con agua, como dice lo escrito: *Hiciste cabalgar hombres sobre nuestra cabeza; pasamos*

202 Salmos, LXVI, 12.

203 1 Reyes, XVIII, 36 y 37.

204 Salmos, CVLI, 2.

205 Ídem, V, 4.

206 Jerem., XXXIII, 11.

207 Éxodo, XIX, 16-19. *Col* (en plural *colot*) significa voz, trueno y sonido. Contando *colot* por dos, aparece cinco veces la palabra *col*.
208 No eran cinco voces, sino siete.
209 Ídem, XX, 15.

210 Ecles., XII, 13.

211 Para el hombre que teme a Dios.

212 Salmos, XXXIV, 15.

213 Isaías, III, 14.

214 Ídem, LVI, 7.

215 Que no sea muy severo con ellos.
216 El sanctasanctórum.
217 "La corona de Dios."

218 Éx., XXXIII, 14.

219 Salmos, VII, 12.

220 Núm., XXIV, 16.

por el fuego y por el agua.[202] —Dijo también el rabí Jelbó en nombre del rabí Huná: Hay que cuidar muy especialmente las oraciones de la tarde, porque incluso Elías era escuchado únicamente en las oraciones de la tarde, como dice lo escrito: *Cuando llegó la hora de ofrecerse el holocausto, se acercó el profeta Elías y dijo: . . . Escúchame, señor, escúchame . . .*[203] Escúchame: que descienda un fuego del cielo; escúchame: que no digan que es cosa de hechicería. — Dijo el rabí Iojanán: También [hay que cuidar] las oraciones de la noche, porque dice lo escrito: *Sube mi oración ante ti como el incienso, el don de mis manos como la ofrenda del anochecer.*[204] — Dijo el rabí Najmán bar Itsjac: También [hay que cuidar] las oraciones de la mañana, porque dice lo escrito: *De mañana, señor, oirás mi voz; de mañana me presentaré ante ti, y esperaré.*[205] — Dijo también el rabí Jelbó en nombre del rabí Huná: El que come en el banquete de un novio sin alegrarlo, viola cinco voces de este versículo: *. . . voz de gozo y de alegría, voz de desposado y voz de desposada, voz de los que digan: alabad al señor de los ejércitos.*[206] —¿Y si lo alegra, cuál es su recompensa? — Dijo el rabí Iehoshúa ben Leví: Se le acuerda el conocimiento de la Tora, que fue dada con cinco voces, como dice lo escrito: *Aconteció que al tercer día, cuando vino la mañana, vinieron truenos y relámpagos, y espesa nube sobre el monte, y sonido de bocina . . . El sonido de la bocina iba aumentando . . . (Moisés hablaba) y Dios le respondía con voz tonante.*[207] — No es así;[208] porque dice luego:[209] *Todo el pueblo observaba los truenos.* — Esas voces fueron anteriores a la entrega de la Tora. — Dijo el rabí Abahú: [Cuando uno alegra al novio] es como si ofreciera un sacrificio de gracias, porque dice lo escrito: *. . . de los que traigan ofrendas de acción de gracias a la casa del señor.*[206] — Dijo el rabí Najmán bar Itsjac: Como si hubiese reedificado una de las ruinas de Jerusalén, porque dice lo escrito: *Porque volveré a traer los cautivos de la tierra como al principio, ha dicho el señor.*[206] — Dijo también el rabí Jelbó en nombre del rabí Huná: Las palabras del que está lleno de temor a Dios son escuchadas, porque dice lo escrito: *El fin de todo el discurso oído es este: Teme a Dios . . . (porque esto es el todo del hombre).*[210] —¿Qué significa *porque esto es el todo del hombre?* — Dijo el santo, bendito sea —respondió el rabí Eleazar—: Todo el mundo ha sido creado solamente para él.[211] — Dijo el rabí Abá bar Cahaná: Equivale al mundo entero. — Dijo el rabí Shimeón ben Azái (según otros el rabí Shimeón ben Zomá): El mundo entero fue creado sólo para obedecerle. — Dijo también el rabí Jelbó en nombre del rabí Huná: El que sabe que el prójimo acostumbra saludarlo, que se adelante a saludarlo, porque dice lo escrito: *Busca la paz, y síguela.*[212] Y si [el prójimo] lo saluda y no le devuelve el saludo, lo llaman ladrón, como dice el versículo: *Porque vosotros habéis devorado la viña, y el despojo del pobre está en vuestras casas.*[213]

[7 a] Dijo el rabí Iojanán en nombre del rabí Iosí: ¿Cómo se sabe que el santo, bendito sea, reza? Porque dice lo escrito: *Yo los llevaré a mi santo monte, y los recrearé en mi casa de oración.*[214] No dice en "su casa de oración", sino en "mi casa de oración". De aquí se deduce que el santo, bendito sea, reza. —¿Qué reza? — Dijo el rabí Zutrá bar Tobiiá en nombre de Rab: Sea mi voluntad que mi misericordia reprima mi enojo, y que mi misericordia sobrepuje a mis cualidades para que pueda tratar a mis hijos con el atributo de la piedad y me detenga por ellos en el límite de la justicia.[215] — Se ha enseñado que dijo el rabí Ishmael ben Elishá: Una vez entré a quemar incienso en lo más recóndito,[216] y vi a *acateriel Iah,*[217] el señor de los ejércitos, sentado en un trono alto y exaltado. — Ishmael, hijo mío —me dijo—, bendíceme. — Sea tu voluntad —respondí— que tu misericordia reprima tu enojo, y que tu misericordia sobrepuje a tus cualidades, para que puedas tratar a tus hijos con el atributo de la piedad y te detengas por ellos en el límite de la justicia. — Asintió con la cabeza. Esto nos enseña que no se debe menospreciar la bendición de un hombre común. — Dijo también el rabí Iojanán en nombre del rabí Iosí: ¿Cómo se sabe que no debe tratarse de apaciguar a un hombre cuando está furioso? — Porque dice lo escrito: *Mi presencia irá contigo, y te daré descanso.*[218] El santo, bendito sea, dijo a Moisés: Aguarda hasta que pase mi rostro de ira, y luego te daré descanso. —¿Tiene, acaso, [accesos de] ira el santo, bendito sea? — Sí, porque se ha enseñado: *Y Dios está airado . . . todos los días.*[219] —¿Cuánto le dura la ira? — Un instante. —¿Cuánto es un instante? — La cincuentaiochomilochocientosochentaiochoava parte de una hora. No hay criatura que pueda medirlo, excepto el perverso Balaam, de quien dice lo escrito: *sabe la ciencia del altísimo.*[220] —¿Si no sabía lo que pensaba su animal.

cómo iba a saber lo que pensaba el altísimo? — Significa que sabía precisar el momento exacto en que el santo, bendito sea, montaba en cólera. Es lo que le dijo el profeta a Israel: *Pueblo mío, recuerda ahora qué fue lo que aconsejó Balac, rey de Moab,* etcétera.[221] ¿Por qué dice: *...para que conozcas las justicias del señor?*[221] — Dijo el santo, bendito sea, a Israel —respondió el rabí Eleazar—: Vean cuántas buenas acciones hice por ustedes, con no enojarme en la época del malvado Balaam; si me hubiese enojado, no habría quedado un solo sobreviviente de (los enemigos de) Israel.[222] Y esto es lo que Balaam le dijo a Balac: *¿Por qué maldeciré yo al que Dios no maldijo? ¿Y por qué he de execrar al que el señor no ha execrado?*[223] Esto nos enseña que aquellos días no estaba enojado. ¿Y cuánto dura su enojo? — Un instante. — ¿Cuánto es un instante? — Dijo el rabí Abín (según otro, el rabí Abiná): El tiempo que se tarda en decir "instante". — ¿Cómo se sabe que su enojo dura un instante? — Por el versículo que dice: *Porque un instante será su ira, pero su favor dura toda la vida.*[224] Y si quieres, se puede deducir de este otro: *escóndete un poquito, por un momento, en tanto que pasa la indignación.*[225] — ¿Cuándo se enoja? — Dijo Abaie: Durante las tres primeras horas del día, cuando el gallo tiene la cresta blanca y se para en una pata. — ¡A toda hora está así! — En otras horas [la cresta] tiene listas rojas; en ese momento no tiene listas rojas.

Un hereje que vivía en la vecindad solía importunar al rabí Iehoshúa ben Leví con versículos [de la Escritura].[226] Un día [el rabí] tomó un gallo, lo puso entre las patas de la cama, y se quedó observándolo. Cuando llegue el momento —pensó—, lo maldeciré. — Cuando llegó el momento, dormitaba. — De aquí se deduce —dijo [luego, al despertar]— que este no es un procedimiento correcto. Dice lo escrito: *Sus misericordias (están) sobre todas sus obras.*[227] Y dice también: *No es bueno condenar al justo.*[228] — Se ha enseñado en nombre del rabí Meir: En el momento en que sale el sol y los reyes del este y el oeste se ponen la corona en la cabeza y se prosternan ante el sol, el santo, bendito sea, monta inmediatamente en cólera. — Dijo también el rabí Iojanán en nombre del rabí Iosí: Más vale una sola reprimenda en el corazón de un hombre [229] que muchos latigazos, como dice lo escrito:[230] *Seguirá a sus amantes ... Entonces dirá:*[231] *Iré y me volveré a mi primer marido; porque mejor me iba entonces que ahora.* — Dijo Resh Lakish: Es mejor que cien latigazos, porque dice lo escrito: *La represión aprovecha al entendido, más que cien azotes al necio.*[232] — Dijo también el rabí Iojanán en nombre del rabí Iosí: Tres cosas pidió Moisés al santo, bendito sea, y este se las concedió. Le pidió que la presencia divina reposase sobre Israel, y se lo concedió, como dice lo escrito: *...en que tú andas con nosotros...*[233] Le pidió que la presencia divina no reposase sobre los idólatras, y se lo concedió, como dice lo escrito: *...y que yo y tu pueblo seamos apartados...*[233] Le pidió que le mostrara los caminos del santo, bendito sea, y se lo concedió, como dice lo escrito: *...te ruego que me muestres ahora tu camino...*[234] Dijo [Moisés] ante él: Señor del mundo, ¿por qué a algunos hombres justos les va bien, y a otros hombres justos les va mal, y a unos perversos les va bien, y a otros perversos les va mal? — Moisés —le contestó—, el justo al que le va bien es el justo hijo de justo; el justo al que le va mal es el justo hijo de perverso. El perverso al que le va bien es el perverso hijo de justo, y el perverso al que le va mal es el perverso hijo de perverso.

Dijo el maestro: "El justo al que le va bien es el justo hijo de justo, y el justo al que le va mal es el justo hijo de perverso". Pero no es así, porque dice un versículo: *...que visita la iniquidad de los padres sobre los hijos,*[235] y otro versículo: *ni los hijos (morirán) por los padres.*[236] Señalóse una contradicción entre estos dos versículos, y se contestó que no hay ninguna contradicción. Uno de ellos se refiere a los [hijos] que siguen la misma conducta de los padres, y el otro a los que no siguen la misma conducta que los padres. — Por lo tanto, [diremos que] le dijo lo siguiente: El justo al que le va bien es el justo cabal; el justo al que le va mal no es el justo cabal. El perverso al que le va bien no es completamente perverso; el perverso al que le va mal es completamente perverso. — Esto, entonces,[237] contradice la opinión del rabí Meir. Porque dijo el rabí Meir: Dos cosas le concedió, y una no le concedió, como dice lo escrito: *Y tendré misericordia del que tendré misericordia,* aunque no lo merezca, *y seré clemente para con quien seré clemente,*[238] aunque no lo merezca.[239]

No podrás ver mi rostro.[240] Se ha enseñado en nombre del rabí Iehoshúa ben Corjá que el santo, bendito sea, le habló de este modo a Moisés: Cuando yo quise tú no quisiste [verme la cara];[241] ahora que tú quieres, yo no quiero.

---

221 Miqueas, VI, 5.

222 Eufemismo por Israel.

223 Núm., XXIII, 8.

224 Salmos, XXX, 6.

225 Isaías, XXVI, 20.

226 Haciéndole preguntas capciosas.

227 Salmos, CXLV, 9.

228 Prov., XVII, 26.

229 El arrepentimiento íntimo.

230 Oseas, II, 9.

231 Para sí.

232 Prov., XVII, 10.

233 Éxodo, XXXIII, 16.

234 Ídem, íd., 13.

235 Ídem, XXXIV, 7.

236 Deut., XXIV, 16.

237 La afirmación del rabí Iojanán de que Dios concedió a Moisés los tres pedidos.

238 Éxodo. XXXIII, 19.

239 "Y tendré misericordia". un pedido; "y seré clemente", otro pedido.

240 Ídem, íd., 20.

241 V. Éxodo, III, 6.

242 V. Éxodo, XXXIX, 29 y 30.
243 Números, XII, 8.
244 Éxodo, XXXIII, 23.
245 El que queda sobre la nuca; tiene la forma de una *mem* o una *dalet.*
246 Aunque no se hubiese cumplido la condición.
247 Deut., IX, 14. La bendición depende del cumplimiento de la maldición.
248 1 Crónicas, XXIII, 15-17.
249 Éxodo, I, 7. Eran seiscientos mil cuando salieron de Egipto.
250 Génesis, XV, 8.
251 Daniel, IX, 17.

252 Éxodo, XXXIII, 14.

253 Génesis, XXIX, 35. "Esta vez" indica que hasta entonces nadie lo había hecho.
254 Esta frase hace derivar *Reubén* de *raá,* ver, y *bein,* entre.
255 Génesis, XXV, 33.
256 Ídem, XXVII, 41.
257 Ídem, íd., 36.

258 1 Crónicas, V, 1.
259 Gén., XXXVI, 21.

260 *Rut* deriva de *ravé,* saciar, satisfacer.

261 Salmos, XLVI, 9.

262 Los malos hijos.
263 Dos pueblos que, antes de la llegada del Mesías, librarán una devastadora guerra universal. (Cf. también Ezeq., XXXVIII, 2 y sigs.)
264 Salmos, III, 1.
265 Ídem, II, 1.

—Esto contradice la opinión expuesta por el rabí Shemuel bar Najmaní en nombre del rabí Ionatán. Dijo el rabí Shemuel bar Najmaní en nombre del rabí Ionatán: Como recompensa por tres [acciones] meritorias, le concedieron tres [premios]. Como recompensa por: *Moisés se cubrió la cara...* obtuvo el resplandor del rostro;[242] la recompensa de *...porque tuvo miedo...* fue que *...tuvieron miedo de acercarse a él;*[242] como recompensa por *...de mirar a Dios,*[241] logró ver *la apariencia del señor.*[243] — *Después apartaré mi mano, y verás mi espalda.*[244] Dijo el rabí Janá bar Bizná en nombre del rabí Shimeón el piadoso: Esto nos enseña que el santo, bendito sea, mostró a Moisés el nudo de las filacterias.[245] — Dijo también el rabí Iojanán en nombre del rabí Iosí: El santo, bendito sea, nunca retiró una palabra de bendición salida de su boca, ni aun condicionada.[246] ¿Cómo lo sabemos? Por nuestro maestro Moisés. Porque dice lo escrito: *Déjame que los destruya,* etcétera, *y haré de ti una nación más fuerte y más poderosa...*[247] Aunque Moisés pidió misericordia y [la destrucción] quedó sin efecto, [la bendición] se cumplió en su descendencia, como dice lo escrito: *Los hijos de Moisés fueron Gersón y Eliézer. ... E hijo de Eliézer fue Rehabías el jefe. ... mas los hijos de Rehabías fueron muchos.*[248] Y el rabí Iosef enseñó: Eran más de seiscientos mil, lo que se extrae de la palabra "muchos". Aquí dice *fueron muchos,* y allí dice: *los hijos de Israel fructificaron y se multiplicaron, y fueron aumentados...*[249]

[7 b] Dijo el rabí Iojanán en nombre del rabí Shimeón ben Iojái: Desde el momento en que el santo, bendito sea, creó el mundo, nadie llamó al santo, bendito sea, señor, hasta que llegó Abraham y lo llamó señor, como dice lo escrito: *Y él respondió: Señor, ¿en qué conoceré que la he de heredar?*[250] — Dijo Rab: También Daniel fue escuchado gracias a Abraham, como dice lo escrito: *Ahora pues, Dios nuestro, oye la oración de tu siervo, y sus ruegos; y haz que tu rostro resplandezca sobre su santuario asolado, por amor del señor.* Tendría que haber dicho "por tu amor", pero [su intención fue decir]: "por el amor de Abraham, que te llamó señor".

Dijo también el rabí Iojanán en nombre del rabí Shimeón ben Iojái: ¿Cómo se sabe que no se debe tratar de apaciguar a un hombre en el momento en que estalla de furor? Por el versículo que dice: *Mi presencia irá contigo, y te daré descanso.*[252]

Dijo también el rabí Iojanán en nombre del rabí Shimeón ben Iojái: Desde el día que el santo, bendito sea, creó su mundo, nadie agradeció al santo, bendito sea, hasta que vino Lea y le agradeció, como dice lo escrito: *Esta vez agradeceré al señor.*[253]

Reubén. Dijo Lea —explicó el rabí Eleazar—: Vean la diferencia que hay entre[254] mi hijo y el hijo de mi suegro. Aunque el hijo de mi suegro vendió voluntariamente la primogenitura, como dice lo escrito: *...y vendió a Jacob su primogenitura,*[255] vean, sin embargo, lo que dice de él: *Y aborreció Esaú a Jacob,*[256] y también: *Y (Esaú) respondió: Bien llamaron su nombre Jacob, pues ya me suplantó dos veces,* etcétera.[257] En cambio mi hijo, a pesar de que José le quitó la primogenitura por la fuerza, como dice lo escrito: *...por haber violado el lecho de su padre, sus derechos de primogenitura fueron dados a los hijos de José,*[258] no se sintió envidioso, como dice el versículo: *Cuando Reubén oyó esto, lo libró de sus manos.*[259]

Rut. ¿Por qué [se llamaba] Rut? Dijo el rabí Iojanán: Porque le tocó ser antepasada de David, que sació al santo, bendito sea, de cantos y alabanzas.[260] —¿Cómo se sabe que los nombres influyen [en el destino de las personas]? —Porque dice lo escrito —respondió el rabí Eleazar—: *Venid, ved las obras del señor, que ha puesto asolamientos (shamot) en la tierra.*[261] No leamos *shamot,* sino *shemot* (nombres).

Dijo también el rabí Iojanán en nombre del rabí Shimeón ben Iojái: La mala educación[262] en la casa de un hombre es peor que la guerra de Gog y Magog,[263] como dice lo escrito: *Salmo de David, cuando huía de su hijo Absalón.*[264] Y dice luego: *¡Oh, señor, cómo se han multiplicado mis adversarios! Muchos son los que se levantan contra mí.* Pero de la guerra de Gog y Magog dice solamente: *¿Por qué se amotina la gente, y los pueblos piensan cosas vanas?*[265] Pero no dice *¡cómo se han multiplicado mis adversarios!*

Salmo de David, cuando huía de su hija Absalón. — ¿*Salmo de David?* Debería decir: Lamentación de David. — Dijo el rabí Shimeón ben Abishalom: [Veamos esta] parábola. ¿Con qué se puede comparar [este caso]? Con el del hombre que tiene un documento de deuda; antes de pagarlo, se apena; después de pagarlo, se alegra. Lo mismo le pasó a David. Cuando el santo,

[266] 2 Samuel, XII, 11.

[267] Prov., XXVIII, 4.

[268] Salmos, XXXVII, 1.
[260] A los que les remuerde la conciencia.

[270] Prov., XXXIII, 17.
[271] Que está en un momento de suerte.

[272] Salmos, X, 5.

[273] El rabí Itsjac.
[274] El rabí Iojanán.
[275] A las cuestiones de la religión. Se puede lidiar con un impío sobre cuestiones religiosas, no sobre asuntos personales.

[276] Habacuc, I, 13.
[277] Salm., XXXVII, 33.
[278] Prov., XII, 21.

[279] 2 Samuel, VII, 10.
[280] 1 Crón., XVII, 9.

[281] Después de haber pecado.

[282] Es más valioso ser sirviente del maestro que su discípulo.
[283] 2 Reyes, III, 11.

[284] Para rezar al mismo tiempo que ellos.

bendito sea, le dijo: . . .*haré levantar el mal sobre ti de tu misma casa,*[226] se apenó. Pensó: Será algún esclavo, o algún bastardo, que no tendrá piedad de mí. Cuando vio que era Absalón se alegró. De ahí que sea un salmo.

Dijo también el rabí Iojanán en nombre del rabí Shimeón ben Iojái: Está permitido lidiar con los impíos en este mundo, porque dice lo escrito: *Los que dejan la ley alaban a los impíos; mas los que la guardan lidiarán con ellos.*[267] — Se ha enseñado al respecto que dijo el rabí Dostái hijo del rabí Matón: Está permitido lidiar con los impíos en este mundo, porque dice lo escrito: *Los que dejan la ley alaban a los impíos,* etcétera. — Si alguien te murmurara que dice lo escrito: *No lidies con los malignos, ni envidies a los que hacen iniquidad,*[268] contéstale que [lo dicen aquellos] a quienes les golpea el pecho.[269] *No lidies con los malignos* significa, más bien, ser como los malignos; *ni envidies a los que hacen iniquidad* significa, más bien, ser como los que hacen iniquidad. Dice también lo escrito: *No tenga tu corazón envidia de los pecadores; antes persevera en el temor del señor todo el tiempo.*[270] — Pero no es así, porque dijo el rabí Itsjac: Cuando veas a un impío a quien le sonríe la hora,[271] no lo provoques, porque dice lo escrito: *Sus caminos son torcidos en todo tiempo.*[272] Más aún: sale favorecido del juzgado, como dice lo escrito: *Tus juicios los tiene muy lejos de su vista.*[272] Y más aún: ve el desconcierto de sus enemigos, porque dice el versículo: *A todos sus adversarios desprecia.*[272] — No hay contradicción; uno [273] se refiere a sus asuntos personales, y el otro [274] a los asuntos del cielo.[275] Y si quieres diré que tanto el uno como el otro se refieren a las cuestiones religiosas, pero uno [273] habla del impío al que le sonríe la suerte, y el otro [274] del impío al que no le sonríe la suerte. Y si quieres diré que tanto el uno como el otro se refieren al impío a quien le sonríe la suerte, pero el uno [274] habla de un hombre que es cabalmente justo, y el otro [273] de un hombre que no es cabalmente justo. Porque dijo el rabí Huná: ¿Cómo se explica que diga el versículo: *por qué ves a los menospreciadores, y callas cuando se traga el impío al más justo que él?*[276] ¿Puede acaso el impío tragar al justo? ¿No dice el versículo: *el señor no lo dejará en sus manos?*[277] ¿Y no dice también: *ninguna adversidad acontecerá al justo?*[278] — [Digamos], por lo tanto: Se traga al que es *más justo que él,* pero no se traga al que es cabalmente justo. Y si quieres diré que es distinto cuando le sonríe la suerte.

Dijo también el rabí Iojanán en nombre del rabí Shimeón ben Iojái: Cuando tiene lugar fijo para las oraciones, sucumben ante él sus enemigos, como dice lo escrito: *Además fijaré lugar a mi pueblo Israel y lo plantaré, para que habite en su lugar y nunca más sea removido, y ya no lo aflijan los inicuos, como al principio.*[279] — El rabí Huná señaló una contradicción: Aquí dice *ya no lo aflijan (los inicuos, como al principio),* y [en otro versículo] [280] dice: *ya no lo aniquilen (los inicuos, como al principio).* — Primero dice: no lo aflijan; después,[281] no lo aniquilen.

Dijo también el rabí Iojanán en nombre del rabí Shimeón ben Iojái: Es más importante el servico de la Tora que su estudio,[282] porque dice lo escrito: *Aquí está Eliseo hijo de Safat, que le echaba agua en las manos a Elías.*[283] No dice "que estudiaba [con Elías], sino *que le echaba agua.* Esto enseña que el servicio de la Tora es más importante que su estudio.

Dijo el rabí Itsjac al rabí Najmán: ¿Por qué no va el maestro a rezar a la casa de oración? —No puedo —le contestó. —Dijo [el rabí Itsjac]: ¿Por qué no reúne el maestro diez [hombres en su casa] para rezar [con ellos]? —Me resulta muy difícil —respondió. —Pídale el maestro al servidor de la comunidad que le comunique la hora a que dan comienzo las oraciones.[284] —¿Todo eso para qué? —preguntó. —Contestó [el rabí Itsjac]: Porque dijo el rabí

285 Salmos, LXIX, 14.

286 Isaías, XLIX, 8.
287 Job. XXXVI, 5. A
los muchos, que reúnen
sus oraciones. Interpre-
tación arbitraria del
versículo.
288 Salmos, LV, 19.

289 Del exilio.

290 Jeremías, XII, 14.
291 Longevos.
292 Que era palestino.
293 Deut., XI, 21.

294 Prov., VIII, 34.
295 Ídem, íd., 35.
296 No hay que po-
nerse a rezar junto a la
puerta, como si uno tu-
viera prisa por irse.
297 Salmos, XXXII, 6.
298 Prov., XVIII, 22.
299 ¿Qué versículo se
le puede aplicar a tu
mujer, el que dice *halla*
o el que dice *he halla-
do?*
300 Ecles., VII, 26.
301 Salm., LXVIII, 21.
Relaciona arbitraria-
mente *totsaot* conse-
cuencias, con *matsá*, hallar.
302 Una muerte livia-
na es una muerte "en
un beso".
303 Tirando violenta-
mente y arrancando tro-
zos de lana.
304 Produciendo una
intensa fricción.
305 Job, III, 22.
306 Hasta la última
palada de tierra que le
echan al sepultarlo.
307 Al hallazgo de un
retrete. En Babilonia,
de suelo pantanoso, los
retretes se hallaban le-
jos de las casas, en las
afueras de la ciudad.
308 Salm. LXXXVII, 2.
Hay un juego de pala-
bras entre *Tsión* (Sión)
y *tsiún*, nota distintiva.
309 Aquellas en las
que se hacían exposicio-
nes folklóricas, pero no
se estudiaba la ley.

Iojanán en nombre del rabí Shimeón ben Iojái: [8 *a*] ¿Qué significa: *Pero
yo te oraba, señor, en el momento de tu buena voluntad?*[285] ¿Cuándo es el
momento de la buena voluntad? Cuando reza la congregación. — [Se extrae]
de aquí —dijo el rabí Iosí hijo del rabí Janiná—: *Así dijo el señor: En tiempo
aceptable te oí.*[286] — De aquí —dijo el rabí Ajá hijo del rabí Janiná—: *He aquí
que Dios no desprecia a los poderosos.*[287] Dice además:[288] *Él redimirá en paz
mi alma de la guerra contra mí, porque había muchos conmigo.* — También se
ha enseñado al respecto que dijo el rabí Natán: ¿Cómo se sabe que el santo,
bendito sea, no desprecia las oraciones de la mayoría? Por el versículo que dice:
He aquí que Dios no desprecia a los poderosos, y el que dice: *Él redimirá en
paz mi alma de la guerra contra mí,* etcétera. Dijo el santo, bendito sea: El que
se ccupa en estudiar la Tora y hacer obras de caridad, considero que me redime,
a mí y a mis hijos, de los pueblos del mundo.[289]

Dijo Resh Lakish: El que tiene una casa de oración en su ciudad y no
concurre a ella para rezar, es llamado mal vecino, porque dice lo escrito: *Así
dijo el señor contra todos mis malos vecinos, que tocan la heredad que hice
poseer a mi pueblo Israel.*[290] Y no sólo eso; ocasiona el destierro de él y de sus
hijos, como dice el versículo: *He aquí que yo los arrancaré de su tierra, y arrancaré de en medio de ellos a la casa de Judá.*[290]

Le contaron al rabí Iojanán que en Babilonia había ancianos.[291] — Dice el
versículo —replicó extrañado [el rabí]:[292] *...para que sean vuestros días, y
los días de vuestros hijos, tan numerosos en la tierra...*[293] [En la tierra de
Israel], pero no fuera de ella. — Cuando le contaron que iban a la casa de oración por la mañana temprano, y se retiraban de ella tarde de noche, exclamó:
Es esto lo que les favorece, como solía decirles a sus hijos el rabí Iehoshúa ben
Leví: Vayan temprano a la casa de oración y retírense de ella tarde, y vivirán
muchos años. — Dijo el rabí Ajá hijo del rabí Janiná: ¿De qué versículo [se
extrae]? Del que dice: *Bienaventurado el hombre que me escucha, velando a
mis puertas cada día, aguardando a los postes de mis puertas.*[294] Y de este
otro que le sigue:[295] *Porque el que me halle, hallará la vida.* — Dijo el rabí Jisdá:
Uno tiene que entrar siempre por dos puertas en la casa de oración. — ¿Dos
puertas? ¿Qué significa? — Digamos: A la distancia de dos puertas; y luego
orar.[296]

Por eso orará a ti todo santo en el tiempo del hallazgo.[297] Dijo el rabí Janiná: *En el tiempo en que puedas ser hallado,* se refiere a la esposa, como dice lo
escrito: *El que halla esposa halla el bien.*[298] En el oeste solían preguntarle al
que se casaba: ¿Halla o he hallado?[299] ¿*Halla,* como en el versículo que dice:
El que halla esposa halla el bien, y alcanza la benevolencia del señor, o *he
hallado,* como en el versículo que dice: *Y he hallado más amarga que la muerte
a la mujer,* etcétera?[300] — Dijo el rabí Natán: *En el tiempo del hallazgo* se
refiere a la Tora, como dice lo escrito: *Porque el que me halle, hallará la vida,*
etcétera.[295] — Dijo el rabí Najmán bar Itsjac: *En el tiempo del hallazgo* se
refiere a la muerte, como dice lo escrito: *...(al señor le corresponden) las con-
secuencias de la muerte.*[301] Se ha enseñado al respecto: Se han creado en el
mundo novecientas tres formas de muerte, porque dice lo escrito: *...las con-
secuencias (totsaot) de la muerte,* y ese es el valor numérico de *totsaot.* La peor es
el crup; la más liviana, el beso.[302] El crup es como si a un ovillo de lana se le
sacara un abrojo hacia atrás.[303] Según otros, es como pasar una soga por una
tronera.[304] [Morir] por un beso es como sacar un pelo de la leche. — Dijo el
rabí Iojanán: *En el tiempo del hallazgo* se refiere a la tumba. — Dijo el rabí
Janiná: ¿De que versículo [se extrae]? — *Y se gozan cuando hallan el sepulcro.*[305] — Es como dice la gente —expresó Rabáh hijo del rabí Shilá—: El hombre debe regar por la paz hasta la última palada.[306] — Dijo Mar Zutrá: *En el
tiempo del hallazgo,* se refiere al retrete.[307] — En el oeste dijeron: La explicación de Mar Zutrá es la mejor de todas.

Dijo Rabá a Rafram bar Papa: ¿Quisiera darnos el maestro alguna de
las hermosas exposiciones que suele hacer en nombre del rabí Jisdá con respecto a las casas de oración? — Dijo el rabí Jisdá —respondió—: ¿Qué significa el versículo que dice: *El señor ama las puertas de Sión más que todas las
moradas de Jacob?*[308] — El señor ama las puertas distinguidas por la jurisprudencia más que las casas de oración y estudio.[309] Como dijo el rabí Jiiá bar
Amí en nombre de Ulá: Desde que fue destruido el Templo, el santo, bendito
sea, no tiene en su mundo más que los cuatro codos de la jurisprudencia. — Lo
mismo dijo Abaie: Al principio estudiaba en mi casa e iba a rezar a la casa de
oración; después de haberme enterado de lo que dijo el rabí Jiiá bar Amí en

nombre de Ulá, que "desde que fue destruido el Templo, el santo, bendito sea, no tiene en su mundo más que los cuatro codos de la jurisprudencia", rezo únicamente en el sitio donde estudio. — Los rabíes Amí y Así, aunque tenían en Tiberíades trece casas de oración, oraban solamente entre las columnas del sitio donde solían estudiar.

Dijo también el rabí Jiiá bar Amí en nombre de Ulá: El hombre que vive de su trabajo es más grande que el temeroso de Dios,[310] porque dice lo escrito del temeroso de Dios: *Bienaventurado el hombre que teme al señor*,[311] y dice del que vive de su trabajo: *Cuando comieres el trabajo de tus manos, bienaventurado serás, y te irá bien.*[312] *Bienaventurado serás* en este mundo, *y te irá bien* en el mundo del futuro. Del hombre que teme a Dios no dice *y te irá bien.*

Dijo también el rabí Jiiá bar Amí en nombre de Ulá: El hombre debe vivir siempre en la misma ciudad de su maestro. Porque Salomón no se casó con la hija del faraón en vida de Shimí ben Guerá. — ¿No se ha enseñado que uno no debe vivir [en la ciudad de su maestro]? — No hay contradicción. En un caso [el discípulo] está sometido al maestro; en el otro, no está sometido. — Dijo el rabí Huná bar Iehudá que dijo el rabí Menajem en nombre del rabí Amí: ¿A qué se refiere el versículo que dice: *los que dejan al señor serán consumidos?*[313] A los que dejan el rollo de la Tora y salen.[314] — El rabí Abahú solía salir entre lectura y lectura.[315] — Preguntó el rabí Papa: ¿[Se puede salir] entre versículo y versículo? — Queda sin respuesta. — El rabí Sheshet daba vuelta la cara[316] y seguía estudiando. Decía: Nosotros con lo nuestro, y ellos[317] con lo suyo.

Dijo el rabí Huná bar Iehudá en nombre del rabí Amí: Uno tiene que terminar siempre el capítulo junto con la congregación,[318] [recitando] dos veces el texto hebreo y una vez la versión [aramea], [8 b] incluso [versículos como el de] *Atarot, Dibón . . .*,[319] porque le serán prolongados los días y los años al que termine la sección semanal con la congregación. El rabí Bibái bar Abaie quiso terminar todas las secciones del año en la víspera del día de la expiación. Jiiá bar Rab de Diftí[320] le dio esta enseñanza. Dice lo escrito: *Afligiréis vuestras almas, el noveno día del mes de ab.*[321] ¿El noveno día ayunamos? [No], ayunamos el décimo día. Esto te enseña que si uno come y bebe el noveno día, la Escritura lo considera como si hubiese ayunado tanto el noveno día como el décimo. — Quiso leerlos antes, pero un anciano le dijo: Se ha enseñado que no deben leerse ni antes ni después que [el resto de la congregación]. — Lo mismo les dijo a los hijos el rabí Iehoshúa ben Leví: Terminen las secciones junto con [toda] la congregación, dos veces en hebreo y una vez en la traducción [aramea]; tengan cuidado de [que se corten] las yugulares,[322] de acuerdo con [la norma establecida por] el rabí Iehudá; porque se ha enseñado que dijo el rabí Iehudá: Hay que cortar las yugulares; y tengan cuidado con el anciano que olvida sin culpa lo que sabe,[323] porque se ha dicho que en el arca se pusieron tanto las tablas [enteras] como los fragmentos.[324]

Dijo Rabá a sus hijos: Cuando cortan carne, no la corten sobre el hueco de la mano. Según unos, porque es peligroso; según otros, para no manchar la comida.[325] No se sienten en la cama de una aramea, y no pasen por detrás de una casa de oración cuando la congregación se encuentra orando. — "No se sienten en la cama de una aramea." Según algunos, significa: No se acuesten a dormir sin haber recitado el *shemá*. Según otros, significa: No se casen con prosélitas. Y según otros, se refiere realmente a [la cama de] una aramea, y se basa en lo que le pasó al rabí Papa. Cierta vez fue el rabí Papa a visitar a una pagana; la mujer le acercó una cama y le dijo: Siéntate. — No me sentaré —respondió— si no la destapas. — La destapó, y apareció un niño muerto. — Por eso dicen los sabios: Está prohibido sentarse en la cama de una aramea. "No pasen por detrás de una casa de oración cuando la congregación se encuentra orando." Esta [norma] respalda la enseñanza del rabí Iehoshúa ben Leví. Dijo el rabí Iehoshúa ben Leví: Se prohíbe pasar por detrás de una casa de oración cuando la congregación se halla orando. — Dijo Abaie: Sólo rige cuando no hay otra puerta; cuando hay otra puerta, no importa. Y sólo rige cuando no hay otra casa de oración; habiendo otra casa de oración, no importa. Y sólo rige cuando uno anda sin carga; y cuando no corre; y cuando no lleva puestas las filacterias. En cualquiera de estos casos no importa.

Se ha enseñado que dijo el rabí Akiba: Los medos tienen tres cosas que me gustan: cuando cortan carne, la cortan únicamente sobre la mesa; cuando besan, besan únicamente la mano; y cuando deliberan, se reúnen únicamente en el campo. — Dijo el rabí Adá bar Ahabá: ¿En qué versículo [se funda esta

---

[310] Que es mantenido por otros.
[311] Salmos, cxii, 1.
[312] Ídem, cxxviii, 2.

[313] Isaías, i, 28.
[314] Interrumpiendo su lectura.
[315] Cuando concluía la recitación de una parte, y antes de que comenzara la siguiente.
[316] Cuando se recitaba el capítulo semanal.
[317] El pueblo, a quien estaba destinada la lectura del capítulo.

[318] Aunque cada cual rece en su casa, todos tienen que recitar semanalmente la misma sección del Pentateuco.
[319] Núm., xxxii, 3, versículo que sólo contiene nombres propios. Incluso estos versículos, cuya traducción aramea no es más que una repetición del hebreo, deben ser leídos tres veces.
[320] Localidad que puede ser la ciudad de Dibitach, junto al Tigris superior, o la de Debá, junto al Tigris inferior.
[321] Levít., xxiii, 32.
[322] Al matar a un animal.
[323] No dejen de respetar al anciano a quien la enfermedad o las privaciones le oscurecen la memoria.
[324] Los restos de las tablas de la ley que Moisés rompió cuando bajó del Sinaí. V. Éxodo, xxxii, 15-19, y Baba Batrá, 14 *b*.
[325] Con la sangre.

326 Génesis, xxxi, 4.

327 En las relaciones
sexuales.

328 Isaías, xiii, 3.

última afirmación]? — *Envió, pues, Jacob, y llamó a Raquel y a Lea al campo donde estaban sus ovejas.*[326] — Se ha enseñado que dijo el rabán Gamaliel: Los persas tienen tres cosas que me gustan: son discretos para comer, discretos en el retrete, y discretos en las otras cosas.[327] *Yo mandé a mis consagrados.*[328] Enseñó el rabí Iosef: Se refiere a los persas, que fueron consagrados y destinados al infierno.

Dijo el rabán Gamaliel, etcétera. Dijo el rabí Iehudá en nombre de Shemuel: La jurisprudencia coincide con el rabán Gamaliel. — Se ha enseñado que dijo el rabí Shimeón ben Iojái: En ocasiones se recita el *shemá* dos veces por la noche, una antes y otra después del alba, y con eso se cumple una vez por el día y una vez por la noche. — Lo que dices es contradictorio. "Se recita el *shemá* dos veces por la noche", es decir que sigue siendo noche después del alba. Luego dices: "Con eso se cumple, una vez por el día y una vez por la noche", es decir, que es de día. — No; en realidad es de noche, pero él le dice día porque hay gente que se levanta a esa hora. — Dijo el rabí Ajá bar Janiná en nombre del rabí Iehoshúa ben Leví: La jurisprudencia concuerda con el rabí Shimeón ben Iojái. — Hay quien refiere las palabras del rabí Ajá bar Janiná a la siguiente enseñanza: En ocasiones — dijo el rabí Shimeón ben Iojái en nombre del rabí Akiba— se recita el *shemá* dos veces por día, una vez antes de la salida del sol y otra después de la salida del sol, cumpliéndose de ese modo la obligación, una por el día y otra por la noche. — Lo que dices es contradictorio. "En ocasiones se recita el *shemá* dos veces por día, es decir que antes de salir el sol es de día. Luego dices: "Con eso se cumple la obligación, una vez por el día y otra vez por la noche", es decir que es de noche. [9 a] No; en realidad es de día, pero le dice noche porque hay gente que a esa hora duerme. — Dijo el rabí Ajá hijo del rabí Janiná en nombre del rabí Iehoshúa ben Leví: La jurisprudencia coincide con la enseñanza que dio el rabí Shimeón en nombre del rabí Akiba. — Dijo el rabí Zerá: Pero no debe[329] decir [la oración] "Haznos acostar". — Cuando llegó[330] el rabí Itsjac bar Iosef, declaró: Lo que dijo el rabí Ajá hijo del rabí Janiná en nombre del rabí Iehoshúa ben Leví no fue expresamente enseñado [por este último]; el rabí Ajá lo dedujo [de uno de sus fallos]. Porque cierta vez en la boda de un hijo del rabí Iehoshúa ben Leví, varios estudiosos se emborracharon [y se quedaron dormidos].[331] Se presentaron [al alba] ante el rabí Iehoshúa ben Leví,[332] y este les dijo: El rabí Shimeón tiene suficiente autoridad para confiar en él en un caso de fuerza mayor.

Ocurrió cierta vez que sus hijos regresaron, etcétera. ¿Pero es que no habían conocido hasta entonces la enseñanza del rabán Gamaliel? — Le preguntaron: ¿Están los rabíes contigo en disidencia, en cuyo caso, cuando uno discrepa de muchos, se considera que la jurisprudencia respalda a los muchos, o están de acuerdo contigo, y dicen "hay tiempo hasta medianoche para alejar al hombre de la trasgresión? — Los rabíes —contestó— concuerdan conmigo, y ustedes tienen [todavía] la obligación [de recitar el *shemá*]; dicen que "hay tiempo hasta medianoche" para alejar al hombre de la trasgresión.

Y no lo dicen con respecto a esto solamente, etcétera. ¿Dijo acaso el rabán Gamaliel "tiene tiempo hasta medianoche", para enseñar a continuación que *no lo dicen con respecto a esto solamente*? — Esto fue lo que el rabán Gamaliel les dijo a sus hijos: Incluso de acuerdo con los rabíes, que dijeron "hasta medianoche", la obligación se mantiene hasta el amanecer; y dijeron "hasta medianoche" para alejar al hombre de la trasgresión.

La quema de la grasa, etcétera. ¿Del consumo de la ofrenda pascualina no dice nada [la mishná]? Hay una contradicción [con la siguiente enseñanza]: La recitación del *shemá* por la tarde y de las loas nocturnas de la pascua, y el consumo del sacrificio pascualino se pueden cumplir hasta el amanecer. — No hay contradicción —respondió el rabí Iosef—: una enseñanza[333] sigue al rabí Eleazar ben Azariiá, y la otra[334] al rabí Akiba. Porque se ha enseñado: *Y aquella noche comerán la carne...*[335] Aquí dice —expresó el rabí Eleazar ben Azariiá— *aquella noche,* y más adelante dice: *Pues yo pasaré aquella noche por la tierra de Egipto.*[336] Lo mismo que aquí significa "hasta medianoche", también allí significa "hasta medianoche". — Pero también dice —le replicó el rabí Akiba—: *(lo comeréis) a prisa,*[337] [es decir,] hasta la hora de la prisa.[338] — ¿En tal caso, por qué dice de noche? — Podría creerse que se puede comer de día, como los sacrificios; por eso dice de noche, para indicar que debe comerse de noche, no de día. — De acuerdo con la opinión del rabí Eleazar ben Azariiá, que deduce por comparación de términos, se explica que la Tora

329 El que recita el *shemá* nocturno a la madrugada.

330 De Palestina.

331 Durmieron hasta el amanecer, sin haber recitado el *shemá*.

332 A preguntarle si aún estaban a tiempo para recitar el *shemá*.

333 La mishná.

334 La baraíta.

335 Éxodo, xii, 8.

336 Ídem, íd., 12.

337 Ídem, íd., 11

338 El amanecer, cuando los israelitas salieron a prisa de Egipto.

diga *aquella (noche)*; pero de acuerdo con la opinión del rabí Akiba, ¿qué objeto tiene que diga *aquella (noche)*? — El de excluir la noche siguiente. Como la ofrenda de pascua es un sacrificio de santidad menor y la ofrenda de paz también es un sacrificio de santidad menor, podría suponerse que si la ofrenda de paz se come durante dos días y una noche, también se puede comer la ofrenda de pascua durante dos noches, en lugar de los dos días, y por consiguiente, dos noches y un día. Por eso dice *aquella noche*; se come *aquella noche*, y no otra noche. — ¿Y el rabí Eleazar ben Azariiá? [339] — Dice el versículo: *No dejaréis nada de él hasta la mañana*.[340] — ¿Y el rabí Akiba? — Si [lo deduce] de aquel versículo, también podría decirse que *hasta la mañana* significa hasta la otra mañana. — ¿Y el rabí Eleazar? — Él te contesta: *Mañana* significa generalmente la primera mañana.

[La discrepancia de] estos tanaítas [es similar a la de] otros tanaítas. Se ha enseñado: *...allí sacrificarás la pascua por la tarde a la puesta del sol, a la hora en que saliste de Egipto*.[341] Dijo el rabí Eliézer: *A la tarde sacrificarás; a la puesta del sol comerás; y a la hora en que saliste de Egipto* [342] *quemarás* [lo que quede]. — Dijo el rabí Iehoshúa: *A la tarde sacrificarás; a la puesta del sol comerás. ¿Hasta cuándo comerás? Hasta la hora en que saliste de Egipto*.

Dijo el rabí Abá: Todos concuerdan en que los israelitas fueron rescatados de Egipto por la tarde; porque dice lo escrito: *...el señor tu Dios te sacó de Egipto de noche*.[343] Pero se fueron de día, como dice el versículo: *...al segundo día de la pascua salieron los hijos de Israel con mano poderosa*.[344] ¿Sobre qué discrepan? — Sobre la hora de la prisa. El rabí Eleazar ben Azariiá opina que se refiere a la prisa de los egipcios.[345] El rabí Akiba opina que se refiere a la prisa de Israel.[346] También se ha enseñado al respecto: *El señor tu Dios te sacó de Egipto de noche*. ¿Pero es que salieron de noche? ¿No salieron por la mañana, como dice el versículo: *al segundo día de la pascua salieron los hijos de Israel con mano poderosa*? Esto te enseña que la redención había comenzado por la tarde.

Habla ahora al pueblo, etcétera.[347] Dijeron en la escuela del rabí Ianái: *Ahora* no es otra cosa que una forma de oración. El santo, bendito sea, le dijo a Moisés: Te ruego que vayas y digas a Israel: Les ruego que pidan a los egipcios utensilios de plata y utensilios de oro, para que no diga [9 b] este hombre justo:[348] *...y será esclava, y será oprimida*.[349] Les cumplió [la promesa]. Pero [la promesa] *...y después de estos saldrán con gran riqueza*,[349] no les cumplió. Le dijeron:[350] ¡Si pudiéramos salir tan sólo nosotros! — Se puede comparar este caso con el de un hombre preso al que le dicen: Mañana te dejarán en libertad y te darán mucho dinero. Y el hombre contesta: Les ruego que me dejen salir hoy, y no les pido nada más.

...y les dieron cuanto pedían.[351] Dijo el rabí Amí: Esto enseña que se lo dieron contra su voluntad. Según unos, contra la voluntad de los egipcios. Según otros, contra la voluntad de los israelitas. Según unos, contra la voluntad de los egipcios, porque dice lo escrito: *Y las que se quedaban en casa repartían los despojos*.[352] Según otros, contra la voluntad de los israelitas, por la carga.[353]

Así despojaron a los egipcios.[351] Dijo el rabí Amí: Esto enseña que lo hicieron como una red que ya no tiene granos. — Dijo Resh Lakish: Lo hicieron como un estanque que ya no tiene peces.

Yo soy el que soy.[354] El santo, bendito sea, dijo a Moisés: Ve a decir a los israelitas: Estuve con ustedes en esta servidumbre, y estaré con ustedes en la servidumbre de los reinos.[355] — Señor del mundo —le contestó—, es bastante el mal en su época. — A esto respondió el santo, bendito sea: Ve a decirles: YO SOY me envió a vosotros.[354]

Respóndeme, señor, respóndeme.[356] Dijo el rabí Abahú: ¿Por qué exclamó Elías *respóndeme* dos veces? Esto enseña que Elías dijo al santo, bendito sea: Señor del mundo, *respóndeme*, que descienda un fuego del cielo y queme todo lo que se encuentre sobre el altar, y *respóndeme*, desvíales sus [malos] pensamientos para que no digan que es obra de hechicería. Porque dice lo escrito: *...y que tú vuelves a ti el corazón de ellos*.[356]

MISHNÁ 2. ¿Desde qué momento se lee el shemá por la mañana? Desde el momento en que se puede distinguir el azul del blanco. Dijo el rabí Eliézer: El azul del verde; y se puede terminar hasta la salida del sol. — Dijo el rabí Iehoshúa: Hasta la tercera hora [del día], porque es costumbre de los reyes

[339] ¿Cómo lo interpreta el rabí Eleazar ben Azariiá?
[340] Éxodo, XII, 10.
[341] Deut., XVI, 6.
[342] Al amanecer.
[343] Ídem, XVI, 1.
[344] Núm., XXXIII, 3.
[345] A medianoche, y a raíz de la muerte de los primogénitos, los egipcios urgieron a los israelitas a que se fueran a toda prisa. Véase Éxodo, XII, 30 y sigs.
[346] La que se dieron para irse, a la mañana siguiente.
[347] Éxodo, XI, 2.
[348] Abraham.
[349] Génesis, XV, 14.
[350] Los israelitas a Moisés.
[351] Éxodo, XII, 36.
[352] Salm., LXVIII, 13.
[353] Los israelitas no querían ir cargados.
[354] Éxodo, III, 14.
[355] En las futuras servidumbres de Babilonia y Roma.
[356] 1 Reyes, XVIII, 37.

levantarse a la tercera hora. El que recita el shemá *después no pierde nada; es como si leyera la Tora.*

GUEMARÁ. ¿Qué significa [distinguir] *el azul del blanco*? ¿Diremos: un ovillo de lana blanca de un ovillo de lana azul? También se distingue de noche. —No; el azul que contiene y el blanco que contiene.[357] —Se ha enseñado que dijo el rabí Meir: [Se lee el *shemá* por la mañana] desde el momento en que se puede distinguir un lobo de un perro. —Dijo el rabí Akiba: Desde el momento en que se puede distinguir un asno [doméstico] de un asno salvaje. —Según otros, desde el momento en que se puede distinguir a un amigo a cuatro codos de distancia. —Dijo el rabí Huná: La jurisprudencia concuerda con los otros. —Dijo Abaie: Con respecto a las filacterias,[358] es como dicen los otros; con respecto a las recitación del *shemá*, es como hacen los piadosos. Porque dijo el rabí Iojanán: Los piadosos solían terminar [el *shemá*] a la salida del sol. Se ha enseñado al respecto: Los piadosos terminaban [el *shemá*] a la salida del sol, para unir la [bendición por la] redención con la oración, y decir la oración de día. —Dijo el rabí Zerá: ¿En qué versículo [se basa]? En el que dice: *Te temerán mientras duren el sol y la luna, de generación en generación.*[359] —El rabí Iosí ben Eliakim atestiguó en nombre de la santa comunidad de Jerusalén: El que une la [bendición de la] redención con la oración no sufre ningún daño en todo el día. —Dijo el rabí Zerá: No es así, porque yo las uní y sufrí un daño. —¿Qué daño? —le preguntaron. —¿Tuviste que llevar una rama de mirto al palacio real? Tendrías que pagar por verle la cara al rey. Porque dijo el rabí Iojanán: Uno siempre corre a verle la cara a los reyes israelitas, y no solamente a los reyes israelitas, sino también a los reyes de las demás naciones, para que, si está en su destino,[360] pueda distinguir entre los reyes israelitas y los reyes extranjeros. —Dijo el rabí Eleá a Ulá: Cuando vayas [a Palestina] dale saludos míos a mi hermano el rabí Bruná, delante de toda la congregación, porque es un gran hombre y goza los mandamientos. Cierta vez logró unir la [bendición de la] redención con la oración, y no se le fue la sonrisa de los labios en todo el día. Pero no es posible unirlas porque el rabí Iojanán dijo: Al principio se dice: *Señor, abre mis labios,*[361] y al final se dice: *Sean gratos los dichos de mi boca,* etcétera.[362] —Respondió el rabí Eleazar: Estos [versículos] son de la oración de la tarde. —Pero el rabí Iojanán dijo: ¿A quién le está destinado el mundo del futuro? Al que reúne la [bendición de la] redención, del anochecer, con la oración del anochecer. —Dijo el rabí Eleazar: Esto ocurre más bien en la oración de la tarde. —Dijo el rabí Ashí: Puedes decir asimismo que ocurre en todas [las oraciones], porque esos [versículos][363] que los rabíes establecieron en la oración, la transforman en una sola oración prolongada. Porque si no lo dices de ese modo, no se podrían reunir [las recitaciones] por la noche, porque debe decirse entre ellas la oración *haznos descansar*. Debemos decir que si allí se recita *haznos descansar*, considerándola como prolongación de la [bendición de la] redención, por haberlo establecido los rabíes, también aquí se consideran [aquellos versículos],[363] establecidos por los rabíes, como prolongación de la oración. —Observa: [El versículo] *sean gratos los dichos de mi boca* se puede decir tanto al principio como al final [de la oración]. ¿Por qué dispusieron los rabíes que se pronunciara al final de las dieciocho bendiciones? ¿Por qué no se dice al principio? —Respondió el rabí Iehudá hijo del rabí Shimeón ben Pazí: Los rabíes dispusieron que se recitara después de dieciocho bendiciones, porque David lo dijo después de dieciocho capítulos [de los salmos]. —¿Por qué dieciocho? Son diecinueve. —[Los capítulos] *Bienaventurado el varón* y *Por qué se amotina la gente*[364] forman [en realidad] un solo capítulo. Porque dijo el rabí Iehudá hijo del rabí Shimeón ben Pazí: David compuso ciento tres capítulos [de salmos], pero no cantó aleluyas hasta no haber visto la caída de los perversos, como dice lo escrito: *Sean consumidos de la tierra los pecadores, y los impíos dejen de ser. Bendice, alma mía, al señor. Aleluya.* ¿Son, acaso, ciento tres? ¿No son ciento cuatro? Por eso debe deducirse que *Bienaventurado el varón* y *Por qué se amotina la gente* forman un solo capítulo. Porque dijo el rabí Shemuel bar Najmaní en nombre del rabí Iojanán: [10 a] Los capítulos por los que tenía predilección especial, David los comenzaba con [la palabra] *bienaventurado* y los terminaba con [la palabra] *bienaventurado*. Los comenzaba con [la palabra] *bienaventurado*, como en el versículo que dice: *Bienaventurado el varón*, y los terminaba con [la palabra] *bienaventurado*, como en el versículo que dice: *Bienaventurados todos los que en él confían.*[366]

[357] Las partes azules y blancas de una misma tela, o los flecos que tienen hilos azules y que se usan cuando se recita el *shemá*.

[358] A la determinación de la oportunidad en que deben ser puestas.

[359] Salmos, LXXII, 5.

[360] Si le toca estar presente en la restauración del reino.

[361] Salmos, LI, 17.
[362] Ídem, XIX, 15.

[363] *Señor, abre mis labios... y Sean gratos los dichos...*, agregados al comienzo y al final.

[364] Frases iniciales de los capítulos I y II.

[365] Salmos, CIV, 35.

[366] Último versículo del cap. II; por consiguiente los capítulos I y II son en realidad uno solo.

En la vecindad del rabí Meir vivían unos malvados que le causaban grandes molestias. El rabí Meir oró pidiendo que se murieran. Le dijo entonces su esposa Beruria: ¿Qué te imaginas?[367] ¿Porque dice el versículo: *sean consumidos los pecados?*[368] No dice *los pecadores,* sino *los pecados.* Fíjate, además, en la parte final del versículo: *y los impíos dejen de ser.* Cuando se consuman los pecados, dejará de haber impíos. Ruega, más bien, que se arrepientan; así no habrá impíos. — Rogó por ellos, y se arrepintieron.

Dice lo escrito —expresó un saduceo,[369] dirigiéndose a Beruria—: *Regocíjate, estéril, la que no daba a luz.*[370] ¿Que se regocije porque no daba a luz? — Tonto —le contestó—; mira la parte final del versículo, donde dice: *porque más son los hijos de la desamparada que los de la casada, ha dicho el señor.* ¿Y por qué dice: *la estéril que no daba a luz?* Para significar: "Regocíjate, comunidad de Israel, que es como una mujer estéril, por no haber dado a luz, para el infierno, hijos como tú".

Dice lo escrito —expresó un hereje, dirigiéndose al rabí Abahú—: *Salmo de David, cuando huía de su hijo Absalón.*[371] Y dice luego: *Mictam de David, cuando huyendo de Saúl se fue a la cueva.*[372] ¿Qué ocurrió primero? ¿No fue el episodio de Saúl? ¿Por qué no lo puso antes? — Ustedes —respondió—, que no usan el apoyo [mutuo de los versículos], para la interpretación, encuentran aquí una objeción. Para nosotros, que empleamos el apoyo, no hay ninguna objeción. Porque dijo el rabí Iojanán: ¿Dónde encontramos en la Tora que debe tomarse en cuenta el apoyo? En el versículo que dice: *Apoyados eternamente y para siempre, hechos en verdad y en rectitud.*[373] ¿Por qué se apoya el capítulo de Absalón en el capítulo de Gog y Magog?[374] Para que si alguien te preguntara: ¿Puede ser que un esclavo se rebele contra su amo?,[375] le respondieras: ¿Puede ser que un hijo se rebele contra el padre? Pues esto ocurrió, y también ocurrirá aquello.

¿A quién se refería Salomón —expresó el rabí Iojanán en nombre del rabí Shimeón ben Iojai— en el versículo que dice: *Abre su boca con sabiduría, y la ley de clemencia está en su lengua?*[376] No podía referirse más que a su padre David, que habitó en cinco mundos y les compuso un salmo [a cada uno]. Entonó una canción cuando habitaba en el vientre de la madre, como dice lo escrito: *Bendice, alma mía, al señor, y bendigan todas mis entrañas su santo nombre.*[377] Salió al mundo, observó las estrellas y las constelaciones, y se echó a cantar, como dice lo escrito: *Bendecid al señor, vosotros sus ángeles, poderosos en fortaleza, que ejecutáis su palabra, obedeciendo a la voz de su precepto. Bendecid al señor, vosotros todos sus ejércitos, etcétera.*[378] Mamó el pecho de la madre, le miró los senos, y se echó a cantar, como dice lo escrito: *Bendice, alma mía, al señor, y no olvides ninguno de sus beneficios.*[379] — ¿Cuáles son sus beneficios? —Dijo el rabí Abahú: El que le haya puesto los senos[380] en la fuente del conocimiento.[381] — ¿Por qué? —Dijo el rabí Iehudá: Para que no mire [el lactante] el lugar del sexo.[382] —Dijo el rabí Matená: Para que no mame en un lugar sucio. — Vio la caída de los impíos y se echó a cantar, como dice lo escrito: *Sean consumidos de la tierra los pecadores, y los impíos dejen de ser. Bendice, alma mía, al señor. Aleluya.*[368] Observó el día de la muerte, y se puso a cantar, como dice lo escrito: *Bendice, alma mía, al señor. Señor, Dios mío, mucho te has engrandecido; te has vestido de gloria y de magnificencia.*[383] — ¿Dónde está la relación de este versículo con el día de la muerte? —Dijo Rabáh hijo del rabí Shilá: Se advierte en la parte final [del párrafo], donde dice: *Escondes tu rostro, se turban; les quitas el aliento, dejan de ser, etcétera.*[384]

El rabí Shimí bar Ucbá (según otros, Mar Ucbá), solía visitar al rabí Shimeón ben Pazí, que preparaba *agadot*[385] [y las recitaba] ante el rabí Iehoshúa ben Leví. — ¿Qué significa —le dijo—: *Bendice, alma mía, al señor, y bendiga todo mi ser su santo nombre?*[377] — Ven y observa —le contestó [el rabí Shimeón]— que los procedimientos del santo, bendito sea, no son como los procedimentos del hombre de carne y hueso. ¿[Cuáles son] los procedimientos del hombre de carne y hueso? Dibuja una figura en la pared, pero no puede incluirle espíritu, alma, vísceras ni entrañas. El santo, bendito sea, no; él forma una figura en otra figura, y le suministra espíritu, alma, vísceras y entrañas. Es como dijo Ana:[386] *No hay santo como el señor; porque no hay ninguno fuera de ti, y no hay roca (tsur) como nuestro Dios.* ¿Qué significa *no hay tsur como nuestro Dios?* — No hay *tsaiar* (pintor)[387] como nuestro Dios. ¿Qué significa *no hay ninguno fuera de ti?* — No leamos —dijo el rabí Iehudá bar Menasiá— *no hay ninguno bilteca (fuera de ti),* sino *no hay nin-*

367 ¿Crees que podrá prosperar tu pedido?

368 Salmos, CIV, 35.

369 Palabra que reemplaza a "hereje".

370 Isaías, LIV, 1.

371 Salmos, III, 1.

372 Ídem, LVII, 1.

373 Ídem, CXI, 8.

374 El salmo II, que los rabíes relacionan con la guerra de Gog y Magog.

375 ¿Es posible que las naciones se rebelen contra Dios?

376 Prov., XXXI, 26.

377 Salm., CIII, 1. *Mis entrañas* indica que se hallaba en el cuerpo de la madre.

378 Ídem, íd., 20 y 21.

379 Ídem, íd., 2.

380 A las mujeres.

381 El corazón. *Gamal,* beneficiar, significa también destetar.

382 Lo que sucedería si los senos de la mujer estuvieran, como en otros animales, en el bajo vientre.

383 Salmos, CIV, 1.

384 Ídem, íd., 29.

385 Relatos legendarios.

386 1 Samuel, II, 2.

387 Es decir, creador.

guno lebaloteca *(que te sobreviva).* Porque la característica del santo, bendito sea, no es como la característica del ser de carne y hueso. La característica del hombre es que la obra de sus manos lo sobreviva; la del santo, bendito sea, es la de sobrevivir a sus obras. — Lo que quiero decirte — expresó — [388] es lo siguiente: ¿A quién se refiere David las cinco veces que dice *bendice, alma mía, al señor?* A nadie más que al santo, bendito sea, y al alma. El alma llena todo el cuerpo del mismo modo que el santo, bendito sea, llena todo el mundo. El alma ve y no es visto, del mismo modo que el santo, bendito sea, ve y no es visto. El alma nutre a todo el cuerpo del mismo modo que el santo, bendito sea, nutre a todo el mundo. El alma es pura lo mismo que el santo, bendito sea, es puro. El alma reside en los aposentos interiores del mismo modo que el santo, bendito sea, reside en los aposentos interiores. Lo que reúna esas cinco cualidades que venga y alabe al que esas cinco cualidades reúne.

¿Qué significa — expresó el rabí Hamnuná — el versículo que dice: *Quién como el sabio? ¿Y quién como el que sabe la declaración (pesher) de las cosas?* [389] ¿Quién como el santo, bendito sea, que supo reconciliar *(pesharaj)* a dos hombres piadosos, a Ezequías e Isaías? Dijo Ezequías: Que venga a verme Isaías, para averiguar que Elías fue a ver a Acab, [390] (como dice el versículo: *Fue, pues, Elías, a mostrarse a Acab.)* [391] — Dijo Isaías: Que venga Ezequías a verme, para averiguar que Joram hijo de Acab fue a ver a Eliseo. [392] ¿Qué hizo el santo, bendito sea? Mandó dolores a Ezequías, y dijo a Isaías: Ve a ver al enfermo. Así dice lo escrito: *En aquellos días Ezequías enfermó de muerte. Y vino a verlo el profeta Isaías hijo de Amoz, y le dijo: Dice así el señor: Ordena tu casa, porque morirás, y no vivirás,* etcétera. [393] ¿Qué significa *morirás, y no vivirás?* — Morirás en este mundo y no vivirás en el mundo del futuro. — ¿Por qué todo eso? — le preguntó. — Porque no te ocupaste con la reproducción [394] — le contestó. — Porque vi por el espíritu santo — replicó — que no engendraría hijos virtuosos. — Tú no tienes nada que ver con los secretos del misericordioso — respondió —; debes hacer lo que te mandan, y que el santo, bendito sea, haga lo que le parezca. — Dame, entonces, tu hija — contestó —; tal vez con la unión de tus méritos y los míos engendre hijos virtuosos. — Tu suerte ya está echada — dijo [Isaías]. — Hijo de Amoz — replicó [Ezequías] —, termina tu profecía y vete. Dice una tradición, que recibí de la casa de mi antepasado: [395] Aunque el hombre tenga en el cuello una espada afilada no debe dejar de orar. — Existe también la tradición de que dijeron los rabíes Iojanán y Eliézer: Aunque el hombre tenga en el cuello una espada afilada, no debe dejar de orar, como dice lo escrito: *Aunque él me matare, en él esperaré.* [396]

[10 b] Dijo el rabí Janán: Aunque el ángel de los sueños le diga a un hombre que al día siguiente morirá, no debe dejar de orar, porque dice lo escrito: *Donde abundan los sueños hay vanidades, y muchas palabras; mas tú teme a Dios.* [397] Y en seguida: *Entonces volvió Ezequías su rostro a la pared* (kir), *e hizo oración al señor.* [398] — ¿Qué significa *kir?* — Dijo el rabí Shimeón ben Lakish: [Que oró] desde las paredes de su corazón, [399] como dice lo escrito: *¡Mis entrañas, mis entrañas! Me duelen las paredes de mi corazón,* etcétera. [400] — Dijo el rabí Leví: Se refería a una pared. Dijo lo siguiente [en su oración]: Señor del mundo; si resucitaste al hijo de la sunamita, que hizo únicamente una pequeña pared, [401] con mayor razón [deberías resucitarme] a mí, porque mi abuelo [402] cubrió el Templo de plata y oro. — *Señor, te ruego que recuerdes ahora que anduve delante de ti en verdad y con íntegro corazón, y que hice lo que era agradable a tus ojos.* [403] — ¿Qué significa *hice lo que era agradable a tus ojos?* — Dijo el rabí Iehudá en nombre de Rab: Unió la [bendición de la] redención con la oración. [404] — Dijo el rabí Leví: Escondió el libro de los remedios.

Enseñaron los rabíes: Seis cosas hizo el rey Zedequías. Con tres de ellas [los rabíes] estuvieron de acuerdo: con las otras tres no estuvieron de acuerdo. Con tres estuvieron de acuerdo: escondió el libro de los remedios, y [los rabíes] estuvieron de acuerdo; rompió la serpiente de bronce, [405] y estuvieron de acuerdo; llevó arrastrando los huesos del padre en angarillas de cuerdas, [406] y estuvieron de acuerdo. [407] Con las otras tres no estuvieron de acuerdo: Detuvo el agua de Gihón, [408] y no estuvieron de acuerdo; arrancó [el oro de] las puertas del Templo, y se lo mandó al rey de Asiria, [409] y no esuvieron de acuerdo; declaró en nisán a nisán mes intercalar, [410] y no esuvieron de acuerdo. — ¿No sabía Ezequías que *este mes os será principio de los meses,* [411] es decir, que

---

388 El rabí Shimí (o Mar Ucbá) al rabí Shimeón ben Pazí.

389 Ecles., VIII, 1.

390 El profeta fue al rey.
391 1 Reyes, XVIII, 2.
392 V. 2 Reyes, III, 12.

393 Isaías, XXXVIII, 1.

394 No trataste de tener hijos.

395 David.

396 Job, XIII, 15.

397 Ecles., v, 6.
398 Isaías, XXXVIII, 2.
399 Desde las profundidades.
400 Jeremías, IV, 19.

401 V. 2 Reyes, IV, 10.
402 Salomón.

403 Isaías, XXXVIII, 3.
404 V. supra, 9 b.
405 Núm., XXI, 9, y 2 Reyes, XVIII, 4.
406 Para darles sepultura, sin honras fúnebres.
407 El rey Acaz, padre de Ezequías, había sido impío, indigno de que lo honraran.
408 Véase 2 Crónicas, XXXII, 30.
409 V. 2 Reyes, XVIII, 16.
410 V. 2 Crón., XXX, 2.
411 Éxodo, XII, 2.

412 No se debe inter-
calar un segundo nisán.
413 Si aparece ese día
la luna nueva.
414 Y dejó el mes co-
mo segundo adar.

415 Éxodo, XXXII, 13.

416 Salmos, CVI, 23.

417 Isaías, XXXVIII, 3.

418 Ídem, XXXVII, 35.

419 Ídem, XXXVIII, 17.
420 Porque no la mo-
tivaron los méritos de
él, sino los de otro.

421 Con una pared.
422 Refiriéndose a la
pared divisoria.
423 De *corá*, viga.

424 Desván.

425 La hospitalidad
del prójimo.
426 No aceptar la hos-
pitalidad ofrecida no
equivale a despreciar al
que la brinda.
427 1 Samuel, VII, 17.
428 2 Reyes, IV, 9.

429 Ídem, íd., 27.
430 *Behod iafía* (por
la gloria de su belleza),
frase que tiene simili-
tud fonética con *leha-
defá*.

431 Salmos, CXXX, 1.

432 Ídem, CII, 1.

433 Ezequiel, I, 7.

434 Levít., XIX, 26.
435 Es decir, por
vuestra vida.

436 1 Reyes, XIV, 9.

sólo este mes debe ser nisán, no pudiendo ser otro nisán? [412] — Se equivocó en la enseñanza de Shemuel. Dijo Shemuel: No se prolonga el año el trigésimo día de adar, porque este día puede ser de nisán.[413] Y [Ezequías] desechó esa posibilidad.[414]

Dijo el rabí Iojanán en nombre del rabí Iosí ben Zimrá: Al que invoca sus propios méritos, le atribuyen méritos ajenos; al que invoca méritos ajenos, le atribuyen sus méritos propios. Moisés invocó méritos ajenos, como dice lo escrito: *Acuérdate de Abraham, de Isaac y de Israel, tus siervos,*[415] y le seña-laron sus méritos propios, como dice lo escrito: *Y trató de destruirlos, de no haberse interpuesto Moisés su escogido delante de él, a fin de apartar su indig-nación para que no los destruyese.*[416] Ezequías, en cambio, invocó sus propios méritos, como dice lo escrito: *. . .te ruego que recuerdes ahora que he andado delante de ti. . .,*[417] y lo basaron en los méritos de otros, como dice el versículo: *Porque yo ampararé a esta ciudad para salvarla, por amor de mí mismo, y por amor de David mi siervo.*[418] — Coincide con el rabí Iehoshúa ben Leví, porque dijo el rabí Iehoshúa ben Leví: *He aquí, amargura grande me sobrevino en la paz;*[419] aunque el santo, bendito sea, le envió la palabra de paz, sintió amar-gura.[420]

Yo te ruego que hagamos un pequeño aposento superior de paredes. . .[401] [Sobre esto discrepan] Rab y Shemuel. Uno dice: Era un pequeño aposento superior, abierto, al que le pusieron techo. El otro dice: Era un salón grande, que dividieron en dos.[421] La opinión del que dice que era un salón se justifica, por-que el versículo dice *kir* (pared);[422] ¿pero cómo explica la palabra *kir* el que dice que era un aposento superior? [Significa que] le pusieron techo.[423] — La opinión del que dice que era un aposento superior se justifica, porque el versículo dice *aliat*;[424] ¿pero cómo explica la palabra *aliat* el que dice que era un salón? — Era la [habitación] más alta (*meulá*) de la casa.

. . .y pongamos allí cama, mesa, silla y candelero. . .[401] Dijo Abaie (según otros, el rabí Itsjac): El que quiera disfrutarla,[425] que la disfrute, como hizo Eliseo; el que no quiera disfrutarla, que no la disfrute,[426] como hizo Shemuel el de Ramá, de quien dice lo escrito: *Después volvía a Ramá, porque allí estaba su casa.*[427] — El rabí Iojanán, por su parte, dijo: Llevaba su casa consigo a dondequiera que fuera.

Y ella dijo a su marido: Mira, ahora entiendo que este que siempre pasa por nuestra casa es varón santo de Dios.[428] Dijo el rabí Iosí hijo del rabí Janiná: De aquí se desprende que las mujeres saben calificar a los visitantes mejor que los hombres. — *. . .es varón santo.* ¿Cómo lo supo? — [Contestaron] Rab y Shemuel. Dijo uno: Porque vio que no pasaban las moscas por su mesa. — Dijo el otro: Porque le puso una manta de lino en la cama, y no encontró polu-ciones. — *. . .es varón santo.* Dijo el rabí Iosí hijo del rabí Janiná: Él es santo, pero no su criado, porque dice lo escrito: *Y se acercó Giezi para quitarla (lehadefá). . .*[429] Dijo el rabí Iosí hijo del rabí Janiná: La tomó por los senos.[430]

. . .este que siempre pasa por nuestra casa. . . Dijo el rabí Iosí hijo del rabí Janiná en nombre del rabí Eliézer ben Iacov: Al que recibe a un estudioso en su casa y le permite disfrutar de sus bienes, la Escritura le considera cum-plido el holocausto diario.

Dijo también el rabí Iosí hijo del rabí Janiná en nombre del rabí Eliézer ben Iacov: Para rezar no hay que ponerse en un lugar alto, sino en un lugar bajo, como dice lo escrito: *Clamo a ti, señor, de lo profundo.*[431] Se ha enseña-do al respecto: Para rezar, el hombre no debe subirse a una silla, ni a un escabel, ni a un lugar alto; [debe rezar] en un lugar bajo, porque no hay eminencia frente a Dios, como dice lo escrito: *Clamo a ti, señor, de lo profundo,* y también: *Oración del que sufre, cuando está angustiado.*[432]

Dijo también el rabí Iosí hijo del rabí Janiná en nombre del rabí Eliézer ben Iacov: Para rezar hay que poner los pies correctamente, como dice lo escrito: *Y los pies de ellos eran derechos.*[433]

Dijo también el rabí Iosí hijo del rabí Janiná en nombre del rabí Eliézer ben Iacov: ¿Qué significa *no comeréis (cosa alguna) con sangre*?[434] No comáis antes de haber rogado por vuestra sangre.[435] — Dijo el rabí Itsjac que dijo el rabí Iosí hijo del rabí Iojanán en nombre del rabí Eliézer ben Iacov: De aquellos que comen y beben y después rezan, dice la Escritura: *. . .y a mí me echaste tras tus espaldas.*[436] No leamos *guevejá* (tus espaldas), sino *gueejá* [tu orgullo]. Dijo el santo, bendito sea: Tras haberse enorgullecido, se someten al reino del cielo.

Dijo el rabí Iehoshúa: Hasta la tercera hora. Dijo el rabí Iehudá en nombre de Shemuel: La jurisprudencia concuerda con el rabí Iehoshúa.

El que recita el shemá después no pierde nada. Dijo el rabí Jisdá en nombre de Mar Ucbá: Siempre que no recite entonces [la oración] "creador de la luz". Formulóse una objeción. El que recita el *shemá* después no pierde nada; es como si leyera la Tora. Pero pronuncia dos bendiciones antes y una después, lo cual contradice al rabí Jisdá. Es una objeción [valedera]. Otros dicen: El rabí Jisdá declaró en nombre de Mar Ucbá: ¿Qué significa "no pierde nada"? Que no pierde las bendiciones. — Se ha enseñado asimismo: El que recita el *shemá* después no pierde nada; es como si leyera la Tora. Pero pronuncia dos bendiciones antes y una después. — Dijo el rabí Maní: El que recita el *shemá* cuando corresponde es más grande que el que estudia la Tora. Porque si dice: "el que lo recita no pierde nada; es como si leyera la Tora", se deduce que el que recita el *shemá* a su debido tiempo es más grande.

MISHNÁ 3. En la escuela de Shamái enseñan que de noche hay que recitar [el shemá] reclinado, y de mañana, erguido, como dice lo escrito: ...y al acostarte, y cuando te levantes.[437] *En cambio en la escuela de Hilel enseñan que cada cual reza a su manera, como dice lo escrito: ...y andando por el camino...* [437] *¿Entonces, por qué dice: ...y al acostarte, y cuando te levantes? [Significa:] A la hora en que la gente se acuesta y a la hora en que la gente se levanta. — Dijo el rabí Tarfón: Yo iba cierta vez andando por el camino, y me recliné para rezar el shemá, de acuerdo con la enseñanza de la escuela de Shamái; y corrí peligro por los ladrones. — Lo mereciste por tu culpa —le respondieron—, porque contrariaste la enseñanza de la escuela de Hilel.*

[11 a] *GUEMARÁ.* Se admite que la escuela de Hilel explica sus razones y las razones [contrarias a la enseñanza] de la escuela de Shamái; ¿pero en qué se funda la escuela de Shamái para rechazar la enseñanza de la escuela de Hilel? — La escuela de Shamái podrá contestar lo siguiente: Si fuera por eso,[438] debería decir "por la mañana y por la noche". ¿Por qué dice *...y al acostarte, y cuando te levantes?* Para indicar que a la hora de acostarse hay que estar realmente acostado, y a la hora de levantarse, realmente de pie. ¿Y cómo explica la escuela de Shamái la frase *y cuando andas por el camino?* — La relacionan con lo que se ha enseñado: *...cuando estás sentado en tu casa... excluye*[439] al que se ocupa con la observancia de un mandamiento; *...y cuando andas por el camino...* excluye a los novios. De aquí dedujeron los sabios que el que se casa con una doncella se exime,[439] y el que se casa con una viuda debe [cumplirla]. — ¿De dónde se toma?[440] — Dijo el rabí Papa: Por [la palabra] *camino.* Siendo el camino optativo, todo lo demás es optativo. — ¿No habla también del que se ocupa en cumplir un mandamiento, y dice el misericordioso que debe recitar [el *shemá*]? — Si fuera así, el misericordioso debería decir "sentado o andando"; ¿por qué dice *cuando estás sentado y cuando andas?* — En tu [acción de] estar sentado, y en tu [acción de] andar, tienes la obligación [de recitar]; cuando cumples un mandamiento, te eximes [de la obligación]. — En tal caso el que se casa con una viuda debería quedar eximido. — Aquel está preocupado; este, no.[441] — Si depende de la preocupación, también [debería eximirse] a quien se le hunde un barco en el mar. Y si dijeras que realmente es así, [te preguntaría] que dijo el rabí Abá bar Zabdá en nombre de Rab: Los dolientes deben cumplir todos los mandamientos de la Tora, menos el de las filacterias, porque [a las filacterias] las llaman turbantes, como dice lo escrito: *ata tu turbante sobre ti.*[442] — Allí la preocupación es por la observancia de un mandamiento; aquí, por una acción optativa. — ¿Y la escuela de Shamái?[443] — La emplea para excluir al que cumple un mandamiento.[444] — ¿Y la escuela de Hilel?[445] — Ellos contestan: [El versículo] indica de hecho que también se recita en el camino.

Enseñaron los rabíes: Dice la escuela de Hilel que se recita [el *shemá*] de pie, se recita sentado, se recita apoyado, se recita andando por el camino y se recita cuando se trabaja. Cierta vez se hallaban comiendo en el mismo lugar los rabíes Ishmael y Eleazar ben Azariiá. El rabí Ishmael estaba reclinado y el rabí Eleazar ben Azariiá de pie. Cuando llegó el momento de recitar el *shemá*, el rabí Eleazar se reclinó y el rabí Ishmael se puso de pie. — Hermano Ishmael —le dijo el rabí Eleazar ben Azariiá al rabí Ishmael—, te contaré una parábola. ¿Con quién puede compararse esto? Con el hombre a quien le dicen: Tienes una hermosa barba, y él contesta: Que vaya a la destrucción.[446] Tú

437 Deut., VI, 7.

438 Si sólo se refiriera al tiempo.

439 De la obligación de recitar el *shemá* por la noche.
440 Que se excluye al que se ocupa en cumplir un mandamiento.

441 Al que se casa con una doncella le preocupa la duda de que realmente lo sea.
442 Ezeq., XXIV, 17.
443 ¿Qué deduce de la frase "cuando andas por el camino"?
444 Se considera que esta parte, la pregunta y la respuesta, constituye una repetición superflua.
445 Siendo el objeto del versículo el de excluir al que cumple un mandamiento, no puede servirles para fundar su opinión.

446 Como si dijera: Me la afeitaré, para llevarte la contraria.

haces lo mismo; cuando yo me hallaba de pie, tú estabas reclinado; ahora que yo me puse de pie, tú te reclinas. — Yo lo hice —contestó— de acuerdo con la escuela de Hilel, y tú, de acuerdo con la escuela de Shamái. [Y lo hice,] además, para que lo vieran los discípulos y establecieran la jurisprudencia para siempre. — ¿Por qué dijo "además"? — [Quiso decirle lo siguiente:] Si me objetas que también la escuela de Hilel permite recitar [el *shemá*] reclinado, [te diré que lo permite] cuando uno ya se encuentra reclinado. Pero como estabas de pie y luego te reclinaste, podría decirse: Esto demuestra que concuerda con la opinión de la escuela de Shamái. Y si lo vieran los discípulos establecerían esa jurisprudencia para lo futuro. — Enseñó el rabí Iejetskel: El que sigue la norma de la escuela de Shamái hace bien: el que sigue la norma de la escuela de Hilel hace bien. — Dijo el rabí Iosef: El que sigue la norma de la escuela de Shamái es como si no hiciera nada, porque se ha enseñado: Cuando uno tiene la cabeza y la mayor parte del cuerpo dentro de la cabaña,[447] pero la mesa está en la casa, [la cabaña,] según la escuela de Shamái, no sirve; según la escuela de Hilel, sirve. Dijo la escuela de Hilel a la escuela de Shamái: Cierta vez los ancianos de la escuela de Shamái y los ancianos de la escuela de Hilel fueron a visitar al rabí Iojanán ben Hajoranit, y lo encontraron con la cabeza y la mayor parte del cuerpo dentro de la cabaña; pero la mesa estaba en la casa, y no le hicieron ninguna observación. — ¿Esto qué prueba? —contestaron—. Pero lo cierto es que le hicieron la siguiente observación: Si esto es lo que haces siempre, no has cumplido el mandamiento de los tabernáculos en toda tu vida. — Dijo el rabí Najmán bar Itsjac: El que sigue la norma de la escuela de Shamái es culpable de muerte, porque se ha enseñado: *Dijo el rabí Tarfón: Yo iba cierta vez andando por el camino, y me recliné para rezar el shemá, de acuerdo con la enseñanza de la escuela de Shamái; corrí peligro por los ladrones. — Lo mereciste por tu culpa —le respondieron—, porque contrariaste la enseñanza de la escuela de Hilel.*

[447] La que debe levantarse para la fiesta de los tabernáculos. (Cf. Levít., XXIII, 34)

[448] Antes de recitar el *shemá*.

MISHNÁ 4. Por la mañana hay que pronunciar [448] dos bendiciones antes y una después. Por la noche, dos antes y dos después, [de estas últimas] una larga y una corta. Donde [los rabíes] establecen que se diga una larga, no debe decirse una corta; donde establecen que debe decirse una corta, no debe decirse una larga. Cuando hay una [bendición] final [de una oración] dispuesta [por los rabíes] no debe omitirse; cuando no hay una [bendición] final dispuesta [por los rabíes], no debe agregarse.

GUEMARÁ. ¿Qué bendiciones se pronuncian [por la mañana]? — Dijo el rabí Iacov en nombre del rabí Oshaiiá: [11 b] "[Bendito sea nuestro Dios...] que forma la luz y crea la oscuridad". Sería mejor: "Que forma la luz y crea el resplandor". — Empleamos las palabras de la Escritura.[449] — ¿En tal caso por qué no decimos, como en la Escritura: *que hace la paz y crea la adversidad?* [449] Aunque el versículo dice la *adversidad* nosotros decimos "todo", empleando un eufemismo. Pues aquí también, podemos decir "el resplandor" como eufemismo. — Es, en realidad —dijo Rabá—, para nombrar la señal que distingue de noche al día, y la señal que distingue de día a la noche. Es exacto que se menciona de día la señal distintiva de la noche, porque decimos: "que forma la luz y crea la oscuridad"; ¿pero dónde se menciona de noche la señal distintiva del día?[450] — [Cuando decimos] [451] —respondió Abaie—: "alejas la luz de las tinieblas y las tinieblas de la luz".

[449] V. Isaías, XLV, 7.

[450] Esta bendición se pronuncia únicamente por la mañana.
[451] En la bendición de la noche.
[452] De las dos que se pronuncian por la mañana, antes del *shemá*.

¿Cuál es la otra [bendición]?[452] — Dijo el rabí Iehudá en nombre de Shemuel: "Con gran amor". — Lo mismo enseñó el rabí Eleazar a su hijo el rabí Pedat: [La bendición] "con gran amor". — Se ha enseñado igualmente: No decimos "con eterno amor", sino "con gran amor". Pero los rabíes afirman que se dice "con eterno amor", porque así es como reza el versículo: *Con amor eterno te he amado; por tanto, te prolongué mi misericordia.*[453]

[453] Jeremías, XXXI, 3.

Dijo el rabí Iehudá en nombre de Shemuel: El que se levanta temprano para estudiar [la Tora] antes de recitar el *shemá*, tiene que pronunciar una bendición; pero si recita el *shemá* no debe pronunciar [ninguna bendición], porque se exime de hacerlo al decir "con gran amor". — Dijo el rabí Huná: Para [leer] la Escritura hay que pronunciar una bendición; para leer *midrash* [454] no hay que pronunciar ninguna bendición. — Dijo el rabí Eleazar: Para la Escritura y para los *midrash* hay que decir una bendición; para la Mishná,[455] no hace falta la bendición. — Dijo el rabí Iojanán: También hay que pronunciar la bendición para leer la Mishná: (pero no para el Talmud.) [456] — Dijo Rabá:

[454] Comentarios bíblicos.
[455] El conjunto de las mishnás.
[456] El conjunto de las guemarás.

También hay que pronunciar una bendición para el [estudio del] Talmud, porque dijo el rabí Jiiá bar Ashí: Muchas veces estuve con Rab para leer capítulos de los libros de comentarios de la escuela de Rab. [Rab] se lavaba las manos, pronunciaba una bendición y luego comenzaba a leer el capítulo.

¿Cómo es la bendición? [457] — Dijo el rabí Iehudá en nombre de Shemuel: "[Bendito seas, señor nuestro Dios...] que nos santificaste con tus mandamientos, y nos mandaste estudiar la Tora". El rabí Iojanán solía terminar de este modo: [458] "Te rogamos, señor nuestro Dios que encuentres gratas las palabras de tu ley, dichas por nuestros labios y los labios de tu pueblo la casa de Israel, para que nosotros, nuestros descendientes y los descendientes de tu pueblo la casa de Israel conozcamos todos tu nombre y estudiemos tu ley. Bendito seas, señor, que enseñas la Tora a tu pueblo Israel". — Dijo el rabí Hamnuná: "[Bendito seas, señor nuestro Dios...] que nos elegiste entre todos los pueblos y nos diste tu ley. Bendito seas, señor, que nos diste la ley". — Dijo el rabí Hamnuná: Esta es la mejor bendición; por eso todos la dicen.

Se ha enseñado allí: [459] El [sacerdote] superior les decía: [460] Pronuncien una bendición. Ellos pronunciaban la bendición, enunciaban los diez mandamientos, recitaban el *shemá*, con *si obedeceréis* y *(el señor) habló*,[461] y leían con el pueblo tres bendiciones: Verdadero y firme,[462] la bendición del servicio del Templo y la bendición sacerdotal. En sabat pronunciaban otra bendición por la guardia saliente.[463] — ¿Cuál era esa bendición? [464] — [Se verá en] lo que sigue. Cierta vez los rabíes Abá y Iosí bar Abá llegaron a un lugar, donde les preguntaron cuál era esa bendición; no supieron contestar. Se lo fueron a preguntar al rabí Matená; tampoco sabía. Se lo fueron a preguntar al rabí Iehudá, y este respondió: Dijo Shemuel [que era la oración] "con gran amor". — Dijo el rabí Zericá que dijo el rabí Amí en nombre del rabí Shimeón ben Lakish: [La oración] "que forma la luz". — Cuando llegó [de Palestina] el rabí Itsjac bar Iosef, dijo: [El rabí Shimeón ben Lakish] no dijo expresamente esa opinión que repitió el rabí Zericá; este la dedujo. Porque dijo el rabí Zericá que dijo el rabí Amí en nombre del rabí Shimeón ben Lakish: Esto [465] demuestra que la recitación de las bendiciones es independiente. Si dices que debían recitar [la oración] "que forma la luz", es exacto que la recitación de las bendiciones es independiente porque no decían "con gran amor". [12 a] Pero si dices que recitaban "con gran amor", no se puede deducir que la recitación de una bendición no dependiera de la recitación de otras bendiciones. Tal vez no recitaban [la oración] "que forma la luz" porque no era el momento correspondiente; [466] pero al llegar el momento correspondiente la recitaban. — ¿Qué importa que la haya deducido? [467] — Si no es más que una deducción se puede objetar: Recitaban "con gran amor", y cuando llegaba el momento, decían también [la oración] "que forma la luz". ¿Qué significaría, en tal caso, que la recitación de una bendición no depende de la recitación de otras bendiciones? — Que el orden de las bendiciones es independiente.

"Enunciaban los diez mandamientos, recitaban el *shemá*, con *si obedeciereis* y *(el señor) habló*, y leían con el pueblo tres bendiciones: Verdadero y firme, la bendición del servicio del Templo y la bendición sacerdotal." Dijo el rabí Iehudá en nombre de Shemuel: Exteriormente [468] la gente quiso leer del mismo modo,[469] pero se abstuvo por las murmuraciones de los herejes. — Se ha enseñado asimismo que dijo el rabí Natán: Exteriormente quisieron recitar del mismo modo, pero se abstuvieron por las murmuraciones de los herejes. — Rabáh bar Bar Janá propuso adoptarlo en Surá,[470] pero el rabí Jisdá le dijo: Hace mucho que se prescindió [de esa forma de recitar], por las murmuraciones de los herejes. — Amemar propuso adoptarlo en Nehardea,[471] pero el rabí Ashí le dijo: Hace mucho que se prescindió [de esa forma de recitar], por las murmuraciones de los herejes.

"En sabat pronunciaban otra bendición por la guardia saliente." ¿Qué bendición? — Dijo el rabí Jelbó: La guardia saliente decía a la entrante: El que hizo residir su nombre en esta casa, que haga residir el amor, la fraternidad, la paz y la amistad entre ustedes.

Donde [los rabíes] establecen que se diga una larga. Es evidente que si alguien levanta una copa de vino creyendo que es licor, y comienza a hacer la bendición por el licor pero termina haciéndola por el vino, cumple su obligación. Lo mismo la cumpliría si dijera "[Bendito sea el señor, nuestro Dios...] por cuya palabra existen todas las cosas". Se ha enseñado al respecto: Se cumple la obligación [472] por todos [los goces] con [la expresión] "por cuya

---

[457] La que se pronuncia antes de comenzar a leer la Tora.

[458] Para empezar y terminar con una bendición.

[459] Tamid, 32 *b*.

[460] A los sacerdotes del Templo.

[461] Palabras iniciales de dos grupos de versículos, Deuter., XI, 13 y sigs., y Núm., XV y sigs., que integran el *shemá*.

[462] Oración que se lee después del *shemá* y que comienza con estas palabras.

[463] Por el cambio semanal de la guardia.

[464] La que el superior les decía que pronunciaran.

[465] El requerimiento de pronunciar una bendición.

[466] Los sacerdotes de la guardia recitaban el *shemá* antes del amanecer.

[467] La opinión de Resh Lakish.

[468] Fuera del Templo.

[469] Recitar los diez mandamientos antes del *shemá*.

[470] Ciudad del sur de Babilonia, donde Rab había instalado una importante escuela.

[471] La ciudad judía más antigua de Babilonia, protegida de un lado por el Éufrates y de otro por murallas. (Josefo, *Antigüedades*, XVIII, IX, 1.)

[472] Existe la obligación de pronunciar una bendición por todo lo que se disfruta.

palabras existen todas las cosas". ¿Pero si alguien levanta una copa de licor creyendo que es vino y comienza a decir la bendición por el vino, pero termina con la bendición por el licor, se considera el comienzo de la bendición, o su final? — Ven y escucha. El que comienza por la mañana con [la oración] "que forma la luz", y termina con [la oración] "que trae el crepúsculo de la tarde", no cumple su obligación.[473] Si comienza con [la que dice] "que trae el crepúsculo de la tarde", y termina con [la oración] "que forma la luz", cumple su obligación. El que comienza por la noche diciendo "que trae el crepúsculo de la tarde" y termina con [la oración] "que forma la luz", no cumple la obligación. Si comienza con la que dice "que forma la luz" y termina con [la fórmula] "que trae el crepúsculo de la tarde", cumple la obligación. La regla es que se determina por la parte final. — Aquí es distinto porque se dice al final "Bendito sea el creador de las luces".[474] Esta [objeción] concuerda con la opinión de Rab, para quien la bendición que no contiene el nombre de Dios no es bendición [válida]; pero no concuerda con el rabí Iojanán, para quien la bendición que no menciona el reino de Dios,[475] no es bendición [válida]. No obstante, [recordemos que] dijo Rabáh bar Ulá: En cuanto a la mención de la señal que distingue de noche al día, y la señal que distingue de día a la noche, la bendición que contiene la referencia al reinado [de Dios] y se pronuncia al principio, se refiere a ambos.[476] — Ven y escucha. La última cláusula [dice]: "La regla es que se determina por la parte final". ¿Qué incluye [la frase] "la regla es..."? ¿No es lo que hemos visto?[477] — No; incluye el caso del pan y los dátiles. — ¿De qué modo? Diremos que es cuando alguien come pan creyendo que come dátiles,[418] y comienza con [la bendición correspondiente a] los dátiles, pero termina con [la bendición por] el pan? Sería la misma cosa. — No; hace falta para el caso del que come dátiles creyendo que come pan, y comienza [la bendición] por el pan, pero termina [con la bendición] por los dátiles. En este caso cumple su obligación, porque también la cumpliría si terminara con la del pan. — ¿Por qué? — Porque los dátiles también nutren. — Dijo Rabáh bar Jiná el mayor en nombre de Rab: El que deja de recitar "Verdadero y firme" por la mañana, y "Verdadero y fiel" por la noche, no cumple su obligación, porque dice lo escrito: *anunciar por la mañana tu misericordia, y tu fidelidad cada noche.*[479]

Dijo también Rabáh bar Jiná el mayor en nombre de Rab: En cuanto a las inclinaciones del que reza,[480] tiene que inclinarse al decir "Bendito" y volver a erguirse al pronunciar el nombre de Dios. Dijo Shemuel: ¿En qué se funda Rab? — En el versículo que dice: *El señor levanta a los caídos.*[481] — Formulóse una objeción. ¿[No dice el versículo:] *Delante de mi nombre estuvo humillado?*[482] — ¿Dice, acaso "a mi *nombre*..."? Dice *delante de mi nombre...*[483] — Dijo Shemuel a Jiiá hijo de Rab: Ven, erudito, te contaré algo interesante que dijo tu padre. Dijo tu padre: Cuando uno se inclina [al rezar], tiene que inclinarse al decir *bendito*, y cuando vuelve a erguirse, tiene que erguirse al pronunciar el nombre de Dios. [12 *b*] Cuando el rabí Sheshet se inclinaba, se doblaba como una caña;[484] cuando se erguía, se desdoblaba como una serpiente.[485]

Dijo también Rabáh bar Jiná el mayor en nombre de Rab: Se dice "Dios santo" y "rey que ama la justicia y el juicio" en todas las oraciones del año, menos en los diez días intermedios entre el de año nuevo y el de la expiación, en que se dice "santo rey" y "rey de juicio". — Dijo el rabí Eleazar: El que dice [en esos días] "Dios santo" cumple lo mismo su obligación, porque dice: *Pero el señor de los ejércitos será exaltado en juicio, y el Dios santo será santificado con justicia.*[486] ¿Cuándo es exaltado en juicio el señor de los ejércitos? En los diez días que van del año nuevo al día de la expiación, y lo mismo se dice "Dios santo". — ¿Cómo queda?[487] — Dijo el rabí Iosef: "Dios santo" y "Rey que ama la justicia y el juicio". — Dijo Rabáh: "Rey santo" y "Rey de juicio". — La jurisprudencia concuerda con Rabáh.

Dijo también Rabáh bar Jiná el mayor en nombre de Rab: Al que puede rogar por el prójimo y no lo hace, lo llaman pecador, como dice lo escrito: *Lejos de mí que peque contra el señor, cesando de rogar por vosotros.*[488] — Dijo Rabá: Cuando [el prójimo] es un estudioso de la Tora, hay que consumirse [rogando] por él. — ¿Cuál es la razón? ¿Diremos que es porque dice el versículo: ...*no hay ninguno de vosotros que se duela de mí y me descubra...?*[489] Pero el caso de un rey es distinto. — Es, más bien, por lo que dice en este: *Pero yo, cuando ellos enfermaron,*[490] *me vestí de cilicio,* etcétera.[491]

Dijo también Rabáh bar Jiná el mayor en nombre de Rab: Al que

[473] Pronuncia una oración que corresponde decir por la noche.

[474] Hay una frase final correspondiente a la bendición de la mañana, que es una bendición completa; no importa, por lo tanto, lo que se haya dicho al principio. En el caso del vino y el licor no hay ninguna frase que reemplace, como bendición completa, las que se dicen por error al comienzo.

[475] Las palabras *melec haolam*, rey del mundo.

[476] Al día y a la noche.

[477] El caso del vino y el licor.

[478] La bendición es diferente.

[479] Salmos, XCII, 3.

[480] Hay que inclinarse cuatro veces: al comienzo y al final de la primera bendición, al decir: "Te damos las gracias", y al final de la penúltima bendición.

[481] Salmos, CXLVI, 8.

[482] Malaquías, II, 5.

[483] Es decir, "antes" de que se pronuncie el nombre.

[484] Rígido y de una sola vez.

[485] Lentamente.

[486] Isaías, V, 16.

[487] ¿Qué debe decirse en esos diez días?

[488] 1 Samuel XII, 23.

[489] Ídem, XXII, 8.

[490] Doeg y Ahitofel.

[491] Salmos, XXXV, 13.

comete un pecado y se avergüenza, se le perdonan todos los pecados, como dice lo escrito: *Para que te acuerdes y te avergüences, y ya no vuelvas a abrir la boca, a causa de tu vergüenza, cuando yo perdone todo lo que hiciste, dice el señor Dios.*[492] Tal vez para una congregación sea distinto. — [Se deduce,] más bien, de este [otro versículo]: *Y Samuel dijo a Saúl: ¿Por qué me has inquietado haciéndome venir? Y Saúl respondió: Estoy muy angustiado, pues los filisteos pelean contra mí, y Dios se ha apartado de mí, y ya no me responde, ni por medio de profetas ni por sueños; por eso te he llamado, para que me declares lo que tengo que hacer.*[493] No menciona el *urim y tumim*.[494] — Porque había matado a [todos los habitantes de] Nob, la ciudad sacerdotal.[495] — ¿Cómo se sabe que el cielo lo perdonó? — Porque dice el versículo: *Entonces dijo Samuel: ... y mañana estaréis conmigo, tú y tus hijos.*[496] Conmigo — explicó el rabí Iojanán — significa en mis aposentos.[497] — [Se deduce] de este [versículo] —dijeron los rabíes—: *...para que los ahorquemos delante del señor en Gabaa de Saúl, el escogido del señor.*[498] Oyóse un eco celestial que dijo: *el elegido del señor.*[499]

Dijo el rabí Abahú ben Zutartí en nombre del rabí Iehudá bar Zebidá: Quisieron agregar al *shemá* la sección de Balac,[500] pero no la agregaron para no recargar a la congregación.[501] — ¿Por qué?[502] — Porque dice en ella: *Dios los ha sacado de Egipto.*[503] — Digamos, entonces, la sección de la usura,[504] o de las pesas,[505] donde también se menciona la salida de Egipto. — Más bien —dijo el rabí Iosí bar Abín— [la quisieron agregar] porque contiene el siguiente versículo: *Se encorvará para echarse como león, y como leona; ¿quién lo despertará?*[506] —Hubieran agregado este versículo solamente. — La tradición nos dice que las secciones que nuestro maestro Moisés dividió, podemos dividirlas, y las que nuestro maestro Moisés no dividió, no podemos dividirlas. — ¿Por qué agregaron la sección de las franjas?[507] — Dijo el rabí Iehudá bar Jabibá: Porque habla de cinco cosas: el precepto de las franjas, la salida de Egipto, la carga de los mandamientos, las teorías de los herejes, y las ideas pecaminosas e idolátricas. — Se justifica en cuanto a las tres que nos fueron señaladas expresamente: la carga de los mandamientos, de los que dice el versículo: *...para que, cuando lo veáis, os acordéis de todos los mandamientos del señor...*;[508] las franjas, de las que dice lo escrito: *...que se hagan franjas*, etcétera;[509] el éxodo de Egipto, del que dice: *...que os saqué*, etcétera;[510] ¿pero dónde encontramos lo de las teorías herejes y las ideas pecaminosas e idolátricas? — Se ha enseñado: *...en pos de vuestro corazón...*,[511] se refiere a la herejía, como dice lo escrito: *Dijo el necio en su corazón: No hay Dios.*[512] — *...y de vuestros ojos...*,[511] se refiere a las ideas pecaminosas, como dice lo escrito: *Y Samsón respondió a su padre: Tómame esta por mujer, porque ella me agrada.*[512] — *...en pos de los cuales os prostituyáis,*[508] se refiere a las idas idolátricas, como dice el versículo: *volvieron a prostituirse yendo tras los baales.*[514]

MISHNÁ 5. *El éxodo de Egipto [también] se recuerda de noche.*[515] Dijo el rabí Eleazar ben Azariiá: Yo, que soy como septuagenario, no había logrado [explicarme] la razón de que se leyera de noche [la sección sobre] la salida de Egipto, hasta que Ben Zomá lo aclaró. Porque dice lo escrito: *...para que todos los días de tu vida te acuerdes del día en que saliste de la tierra de Egipto.*[516] [Si dijera] *"los días de tu vida"*, se referiría [únicamente] a los días; [como dice] *todos* los días, es porque incluye las noches. Pero los sabios dicen: *"Los días de tu vida"* se referiría a los de este mundo; *todos* los días de tu vida, incluye a los de la era mesiánica.

GUEMARÁ. Se ha enseñado que dijo Ben Zomá a los sabios: ¿En los días del Mesías también se recordará la salida de Egipto? Dice, sin embargo, lo escrito: *Por tanto, he aquí que vienen días, dice el señor, en que ya no dirán: Vive el señor que hizo subir a los hijos de Israel de la tierra de Egipto, sino: Vive el señor que hizo subir y trajo la descendencia de la casa de Israel de tierra del norte, y de todas las tierras adonde yo los había echado.*[517] — Esto —contestaron— no significa que se haya de suprimir totalmente la mención de la salida de Egipto, sino que la [liberación de la] servidumbre para otros reinos, quedará como punto principal, y la salida de Egipto como punto secundario. Encuentras, del mismo modo, que dice el versículo: *Ya no se llamará tu nombre Jacob, sino Israel será tu nombre.*[518] [13 a] Esto no significa que se eliminaría el nombre de Jacob, sino que Israel sería el nombre principal, y Jacob el secundario. Dice también lo escrito: *No os acordéis de las cosas pasadas, ni*

492 Ezequiel, XVI, 63.

493 1 Sam., XXVIII, 15.
494 El oráculo del sumo sacerdote. El versículo 6, del mismo capítulo, dice: *Y consultó Saúl al señor, pero ... no le respondió ni por sueños, ni por urim, ni por profetas.*
495 Y le remordía la conciencia.
496 1 Sam., XXVIII, 16 y 19.
497 Del paraíso.
498 2 Samuel, XXI, 6.
499 No lo dijeron los gabaonitas, que no lo habrían llamado de ese modo.
500 Núm., XXII-XXIV.
501 La oración sería demasiado extensa.
502 ¿Por qué quisieron agregar esa sección?
503 Núm., XXIII, 22.
504 Levít., XXV, 35-38.
505 Ídem, XIX, 36.
506 Núm., XXIV, 9.
507 Ídem, XV, 37-41.
508 Ídem, íd., 39.
509 Ídem, íd., 38.
510 Ídem, íd., 41.

511 Ídem, íd., 39.
512 Salmos, XIV, 1.

513 Jueces, XIV, 3.
514 Ídem, VIII, 33.

515 Se lee con el *shemá* la sección de las franjas en la que se menciona el éxodo, a pesar de que está indicada para ser recitada para día.
516 Deut., XVI, 3.

517 Jeremías, XXIII, 7 y 8.

518 Gén., XXXV, 10.

519 Isaías, XLIII, 18.

520 Ídem, íd., 19.

521 1 Crón., I, 27.
522 *Ab le Aram.*
523 *AbRaham,* padre de una multitud. V. Génesis, XVII, 5.
524 *Sara* significa princesa; *sarai,* mi princesa. Luego, princesa general, y princesa particular, local, de una tribu.
525 Génesis, XVII, 5.
526 Lo que es más grave.
527 Génesis, XVII, 15. El mandamiento era para Abraham solamente.
528 Génesis, XLVI, 2.
529 Nehemías, IX, 7.
530 Nehemías.

1 La sección que contiene el *shemá.*
2 Si su propósito es recitarlo.
3 Cuando la falta del saludo puede provocar represalias.

4 Sección que habla de todos los mandamientos.
5 La que sólo menciona el precepto de las franjas.
6 De la frase "siempre que su corazón esté en eso".
7 Sin poner atención en el contenido.
8 En su idioma original.
9 Deut., VI, 6. *Y estas palabras que yo te mando hoy, estarán...*
10 Quedarán como están.
11 Ídem, íd., 4.
12 *Shamá* significa tanto oír como entender.
13 Pronuncia con claridad.
14 De adelante atrás.

traigáis a memoria las cosas antiguas.[519] *No os acordéis de las cosas pasadas* se refiere a la servidumbre para los [otros] reinos; *ni traigáis a memoria las cosas antiguas,* se refiere al éxodo de Egipto.

Mirad, haré una cosa nueva; pronto saldrá a luz.[520] Enseñó el rabí Iosef: Se refiere a la guerra de Gog y Magog. Veamos una parábola. ¿Con qué se puede comparar? Con un hombre que marcha por el camino y se encuentra con un lobo, pero se salva, y luego cuenta a todo el mundo su aventura con el lobo. Luego se encuentra con un león y se salva, y cuenta a todo el mundo su aventura con el león. Luego se encuentra con una serpiente y se salva, se olvida de los otros dos episodios y cuenta a todo el mundo su aventura con la serpiente. Lo mismo le pasa a Israel; los contratiempos posteriores le hacen olvidar los anteriores.

Y Abram, el cual es Abraham.[521] Primero fue padre de Aram;[522] luego, padre de todo el mundo.[523] Sarai, que es Sara. Al principio fue princesa de su pueblo; luego fue princesa de todo el mundo.[524] — Enseñó Bar Capará: El que llama Abram a Abraham viola un mandamiento, porque dice lo escrito: *será tu nombre Abraham.*[525] — Dijo el rabí Eliézer: Viola una prohibición,[526] porque dice el versículo: *Y ya no se llamará tu nombre Abram.*[525] — En tal caso, incurriría en lo mismo el que llamara Sarai a Sara. — Aquí el santo, bendito sea, le dijo a Abraham: *A Sarai tu mujer no la llamarás Sarai, mas Sara será su nombre.*[527] — En tal caso, sería lo mismo el que llamara Jacob a Jacob. — Aquí es distinto, porque la misma Escritura lo repitió posteriormente, como dice lo escrito: *Y habló Dios a Israel en visiones de noche, y dijo: Jacob, Jacob.*[528] — Objetó el rabí Iosí bar Abín (según otros, el rabí Iosí bar Zebidá): [Dice el versículo:] *Tú eres, señor, el Dios que escogiste a Abram.*[529] — Ahí —le contestaron— el profeta[530] expone la glorificación del misericordioso, [y lo relata] como fue al principio.

CAPÍTULO II

MISHNÁ 1. *El que está leyendo la Tora*[1] *cuando llega el momento de recitar [el shemá], cumple así la obligación, siempre que su corazón esté en eso.*[2] *Entre secciones se puede saludar por respeto y contestar saludos; en medio [de una sección] se puede saludar por miedo*[3] *y contestar saludos. Esta es la opinión del rabí Meir. Dijo el rabí Iehudá: En medio [de una sección] se puede saludar por miedo y contestar los saludos por respeto. Entre secciones se puede saludar por respeto, y contestar todos los saludos. Las pausas [de las secciones] son las siguientes: entre la primera bendición y la segunda; entre la segunda y "oye"; entre "oye" y "si obedeciereis"; entre "si obedeciereis" y "(el señor) habló"; entre "(el señor) habló" y "verdadero y firme". — Dijo el rabí Iehudá: No debe hacerse pausa entre "(el señor) habló" y "verdadero y firme". — Dijo el rabí Iehoshúa ben Corjá: ¿Por qué está la sección "oye" antes que la sección "si obedeciereis"? Para que se tome primero la carga del reino de los cielos y luego la carga de los mandamientos. ¿Por qué precede la sección "'si obedeciereis" a la sección "(el señor) habló"? Porque "si obedeciereis"*[4] *puede emplearse tanto de día como de noche, y "(el señor) habló"*[5] *sólo se emplea de día.*

GUEMARÁ. De aquí[6] se desprende que para cumplir los mandamientos hace falta la intención. — Tal vez en lo que debe estar su corazón es en la lectura [de la Tora]. — Pero si la está leyendo. — Puede leerla por revisarla.[7]

Enseñaron los rabíes: El *shemá* tiene que ser recitado como está escrito.[8] Esto es lo que dice Rabí. Los sabios [opinan que puede ser recitado] en cualquier idioma. ¿En qué se funda Rabí? — En que dice el versículo: *estarán,*[9] es decir, estarán en su ser.[10] — ¿Y los rabíes, en qué se fundan? — En que dice el versículo: *oye,*[11] es decir, en cualquier idioma que entiendas.[12] — ¿Y Rabí, qué opina de que diga *oye?* — Lo emplea para explicar [la enseñanza que dice]: Que tu oído oiga lo que dice tu boca.[13] — Concuerdan con la opinión del que dice que aun cuando no se haga llegar a los oídos [lo que dice la boca], se cumple lo mismo la obligación. — ¿Y los rabíes, [qué opinan acerca de que diga: *estarán?* — Lo aplican para enseñar que no debe leerse al revés.[14] — ¿De dónde toma Rabí que [el *shemá*] no debe leerse al revés? — Lo deduce de la expresión *y estas palabras,* donde podría decir "las palabras". — ¿Y los rabíes? — No hacen ninguna deducción de "las palabras" y *estas palabras.* — ¿Debe suponerse que en opinión de Rabí puede leerse toda la Tora en cualquier idioma? Porque si dijeras que sólo se puede leer en la lengua santa,

¹⁵ *Estarán* impide deducir de *oye* que se puede leer en cualquier idioma.

¹⁶ La palabra *oye* evita que se interprete como lo hace Rabí.

¹⁷ Deut., VI, 6.

¹⁸ La afirmación de Rabáh bar Janá sobre la jurisprudencia.

¹⁹ De adelante atrás.
²⁰ Leyendo sólo con la vista.
²¹ En voz alta.

²² En la segunda sección.
²³ Deut., XI, 19.
²⁴ En la primera sección.

²⁵ Deut., XI, 18.

²⁶ Deut., VI, 4. Con este versículo comienza la oración del *shemá* (oye).

²⁷ La letra *d* de la palabra *ejad*, uno. Sólo al pronunciar la última letra cobra la palabra su significado de "uno".
²⁸ Que sigas estirando la palabra.

²⁹ La que dice que la primera sección requiere recogimiento.
³⁰ Se limitaba a este único versículo.
³¹ No interrumpía la clase cuando llegaba el momento de recitar el *shemá*.

¿para qué escribió el misericordioso la palabra *estarán*? — Era necesaria, porque dice *oye*.¹⁵ ¿Debe suponerse que en opinión de los rabíes la Tora debe leerse únicamente en la lengua santa? Porque si dijeras que se puede leer en cualquier lengua, ¿para qué escribió el misericordioso la palabra *oye*? — Era necesaria, porque dice *estarán*.¹⁶

Enseñaron los rabíes: *Estarán*... indica que [las palabras] no deben ser leídas al revés. ...*estas palabras* ...(*estarán*) *sobre tu corazón*. Podría creerse que toda la sección [debe leerse] con recogimiento; por eso dice *estas (palabras)*: hasta aquí hace falta el recogimiento, a partir de aquí ya no hace falta el recogimiento. Esto es lo que expresó el rabí Eliézer. — Mira — le dijo el rabí Akiba — [13 *b*] que el versículo dice: *(Y estas palabras) que yo te mando hoy, estarán sobre tu corazón*.¹⁷ Esto te enseña que toda la sección debe ser leída con recogimiento. — Dijo Rabáh bar Bar Janá en nombre del rabí Iojanán: La jurisprudencia concuerda con el rabí Akiba. — Otros la relacionan ¹⁸ con la siguiente enseñanza: El que lee el *shemá* debe hacerlo con devoción. — Dijo el rabí Ajá en nombre del rabí Iehudá: El que lee la primera sección con recogimiento, ya no debe hacerlo así en las restantes. — Dijo Rabáh bar Bar Janá en nombre del rabí Iojanán: La jurisprudencia coincide con lo que dijo el rabí Ajá en nombre del rabí Iehudá. — Dice otra enseñanza: *Estarán* indica que [las palabras] no deben leerse al revés.¹⁹ *Sobre tu corazón* [significa], dijo el rabí Zutrá, que hasta aquí se extiende el precepto del recogimiento,²⁰ y desde aquí rige el mandamiento de la lectura.²¹ Y el rabí Ioshaiiá dijo: Hasta aquí se extiende el mandamiento de la lectura; a partir de aquí, el del recogimiento. ¿Por qué comienza desde aquí el mandamiento de la lectura? ¿Porque dice:²² *hablando de ellas*? ²³ Aquí también dice:²⁴ *y hablarás de ellas*. — Lo que ha querido decir es que hasta aquí rige el mandamiento del recogimiento y el de la lectura; a partir de aquí, es suficiente la lectura sin recogimiento. — ¿Por qué rigen hasta este versículo los mandamientos del recogimiento y la lectura? — ¿Porque dice ¹⁷ *sobre tu corazón* ... *y hablarás de ellas*? También allí dice:²² *en vuestro corazón* ... *hablando de ellas*. — Aquel versículo se aplica a la enseñanza del rabí Itsjac, que dijo: *Pondréis estas mis palabras (en vuestro corazón)*²⁵ indica que [las filacterias del brazo] deben ir frente al corazón.

Expresó el maestro: "Y el rabí Ioshaiiá dijo que hasta aquí se extiende el mandamiento de la lectura, y a partir de aquí rige el del recogimiento". ¿Por qué rige desde aquí el mandamiento del recogimiento? ¿Porque dice *en vuestro corazón*? También aquí²⁵ dice: *sobre tu corazón*. — Lo que quiso decir es que hasta aquí rigen los mandamientos de la lectura y el recogimiento, y a partir de aquí comienza el mandamiento del recogimiento sin lectura.²⁰ — ¿Por qué rigen hasta aquí los mandamientos de la lectura y el recogimiento? ¿Porque dice *sobre tu corazón* ... *y hablarás de ellas*? También allí dice:²² *en vuestro corazón* ... *hablando de ellas*. — Aquel versículo se refiere a las palabras de la Tora, y lo que quiso decir el misericordioso es lo siguiente: Enseña a tus hijos la Tora, para que hablen de ella.

Enseñaron los rabíes: *Oye Israel, el señor nuestro Dios, el señor es uno*;²⁶ hasta aquí es necesario el recogimiento. Esta es la opinión del rabí Meir. Rabá dijo: La jurisprudencia es la que expuso el rabí Meir. — Se ha enseñado que dijo Simacus: Al que pronuncie la palabra *uno* prolongada, se le prolongarán los días y los años. — Dijo el rabí Ajá bar Iacov: [Tiene que estirar] la *dalet*.²⁷ — Dijo el rabí Ashí: Siempre que no se salte la *jet*. — Cierta vez se hallaba el rabí Irmiiá delante del rabí Jiiá bar Abá, y este observó que prolongaba demasiado [la palabra *ejad*]. — Después de haberlo proclamado rey — le dijo — de arriba y de abajo y de las cuatro secciones del cielo, ya no hace falta.²⁸

Dijo el rabí Natán bar Mar Ucbá en nombre del rabí Iehudá: *Sobre tu corazón* se lee de pie. — ¿Únicamente *sobre tu corazón*? ¿Cómo se te ocurre? — Digamos, más bien: Hasta [la frase] *sobre tu corazón*, hay que recitar de pie; luego ya no es necesario. Pero el rabí Iojanán dijo: Toda la [primera] sección se recita de pie. El rabí Iojanán mantiene en esto su opinión, porque Rabáh bar Bar Janá dijo en nombre del rabí Iojanán: La jurisprudencia es la que estableció el rabí Abá en nombre del rabí Iehudá.²⁹

Enseñaron los rabíes: *Oye Israel, el señor nuestro Dios, el señor es uno*; así recitaba el *shemá* el rabí Iehudá el príncipe.³⁰ — Dijo Rab al rabí Jiiá: No veo que Rabí tome sobre sí la carga del reino de los cielos.³¹ — Hijo de príncipe — le contestó —, cuando se pasa la mano por los ojos toma sobre sí la carga del reino de los cielos. — ¿La terminaba después, o no la terminaba

³² La recitación del *shemá*, después de concluir la clase.

³³ No dejes que me duerma.
³⁴ Para no dormirse.

³⁵ Es una postura que provoca la erección del pene.

³⁶ Para saludar o contestar un saludo.
³⁷ Los salmos CXIII al CXVIII, que se entonan en las fiestas.
³⁸ El que se lee en la fiesta de *púrim*.
³⁹ Inferencia *a portiori*.
⁴⁰ Los salmos se refieren a la salida de Egipto; y el rollo de Ester relata la milagrosa salvación de los judíos del exterminio decretado por Amán.
⁴¹ En las fiestas de los tabernáculos y de *janucá*.
⁴² Para ver si está a punto.

⁴³ El *log* es una medida de capacidad equivalente al contenido de seis cáscaras de huevo.

después?³² —Dijo Bar Capará: No la terminaba. —Dijo el rabí Shimeón hijo de Rabí: La terminaba. —Dijo Bar Capará al rabí Shimeón hijo de Rabí: Se justifica que yo diga que no la terminaba, porque Rabí tomaba una exposición con el éxodo de Egipto; ¿pero si tú dices que la terminaba, para qué tomaba la exposición con el éxodo de Egipto? —Para recordar la salida de Egipto en su momento oportuno.

Dijo el rabí Ilá hijo del rabí Shemuel bar Martá en nombre de Rab: El que dice solamente: *Oye, Israel, el señor nuestro Dios, el señor es uno,* y en seguida lo domina el sueño, ha cumplido su obligación. —Dijo el rabí Najmán a su esclavo Daru: Durante el primer versículo tortúrame;³³ luego ya no. —Preguntó el rabí Iosef al rabí Iosef hijo de Rabáh: ¿Cómo hacía tu padre? —Durante el primer versículo —le contestó— se atormentaba;³⁴ luego ya no se atormentaba. —Dijo el rabí Iosef: El que está tendido de espaldas no debe recitar el *shemá*. ¿Es decir que no se debe recitar el *shemá*, pero se puede dormir tendido de espaldas? Sin embargo, el rabí Iehoshúa ben Leví maldecía a los que dormían tendidos de espaldas.³⁵ —Se puede dormir de espaldas —contestaron—, pero ligeramente de costado; recitar el *shemá* de espaldas está prohibido, aunque se gire un poco de costado. —El rabí Iojanán se ponía ligeramente de costado y recitaba el *shemá*. —El caso del rabí Iojanán es distinto, porque era un hombre corpulento.

Entre secciones se puede saludar, etcétera. ¿Por qué causa se pueden contestar los saludos? ¿Diremos que por respeto? Pero si se puede saludar, es evidente que se podrán contestar los saludos. Digamos, más bien, que se saluda por respeto, y se contestan todos los saludos. Veamos, entonces, la cláusula siguiente: *En medio [de una sección] sólo por miedo se puede saludar y contestar saludos.* ¿Contestar saludos por qué motivo? ¿Diremos que por miedo? Pero si se puede saludar, es evidente que se puede contestar. Digamos, más bien, que es por respeto, y esta es la opinión del rabí Iehudá, como se ha enseñado: *Dijo el rabí Iehudá: En medio [de una sección] se puede saludar por miedo y contestar los saludos por respeto. Entre secciones se puede saludar por respeto, y contestar todos los saludos.* —[La mishná] está incompleta; debería decir: *Entre secciones se puede saludar por respeto, y desde luego contestar saludos; en medio de una sección se puede saludar por miedo y desde luego contestar saludos. Esta es la opinión del rabí Meir. Dijo el rabí Iehudá: En medio [de una sección] se puede saludar por miedo y contestar los saludos por respeto. [14 a] Entre secciones se puede saludar por respeto, y contestar todos los saludos.* —Se ha enseñado asimismo: El que se encuentra con su maestro o con una persona importante cuando está recitando el *shemá*, entre secciones puede saludar por respeto y desde luego contestar el saludo, y en medio [de una sección] puede saludar por miedo y desde luego contestar el saludo; estos son las palabras del rabí Meir. El rabí Iehudá dijo: En medio [de una sección] puede saludar por miedo y contestar por respeto, y entre secciones puede saludar por respeto y contestar todos los saludos.

Ají, discípulo de la escuela del rabí Jiiá, preguntó al rabí Jiiá: ¿Se puede interrumpir³⁶ la recitación de las alabanzas³⁷ y del rollo [de Ester]?³⁸ ¿Deducimos por *cal vajomer*³⁹ que si se puede interrumpir la recitación del *shemá*, que es mandamiento bíblico, con mayor razón se podrá interrumpir la recitación de las alabanzas, que es una disposición rabínica, o decimos que el anuncio del milagro⁴⁰ es más importante? —Se puede interrumpir —respondió—; no hay inconveniente. —Dijo Rabáh: Los días en que se leen todas las alabanzas,⁴¹ se puede interrumpir [la recitación] entre una sección y otra, pero no en medio de una sección; los días en que no se leen todas las alabanzas se puede interrumpir incluso en medio de una sección. —No es así; porque Rab bar Shabá fue cierta vez a visitar a Rabiná uno de los días en que no se leen todas las alabanzas, y [Rabiná] no se interrumpió para saludarlo. —Tratándose de Rab bar Shabá es distinto, porque no era importante para Rabiná.

Ashián, discípulo de la escuela del rabí Amí, preguntó al rabí Amí: ¿El que ayuna puede probar la comida?⁴² ¿Su compromiso es el de privarse de comida y bebida, no siendo esto ninguna de las dos cosas, o su compromiso es el de privarse de todo placer, y este lo es? —Puede probarla —respondió—; no hay inconveniente. —Se ha enseñado igualmente: Para probar [la comida] no hay que pronunciar ninguna bendición, y el que ayuna puede probar [la comida]; no hay inconveniente. —¿Cuánto? —Los rabíes Amí y Así probaban hasta un cuarto [de *log*].⁴³

Dijo Rab: Cuando alguien saluda a otro antes de haber rezado, es como si lo convirtiera en un lugar alto,[44] como dice lo escrito: *Dejaos del hombre, cuyo aliento está en su nariz; porque, ¿de qué es él estimado?*[45] No leamos *bamé* (¿de qué?), sino *bamá* (lugar alto). — Dijo Shemuel: "¿De qué estimas a este hombre, y no a Dios?" — El rabí Sheshet presentó una objeción: *Entre secciones se puede saludar por respeto y contestar los saludos.* — El rabí Abá

explicó: Se refiere al que visita al prójimo.[46] — (Dijo el rabí Ioná en nombre del rabí Zerá): El que se ocupa con sus negocios antes de rezar, es como si levantara un lugar alto.[44] — ¿Dijiste un lugar alto? — le preguntaron. — No — contestó —; quise decir únicamente que está prohibido,[47] de acuerdo con la enseñanza del rabí Idí bar Abín. Porque dijo el rabí Idí bar Abín en nombre del rabí Itsjac bar Ashián: Se prohíbe al hombre ocuparse con sus negocios antes de rezar, como dice lo escrito: *La justicia irá delante de él, y él pondrá luego sus pasos en su camino.*[48]

Dijo también el rabí Idí bar Abín en nombre del rabí Itsjac bar Ashián: Al que reza antes de emprender viaje, el santo, bendito sea, le satisface los deseos, como dice lo escrito: *La justicia irá delante de él, y él pondrá luego sus pasos en su camino.*

Dijo también el rabí Ioná en nombre del rabí Zerá: Al que anda siete días sin un solo sueño lo llaman malvado, como dice lo escrito: *...el que lo tenga*[49] *vivirá satisfecho (sabeá), no será visitado por el mal.*[50] No leamos *sabeá*, sino *shebá* (siete).[51] — El rabí Ajá hijo del rabí Jiiá bar Abá le dijo: El que se sacia con las palabras de la Tora, expresó el rabí Jiiá en nombre del rabí Iojanán, antes de acostarse a dormir, no recibirá malas noticias, como dice lo escrito: *El que duerme saciado no será visitado por el mal.*

Las pausas [de las secciones] son las siguientes, etcétera. Dijo el rabí Abahú en nombre del rabí Iojanán: La jurisprudencia fue establecida por el rabí Iehudá, que dijo: No debe interrumpirse entre "vuestro Dios" y "verdadero y firme". — Dijo el rabí Abahú en nombre del rabí Iojanán: ¿En qué se funda el rabí Iehudá? — En que dice el versículo: [14 b] *el señor Dios es verdadero.*[52] ¿Se repite la palabra *verdad* o no se repite la palabra *verdad*?[53] — Dijo el rabí Abahú en nombre del rabí Iojanán: Se repite la palabra *verdad.* — Dijo Rabáh: No se repite la palabra *verdad.* — Cierta vez bajó un hombre [al atril, a leer las oraciones] ante Rabáh, y cuando Rabáh lo oyó decir *verdad, verdad,* exclamó: La verdad, toda la verdad se apoderó de este hombre.

Dijo el rabí Iosef: Era excelente la enseñanza que trajo el rabí Shemuel bar Iehudá, según la cual en el oeste[54] dicen [por la noche]: *Habla a los hijos de Israel, y diles ... yo soy el señor, vuestro Dios. Verdad.*[55] — ¿En qué consiste la excelencia? — le dijo Abaie — ¿No dijo el rabí Cahaná en nombre de Rab: [Por la noche] no se comienza [la tercera sección], pero cuando se comienza hay que recitarla íntegramente? Y si alegas que [las palabras] *y diles* no son comienzo, [te responderé que] dijo el rabí Shemuel bar Itsjac en nombre de Rab: [Las palabras] *habla a los hijos de Israel* no son comienzo, pero [las palabras] *y diles* son comienzo. — Dijo el rabí Papa: En el oeste opinan que tampoco son comienzo [las palabras] *y diles,* antes de llegar a [la frase] *que se hagan franjas.* — Dijo Abaie: Nosotros[56] comenzamos [la sección] porque ellos, en el oeste, la comienzan, y ya que la comenzamos la leemos íntegramente; porque dijo el rabí Cahaná en nombre de Rab: No debe comenzarse, pero cuando se comienza debe ser leída íntegramente.

Dijo Jiiá bar Rab: Cuando se dice [por la noche] *yo soy el señor vuestro Dios,* también debe decirse: *Verdad...* Si *yo soy el señor vuestro Dios* no se dice, no hace falta leer [la alabanza que comienza con la palabra] *Verdad...* — ¿Pero no hay que recordar el éxodo de Egipto? — Se lee lo siguiente: *Te damos las gracias, señor nuestro Dios, que nos sacaste de Egipto, nos libraste de la esclavitud e hiciste por nosotros milagros y grandes hazañas en el mar; y te cantamos...*[57]

Dijo el rabí Iehoshúa ben Corjá: ¿Por qué está la sección oye...?, etcétera. Se ha enseñado que dijo el rabí Shimeón ben Iojái: Es razonable que [la sección] *oye* preceda a [la sección] *si obedeciereis,* porque la primera manda aprender[58] y la segunda, enseñar,[59] y que [la sección] *si obedeciereis* preceda a [la sección] *y (el señor) habló,* porque aquella manda enseñar y esta, actuar. ¿Pero es que en *oye* sólo se manda aprender, y no enseñar y actuar? Sin embargo dice allí [en la sección]: *las repetirás... te las atarás... las escribirás...* ¿Y acaso en *si obedeciereis* se manda únicamente enseñar, y no

obrar? ¿No dice allí *las ataréis... las escribirás...?* — Lo que quiso decir
es, más bien, lo siguiente: Es razonable que *oye* preceda a *si obedeciereis,* porque allí se manda aprender, enseñar y obrar; y que *si obedeciereis* preceda a
y (el señor) habló, porque allí se manda enseñar y actuar, y aquí únicamente
actuar. — ¿No es lo mismo que [explicó] el rabí Iehoshúa ben Corjá? — [El
rabí Shimeón ben Iojaí] agrega otra [explicación]. Una es que debe tomarse
en primer lugar la carga del reino de los cielos, y luego la de los mandamientos;
la otra es que deben considerarse aquí [60] estos otros aspectos.

Cierta vez Rab se lavó las manos, recitó el *shemá,* se puso las filacterias
y dijo las oraciones. ¿Cómo hizo eso? Porque se ha enseñado: El que cava
una fosa para un muerto se exime de recitar el *shemá* y las oraciones, de ponerse las filacterias y de todos los mandamientos de la Tora. Cuando llega el
momento de recitar el *shemá,* se levanta, se lava las manos, se pone las filacterias, lee el *shemá* y dice las oraciones. — Aquí hay una contradicción. Primero dice [la enseñanza] que se exime, y luego que le corresponde hacerlo. —
No hay contradicción; la cláusula final habla de dos [personas]; [61] la inicial
de una sola. — De todas maneras, queda en contradicción con Rab. — Rab
tiene la misma opinión que el rabí Iehoshúa ben Corjá, quien enseñó que
primero se toma la carga del reino de los cielos y luego la de los mandamientos.[62] — El rabí Iehoshúa ben Corjá, en efecto, dice que una recitación an-
tecede a la otra;[63] ¿pero puedes atribuirle el concepto de que la recitación preceda a la acción? [64] Además, no se puede afirmar que siga realmente el criterio
del rabí Iehoshúa ben Corjá. Dijo el rabí Jiiá bar Ashí: Muchas veces estuve
delante de Rab y lo vi lavarse las manos, bendecir, enseñarnos nuestra sección
y ponerse las filacterias, y sólo entonces recitar el *shemá.* Y si alegaras que
hacía todo eso antes de que hubiese llegado la hora de recitar el *shemá,* ¿qué
importancia tendría, en tal caso, el testimonio del rabí Jiiá bar Ashí? — Sirve
para desechar la opinión del que dice que para estudiar la Mishná no hace
falta bendecir; nos dice con eso que para estudiar la Mishná también hace
falta pronunciar una bendición. — De todas maneras la contradicción de Rab
se mantiene. — Su mensajero incurrió en falta.[65]

Dijo Ulá: El que recita el *shemá* sin haberse puesto las filacterias, es como
si prestara falso testimonio contra sí mismo.[66] — Dijo el rabí Jiiá bar Abá en
nombre del rabí Iojanán: Es como si ofreciera un holocausto sin ofrenda de
comida,[67] o un sacrificio sin ofrenda de bebida.[68]

Dijo también el rabí Iojanán: El que quiera tomar cabalmente sobre sí
la carga del reino de los cielos, [15 a] tendrá que limpiarse, lavarse las manos,
ponerse las filacterias, recitar el *shemá* y decir las oraciones; esta es la forma
cabal de tomar la carga del reino de los cielos. — Dijo el rabí Jiiá bar Abá en
nombre del rabí Iojanán: Al que se limpia, se lava las manos, se pone las filacterias, recita el *shemá* y reza, la Escritura lo considera como si hubiese erigido
un altar y ofrecido un sacrificio, como dice lo escrito: *Lavaré en pureza mis
manos, y así andaré alrededor de tu altar, señor.*[69] — ¿No cree el maestro —le
dijo Rabá— que es como si uno se bañara? Porque dice *lavaré en pureza,* y no
dice *lavaré mis manos.*

Dijo Rabiná a Rabá: ¿Vio el maestro al discípulo que vino del oeste?
Dijo esto: El que no tiene agua para lavarse las manos, se las puede frotar
con ceniza, arena o aserrín. — Tiene razón —contestó— ¿Dice, acaso, [me]
lavaré con agua? Dice: *lavaré en pureza.* Luego, con cualquier cosa que limpie.
También el rabí Jisdá maldijo a todos los que iban a buscar agua a la hora
de rezar.[70] Pero esto rige únicamente para el *shemá;* para las oraciones se puede
ir a buscar [agua]. — ¿Hasta dónde? — Hasta una parasanga de distancia,
sólo hacia adelante; hacia atrás, no se puede ir ni a la distancia de un *mil.*[71] —
Hacia atrás no se puede alejar un *mil,* pero sí menos de un *mil.*

MISHNÁ 2. *El que recita el shemá sin oír lo que dice, cumple lo mismo
su obligación. El rabí Iosí dice que no cumple su obligación. El que lo lee sin
pronunciar las letras con precisión, según el rabí Iosí cumple su obligación; el
rabí Iehudá dice que no cumple su obligación. El que lo lee hacia atrás* [72]
*no cumple su obligación. El que lee y comete un error, vuelve a comenzar
desde el punto en que cometió el error.*

GUEMARÁ. ¿En qué se funda el rabí Iosí? — En que dice en el versículo
oye, es decir, que tu oído oiga lo que dice tu boca. — ¿Y el primer tanaíta? —

[60] En la primera sec-
ción.

[61] Dos hombres que
se turnan; uno cava y
el otro reza.

[62] Mediante las filac-
terias.
[63] Primero la sección
sobre la carga del reino
de los cielos, y luego la
de la carga de los man-
damientos.
[64] La de ponerse las
filacterias.

[65] Le llevó tarde las
filacterias y Rab quiso
aprovechar el tiempo
recitando el *shemá.*
[66] Más bien, se acu-
sa a sí mismo de false-
dad.
[67] V. Núm., XXVIII, 5.
[68] V. ídem, íd., 14.

[69] Salmos, XXVI, 6.

[70] Retrasaban las ora-
ciones.

[71] Medida de longi-
tud, equivalente a dos
mil codos.

[72] Invirtiendo el or-
den de las secciones.

Sostiene que *oyé* significa: en cualquier idioma que entiendas. — ¿Y el rabí Iosí? — [De la palabra *oye*] se deducen ambas cosas.

Se ha enseñado en otra parte: Los sordos, que hablan pero no oyen, no deben separar oblación;[73] pero si la separan, la oblación es válida. — ¿Quién es el que enseña que la acción de un sordo, que habla pero no oye, es válida cuando está hecha, pero no debe hacerse? — Dijo el rabí Jisdá: Es el rabí Iosí. Porque se ha enseñado: *El que recita el* shemá *sin oír lo que dice, cumple lo mismo su obligación.* Es la opinión del rabí Iehudá. *El rabí Iosí dice que no la cumple.* El rabí Iosí sostiene que no la cumple en cuanto a la recitación del *shemá*, porque es mandamiento bíblico; pero la prohibición de separar oblación se debe a [que no oye] las bendiciones, y las bendiciones son disposiciones rabínicas, y el hecho mismo no depende de las bendiciones. — ¿Pero por qué dices que esta[74] es la opinión del rabí Iosí? ¿No será la del rabí Iehudá? Según él, también en el caso del *shemá* su recitación es válida como hecho consumado, pero deliberadamente está prohibido hacerlo.[75] Y tanto es así que dice en la enseñanza: *el que recita*, es decir, cuando ya lo hizo, pero deliberadamente no debe hacerlo. — Dice *el que recita* —contestaron—, para hacerte ver la opinión contraria del rabí Iosí, al sostener que no queda cumplida la obligación ni aun cuando ya se ha hecho. En cambio para el rabí Iehudá está permitido hacerlo desde un principio. — Terminaste por adjudicarla[76] al rabí Iosí. ¿Cómo queda, entonces, la siguiente enseñanza: No se debe recitar la oración de la comida mentalmente, pero para el que la recita queda cumplida la obligación? ¿De quién es este criterio? No es del rabí Iosí ni del rabí Iehudá. No puede ser del rabí Iehudá, porque para él se cumple la obligación incluso cuando se hace de propósito; ni puede ser del rabí Iosí porque para él no es válida ni como hecho consumado. — Si se la atribuimos[77] al rabí Iehudá, para quien es válida[78] una vez hecha, pero no debe hacerse, ¿cómo queda esta otra enseñanza del rabí Iehudá hijo del rabí Shimeón ben Pazí? Dice así: Los sordos que hablan pero no oyen pueden deliberadamente separar oblación. ¿En qué criterio se basa? No puede ser el del rabí Iehudá, ni el del rabí Iosí. Porque el rabí Iehudá opina que es válido cuando ya está hecho, pero no debe hacerse; y el rabí Iosí que no es válido ni aun como hecho consumado. — Puede atribuirse a la opinión del rabí Iehudá, según la cual está permitido hacerlo deliberadamente, y no hay contradicción,[79] porque una de ellas es la suya, y la otra, la de su maestro. Se ha enseñado que dijo el rabí Iehudá en nombre del rabí Eleazar ben Azariiá: El que recita el *shemá* tiene que hacer que sus oídos lo oigan,[80] como dice el texto: *Oye, Israel, el señor nuestro Dios, el señor es uno.* — Observa —le dijo el rabí Meir— que dice el versículo: *...que yo te mando hoy, estarán sobre tu corazón.*[81] Las palabras dependen de la intención. — Habiendo llegado hasta este punto, puedes incluso decir que el rabí Iehudá coincide con la opinión de su maestro; y no hay contradicción, porque esta[82] sostiene el criterio del rabí Meir, y la otra el del rabí Iehudá.

Se ha enseñado en otra parte: Todo el mundo está autorizado para leer el rollo de Ester, menos los sordomudos, los imbéciles y los menores de edad.[83] Según el rabí Iehudá los menores están autorizados. — ¿Quién es el que enseña que las acciones de los sordomudos no tienen valor, ni aun como hechos consumados? — El rabí Iosí —respondió el rabí Matená—, porque hemos visto que *el que recita el* shemá *sin oír lo que dice cumple lo mismo su obligación.* Esta es la opinión del rabí Iehudá. *El rabí Iosí dice que no la cumple.* — ¿Por qué decimos que [la enseñanza del rollo de Ester] sigue la opinión del rabí Iosí, y que el hecho consumado tampoco tiene valor? [15 *b*] ¿No seguirá la opinión del rabí Iehudá, prohibiéndose hacerlo deliberadamente pero siendo válido una vez hecho? — No es admisible, porque la enseñanza comprende en igualdad de condiciones a los sordomudos, los imbéciles y los menores de edad. Lo mismo que el hecho consumado carece de valor en el caso del imbécil y el menor de edad, igualmente carece de valor en el caso del sordomudo. — Tal vez haya distintas circunstancias para cada caso.[84] — De todas maneras no se puede adjudicarla al rabí Iehudá, porque en la cláusula final dice: "Según el rabí Iehudá los menores están autorizados". ¿Habrá que deducir de aquí que la cláusula inicial no sigue la opinión del rabí Iehudá? — Tal vez esté de acuerdo con el rabí Iehudá toda la enseñanza, la que habla de dos clases de menores de edad, y quizá esté incompleta, debiendo leerse de este modo: Todos están autorizados para leer el rollo de Ester, menos los sordomudos, los imbéciles y los menores de edad. Esta norma se aplica únicamente a los menores que no son aptos para la instrucción; los menores que son aptos para la

[73] La parte de los productos, sacrificios, ofrendas, etcétera, que corresponde a los sacerdotes. V. Núm., XVIII, 8 y sigs. Los sordos no deben separarla, porque no oyen las bendiciones que deben pronunciar cuando apartan la oblación.

[74] La de que los sordos no deben separar oblación.

[75] Leerlo con un tono de voz que no llegue al oído del que lo pronuncia.

[76] La enseñanza de la oblación.

[77] La baraíta citada.

[78] La recitación mental de la oración de la comida.

[79] Entre las dos opiniones sostenidas por el rabí Iehudá.

[80] Pero la recitación es válida aunque no lo oigan.

[81] Deut., VI, 6.

[82] La enseñanza del rabí Iehudá hijo del rabí Shimeón ben Pazí.

[83] Menores de trece años.

[84] Aunque se nombren juntos, es distinto el caso de un sordomudo y el de un imbécil.

instrucción están de antemano autorizados. Esto es lo que dijo el rabí Iehudá; porque el rabí Iehudá considera autorizados a los menores de edad. — Haces corresponder [la enseñanza] con la opinión del rabí Iehudá, estableciendo que lo hecho es válido, pero no debe hacerse deliberadamente. ¿Entonces aquella enseñanza del rabí Iehudá hijo del rabí Shimeón ben Pazí, según la cual los sordos que hablan pero no oyen pueden directamente separar oblación, con qué opinión concuerda? Ni con la del rabí Iehudá, ni con la del rabí Iosí. Para el rabí Iehudá el hecho consumado es válido, pero no debe hacerse deliberadamente; para el rabí Iosí no es válido aunque esté hecho. — ¿Qué dices, entonces? ¿Que sigue al rabí Iehudá, y que se puede hacer deliberadamente? ¿En tal caso, aquella enseñanza que dice: "No debe recitarse la oración de la comida mentalmente, pero el que lo hace lo mismo cumple con su deber", con qué opinión concuerda? No es con la del rabí Iehudá, ni con la del rabí Iosí. El rabí Iehudá sostiene que se puede hacer directamente, y el rabí Iosí, que no es válido ni aun como hecho consumado. En realidad se puede atribuir al rabí Iehudá, estando el hecho permitido de antemano; y no hay contradicción,[85] porque en una de ellas expresa su opinión, y en la otra la de su maestro. Se ha enseñado sobre esto: El que recita el *shemá,* dijo el rabí Iehudá en nombre del rabí Eleazar ben Azariiá, debe hacer que sus oídos oigan las palabras, porque el versículo dice: *Oye, Israel.* — El rabí Meir le dijo: [Las frases] *...que yo te mando hoy, estarán sobre tu corazón,* indica que la importancia de las palabras depende de la atención. — Después de haber llegado a este punto, puedes incluso decir que el rabí Iehudá concuerda con la opinión de su maestro; y no hay contradicción, porque una de las enseñanzas contiene el criterio del rabí Iehudá y la otra el del rabí Meir.

Dijo el rabí Jisdá en nombre del rabí Shilá: La jurisprudencia es la que estableció el rabí Iehudá en nombre del rabí Eleazar ben Azariiá, y la que estableció el rabí Iehudá. — Ambas declaraciones son necesarias. Si únicamente dijera que la jurisprudencia es la que estableció el rabí Iehudá, podría creerse que es una acción permitida de antemano. Por eso dice que la jurisprudencia es la que estableció el rabí Iehudá en nombre del rabí Eleazar ben Azariiá. Si dijera únicamente que la jurisprudencia es la que estableció el rabí Iehudá en nombre del rabí Eleazar ben Azariiá, podría creerse que debe ser hecha imprescindiblemente [de ese modo].[86] Por eso dice que la jurisprudencia es la establecida por el rabí Iehudá.

Dijo el rabí Iosef: La discrepancia se refiere únicamente a la recitación del *shemá.* Con respecto a las demás oraciones todos concuerdan en que no se cumple la obligación;[87] lo dice el versículo: *Atiende y escucha, Israel.*[88] — Se hizo una objeción: "No se debe recitar mentalmente la oración de la comida; pero el que lo hace cumple lo mismo la obligación". — Si se dió esta enseñanza habrá sido de esta manera: La discrepancia, dijo el rabí Iosef, se refiere únicamente al *shemá,* porque dice lo escrito: *Oye, Israel;* con respecto a las demás oraciones todos concuerdan en que se cumple lo mismo la obligación. — ¿Pero no dice el versículo: *Atiende y escucha, Israel?* — Se aplica a las palabras de la Torá.

El que lo lee sin pronunciar las letras con precisión. Dijo el rabí Tabí en nombre del rabí Ioshiiá: En ambos casos la jurisprudencia es la del criterio más leve.[89]

¿Qué significa —dijo también el rabí Tabí en nombre del rabí Ioshiiá— el versículo que dice: *Hay tres cosas que nunca se sacian ... el sepulcro y la matriz estéril?*[90] ¿Qué tiene que ver el sepulcro con la matriz? Es para enseñarte que el sepulcro recibe y devuelve del mismo modo que recibe y devuelve la matriz. Se deduce por *cal vajomer* que si la matriz recibe en silencio y devuelve con ruido,[91] con mayor razón devolverá con ruido el sepulcro, que recibe con ruido.[92] Esta es una refutación a los que niegan que la resurrección de los muertos figura en la Torá.

El rabí Oshaiiá enseñó en presencia de Rabá: [Dice el versículo:] *...y las escribirás...,*[93] [es decir,] hay que escribirlo todo,[94] incluso los mandamientos. — ¿Lo tomas de la opinión del rabí Iehudá? —le dijo; [el rabí Iehudá] declaró con referencia a la mujer sospechosa de ser adúltera:[95] Se pone únicamente la maldición, y no los mandamientos. [Y tú dices que es] en aquel caso solamente, porque dice lo escrito: *...escribirá estas maldiciones.*[96] Aquí, en cambio, dice: *y las escribirás,* es decir, también los mandamientos. ¿Pero es que el rabí Iehudá se basa en que dice *escribirá?* El rabí Iehudá se funda en que dice *las maldiciones;* hay que poner las maldiciones, no los man-

[97] Hace falta presentar la prueba bíblica de que también deben escribirse los mandamientos.

[98] *Estas palabras que yo te mando hoy* (Deut., VI, 6): *los mandamientos, estatutos y decretos...* (íd., íd., 1).

[99] Deut., XI, 19.

[100] La frase es de 1 Reyes, XXII, 34. La pausa es la que debe hacerse entre dos palabras, de las que la primera termina con la misma letra que da comienzo a la segunda.

[101] Salmos, LXVIII, 15.

[102] *Ohel* significa tienda y también áloe.

[103] Núm., XXIV, 6.

[104] Las casas de estudio.

[105] V. 15 b.

[106] La costumbre lo hizo recitar sin equivocarse.

[107] No se empleaba en su caso el patronímico porque era hijo ilegítimo de una mujer que había sido prisionera del enemigo.

[108] Y continuar trabajando.

damientos. — Con todo es necesario.[97] Podría creerse que se haría la comparación entre la palabra *escribirás* que figura aquí y la palabra *escribirá* que figura allí, sacándose la conclusión de que si allí se ponen las maldiciones y no los mandamientos, tampoco aquí han de ponerse los mandamientos. Por eso dice el misericordioso: *y las escribirás,*[98] es decir, también los mandamientos.

El rabí Obadiiá expuso en presencia de Rabá: *Y las enseñaréis (valimadetem);*[99] [vale decir:] "y la enseñanza debe ser completa" (*velimud tam*), haciendo una pausa *entre las junturas.*[100] — Por ejemplo —dijo Rabá completando sus palabras—, *al lebabecá* (sobre tu corazón), *al lebabekem* (sobre vuestro corazón) *vecol lebabecá* (con todo tu corazón) *vecol lebabeken* (con todo vuestro corazón), *eseb besadecá* (pasto en tu campo), *vaabadetem meherá* (moriréis rápidamente), *hacanaf petil* (la orla cordón), *etjem meerets* (a ustedes de la tierra).

Dijo el rabí Jamá hijo del rabí Janiná: Cuando uno recita el *shemá* pronunciando claramente las letras, se enfría el infierno, como dice lo escrito: *Cuando esparció el omnipotente los reyes allí, nevó en el monte Salmón.*[101] No leamos *befares* (esparcir), sino *befaresh* (separar); y no leamos *beTsalmón* (en el Salmón), sino *betsal mavet* (en la sombra de la muerte).

Dijo también el rabí Jamá hijo del rabí Janiná: ¿Por qué figuran las tiendas [16 a] junto a los arroyos, como dice lo escrito: *(¡Cuán hermosas son tus tiendas, Jacob...!)* Se extienden como arroyos, como huertos junto al río, como áloes[102] plantados, etcétera?[103] Para enseñarte que lo mismo que los arroyos elevan al hombre de la inmundicia a la limpieza, así también las tiendas[104] elevan al hombre de la balanza de la culpa a la balanza del mérito.

El que lo lee hacia atrás no cumple su obligación, etcétera. Cierta vez se hallaban los rabíes Amí y Así preparando el palio nupcial para el rabí Eleazar. — Entretanto —les dijo este— iré a la casa de estudios a ver qué hay de nuevo, y volveré a informarles. — Fue y encontró a un discípulo exponiendo ante el rabí Iojanán: El que [advierte que] se equivocó al recitar [el *shemá*], pero no sabe en qué punto, si está en medio de una sección debe volver al principio; si está entre sección y sección, vuelve a comenzar desde la primera sección; si está entre *escribirás* y *escribirás,*[105] vuelve al primer *escribirás*. — Esta norma —le dijo el rabí Iojanán— se aplica [cuando se equivoca] antes de llegar a la frase *para que se multipliquen vuestros días;* si llega a la frase *para que se multipliquen vuestros días* es que siguió el orden habitual.[106] — [El rabí Eleazar] volvió y les contó. — Valía la pena haber venido —le dijeron— aunque sólo fuera para escuchar esto.

MISHNÁ 3. Los trabajadores pueden recitar el shemá en la copa de un árbol, o en lo alto de un andamio, pero no decir las oraciones. El novio que todavía no haya realizado el acto [marital] se exime de recitar el shemá desde la primera noche hasta el final del sabat. Sucedió que el rabán Gamaliel, cuando contrajo enlace, recitó el shemá la primera noche. Sus discípulos le dijeron: Maestro, tú nos enseñaste que los novios están eximidos de recitar el shemá. — No les aceptaré —contestó— que me quite de encima el reino de los cielos ni por un momento.

GUEMARÁ. Enseñaron los rabíes: Los trabajadores pueden recitar el *shemá* en la copa de un árbol o en lo alto de un andamio, y pueden decir las oraciones en la copa de un olivo y en la copa de una higuera, pero de cualquier otro árbol tienen que descender para orar. Los dueños tienen que bajar en todos los casos para orar, porque tienen la mente preocupada. — El rabí Marí, hijo de la hija de Shemuel,[107] señaló a Rab una contradicción: Hemos visto que *los trabajadores pueden recitar el shemá en la copa de un árbol o en lo alto de un andamio,*[108] lo cual indica que no hace falta concentrarse. En cambio dice [otra enseñanza]: Cuando se recita el *shemá* hay que poner el corazón, porque dice en un versículo *Oye, Israel,* y en otro versículo *Atiende y escucha, Israel.* Lo mismo que aquí hay que escuchar con atención, también allí hay que escuchar con atención. — [Rab] no contestó. Luego le dijo: ¿Escuchaste alguna enseñanza sobre esto? — Dijo el rabí Sheshet —respondió—: Tienen que suspender el trabajo para recitar. Pero se ha enseñado que dijeron en la escuela de Hilel: Pueden recitar mientras trabajan. — No hay contradicción: aquella enseñanza se refiere a la primera sección; esta, a la segunda.

Enseñaron los rabíes: Los jornaleros que trabajan para un patrón recitan el *shemá* y dicen las bendiciones anteriores y posteriores, comen su pan y dicen las bendiciones anteriores y posteriores, y rezan la oración de las dieciocho bendiciones; pero no bajan al púlpito [109] ni alzan las manos.[110] — ¿No se ha enseñado que sólo dicen las dieciocho bendiciones abreviadas? — Dijo el rabí Sheshet: No hay contradicción. Una de las enseñanzas contiene la opinión del rabán Gamaliel; la otra, la del rabí Iehoshúa. — Si es la opinión del rabí Iehoshúa, es para todos; ¿por qué dice trabajadores? — En realidad ambas enseñanzas siguen la opinión del rabán Gamaliel, pero no hay contradicción: una de ellas se refiere a los que trabajan por un sueldo, y la otra a los que trabajan por el sustento. Se ha enseñado al respecto: Los jornaleros que trabajan para un patrón recitan el *shemá*, dicen las oraciones y comen el pan, pero no pronuncian ninguna bendición antes y sólo dos bendiciones después, de este modo: la primera tal como viene y la segunda comenzando con la bendición por la tierra [111] e incluyendo en la bendición por la tierra la parte *constructor de Jerusalén*. Esto es válido únicamente para los que trabajan por un sueldo; los que trabajan por la comida, o que comen con el patrón, leen [todas] las bendiciones reglamentarias.

Los novios están eximidos de recitar el shemá. Enseñaron los rabíes: [De la obligación de recitarlas] [112] *estando en tu casa* [113] se excluye a los que se hallan cumpliendo un mandamiento. [De la de repetirlas ...] *cuando andas por el camino* [113] se excluye a los novios. De aquí deducen [los rabíes] que el que se casa con una virgen se exime; el que se casa con una viuda no se exime. — ¿De dónde se extrae? — Dijo el rabí Papa: De [la palabra] camino; del mismo modo que el camino es optativo, tienen que ser aquí [las demás acciones] igualmente optativas. — Puede tratarse de alguien que sale [por el camino] para cumplir un mandamiento, a pesar de lo cual el misericordioso dice que tiene que recitar [el *shemá*]. — Si fuera así, diría el versículo "al ir". ¿Por qué dice *cuando andas*? Para enseñarte que *cuando andas* [en tus cosas] tienes la obligación de recitar, y cuando cumples un mandamiento, te eximes de la obligación. [16 b] ¿En tal caso, por qué dice: "el que se casa con una virgen"? Sería lo mismo para el que se casara con una viuda. — Aquel está perturbado; este no está perturbado. — Si el fundamento es la perturbación, también [quedaría eximido de recitar] aquel a quien se le hundiera un barco en el mar. ¿Por qué dijo, entonces, el rabí Abá bar Zabdá en nombre de Rab: Los dolientes tienen la obligación de observar todos los mandamientos que figuran en la Tora, con excepción del que se refiere a las filacterias, porque [a las filacterias] las llamas "turbantes", como dice lo escrito: ...*ata tu turbante sobre ti*...? [114] — Allí —contestaron— la perturbación se debe a una causa optativa; aquí, a un mandamiento.

MISHNÁ 4. [El rabán Gamaliel] se bañó la primera noche de la muerte de su esposa. Maestro —le dijeron los discípulos—, tú nos enseñaste que a los dolientes les está prohibido bañarse. — Yo no soy como otros hombres —contestó—; yo soy delicado. — Cuando se murió su esclavo Tabí, recibió las condolencias [por su muerte]. — Maestro —le dijeron los discípulos —tú nos enseñaste que no se reciben condolencias por los esclavos. — Mi esclavo Tabí —contestó— no era como otros esclavos; era un hombre virtuoso. — El novio que quiera recitar el shemá la primera noche [de la boda], puede hacerlo. El rabán Shimeón ben Gamaliel dice que no todos los que quieren adquirir renombre [115] pueden hacerlo.

GUEMARÁ. ¿Cuál era la razón del rabán (Shimeón ben) Gamaliel? — Opinaba que el duelo nocturno es disposición rabínica, como dice lo escrito: ...*y su postrimería como día amargo,*[116] y los rabíes no la establecieron para las personas delicadas [de salud].

Cuando murió su esclavo Tabí, etcétera. Enseñaron los rabíes: Por esclavos y esclavas no se forma fila,[117] ni se pronuncia la bendición de los dolientes,[118] ni se dicen frases de condolencia a los deudos. Cuando murió la esclava del rabí Eliézer los discípulos fueron a darle el pésame. Al verlos llegar, [el rabí] subió al desván: [los discípulos] lo siguieron. [El rabí] entró a la antesala; ellos lo siguieron. Se fue a la sala, y ellos tras él. — Entonces les dijo: Pensé escaldarlos con agua tibia; pero veo que no los escalda ni el agua hirviendo.[119] ¿No les enseñé que por esclavos y esclavas no se forman filas [de pésame], ni se pronuncia la bendición de los dolientes, ni se dicen frases de condolencia?

---

[109] A oficiar de lector de la Tora ante la congregación.
[110] Para dar la bendición sacerdotal.
[111] Por el país de Israel.
[112] ...*las palabras que yo te mando hoy...* Deut., VI, 6.
[113] Ídem, íd., 7.
[114] Ezeq., XXIV, 17.
[115] Sentar fama de piadosos.
[116] Amós, VIII, 10. La Biblia sólo habla del duelo diurno.
[117] Los asistentes a los sepelios volvían del cementerio a la casa de duelo y formaban fila para confortar a los parientes del difunto.
[118] V. Ketuvot, 8 a.
[119] Creí que entenderían la indirecta, pero veo que no comprenden ni la más categórica.

¿Qué se dice por ellos? Lo que se le dice al que se le muere un toro o un asno: "Que el omnipresente te restituya la pérdida". Lo mismo se dice por un esclavo o una esclava: "Qué el omnipresente te restituya la pérdida". — Se ha enseñado en otra parte: No se pronuncian discursos fúnebres por esclavos y esclavas. — Dijo el rabí Iosí: Cuando se trata de un esclavo virtuoso, se dice: ¡Pobre! Era un hombre bueno y leal, que vivía de su trabajo. — ¿Qué dejas, entonces —le replicaron— para un hombre libre?

120 Abraham, Isaac y Jacob.

121 Sara, Rebeca, Raquel y Lea.

Enseñaron los rabíes: Los que llamamos padres no son más que tres,[120] y las que llamamos madres, únicamente cuatro.[121] — ¿Por qué? ¿Diremos que es porque ignoramos si descendemos de Rubén o de Simón? Pues tampoco sabemos, en el caso de las madres, si descendemos de Raquel o de Lea. — Más bien porque hasta aquí eran valorados; a partir de aquí ya no fueron valorados. — Se ha enseñado en otra parte: A los esclavos y esclavas no se les dice: el padre Fulano, o la madre Fulana; pero a los del rabán Gamaliel se les decía el padre Fulano y la madre Fulana, lo cual contradice [la enseñanza]. Eran apreciados.

122 Salmos, LXIII, 5.

123 Ídem, íd., 6.

¿Por qué dice —preguntó el rabí Eleazar—: *Así te bendeciré en mi vida; en tú nombre alzaré mis manos?* [122] *Te bendeciré en mi vida* se refiere al *shemá; en tu nombre alzaré mis manos*, a la oración. Si lo hace, dice de él la Escritura: *Como de meollo y de grosura será saciada mi alma.* [123] Más aún, hereda dos mundos: este mundo y el del futuro, como dice lo escrito: *Y con labios de júbilo te alabará mi boca.* [123]

El rabí Zerá concluía sus preces con estas palabras: Sea tu voluntad, señor nuestro Dios, que haya en nuestro destino amor, fraternidad, paz y amistad; que nuestras fronteras rebosen de discípulos; que se cumplan nuestros fines con buen éxito y esperanza; que se establezca nuestra participación en el paraíso; que nos procures en tu mundo buen ambiente y buen impulso; que nos levantemos y hallemos el ansia de nuestro corazón de temer tu nombre, y que te sean gratos los deseos de nuestra alma.

El rabí Iojanán terminaba sus oraciones de este modo: Sea tu voluntad, señor nuestro Dios, mirar nuestro oprobio, observar nuestra desdicha, revestirte de tu misericordia, cubrirte con tu poder, envolverte con tu amor y ceñirte tu gracia, y que se ponga en tu presencia la virtud de tu bondad y tu dulzura.

El rabí Zerá concluía sus preces con estas palabras: Sea tu voluntad, señor nuestro Dios, que no pequemos, y que no nos avergoncemos ni nos deshonremos ante nuestros padres.

El rabí Jiiá terminaba de esta manera las oraciones: Sea tu voluntad, señor nuestro Dios, que tu Tora sea nuestra ocupación, y que no se nos aflija el corazón ni se nos oscurezcan los ojos.

Rab decía al terminar las oraciones: Sea tu voluntad, señor nuestro Dios, darnos una vida larga, una vida de paz, una vida de bien, una vida de bendición, una vida de ganancias, una vida de vigor corporal, una vida de temor al pecado, una vida libre de deshonra y oprobio, una vida de riqueza y honor, una vida que nos llene de amor a la Tora y temor al cielo, una vida en la que nos satisfagas para bien todos los deseos del corazón.

Rabí terminaba las oraciones agregando estas frases: Sea tu voluntad, señor nuestro Dios y Dios de nuestros padres, librarnos de los insolentes y de la insolencia, de los perversos, de los malos sucesos, de los malos impulsos, de las malas compañías, de los malos vecinos, del depravado Satán, de los juicios difíciles y de los adversarios malvados, sean hijos del pacto o no. — [Lo decía] aunque rodeaban a Rabí eunucos.[124]

124 Puestos por el gobierno romano para cuidarlo.

125 Los ángeles guardianes de las distintas naciones.

126 En las disensiones terrenales.

El rabí Safrá terminaba las oraciones de este modo: Sea tu voluntad, señor nuestro Dios, imponer la paz [17 *a*] en la familia de arriba [125] y en la familia de abajo,[126] y entre los discípulos que se ocupan con tu ley, por su propia decisión o no; pero sea tu voluntad que los que no lo hacen por su propia decisión lo hagan por su propia decisión.

El rabí Alexandri solía decir lo siguiente, después de las oraciones: Sea tu voluntad, señor nuestro Dios, ponernos en un rincón de luz, y no en un rincón de tinieblas, y hacer que no se nos acongoje el corazón ni se nos oscurezcan los ojos. — Según algunos, el que decía esto era el rabí Hamnuná; lo que decía el rabí Alexandri después de rezar era lo siguiente: Señor del mundo; bien sabes tú que nuestro deseo es cumplir tu voluntad. ¿Qué es lo que nos impide hacerlo? La levadura de la masa,[127] y nuestra servidumbre a los gobiernos [extranjeros]. Sea tu voluntad librarnos de sus manos, para que volvamos a cumplir los estatutos con el corazón en paz.

127 Los malos impulsos.

Rabá decía lo siguiente después de las oraciones: Mi Dios; antes de ser formado no era digno [de que me formaran], y ahora que he sido formado **es** como si no hubiese sido formado. Soy polvo en la vida, y tanto más en la muerte. Mira; estoy ante ti como una vasija llena de bochorno y oprobio. Sea tu voluntad, señor Dios mío, hacer que no vuelva a pecar, y borrar con tu gran misericordia los pecados que he cometido ante ti, pero no con castigos y graves enfermedades. Esta fue también la confesión que hizo el rabí Hamnuná el pequeño el día de la expiación.

Mar hijo de Rabiná agregaba estas fases al final de las oraciones: Dios mío, libra a mi lengua del mal y a mis labios de decir falsedades. Que mi alma calle ante los que me maldigan, y que sea mi alma como polvo para todos. Ábreme el corazón a tu ley, y que mi alma persiga tus mandamientos. Líbrame de los malos sucesos, de los malos impulsos, de las malas mujeres y de todos los males que amenazan venir al mundo. Desbarata rápidamente el consejo de los que me desean mal y destruye sus propósitos. Que sean gratas para ti las palabras de mi boca y los pensamientos de mi corazón, señor, mi roca y mi redentor.

Cuando el rabí Sheshet ayunaba, agregaba lo siguiente a continuación de las oraciones: Señor del mundo; tú sabes muy bien que cuando estaba en pie al santuario, el hombre que pecaba presentaba un sacrificio, del que sólo se ofrecía la grasa y la sangre, expiando con eso [el pecado]. He ayunado ahora, disminuyendo mi grasa y mi sangre. Sea tu voluntad considerar la grasa y la sangre que disminuyó en mí como si las hubiese ofrecido ante ti en el altar, y sé propicio para mí.

Cuando el rabí Iojanán terminaba el libro de Job solía decir lo siguiente: El fin del hombre es la muerte, el de los animales el sacrificio, y todos están destinados a morir. Bienaventurado el que se cría en la Tora, que se dedica a la Tora, que da satisfacción al creador, que crece con buena fama y que se **va** de este mundo con buena fama; dijo de él Salomón: *Mejor es la buena fama que el buen ungüento; y mejor el día de la muerte que el día del nacimiento.*[128]

Solía decir el rabí Meir: Estudia con todo el corazón y con toda el alma, para conocer mis caminos, y estar atento a las puertas de mi ley. Guarda mi ley en tu corazón, y que mi temor esté ante tus ojos. Aparta tu boca del pecado y purifícate y santifícate de las culpas y las violaciones, y estaré contigo en todas partes.

Solían decir los rabíes de Iavne: Soy criatura [de Dios] y mi prójimo [129] es criatura [de Dios]. Yo trabajo en la ciudad, y él trabaja en el campo. Yo **me** levanto temprano para trabajar, y él se levanta temprano para trabajar. Lo mismo que él no pretende hacer mi trabajo, no pretendo yo hacer el de él. ¿Dirás que yo hago mucho y él hace mucho? [Recuerda que] hemos visto: Cuando se dirigen los pensamientos hacia el cielo, es lo mismo que se haga mucho o que se haga poco.

Solía decir Abaie: El hombre siempre tiene que ingeniarse en su temor [a Dios].[130] *La blanda respuesta quita la ira.*[131] Uno tiene que estar en paz con el hermano, con los parientes y todo el mundo, incluso con los paganos de la calle, para que lo quieran arriba y lo aprecien abajo y lo reciban bien todos los hombres. Se cuenta que al rabí Iojanán ben Zacái nadie lo saludaba primero, ni siquiera los paganos de la calle.

Solía decir Rabá: El fin de la sabiduría es la penitencia y las buenas acciones; que el hombre lea y estudie para luego ponerse contra el padre, la madre, el maestro y los que son superiores a él en sabiduría y edad, como dice lo escrito: *El principio de la sabiduría es el temor al señor; buen entendimiento tienen todos aquellos que los practican.*[132] No dice "aquellos que practican", sino *aquellos que los practican*, es decir, los que los practican por su propia decisión, y no los que no los practican por su propia decisión.[133] El que no lo hace por su propia decisión sería mejor que no hubiese sido creado.

Solía decir Rabá: (Este mundo no es como el mundo del futuro.)[134] En el mundo del futuro no hay comida ni bebida, ni reproducción y multiplicación, ni comercio, ni envidia, ni odio, ni discusiones. Los justos, sentados con la corona en la cabeza, se deleitan con el resplandor de la presencia divina, como dice lo escrito: *Y vieron a Dios, y comieron y bebieron.*[135]

Las seguridades que el santo, bendita sea, dio a las mujeres, son mayores que las que dio a los hombres, como dice lo escrito: *Mujeres despreocupadas, levantaos, oíd mi voz; hijas confiadas, escuchad mi razón.*[136] —Dijo Rab al rabí Jiiá: ¿Qué hacen las mujeres para merecerlo? —Mandan a los hijos a la

128 Ecles., VII, 1.

129 El hombre del pueblo, poco instruido.

130 Debe buscar continuamente nuevas manifestaciones del respeto a Dios.
131 Prov., XV, 1.

132 Los mandamientos. Salmos CXI, 10.

133 Los practican por los mismos mandamientos y no impulsados por el deseo de sobresalir y discutir.
134 Esta oración está entre corchetes en el original.
135 Éxodo, XXIV, 11.
136 Isaías, XXXII, 9. Les pone a las mujeres más adjetivos que a los hombres: *despreocupadas y confiadas.*

137 Al despedirse.
138 Que veas astisfechos tus deseos.

139 Frase de Prov., IV, 25.

140 Salmos, CXLIV. 14. El versículo dice: *Nuestras bestias están cargadas*, etcétera.

141 Giezi se volvió leproso, y tuvo que andar gritando: ¡Inmundo, inmundo! Cf. 2 Reyes, V, 27, y Levít., XIII, 45.
142 Es decir, que acepte las doctrinas heréticas.
143 Isaías, XLVI, 12.
144 Los piadosos.
145 Sus buenas acciones.
146 Medida de capacidad equivalente al contenido de veinticuatro cáscaras de huevo.
147 De Gubia, localidad babilónica.
148 Suburbio de Surá.
149 En los congresos semestrales de las academias de Babilonia.
150 Día de duelo y ayuno por la destrucción del estado judío.
151 En lo que respecta a la suspensión del trabajo.
152 Una de sus enseñanzas contradice a la otra.
153 Incluso en los días hábiles.

casa de oración a que les enseñen, al marido a la escuela de los rabinos, a aprender, y esperan al esposo a que regrese de ella.

Cuando se fueron los rabíes de la escuela del rabí Amí (según otros, del rabí Janiná), le dijeron: [137] [Te deseamos] que veas en tu vida tu mundo,[138] que tus fines sean para la vida en el mundo del futuro y tus esperanzas para todas las generaciones. Que tu corazón piense entendimiento, que tu boca hable sabiduría, que tu lengua saboree canciones, que tus párpados se dirijan hacia lo que tienen delante,[139] que tus ojos se iluminen con la luz de la Tora, que tu rostro reluzca como reluce el cielo, que tus labios hablen conocimiento, que tus riñones se regocijen en rectitud y qu tus pasos corran a escuchar a los ancianos de días.

Cuando los rabíes se retiraron de la escuela del rabí Jisdá (según otros, del rabí Shemuel bar Najmaní), le dijeron: *Nuestra enseñanza está sobrecargada*, etcétera.[140] *Nuestra enseñanza está sobrecargada:* [sobre la interpretación de esta frase discrepan] Rab y Shemuel (según otros, los rabíes Iojanán y Eleazar). Dijo uno: *Nuestra enseñanza* —de la Tora— *está sobrecargada* —de mandamientos.— Dijo el otro: *Nuestra enseñanza* —de la Tora y los mandamientos— *está sobrecargada* —de castigos. [17 b] *Que no haya brecha...* —que nuestra asociación no sea como la de David, de la que salió Ahitofel— *...ni salida* —que nuestra asociación no sea como la de Saúl, de la que salió Doeg el edomita—. *Ni grito de alarma...* —que nuestra asociación no sea como la de Eliseo, de la que salió Giezi [141]— *...en nuestras plazas* —que no tengamos hijo ni discípulo que se deje estropear la comida en público.[142]

Oídme, vosotros los de corazón fuerte, que estáis lejos de la caridad.[143] [Sobre la explicación de este versículo discrepan] Rab y Shemuel (según otros, los rabíes Iojanán y Eleazar). Dijo uno: Al mundo entero lo mantiene la caridad [de Dios]; a ellos,[144] su fuerza.[145]— Dijo el otro: Al mundo entero lo mantienen los méritos de ellos, a ellos no los mantienen ni sus propios méritos.— Concuerda con lo que dijo el rabí Iehudá en nombre de Rab. Dijo el rabí Iehudá en nombre de Rab: Todos los días sale una voz del monte Horeb que anuncia: El mundo entero es mantenido en virtud de mi hijo Janiná, y mi hijo Janiná se arregla con un *cab* [146] de algarrobas de víspera de sabat a víspera de sabat. Lo cual refuta al rabí Iehudá, porque dijo el rabí Iehudá: ¿Quiénes son los de "corazón fuerte"? Los obstinados gubaítas.[147]— Dijo el rabí Iosef: Nunca salió de entre ellos un prosélito.— Dijo el rabí Ashí: Los habitantes de Mata Mejasiiá [148] son los de "corazón fuerte"; aunque ven dos veces por año [149] la glorificación de la Tora, no se convirtió ni uno solo de ellos.

El novio que quiera recitar, etcétera. ¿De aquí se deduce que el rabán Shimeón ben Gamaliel reprueba la jactancia y los rabíes no reprueban la jactancia? Sin embargo, hemos visto lo contrario. Porque se ha enseñado: En los lugares donde se acostumbra trabajar el 9 de ab,[150] se trabaja; donde no se acostumbra, no se trabaja. Pero en todas partes suspenden [sus actividades] los estudiosos. El rabán Shimeón ben Gamaliel dijo: El hombre debe considerarse siempre igual que un estudioso.[151]— Aquí los rabíes contradicen a los rabíes, y el rabán Shimeón ben Gamaliel contradice al rabán Shimeón ben Gamaliel.[152]— Dijo el rabí Iojanán: Invierte las frases.— Dijo el rabí Shishá hijo del rabí Idí: En realidad no hace falta que las inviertas. Los rabíes no contradicen a los rabíes. En cuanto al *shemá*, como todo el mundo lo recita, lo recita él también, y parece que fuera jactancia. En cuanto al 9 de ab, como todo el mundo trabaja y él no trabaja, parece que fuera jactancia. Tampoco se contradice el rabán Shimeón ben Gamaliel. Allí, [en el caso del *shemá*], depende de la atención, y nosotros somos testigos de que es incapaz de poner atención. Aquí, en cambio, cualquiera que lo vea dirá: No tiene ocupación; vayan a ver cuántos desocupados andan por la calle.[153]

CAPÍTULO III

1 Que aún no ha sido sepultado.

2 Los que están delante ya condujeron el féretro; los que están detrás, aún no.

MISHNÁ 1. El que tiene delante un [pariente] muerto,[1] se exime de recitar el shemá y las oraciones, de ponerse las filacterias y de todos los mandamientos de la Tora. Con respecto a los portadores de las angarillas, sus reemplazantes y los reemplazantes de los reemplazantes, tanto los que están delante de las angarillas como los que están detrás,[2] [la norma es la siguiente]: Los que están delante quedan eximidos, por si hacen falta; los que están detrás tienen que cumplir, aunque todavía los necesiten. Pero tanto unos como otros se eximen de las oraciones. Cuando regresan [de la tumba], después de haber sepultado al muerto, si tienen tiempo suficiente para comenzar y terminar [el shemá] antes de formar en la fila,[3] lo comienzan; en caso contrario, no lo comienzan. De los que están en la fila, los interiores [4] se eximen, los exteriores no se eximen. (Las mujeres, los esclavos y los menores de edad se eximen de recitar el shemá y de ponerse las filacterias, pero tienen la obligación de las oraciones, la mezuzá y la bendición de las comidas.)[5]

GUEMARÁ. Cuando lo tiene delante, pero no cuando no lo tiene delante. Hay una contradicción [con esta otra enseñanza]: El que tiene delante un [pariente] muerto, se va a comer a otra habitación. El que no tiene otra habitación, se va a comer a la casa del compañero. El que no tiene compañero a cuya casa pueda ir, pone una mampara y come.[6] Si no tiene material para hacer la mampara da vuelta la cabeza y come. No tiene que reclinarse, y no debe comer carne ni beber vino. No pronuncia ninguna bendición, no invita,[7] [18 a] no dicen otros por él la bendición, ni lo invitan.[8] Se exime de recitar el shemá y las oraciones, de ponerse las filacterias, y de todos los preceptos de la Tora. Pero si es sábado puede reclinarse, comer carne, beber vino, pronunciar la bendición e invitar; [8] otros pueden bendecir por él, y puede ser invitado.[8] Está obligado a [observar] todos los preceptos de la Tora. Dijo el rabán Shimeón ben Gamaliel: Si está obligado a [cumplir] estos [preceptos], está obligado a cumplirlos todos. — Dijo el rabí Iojanán: ¿Sobre qué disienten? Sobre el ayuntamiento carnal.[9] No obstante, se ha enseñado que se exime de recitar el shemá y las oraciones, de ponerse las filacterias y de observar los preceptos de la Tora. — Dijo el rabí Papa: [Esta enseñanza] se refiere al que come volviendo la cara. — Dijo el rabí Ashí: Puesto que tiene la obligación de sepultarlo, es como si tuviera [el cadáver] delante de él, porque dice lo escrito: Y se levantó Abraham de delante de su muerta; [10] y dice: y sepultaré mi muerta de delante de mí.[11] Puesto que tiene la obligación de sepultarla, es como si estuviera [el cadáver] delante de él.[12]

[Todo eso se refiere a] su muerto,[13] pero no rige] para el que solamente lo vigila.[14] Pero se ha enseñado que quien vigila un cadáver, aunque no sea su muerto, se exime de recitar el shemá y las oraciones, de ponerse las filacterias y de observar todos los demás preceptos de la Tora. — [Se exime] el que vigila al cadáver, aunque no sea su muerto, y el [pariente] del muerto, aunque no vigile. — ¿Entonces, [se exime] el que vigila al cadáver, aunque no sea su muerto, y el que es [pariente] del muerto, aunque no vigile, pero no el que va al cementerio? Sin embargo, se ha enseñado: No se debe andar por el cementerio con las filacterias en la cabeza, ni con un rollo de la Tora en los brazos, ni recitando [el shemá]. El que lo haga, incurrirá en [lo que dice el versículo]: El que escarnece al pobre afrenta a su hacedor.[15] — Ahí está prohibido hacerlo a menos de cuatro codos [del muerto], pero a más de cuatro codos rigen las obligaciones. Porque dijo el maestro: Los muertos abarcan una distancia de cuatro codos para la recitación del shemá. Pero en este caso se exime incluso a más de cuatro codos.

[Dice] el texto: El que vigila un cadáver, aunque no sea su muerto, se exime de recitar el shemá y las oraciones, de ponerse las filacterias y de observar todos los demás preceptos de la Tora. Cuando son dos, uno vigila y el otro recita; luego vigila este y recita aquel. Dijo Ben Azái: Estando en un barco, lo ponen en un extremo y se van a rezar al otro extremo. — ¿Sobre qué disienten? — Dijo Rabiná: Disienten sobre el temor a los ratones.[16] Uno dice que se teme a los ratones, y el otro dice que no se teme a los ratones.

Enseñaron los rabíes: El que tiene que trasladar huesos [17] a otro lugar, no debe ponerlos en una alforja, colocar [la alforja] sobre el asno y sentarse encima, porque sería tratarlos con desprecio. Pero puede hacerlo si teme a los paganos o los ladrones. Y lo que dijeron [los rabíes] de los huesos, también lo dijeron de los rollos de la Tora. ¿A qué se refiere [esta aclaración]? ¿Diremos que a la primera cláusula? [18] Es evidente. ¿Un rollo de la Tora merece menos consideración que los huesos? — Se refiere más bien a la segunda cláusula.[19]

Dijo Rejabá en nombre del rabí Iehudá: El que ve [trasladar] un cadáver [al cementerio] y no lo acompaña, incurre en [lo que dice el versículo]: El que escarnece al pobre afrenta a su hacedor.[15] — ¿Si lo acompaña, qué recompensa obtiene? — Dijo el rabí Así: Dicen de él los versículos: Al señor presta el que da al pobre,[20] y el que tiene misericordia del pobre, lo honra.[21]

Cierto día los rabíes Jiiá y Ionatán paseaban conversando por un cemen-

---

[8] Para dar el pésame a los parientes del difunto.
[4] Cuando la fila tiene un espesor de dos o más personas.
[5] El párrafo entre paréntesis (también en el original) corresponde a la mishná siguiente.

[6] Detrás de la mampara.
[7] O, según Rashi, no dice la bendición posterior a las comidas.

[8] A la bendición colectiva de la mesa.

[9] El rabán opina que en sabat tiene la obligación de cumplir el deber marital, prohibido durante la semana de duelo.
[10] Génesis, XXIII, 3.
[11] Ídem, íd., 4.
[12] "Delante de él" no debe tomarse al pie de la letra. Lo que tiene "delante de él" es la obligación de sepultarla.
[13] Al pariente del muerto.
[14] El que no es pariente y no tiene obligación de enterrarlo, y sólo lo mira; porque a los cadáveres hay que vigilarlos, para que no se los coman los ratones.
[15] Prov., XVII, 5.

[16] En el barco.

[17] Restos humanos.

[18] La prohibición de sentarse sobre los huesos.
[19] La autorización para hacerlo en caso de peligro.
[20] Prov., XIX, 17.
[21] Ídem, XIV, 31. Honra a Dios.

terio, mientras el fleco azul del rabí Iojanán se arrastraba por el suelo. — Levántalo —le dijo el rabí Jiiá—, para que no digan [los muertos]: Mañana vendrán a estar con nosotros, pero hoy se burlan. — ¿Ellos saben todo eso? —respondió—. Sin embargo, el versículo dice: *los muertos nada saben.*[22] — Si lo leíste —contestó [el rabí Jiiá]—, no lo repetiste; si lo repetiste, no lo leíste por tercera vez; si lo leíste tres veces, no te lo explicaron. *Porque los que viven saben que han de morir;* [22] son los justos, a los que llaman vivientes después de muertos, como dice lo escrito: *Después, Benaía hijo de Joiada, hijo de un hombre viviente, grande en proezas, de Cabseel. Este destruyó las dos aras de Moab; y él mismo descendió y mató a un león en medio de un foso, cuando estaba nevando.*[23] [18 b] *Hijo de un hombre viviente:* ¿pero es que todos los demás son hijos de muertos? "Hijo de un hombre viviente" significa, sin duda, que después de muerto lo siguen llamando "viviente". *Grande en proezas (pealim), de Cabseel (Kibtsel):* es decir que aumentó y reunió trabajadores (kibets poelim) para la Tora. *Destruyó las dos aras de Moab:* no dejó su igual ni en la época del primer Templo ni en la del segundo. *Y él mismo descendió y mató a un león en medio de un foso, cuando estaba nevando:* según unos, rompió témpanos de hielo, bajó y se bañó; [24] según otros, repasó un día de invierno el libro [25] de la escuela de Rab. *Los muertos no saben nada,* se refiere a los perversos, a los que llaman muertos cuando viven, como dice el versículo: *Y tú, profanado y perverso príncipe de Israel.*[26] Y si quieres, lo extraigo de aquí: *Por dicho de dos testigos o de tres morirá el muerto.*[27] Todavía vive, pero ya es considerado muerto.

Los hijos del rabí Jiiá salieron al campo,[28] el estudio se les hizo difícil,[29] y se esforzaron por recordarlo. — ¿Conoce nuestro padre nuestra contrariedad? —dijo uno al otro. — ¿Cómo la va a conocer? —respondió el otro—. Dice el versículo: *Sus hijos tendrán honores, pero él no lo sabrá.*[30] — ¿Cómo no la va a conocer? —replicó el primero—. El versículo dice: *Mas su carne sobre él se dolerá, y se entristecerá en él su alma;* [31] y sobre esto dijo el rabí Itsjac: Un gusano es tan doloroso en la carne de un muerto, como una aguja en la carne de un vivo. — Se ha replicado que sienten sus propios dolores, pero no conocen los dolores ajenos. — ¿No? Pues se cuenta que cierta vez un hombre piadoso dio un denario a un pobre, la víspera de año nuevo en una época de escasez. La mujer se lo reprochó, y él se fue y pasó la noche en el cementerio, donde oyó conversar a dos espíritus. Dijo uno al otro: Ven, compañero, vayamos a recorrer el mundo, y escuchemos detrás de la cortina [32] qué plagas sufrirá el mundo.[33] — No puedo —respondió el otro—, porque estoy enterrado en una estera de cañas.[34] Ve tú, y luego me contarás lo que hayas sabido. — El otro fue, vagó y volvió. — Compañero —le dijo el otro—, ¿qué escuchaste detrás de la cortina? — Que todo lo que se siembre después de la primera lluvia [35] será destruido por el granizo. — El hombre sembró después de la segunda lluvia,[36] y luego se destruyó la [producción] de todo el mundo, menos la suya.[37] Al año siguiente volvió a pasar una noche en el cementerio, y oyó nuevamente la conversación de los dos espíritus. — Ven —dijo uno—, vayamos a recorrer el mundo, y escuchemos lo que dicen detrás de la cortina, para averiguar qué plaga asolará este año al mundo. — Compañero —respondió el otro—, ¿no te dije que no puedo, porque estoy enterrado en una estera de cañas? Ve tú, y luego me contarás lo que hayas sabido. — Fue, anduvo de acá para allá, y volvió. — Compañero —le preguntó el otro— ¿qué escuchaste detrás de la cortina? — Que todo lo que se siembre después de la segunda lluvia —respondió— será invadido por el tizón. — El hombre se fue y sembró después de la primera lluvia. Lugo el tizón invadió la producción de todo el mundo, menos la suya.[38] — ¿A qué se debe —le preguntó la esposa— que el año pasado haya destruido [el granizo] todas las cosechas, menos la tuya, y que este año [el tizón] haya invadido la producción de todo el mundo, menos la tuya? — El hombre le relató lo que había pasado. Se cuenta que poco tiempo después se produjo una disputa entre la esposa del mencionado hombre piadoso y la madre de aquella niña,[39] y aquella le dijo: Ven, te mostraré a tu hija, la que está enterrada con una mortaja de estera. — Al año siguiente el hombre volvió a pasar la noche en el cementerio, y oyó hablar nuevamente a los espíritus. — Compañero —dijo uno—, ven, vamos a dar una vuelta por el mundo, y luego escucharemos qué dicen detrás de la cortina sobre los sufrimientos que este año le tocará al mundo. — Déjame, compañero —respondió—, hace mucho que los vivientes conocen las conversaciones que mantenemos. — Esto demuestra que saben. — Algún otro hombre que murió les habrá dicho.

---

[22] Eclesiastés, IX, 5.

[23] 2 Sam., XXIII, 20.

[24] Para purificarse de las poluciones y estudiar la Tora limpio.
[25] Comentarios sobre la jurisprudencia del Levítico.
[26] Ezeq., XXI, 30.
[27] Deut., XVII, 6.
[28] A labrar la tierra.
[29] Lo olvidaron.

[30] Job, XIV, 21.

[31] Ídem, íd., 12.

[32] Del cielo.
[33] Qué sufrimientos deciden en el cielo enviar al mundo durante el año que se inicia.
[34] A guisa de mortaja.
[35] A mediados del mes de jeshvan.
[36] Una semana después de la primera.
[37] Todavía no había madurado.

[38] Había crecido más y resistió mejor.

[39] La que estaba enterrada con una mortaja de estera.

Ven y escucha. Zeirí le dio a la dueña de casa un dinero para guardar. Cuando estaba en la escuela la mujer murió. [Zeirí] se fue al cementerio y le dijo: ¿Dónde está mi dinero? — Ella le contestó: Vete a buscarlo; está bajo la jamba inferior, en tal y tal parte; y dile a mi madre que me mande por medio de Fulano, que viene aquí mañana, el peine y la caja de afeites. — Esto demuestra que [los muertos] saben.[40] — Dumá[41] les anunciará [las muertes] de antemano.[42]

Ven y escucha. Al padre de Shemuel le habían dado dinero de huérfanos para guardar. Cuando murió, Shemuel no estaba presente, y lo llamaron "el hijo del que consumió dinero de huérfanos". Se fue a verlo al cementerio, y dijo [a los muertos]: Busco a Abá.[43] — Aquí hay muchos Abás — le contestaron. — Busco a Abá bar Abá. — También hay muchos que se llaman Abá bar Abá — respondieron. — Busco — replicó — a Abá bar Abá, el padre de Shemuel. ¿Dónde está? — Subió al colegio del cielo[44] — dijeron ellos. — En ese momento vio a Leví, que estaba sentado aparte. — ¿Por qué estás apartado? — le preguntó. — ¿Por qué no subiste? — Me dijeron — contestó —: Por haberte pasado tantos años sin ir al colegio del rabí Afes, causándole aflicción, no te dejaremos subir al colegio del cielo. — Entretanto llegó el padre; [Shemuel] vio que lloraba y reía al mismo tiempo. — ¿Por qué lloras? — le preguntó. — Porque pronto vendrás aquí — respondió. — ¿Por qué te ríes? — Porque en este mundo te aprecian mucho. — Si me aprecian — dijo —, que dejen subir a Leví. — Dejaron subir a Leví. — ¿Dónde está el dinero de los huérfanos? — le preguntó. — Vete a buscarlo — contestó —; está en la caja de las muelas. El de arriba y el de abajo son míos; el de en medio es de los huérfanos. — ¿Por qué hiciste eso? — le preguntó. — Para que en caso de que vinieran ladrones, robaran el mío — respondió —, y si lo carcomía la tierra, que carcomiera el mío. — Esto demuestra que [los muertos] saben.[45] — Tal vez el caso de Shemuel haya sido distinto, porque era muy apreciado, y avisaron de antemano: ¡Hagan sitio!

También el rabí Ionatán se apartó de lo que había dicho. Porque dijo el rabí Shemuel bar Najmaní en nombre del rabí Ionatán: ¿Cómo sabemos que los muertos conversan? Porque dice el versículo: *Y le dijo el señor: Esta es la tierra que juré a Abraham, a Isaac y a Jacob, diciendo.*[46] ¿Qué significa *diciendo*? El santo, bendito sea, dijo a Moisés: Di a Abraham, Isaac y Jacob: El juramento que les hice ya lo cumplí en sus descendientes. — [19 a] ¿Si dices que [los muertos] no saben nada, qué objeto tendría comunicarles eso? — ¿Y si saben, qué necesidad tenía de comunicárselo? — Para hacer simpático a Moisés.

Dijo el rabí Itsjac: Hacer reproches a un muerto es como hacer reproches a una piedra. Unos dicen que es porque no saben; otros, que saben pero no les importa. Pero no es así. El rabí Papa dijo que uno hizo una vez un comentario ofensivo sobre Mar Shemuel; cayó un tronco del techo y le partió el cráneo. — Tratándose de un erudito es diferente; el santo, bendito sea, defiende su honor.

Dijo el rabí Iehoshúa ben Leví: Los que hablan mal de los eruditos detrás de sus féretros, son arrojados al infierno, como dice lo escrito: *Mas a los que se apartan (matim)*[47] *tras sus perversidades, el señor los llevará con los que hacen iniquidad; paz sobre Israel.*[48] Incluso habiendo paz sobre Israel, el señor los llevará con los que hacen iniquidad. — Se ha enseñado en la escuela del rabí Ishmael: Cuando veas a un erudito cometiendo un pecado de noche, no pienses en él de día, porque tal vez haya hecho penitencia. — ¿Tal vez, dices? ¿Acaso lo dudas? — Más bien: seguramente hizo penitencia. Esta norma sólo rige para los pecados mortales; para las cuestiones de dinero, cuando devuelve [lo que tomó] a su propietario.

Dijo también el rabí Iehoshúa ben Leví: En veinticuatro sitios [dice que] los tribunales impusieron la excomunión por ofender a un erudito, y todos [los casos] los hemos visto en la Mishná. — ¿Dónde? — le preguntó el rabí Eleazar. — Búscalos — respondió. — Fue, buscó y halló tres casos: el de uno que menospreció el lavado de las manos, el de uno que habló mal de eruditos detrás de su féretro,[49] y el de uno que trató con altanería al cielo. — ¿Cómo es el caso del que habló mal de eruditos fallecidos? — El que se ha enseñado. Dijo:[50] No se le da el agua[51] a las prosélitas ni a las emancipadas; los sabios dicen que sí. — Ocurrió una vez — le dijeron — que Shemaiiá y Abtalión le dieron el agua en Jerusalén a Carkemit, una esclava emancipada. — Le dieron algo parecido — contestó. — Lo excomulgaron, y murió excomulgado, y el juzgado hizo apedrearle el ataúd. — ¿Cuál es el caso del que menospreció el

[40] Sabía quién iba a morir al día siguiente.
[41] Silencio, el ángel que gobierna a los muertos.
[42] Pero no saben nada más.
[43] El nombre del padre.

[44] Donde las almas de los eruditos se congregaban para estudiar.

[45] Sabía que Shemuel moriría pronto.

[46] Deut., XXXIV, 4.

[47] El rabí Iehoshúa relaciona esta palabra con *mitatán*, sus féretros.
[48] Salmos, CXXV, 5.

[49] De eruditos fallecidos.

[50] Acabiiá bar Mahalalel.
[51] La que sirve para probar si una mujer es fiel. V. Números, V, 11 y sigs.

lavado de las manos? — El que se ha enseñado. Dijo el rabí Iehudá: Dios nos libre de suponer que Acabiiá ben Mahalalel haya sido excomulgado, porque las puertas del Templo jamás se han cerrado para ningún hombre de Israel que fuera tan sabio, puro y alejado del pecado como Acabiiá ben Mahalalel. ¿Quién fue el excomulgado? Eleazar ben Janoj, que expresó dudas sobre el lavado de las manos. Cuando murió, el juzgado mandó poner una gran piedra sobre el féretro, para enseñarte que el juzgado hace apedrear el féretro del que es excomulgado y muere excomulgado.[52] — ¿Cómo es el caso del que era altanero con el cielo? — Como se ha enseñado. Shimeón ben Shataj mandó a decir a Joni Meaguel:[53] A ti habría que excomulgarte. Si no fueras Joni te excomulgaría.[54] Pero no puedo hacer nada, porque te desmandas con el omnipresente y él satisface tus deseos. Eres como un hijo que se excede con el padre y este le da los gustos. A ti se te puede aplicar el versículo que dice: *Alégrense tu padre y tu madre, y gócese la que te dio a luz.*[55]

¿No hay ninguno más?[56] — El que enseñó el rabí Iosef. El romano Teodos introdujo en la colectividad [judía] de Roma la costumbre de comer en la víspera de la Pascua carne de cabra asada con las entrañas. Shimeón ben Shataj le mandó a decir: Si no fueras Teodos te excomulgaría, porque haces que Israel coma ofrendas fuera [de Jerusalén]. — Dijimos "en la mishná", pero esta es una baraíta.[57] ¿En la mishná no hay otros casos? Hay este, que se ha enseñado: Si lo cortan en rodajas.[58] y le ponen arena entre rodaja y rodaja,[59] queda, según el rabí Eliézer, limpio para siempre; según los rabíes es impuro. Es el horno de Acnái. — ¿Por qué de Acnái? — Dijo el rabí Iehudá en nombre de Shemuel: Porque lo rodean de leyes como si lo rodeara una serpiente [*acnái*] y lo declaran impuro. — Se ha enseñado asimismo: Aquel día trajeron todas las cosas que el rabí Eliézer había declarado limpias, y las quemaron con fuego en su presencia. Al final le dieron la bendición.[60] — Todavía no hemos visto excomunión en la mishná. ¿Entonces, cómo encuentras los veinticuatro lugares? — El rabí Iehoshúa ben Leví compara una cosa con otra.[61] El rabí Eleazar no compara una cosa con otra.

Los portadores de las angarillas y sus reemplazantes. Enseñaron los rabíes: No se saca al muerto poco antes de la recitación del *shemá*, pero si se comienza a sacarlo, no se suspende. — ¿No? ¿No lo sacaron al rabí Iosef poco antes de la recitación del *shemá*? — Tratándose de un hombre distinguido es diferente.

Los que están delante de las angarillas y los que están detrás. Enseñaron los rabíes: Estando el muerto delante, los que se ocupan con el panegírico y las canciones se van retirando uno por uno para recitar el *shemá*; no estando el muerto delante, se sientan y recitan, mientras él[62] guarda silencio. Ellos se levantan y dicen las oraciones; él se levanta y acepta el juicio de Dios. Dice: Señor del mundo, yo pequé mucho ante ti, y tú no me castigaste ni una milésima parte. Sea tu voluntad, señor nuestro Dios, cerrarnos misericordiosamente las brechas nuestras y las brechas de todo tu pueblo, la casa de Israel.. — Dijo Abaie: El hombre no debe decir eso,[63] porque dijo el rabí Shimeón ben Lakish, y se enseñó en nombre del rabí Iosí: El hombre no debe abrirle la boca a Satán.[64] Y el rabí Iosí dijo: ¿En qué versículo se funda? Porque dice lo escrito: *...casi como Sodoma seríamos.*[65] ¿Qué les contestó el profeta? *Oíd la palabra del señor, príncipes de Sodoma.*[66]

Cuando regresan, después de haber sepultado al muerto, etcétera. Si tienen tiempo para comenzar y terminar toda [la recitación], sí; pero si sólo les alcanza el tiempo para una sección, o un versículo, no. La siguiente enseñanza lo contradice: Cuando regresan después de haber sepultado al muerto, si tienen tiempo para comenzar y terminar aunque sea una sola sección, o un solo versículo...[67] — Es lo que dice aquí: Si alcanzan a comenzar y terminar completamente, aunque sólo sea una sección, o un versículo, antes de entrar en la fila, deben comenzarlo; de lo contrario, no deben comenzarlo.

[19 b] *De los que están en la fila,* etcétera. Enseñaron los rabíes: Los de la fila de la que se puede ver hacia adentro, se eximen; los que no pueden ver hacia adentro, tienen que cumplir. Dijo el rabí Iehudá: Los que vienen por los deudos, se eximen; los que vienen para sí,[68] tienen que cumplir.

Dijo el rabí Iehudá en nombre de Rab: El que encuentra en su ropa [hilos de] especies mezcladas,[69] se la tiene que sacar, incluso en medio de la calle. — ¿Por qué? — [Porque dice lo escrito:] *No hay sabiduría, inteligencia ni consejo contra el señor.*[70] Donde pueda haber profanación del nombre de Dios, no se respeta ni a un maestro.

Presentóse una objeción: "Si al volver [del cementerio], después de haber

---

[52] V. Pesajim, 64 *b*.

[53] Vocablo que quizá signifique "trazador de círculos". Cf. T a a n i t, 19 *a*.

[54] Porque pronunciaba oraciones muy impertinentes.

[55] Prov., XXIII, 25.

[56] ¿Ningún otro caso de excomunión?

[57] Palabra que significa "fuera", y que se emplea para designar las enseñanzas que no fueron incluidas en la Mishná. Las reunieron luego en nuevas colecciones los rabíes Jiiá y Oshaiiá.

[58] El horno de barro que es declarado impuro.

[59] Para unirlas.

[60] Eufemismo para no decir excomunión. V. Baba Metsía, 59 *b*.

[61] Considera todas las trasgresiones a las reglas rabínicas que merecen la excomunión, aunque la sanción no figure expresamente.

[62] El deudo.

[63] Decir "no me castigaste..." equivale a pedir castigo.

[64] No debe incitar con sus palabras a Satanás.

[65] Isaías, I, 9.

[66] Ídem, íd., 10.

[67] Deben hacerlo.

[68] Por curiosidad.

[69] Lana y lino. V. Levítico. XIX. 19. y Deut., XXII. 9 y sigs.

[70] Prov., XXI. 30.

71 Porque hay una tumba.

72 Un campo en el que hubo una tumba, cuyos huesos pueden haber sido desparramados al arar la tierra.

73 No por ley de la Tora.

74 Antes de seguir andando hay que soplar la tierra, para ver si no hay huesos.

75 El rabí Eleazar bar Tsadoc era *cahán*, sacerdote.

76 Estar en la era mesiánica.

77 Contaminados, sin que el espacio sirva para separar la inmundicia del cadáver.

78 Deut., XVII, 11.

79 Deut., XXII, 1 y 4. *No verás extraviado al buey de tu hermano, o a su cordero, y te esconderás de ellos... No verás al asno ... caído en el camino ... y te esconderás de él...*

80 El que ve al animal extraviado.

81 De la estirpe de Aarón.

82 Los sacerdotes no deben entrar en los cementerios.

83 Sería de más valor lo que él perdería que lo que él recuperaría el prójimo.

84 La regla de que debe quitarse la ropa de tela mixta, aun en la calle.

85 Números, VI, 7.

86 El sacerdote nazareo. Cf. Nazir, 48 b.

87 *Met mitsvá*, un muerto abandonado del que nadie se ocupa. Tiene la obligación de enterrarlo el que lo encuentre, aunque sea sumo sacerdote o nazareno.

88 Llevar ropa de tela mixta es una violación activa; dejar de matar el cordero pascual, o de circuncidar al hijo, no lo es.

89 "Cañas", duodécimo tratado del séder Taharot (purezas).

90 La mishná le parecía tan difícil como todo el Talmud.

91 Para pedir lluvia había que descalzarse.

92 V. Sanedrín, 106 b.

93 Les estaba prohibido usar esas prendas.

94 *Zuz*, moneda de plata.

95 *Matún* significa en arameo doscientos. Dos veces *matún* son cuatrocientos.

---

sepultado al muerto, se encuentran ante dos caminos, uno limpio y el otro impuro,[71] y [el deudo del difunto] toma el [camino] limpio, [la concurrencia] va con él por el limpio; si toma el impuro, va con él por el impuro, como demostración de respeto". ¿Por qué? Digamos: *No hay sabiduría ni inteligencia contra el señor.* — El rabí Abá lo relaciona con un terreno sepulcral,[72] declarado impuro por los rabíes.[73] Porque dijo el rabí Iehudá en nombre de Shemuel: En un terreno sepulcral hay que soplar y seguir.[74] — También dijo el rabí Iehudá bar Ashí en nombre de Rab: El terreno sepulcral bien pisoteado es limpio.

Ven y escucha. Dijo el rabí Eleazar bar Tsadoc: Nosotros saltábamos sobre ataúdes de muertos, para ver a los reyes israelitas;[75] y no sólo lo permitían para mirar reyes israelitas, sino también reyes paganos, para que si a uno lo toca,[76] pueda distinguir los reyes israelitas de los paganos. — ¿Por qué? Digamos: *No hay sabiduría, inteligencia ni consejo contra el señor.* — Se sigue el criterio de Rabá; porque dijo Rabá: Según la Tora, toda carpa que tenga un espacio vacío de un palmo es mampara contra la inmundicia; si no tiene un espacio vacío de un palmo, no es mampara contra la inmundicia. La mayoría de los ataúdes tienen un espacio vacío de un palmo, pero [los rabíes] dispusieron que los que tienen sean lo mismo que los que no tienen,[77] para evitar las confusiones. Pero tratándose del respeto a los reyes, dejaron la norma sin efecto.

Ven y escucha. "Es tan grande el honor de los hombres, que anula una prohibición de la Tora." ¿Por qué? Digamos: *No hay sabiduría, inteligencia ni consejo contra el señor.* — Rab bar Shabá lo refirió, en presencia del rabí Cahaná, a la prohibición que dice: *no te apartarás.*[78] Se rieron de él. La prohibición *no te apartarás* también es de la Tora. — El rabí Cahaná exclamó: No hay que reírse de lo que dice un gran hombre. Todas las ordenanzas de los rabíes se basan en la prohibición *no te apartarás*; pero tratándose del honor, los rabíes lo permiten.

Ven y escucha. *...y te esconderás de ellos.*[79] A veces puedes esconderte de ellos, y a veces no debes esconderte de ellos. — ¿En qué casos? — Cuando[80] uno es sacerdote,[81] y [el animal extraviado] se encuentra en un cementerio;[82] o cuando es un anciano y no es propio de su dignidad [recogerlo]; o cuando sus ocupaciones son de mayor importancia que las de su prójimo.[83] Por eso dice *...y te esconderás.* — ¿Por qué? Digamos: *No hay sabiduría, inteligencia ni consejo contra el señor.* — Ese caso es diferente, porque el versículo dice *y te esconderás de ellos.* — Entonces, deduzcámosla de aquí.[84] — De las cuestiones monetarias no se deducen prohibiciones.

Ven y escucha. *...ni por su hermana.*[85] ¿Qué nos enseña esto? Podría creerse que cuando va[86] a matar la ofrenda pascual, o a circuncidar al hijo, y se entera de que murió un pariente, tiene que regresar y contaminarse. Tú dices que no debe contaminarse. Podría creerse que del mismo modo que no debe contaminarse por ellos, tampoco debe contaminarse por un muerto de obligación.[87] Por eso dice: *ni por su hermana*; por su hermana no debe contaminarse, [20 a] pero por un muerto de obligación, sí. — ¿Por qué? Podemos decir: *No hay sabiduría, inteligencia ni consejo contra el señor.* — Ahí es distinto, porque dice *...ni por su hermana.* — Entonces, hagamos la deducción de aquí. — Quedarse sin hacer nada es diferente.[88]

Dijo el rabí Papa a Abaie: ¿En qué se diferenciaban las generaciones anteriores, que por ellas se hicieron milagros, y en qué nos diferenciamos nosotros, que por nosotros no se hacen milagros? ¿En los estudios? En la época del rabí Iehudá se limitaban a estudiar la serie [talmúdica] Nezikín; nosotros estudiamos las seis series. Cuando el rabí Iehudá llegaba en el tratado Uctsín[89] [a la enseñanza que dice:] "Si una mujer pone hortalizas en una vasija" (o, según nosotros: "Si pone aceitunas con las hojas, son limpias") decía: Aquí encuentro todas las discrepancias de Rab y Shemuel;[90] nosotros, en cambio, estudiamos el Uctsín de trece maneras. Sin embargo, bastaba que el rabí Iehudá se quitara un zapato para que lloviera.[91] Nosotros nos mortificamos y gritamos, y nadie nos hace caso.[92] — Las [generaciones] anteriores —respondió— daban la vida por la santidad del nombre [de Dios]; nosotros no damos la vida por la santidad del nombre [de Dios]. Por ejemplo, el caso del rabí Adá bar Ajabá; cierta vez vio en la calle a una pagana que llevaba una cofia. Creyendo que era una mujer israelita, se levantó y se la arrancó.[93] Resultó que era una pagana, y [al rabí] le aplicaron una multa de cuatrocientos zuzim.[94] — ¿Cómo te llamas? —le preguntó [a la mujer]. —Matún —contestó. —*Matún matún*[95] —dijo él—, son cuatrocientos *zuzim.*

96 El lugar donde las mujeres tomaban el baño de purificación.

97 Génesis, XLIX, 22. *Ain* significa fuente y también ojo.
98 Fuera del alcance del (mal de) ojo.
99 Gén., XLVIII, 16.

100 Alusión al episodio de la mujer de Potifar: Génesis, capítulo XXXIX.

101 Por lo que también deben cumplirlo las mujeres.

102 Salmos, LV, 18.

103 No hay ninguna razón para exceptuarlos de su cumplimiento.

104 Éxodo, XVI, 8.

105 El sabat, mediante la bendición que se pronuncia con vino antes de la comida.

106 En Éxodo XX, 8, dice: *Acuérdate del día del reposo para santificarlo*; en Deut., V, 12, dice: *Guardarás el día del reposo...*
107 No deben trabajar.
108 Mediante la bendición de santificación, hecha generalmente con vino; con ella se recibe al sabat (y a las demás festividades).
109 Menor de edad.

110 Equivalente, según el rabí Meir, a una aceituna, o según el rabí Iehudá, a un huevo. V. *infra*, 45 a.
111 En cambio la norma bíblica exige la bendición cuando se ha comido bien.

El rabí Guidál solía ir a sentarse frente a las puertas de los baños.96 Les decía [a las mujeres]: Báñate·de este modo, o báñate de este otro. — ¿No teme el maestro —le dijeron los rabíes— que lo domine la tentación? — A mí me parecen gansos blancos —respondió.

El rabí Iojanán solía ir a sentarse a las puertas de los baños. Decía: Que me miren las hijas de Israel, cuando suben después del baño; así tendrán hijos tan bellos como yo. — ¿No teme el maestro al mal de ojo? —le preguntaron los rabíes. — Soy de la estirpe de José —contestó—, sobre quien el mal de ojo no tenía poder, como dice lo escrito: *Rama fructífera es José, rama fructífera junto a una fuente (ain).*97 Y sobre esto dijo el rabí Abahú: No leamos *ale ain* (junto a un ojo), sino *ole ain* (por encima del ojo).98 — El rabí Iehudá hijo del rabí Janiná lo deduce de aquí: *...y multiplíquense como peces en medio de la tierra.*99 Así como el mal de ojo no tiene poder sobre los peces, cubiertos por el agua del mar, tampoco tiene poder sobre la descendencia de José. Y si quieres diré: El mal de ojo no tiene poder sobre el ojo que no quiere disfrutar lo ajeno.100

MISHNÁ 2. Las mujeres, los esclavos y los menores se eximen de recitar el shemá [20 b] y de ponerse las filacterias, pero tienen la obligación de orar, la de la mezuzá y la de bendecir la mesa.

GUEMARÁ. Es evidente que se eximen de recitar el *shemá*, porque es un mandamiento para un tiempo determinado, y las mujeres se eximen de los mandamientos de tiempo determinado. Podría decirse que contiene el reconocimiento del reino de los cielos;101 por eso nos informa que no es así.

Y de ponerse las filacterias. También es evidente. — Podría decirse que es comparable al [mandamiento] de la *mezurá*;101 por eso nos informa que no es así.

Pero tienen la obligación de orar. Porque es una súplica. — Podría creerse que como dice lo escrito al respecto: *Tarde y mañana y a mediodía,*102 es como los preceptos de tiempo determinado; por eso nos dice que no es así.

La de la mezuzá. Es evidente.103 — Podría creerse que es porque se compara con el estudio de la Tora; por eso nos dice que no es así.

Y la de bendecir la mesa. Es evidente. — Podría suponerse que como dice lo escrito: *El señor os dará en la tarde carne para comer, y en la mañana pan hasta saciaros,*104 es igual que los preceptos de tiempo determinado. Por eso nos dice que no es así.

Dijo el rabí Adá bar Ahabá: La Tora impone a las mujeres la obligación de santificar el día.105 ¿Por qué? Es un precepto de tiempo prefijado, y las mujeres están eximidas de tiempo prefijado. — Dijo Abaie: Es una obligación rabínica. — ¿No dijo —le observó Rabá—: "la Tora les impone"? Además, de este modo se les podría exigir, por disposición rabínica, el cumplimiento de todos los preceptos. Dice, más bien —expresó Rabá—, *acuérdate, y guardarás.*106 Los que tienen que guardarlo tienen que recordarlo; y como estas mujeres tienen que guardarlo,107 también tienen que recordarlo.108

Dijo Rabiná a Rabá: ¿Las mujeres tienen que bendecir la mesa por la ley de la Tora o por ordenanza rabínica? — ¿Qué importancia tiene? — Para saber si la comunidad puede cumplirlo por ellas. Si dices que es ley de la Tora, el que tiene una obligación impuesta por la Tora puede cumplir la obligación de otro que tiene una obligación impuesta por la Tora. Pero si dices que es disposición rabínica, [las mujeres] no están obligadas a cumplirla, y el que no está obligado a hacer algo no puede cumplir la obligación de otros. — ¿Cómo queda? — Ven y escucha. "En verdad dijeron: Un hijo 109 puede bendecir [la comida] por su padre, un esclavo por su amo y una esposa por su marido. Pero los sabios dijeron: Lleva una maldición el hombre por quien la esposa o los hijos tienen que pronunciar la bendición de la comida. Se justifica, en cambio, si dices que la obligación que tienen es de la Tora, porque uno que está obligado por la Tora puede cumplir la obligación de otro que también por la Tora está obligado. Pero si dices que se trata de una disposición rabínica, nadie que tenga un deber rabínico podrá cumplir por otro un deber impuesto por la Tora. — ¿Pero es que, incluso de acuerdo con tu opinión, los menores de edad tienen alguna obligación [impuesta por la Tora]? — Aquí se trata más bien de un caso en el que come, por ejemplo, la cantidad [de comida] 110 por la que le impone la disposición rabínica que debe hacer la bendición.111 De

112 El hijo menor de edad, o la esposa.
113 El padre —o el marido— que ha comido menos del mínimo establecido por los rabíes.
114 Deut., X, 17.
115 Números, VI, 26.

116 Deut., VIII, 10.

117 Recitar mentalmente el *shemá* es lo mismo que decirlo en alta voz.
118 Los israelitas no debían acercarse a sus mujeres y prepararse para recibir la Tora. Los impuros la recibirían mentalmente.

119 En las dieciocho bendiciones no figura la expresión "señor del mundo".

120 No tiene que decirla ni pensarla.

121 Deut., VIII, 10.

122 Ídem, XXXII, 3.

123 No hay nada en la Tora que lo determine.

124 Deut., VI, 7. También está indicada en la Tora la recitación del *shemá*.

este modo el que está sometido a la obligación rabínica [112] puede cumplir la obligación de otro que está sometido a la obligación rabínica.[113]

El rabí Avirá solía exponer lo siguiente, unas veces en nombre del rabí Amí y otras veces en nombre del rabí Así: Señor del mundo, dijeron al santo, bendito sea, los ángeles servidores: Dice en tu Tora *que no alza el rostro, ni toma cohecho;*[114] pero tú alzaste tu rostro a Israel, como dice lo escrito: *El señor alce sobre ti su rostro.*[115] — ¿Cómo no iba a alzarle el rostro a Israel si después de haber puesto en la Tora: *Y comerás y te saciarás, y bendecirás al señor tu Dios,*[116] ellos son tan estrictos [para cumplirlo, que bendicen] hasta cuando comen [una cantidad equivalente a] una aceituna o un huevo?

MISHNÁ 3. El que padece flujo seminal dice [el shemá] mentalmente, pero no pronuncia la bendición ni antes ni después. En las comidas dice la bendición posterior, pero no la anterior. Dijo el rabí Iehudá: Pronuncia la bendición antes y después.

GUEMARÁ. Dijo Rabiná: Esto demuestra que pensar es lo mismo que hablar.[117] ¿Porque si dijeras que no es lo mismo que hablar, de qué le serviría pensar? — ¿Y qué? ¿Pensar es igual que hablar? Pues que lo diga con los labios. — Lo hacemos como hallamos que lo hacían en el monte Sinaí.[118] — Dijo el rabí Jisdá: Pensar no es lo mismo que hablar, porque si dijeras que pensar es lo mismo que hablar, que lo pronuncie con los labios. — ¿Y qué? ¿Pensar no es igual que hablar? ¿Entonces, de qué le sirve pensar? — Contestó el rabí Eleazar: Para que no se quede sin decir nada mientras todos recitan [el *shemá*]. — Que recite otras secciones. — Dijo el rabí Adá bar Ahabá: [Tiene que ser] aquello a lo que se dedica toda la congregación. — [21 a] La congregación también se dedica a la oración, y sin embargo se ha enseñado: Si cuando se halla rezando las oraciones recuerda que padece flujo seminal, no debe interrumpir las oraciones, sino abreviarlas. — Eso es cuando ya empezó a orar, pero si no inició las oraciones no debe iniciarlas. — Tratándose de las oraciones es distinto, porque no contienen el reconocimiento del reino de los cielos.[119] Pero en la bendición [posterior] de la comida tampoco figura el reconocimiento del reino de los cielos, y sin embargo hemos visto que *en las comidas dice la bendición posterior, pero no la anterior.* — [Digamos], más bien, que la recitación del *shemá* y la bendición posterior de la comida son preceptos de la Tora, y la oración es disposición rabínica.[120]

Dijo el rabí Iehudá: ¿De dónde se deduce que la bendición posterior de la comida es precepto de la Tora? Del versículo que dice: *Y comerás y te saciarás, y bendecirás.*[121] ¿De dónde se deduce que la bendición previa a la lectura de la Tora es precepto de la Tora? Del versículo que dice: *Cuando proclame el nombre del señor engrandeced a nuestro Dios.*[122]

Dijo el rabí Iehudá: De la bendición posterior de la comida se deduce por *cal vajomer* que debemos bendecir después de leer la Tora; y de la bendición de la Tora, que debemos bendecir antes de la comida. De la bendición posterior de la comida se deduce por *cal vajomer* que debemos bendecir después de leer la Tora, porque si la comida, que no requiere ninguna [bendición] anterior,[123] impone una bendición posterior, con mayor razón exigirá una bendición posterior la lectura de la Tora, por la que hay que pronunciar una bendición anterior. De la bendición de la Tora se deduce por *cal vajomer* que debemos bendecir antes de la comida, porque si la Tora, que no requiere ninguna bendición posterior a su lectura,[123] exige una bendición previa, con mayor razón habrá que bendecir previamente a la comida, que requiere una bendición posterior. — Aquí cabría objetar que no se puede deducir [la norma de la Tora] de la comida, porque esta da provecho, y no se puede deducir [la norma de la comida] de la Tora, porque esta proporciona vida eterna. Además, hemos visto que *en las comidas dice la bendición posterior, pero no la anterior.* — Es una objeción [válida].

Dijo el rabí Iehudá: El que no está seguro de haber recitado el *shemá*, no debe volverlo a recitar. El que no está seguro de haber dicho [la oración] "verdadero y firme", debe volverla a decir. ¿Por qué razón? — La recitación del *shemá* es disposición rabínica; la [oración] "verdadero y firme", precepto de la Tora. — Objetó el rabí Iosef: ¿[No dice lo escrito:] ...*y al acostarte, y cuando te levantes?*[124] — Se refiere —contestó Abaie— al estudio de la Tora.

Hemos visto que *el que padece flujo seminal dice [el shemá] mentalmente, pero no pronuncia la bendición ni antes ni después. En las comidas dice la*

125 Que lea la oración en voz alta, y no el *shemá* mentalmente.
126 El éxodo y el reino de los cielos.

127 Tiene que decir las oraciones diarias.

128 Esta y la anterior, sobre el que recuerda que ya había rezado.

129 Mediante la segunda enseñanza.

130 *Shats (sheliaj tsibur)*: el mensajero (el delegado) de la comunidad, el que dirige las oraciones.
131 La decimoséptima bendición.
132 La que se pronuncia en la tercera bendición.
133 Levít., XXII, 32.

134 Núm., XVI, 21.
135 Los compañeros de Coré.
136 Frase del *cádish*, glorificación de Dios que lee la congregación al final de las secciones.
137 V. Jaguigá, 11 *b*.

138 Deut., IV, 9.
139 Ídem, íd., 10.
140 V. nota 118, página 138.

141 Éxodo, XXII, 17.
142 Ídem, íd., 18.

bendición posterior, pero no la anterior. Si afirmas que "verdadero y firme" es precepto de la Tora, que diga la bendición después [del *shemá*]. — ¿Por qué? ¿Para recordar el éxodo de Egipto? Ya lo hace en el *shemá*. Entonces, que recite aquella, y no tendrá que decir esta.[125] — Es preferible el *shemá*, porque contiene ambas cosas.[126] — Dijo el rabí Eleazar: El que no recuerda si recitó el *shemá* o no lo recitó, debe volver a recitarlo. El que no recuerda si recitó las oraciones o no, no tiene que volver a decirlas. — El rabí Iojanán dijo por su parte: ¡El hombre tendría que estar rezando todo el día!

Dijo también el rabí Iehudá en nombre de Shemuel: Cuando uno está orando y de pronto recuerda que ya había orado, se interrumpe, incluso en medio de una bendición. Pero no es así, porque dijo el rabí Najmán: Cuando estábamos en la escuela de Rabáh bar Abuhá le preguntamos si deben terminar de decirla los discípulos que se equivocan y comienzan en sabat la [bendición] de los días de semana. Nos dijo que debían terminarla. — No es el mismo caso. Allí el hombre está obligado,[127] y los rabíes no lo importunan por respeto al sabat, pero en este caso ya ha orado.

Dijo también el rabí Iehudá en nombre de Shemuel: Cuando uno va a la casa de oración después de haber rezado y encuentra una congregación orando, si puede agregar algo nuevo tiene que volver a orar; si no, no tiene que volver a orar. [Ambas enseñanzas] [128] son necesarias. Si nos hubiese dado la primera solamente, [podría creerse que se refiere al caso de] uno que reza solo y [vuelve a rezar] solo, [21 b] o con una congregación y [nuevamente] con una congregación, y que [si reza solo] y luego con la congregación, es como si no hubiese rezado; por eso nos dice que no es así.[129] Si nos hubiese dado la segunda solamente, [podría creerse que debe interrumpirse] antes de haber comenzado, pero no después de haber comenzado. Por eso son necesarias las dos.

Dijo el rabí Huná: Cuando uno va a la casa de oración y encuentra una congregación rezando, si alcanza a comenzar y terminar [las oraciones] antes de que el *shats* [130] llegue a [la bendición] *damos gracias*,[131] reza él también; en caso contrario, no reza. — Dijo el rabí Iehoshúa ben Leví: Si alcanza a comenzar y terminar antes de que el *shats* llegue a la santificación,[132] reza; si no, no reza. — ¿En qué consiste la disidencia? — Un maestro opina que [rezando] solo se dice la santificación, y el otro maestro opina que [rezando] solo no se dice la santificación. — Lo mismo dijo el rabí Adá bar Ahabá: ¿Cómo sabemos que [rezando] solo no se pronuncia la santificación? Por el versículo que dice: . . . *para que yo sea santificado entre los hijos de Israel*;[133] toda santificación requiere no menos de diez [personas]. — ¿De dónde se extrae? — Enseñó Rabanái, el hermano del rabí Jiiá bar Abá: De la repetición de *entre*. Aquí dice *para que yo sea santificado entre los hijos de Israel*, y allí dice: *Apartaos de entre esta congregación*.[134] Lo mismo que allí eran diez,[135] también aquí son diez. Pero ambos [maestros] están de acuerdo en que no se interrumpe [la oración].

Formulóse esta pregunta: ¿Hay que interrumpir [la oración para participar] en el *bendito sea su gran nombre*? [136] — Cuando vino [de Palestina] el rabí Dimí, dijo: Los rabíes Iehudá y Shimeón, discípulos del rabí Iojanán, dicen que [la oración] no se interrumpe por nada, excepto para [contestar] el *bendito sea su gran nombre*, [y en este caso,] aunque uno esté estudiando los hechos de la carroza celeste.[137] Pero la jurisprudencia no concuerda con él.

Dijo el rabí Iehudá: Bendice antes y después. De aquí se desprende que en opinión del rabí Iehudá el que padece flujo seminal puede [ocuparse con] las palabras de la Tora. Sin embargo, dijo el rabí Iehoshúa ben Leví: ¿Cómo se sabe que al que padece flujo seminal se le prohíben [leer] las palabras de la Tora? Porque dice lo escrito: . . . *las enseñarás a tus hijos, y a los hijos de tus hijos*,[138] y en seguida: *El día que estuviste*, etcétera.[139] Lo mismo que estaban allí excluidos los atacados de flujo seminal,[140] también están aquí excluidos los atacados de flujo seminal. Y si me dices que el rabí Iehudá no hace deducciones por reciprocidad [de los versículos], te contesto que, como dijo el rabí Iosef, los que no hacen deducciones por reciprocidad [de los versículos] en todo el resto de la Tora, las hacen en el Deuteronomio. El rabí Iehudá no hace deducciones por reciprocidad de los versículos en el resto de la Tora, pero las hace en el Deuteronomio. — ¿Cómo sabemos que en el resto de la Tora no hace esas deducciones? — Porque se ha enseñado que dijo Ben Azái: [Dice el versículo:] *A la hechicera no dejarás que viva*,[141] y dice [en seguida]: *Cualquiera que se echare con bestia, morirá*.[142] Este [versículo] se agrega al otro para enseñarte que del mismo modo que el que se echa con bestia es lapidado, también es lapidada la hechicera. — ¿Porque haya reciprocidad [en los versícu-

143 En Levít., xx, 27.

144 Deut., xxiii, 1.

145 Id., xxii, 29. Luego, el rabí Iehudá saca deducciones por reciprocidad en el Deuteronomio, y no se explica que autorice a leer la Tora al atacado de flujo seminal, a pesar de la deducción contraria que se puede extraer de Deut., iv, 9 y 10.

146 Para poder orar o leer la Tora.

los] —le replicó el rabí Iehudá— habrá que sacarla a esta a lapidar? [Digamos,] más bien, que los espiritistas y los adivinos también son hechiceros. ¿Por qué figuran por separado? [143] Para hacer con ellos una comparación. Del mismo modo que se lapida a los espiritistas y los adivinos, también se lapida a las hechiceras. — ¿Cómo se sabe que hace deducciones por reciprocidad en el Deuteronomio? —Porque se ha enseñado que dijo el rabí Eliézer: Un hombre se puede casar con una mujer que fue violada por el padre, o seducida por el padre, o con la que fue violada por el hijo o seducida por el hijo. El rabí Iehudá prohíbe [casarse con] la que fue violada por el padre o seducida por el padre. Y el rabí Guidal dijo al respecto en nombre de Rab: ¿En qué se funda el rabí Iehudá? En que dice lo escrito: *Ninguno tomará la mujer de su padre ni descubrirá la orla de su padre*.[144] No descubrirá la orla que su padre vio. ¿Cómo se sabe que habla de una mujer violada por el padre? —Porque antes dice: . . .*entonces el hombre que se acostó con ella dará al padre*, etcétera.[145] —En efecto —le contestaron—, saca del Deuteronomio conclusiones, pero esa reciprocidad la emplea para la otra enseñanza del rabí Iehoshúa ben Leví. Porque dijo el rabí Iehoshúa ben Leví: Al que le enseña la Tora al hijo, la Escritura lo considera como si la hubiese recibido en el monte Horeb, como dice lo escrito: . . .*las enseñarás a tus hijos, y a los hijos de tus hijos*,[188] y luego: *El día que estuviste delante del señor tu Dios en Horeb*.[189]

Se ha enseñado: El que padece blenorragia cuando eyacula, la mujer menstruosa que evacua semen, y la que emite sangre durante el coito, tienen que tomar un baño de purificación.[146] El rabí Iehudá exime [de esa obligación]; pero el rabí Iehudá exime únicamente al que padece blenorragia cuando eyacula, porque no está sujeto al ritual del baño, pero se lo impone al atacado de flujo seminal. Y si me dices que el rabí Iehudá exime igualmente al atacado de flujo seminal, y que la disidencia sobre el que padece blenorragia y eyacula tiene por objeto mostrar las opiniones contrarias de los rabíes, observa la cláusula siguiente que dice: "La mujer que emite sangre durante el coito tiene que tomar un baño de purificación". — ¿Qué criterio enseña aquí? ¿Diremos que el de los rabíes? ¡Es evidente! Si le imponen un baño de purificación al atacado de blenorragia que eyacula, el que no está sujeto a la obligación de tomarlo, con mayor razón se lo impondrán a la mujer que comienza a menstruar durante el coito, y que está sujeta a la obligación de tomarlo. Esta es, más bien, la opinión del rabí Iehudá, el que ha querido decir que es únicamente [22 a] la mujer que advierte la emisión de sangre durante el coito la que se exime del baño de purificación, y que está obligado a tomarlo el que padece flujo seminal. — No leamos [en la mishná]: *bendice*, sino "piensa".[147] — ¿Concuerda acaso la [bendición] mental con el rabí Iehudá? Porque se ha enseñado que el afectado de flujo seminal que no tiene agua para tomar un baño de purificación recita el *shemá* sin bendecir, ni antes ni después, y come pan pronunciando después la bendición, pero sin la bendición anterior, la que dice mentalmente, sin formularla con los labios. Estas son las palabras del rabí Meir. El rabí Iehudá dijo: Tanto la una como la otra la formula con los labios. — Dijo el rabí Najmán bar Itsjac: El rabí Iehudá lo equipara a la jurisprudencia de la urbanidad; porque se ha enseñado: [Dice lo escrito:] ...*las enseñarás a tus hijos, y a los hijos de tus hijos*;[148] y luego: *El día que estuviste delante del señor tu Dios en Horeb*.[149] Lo mismo que allí fue con miedo, terror, temblores y estremecimientos, también aquí es con miedo, terror, temblores y estremecimientos. De aquí deducen que a los aquejados de blenorragia, los leprosos y los que se ayuntan con menstruosas se les permite leer el Pentateuco y los libros de los Profetas y los Escritos, y estudiar la Mishná,[150] la Guemará,[151] la jurisprudencia y las *agadot*;[152] pero a los afectados de flujo seminal se les prohíbe.[153] — Dijo el rabí Iosí: Puede estudiar lo que conozca, pero no exponer mishnás. — Dijo el rabí Ionatán ben Iosef: Puede exponer las mishnás, pero no las guemarás. — Dijo el rabí Natán ben Abishalom: Puede exponer las guemarás también, siempre que no pronuncie el nombre [de Dios que figure en el texto].[154] — El rabí Iojanán el zapatero, discípulo del rabí Akiba, dijo en nombre del rabí Akiba: No debe entrar para nada en la interpretación bíblica (*midrash*). Según otros: No debe entrar para nada en la escuela de estudios (*bet hamidrash*). — Dijo el rabí Iehudá: Puede estudiar las leyes de la urbanidad. — Cierta vez el rabí Iehudá, que había tenido una polución, paseaba junto a la orilla del río. — Maestro —le dijeron sus discípulos—, explícanos una sección de las leyes de urbanidad. — [El rabí] bajó [al río], se bañó y luego les explicó. — Maestro —le dijeron—, ¿no nos enseñaste que "puede estudiar las leyes de la urbanidad"? — Soy condescendiente con los demás —respondió—, pero severo conmigo mismo.

Se ha enseñado que dijo el rabí Iehudá ben Batirá: Las palabras de la Tora no admiten ninguna impureza. Cierta vez el rabí Iehudá ben Batirá vio que un discípulo hablaba delante de él entre dientes.[155] — Hijo mío —le dijo—, abre la boca y di los vocablos claramente; las palabras de la Tora no admiten impureza, como dice lo escrito: *¿No es mi palabra como fuego, dice el señor...?*[156] Lo mismo que el fuego no admite impureza, tampoco admiten impureza las palabras de la Tora.

Dijo el maestro: "Puede exponer las mishnás, pero no las guemarás". Esta opinión apoya al rabí Ileái, porque dijo el rabí Ileái en nombre del rabí Ajá bar Iacov en nombre de nuestro maestro:[157] La jurisprudencia dice que puede exponer las mishnás pero no debe exponer las guemarás. Lo mismo dicen los tanaítas: "Puede exponer las mishnás, pero no las guemarás"; esto es lo que opina el rabí Meir. El rabí Iehudá ben Gamaliel dijo en nombre del rabí Janiná ben Gamaliel: Se le prohíbe tanto una cosa como la otra. Según algunos, dijo: Se le permite tanto una cosa como la otra. Los que dicen: Se le prohíbe tanto una cosa como la otra, concuerdan con el rabí Iojanán el zapatero. Los que dicen: Se le permite tanto una cosa como la otra, coinciden con el rabí Iehudá ben Batirá.

Dijo el rabí Najmán bar Itsjac: Todo el mundo se guía por estos tres ancianos: el rabí Ileái para las primicias de la esquila;[158] el rabí Ioshiiá para la mezcla de especies;[159] y el rabí Iehudá ben Batirá para las palabras de la Tora. El rabí Ileái para las primicias de la esquila, porque se ha enseñado que dijo el rabí Ileái: [La ley sobre] las primicias de la esquila rige únicamente en el país [de Israel]. El rabí Ioshiiá para la mezcla de especies, porque dice lo escrito: *No sembrarás tu viña con semillas diversas*.[159] Dijo el rabí Ioshiiá: Incurre en culpa el que arroja en un mismo puñado semillas de trigo, cebada y uvas. El rabí Iehudá ben Batirá para las palabras de la Tora, porque se ha enseñado que dijo el rabí Iehudá ben Batirá: Las palabras de la Tora no admiten impureza. Cuando vino Zeirí de Palestina, dijo: Suprimieron el baño de purificación. Según algunos, dijo: Suprimieron el lavado de las manos. Los que dijeron "suprimieron el baño de purificación" coinciden con el rabí Iehudá ben Batirá. Los que dijeron "suprimieron el lavado de manos" concuerdan con el

---

147 Dice la bendición mentalmente.

148 Deut., IV, 9.
148 Ídem, íd., 10.

150 El conjunto de las mishnás, o recopilación de la tradición oral.
151 Conjunto de las guemarás, o discusiones sobre las mishnás.
152 Relatos, leyendas, interpretaciones fantásticas de episodios bíblicos, fábulas y anécdotas.
153 Porque la pérdida de semen no es una enfermedad, sino una pasión.
154 En las citas bíblicas.

155 Había tenido una polución, y temía hablar claro.

156 Jerem., XXIII, 29.

157 Rab.

158 V. Deut., XVIII, 4.
159 V. ídem, XXII, 9.

160 V. *supra*, 15 *a*.

161 Plural de *cab*, medida de capacidad equivalente al contenido de veinticuatro cáscaras de huevo.

162 Por eso trató de que el procedimiento no se divulgara.

163 Cantidad de agua necesaria para los baños rituales.
164 Exigiendo cuarenta *seás*.

165 Para los discípulos que tuvieran pérdidas seminales.
166 Vocablo que algunos traducen por "cerrajero".
167 La de los nueve *cabín*.
168 Provocada por ellos mismos.
169 Ciudad, situada probablemente en la Galilea inferior, a la que se trasladó de Iavne el gran sanedrín. (V. Neubauer, *La géographie du Talmud*, página 199.)
170 No tienen que tomar ningún baño de purificación.

rabí Jisdá, que maldice al que anda buscando agua a la hora de las oraciones.160

Enseñaron los rabíes: El atacado de flujo seminal al que le echan encima nueve *cabín* 161 de agua, queda limpio. Nahúm de Guimzó se lo susurró al rabí Akiba, el rabí Akiba se lo susurró a Ben Azái, y Ben Azái fue y lo enseñó públicamente a sus discípulos. En el oeste discreparon sobre estos dos amoraítas, los rabíes Iosí bar Abín y Iosí bar Zebidá. Uno dijo: "lo enseñó"; el otro dijo: "lo susurró". El que dijo "lo enseñó" sotuvo que fue para que no se estorbara el estudio de la Tora y la propagación. El que dijo "lo susurró" afirmó que fue para que los eruditos no estuvieran siempre como gallos con sus mujeres.162

Dijo el rabí Ianái: He sabido que [en esto] algunos son más indulgentes y otros son más estrictos. Pero al que es estricto consigo mismo, se le prolongan los días y los años.

Dijo el rabí Iehoshúa ben Leví: ¿Qué motivos tienen para hacerlo los que toman un baño de purificación por la mañana? — ¿Qué motivos? ¡Pero si fue él mismo el que dijo que los atacados de flujo seminal no deben [leer] las palabras de la Tora! — Lo que quiso decir es: [qué motivos tienen para bañarse] en cuarenta *seás*.163 pudiendo hacerlo en nueve *cabín*. Y para qué sumergirse, si se pueden echar el agua encima. — Dijo el rabí Janiná: Ponen con ello una gran valla; 164 porque se ha enseñado que cierta vez un hombre incitó a una mujer a pecar, y ella le dijo: Fatuo, ¿tienes las cuarenta *seás* [de agua] para el baño de purificación? — El hombre en seguida se alejó. — Dijo el rabí Huná a los rabíes: Maestros míos, ¿por qué valoran ustedes tan a la ligera lo del baño de purificación? ¿Será por el frío? Pueden tomarlo [caliente] en la casa de baños. — ¿Se puede tomar un baño caliente como baño ritual? —le preguntó el rabí Jisdá. — El rabí Adá bar Ahabá —le contestó él— es de tu misma opinión. — El rabí Zeirí se sentaba en una bañera, en la casa de baños, y le decía a su criado: Vete a buscar nueve *cabín* de agua y échamela encima. — ¿Para qué hace eso el maestro —le dijo el rabí Jiiá bar Abá— si está dentro del agua? — Es lo mismo que las cuarenta *seás* —respondió—; así como las cuarenta *seás* son para sumergirse en ellas y no para echarlas encima, así también los nueve *cabín* son para echarlos encima y no para sumergirse en ellos. — El rabí Najmán hizo preparar una vasija con nueve *cabín* de agua.165 Cuando llegó el rabí Dimí comunicó que habían dicho los rabíes Akiba y Iehudá Glosterá166 Esta norma 167 rige únicamente para los enfermos [de flujo] que sufren una polución involuntaria; para los enfermos de polución voluntaria,168 hacen falta cuarenta *seás*. — Dijo el rabí Iosef: Se rompió la vasija del rabí Najmán. — Cuando vino Rabín, dijo: Ocurrió en Ushá,169 [22 b] en la antesala del rabí Oshaiiá. Fueron a preguntarle al rabí Así, y este les dijo: La norma rige para los enfermos de emisiones voluntarias; los enfermos de emisiones involuntarias se eximen totalmente.170 Dijo el rabí Iosef: La vasija del rabí Najmán está sana de nuevo.

Observemos que las disputas de todos estos amoraítas y tanaítas se refieren a las reglamentaciones de Esdras. Veamos, entonces, qué es lo que reglamentó Esdras. — Dijo Abaie: Esdras dispuso para los hombres sanos de emisiones voluntarias cuarenta *seás*; para los sanos de emisiones involuntarias, nueve *cabín*. Vinieron los amoraítas y discreparon con respecto a los enfermos. Uno opinó que los enfermos de poluciones voluntarias son iguales que los sanos de emisiones voluntarias, y los enfermos de emisiones involuntarias iguales que los sanos de emisiones involuntarias. El otro sostuvo que los enfermos de poluciones voluntarias son iguales que los sanos de emisiones voluntarias, y los enfermos de emisiones involuntarias se eximen [de purificarse]. — Dijo Rabá: Aceptemos que Esdras haya dispuesto la inmersión; ¿pero también ordenó echarse [agua encima]? El maestro dijo: Esdras dispuso el baño de purificación para los afectados de pérdida seminal. Más bien —dijo Rabá— habrá ordenado Esdras [un baño de] cuarenta *seás* para los sanos de emisiones voluntarias, y luego vinieron los rabíes y ordenaron para los sanos de poluciones involuntarias [que se echaran encima] nueve *cabín* [de agua]. Después vinieron los amoraítas y plantearon la discrepancia con respecto a los enfermos. Uno opinó que los enfermos de poluciones voluntarias son como los sanos de poluciones voluntarias, y los enfermos de poluciones involuntarias como los sanos de emisiones involuntarias; otro opinó que los sanos de emisiones voluntarias deben tomar [el baño en] cuarenta *seás*, y lo enfermos de poluciones voluntarias, que son como los sanos de emisiones involuntarias, tienen [que echarse encima] nueve *cabín* [de agua]; los enfermos de poluciones involuntarias se eximen [del baño de purificación]. Dijo Rabá: La jurisprudencia dice que para los sanos de emisiones voluntarias y los enfermos de emisiones voluntarias hacen falta cuarenta *seás*; para los sanos de poluciones involuntarias, nueve *cabín*. Los enfermos de emisiones involuntarias se eximen.

Enseñaron los rabíes: El afectado de pérdida seminal al que le echan encima nueve *cabín* de agua, queda limpio. ¿Cuándo? Cuando es para él mismo; [171] siendo para otros,[172] hacen falta cuarenta *seás*. — Dijo el rabí Iehudá: Hacen falta cuarenta *seás* en todos los casos. — [Sobre esto discrepan] los rabíes Iojanán y Iehoshúa ben Leví [por un lado], y los rabíes Eleazar y Iosí hijo del rabí Janiná. Uno del primer par y uno del segundo par, acerca de la primera cláusula. Uno dijo: La afirmación de que es para él mismo, porque siendo para otros, hacen falta cuarenta *seás*, se refiere a los enfermos de poluciones voluntarias; para los enfermos de emisiones involuntarias, bastan nueve *cabín*. — El otro dijo: Cuando es para otros, hacen falta cuarenta *seás* incluso para los enfermos de emisiones involuntarias. — El otro del primer par y el otro del segundo par, acerca de la segunda cláusula. Dijo uno: La afirmación del rabí Iehudá de que hacen falta cuarenta *seás* en todos los casos, se refiere al agua que está en el suelo,[173] no a la que se encuentra en vasijas. — El otro dijo: También a la que se encuentra en vasijas. — De acuerdo con el que dice: "También a la que se encuentra en vasijas", se justifica que el rabí Iehudá haya enseñado: "Hacen falta cuarenta *seás* en todos los casos". Pero de acuerdo con el que dice: "la que está en el suelo, no en vasijas", ¿qué incluye la frase "en todos los casos"? — Incluye el agua extraída.[174]

Estaban comiendo juntos el rabí Papa, el rabí Huná hijo del rabí Iehoshúa y Rabá bar Shemuel. Dijo el rabí Papa: Déjenme bendecir a mí, porque me echaron encima nueve *cabín* [de agua]. — Se ha enseñado —dijo Rabá bar Shemuel—: "¿Cuándo? Cuando es para él mismo; siendo para otros, hacen falta cuarenta *seás*". Déjenme bendecir a mí, porque a mí me echaron encima cuarenta *seás*. — Dijo entonces el rabí Huná: Déjenme bendecir a mí, porque a mí no me tuvieron que echar ni una cosa ni la otra.[175] — El rabí Jamá tomaba un baño de purificación la víspera de la pascua, para cumplir deberes por otros; [176] pero la jurisprudencia no coincide con su criterio.

MISHNÁ 4. *El que recuerda cuando se halla rezando que padece flujo seminal, no debe interrumpir [las oraciones], pero tiene que abreviarlas. Si se sumerge [en el baño de purificación] y tiene tiempo de salir, vestirse y recitar el* shemá *antes de que salga el sol, sale, se viste y recita. En caso contrario, se cubre con el agua y recita. Pero no debe cubrirse con agua sucia, ni con agua que haya servido para remojo,[177] sin antes echarle agua [fresca]. ¿A qué distancia debe alejarse de ella,[178] y de los excrementos? A cuatro codos.*

GUEMARÁ. Enseñaron los rabíes: El que recuerda cuando se halla rezando que padece flujo seminal, no debe interrumpir [las oraciones], pero tiene que abreviarlas. El que recuerda, cuando se halla leyendo la Tora, que padece flujo seminal, no debe interrumpir la lectura e irse, sino continuarla en voz baja. Dijo el rabí Meir: Al afectado de pérdida seminal no se le permite leer más de tres versículos de la Tora. — Se ha enseñado otra [baraíta que dice]: El que se halla orando y ve ante él excrementos, se adelanta hasta dejarlos detrás de él, a cuatro codos de distancia. — ¿No se ha enseñado que debe correrse de costado? — No hay contradicción; esta [enseñanza indica adelantarse] cuando se puede [adelantar]; la otra, [correrse de costado] cuando no se puede [adelantar].[179] Cuando alguien se halla rezando y advierte que hay excrementos en el lugar donde se encuentra, la oración, según Rabáh, es válida, aunque haya pecado. — Dice el versículo —objetó a esto Rabá—: *El sacrificio de los impíos es abominación.*[180] Puesto que ha pecado —dijo Rabá—, su oración, aunque la haya hecho, es abominación.

Enseñaron los rabíes: El que se encuentra rezando cuando le corre agua por las rodillas, debe interrumpirse hasta que deje de correr el agua, y luego reanudar la oración. — ¿Dónde reanuda? — [Sobre esto discrepan] los rabíes Jisdá y Hamnuná. Uno dice que debe volver a comenzar desde el principio; el otro, del punto en que deja. Podemos deducir que la disidencia es la siguiente: [23 a] Un maestro opina que si se interrumpe durante un lapso suficientemente prolongado como para concluir la oración, debe comenzar desde el principio. El otro maestro opina que reanuda la oración en el punto donde la dejó.[181] — Dijo el rabí Ashí: En tal caso habría que determinar si se detiene

171 Cuando quiere purificarse para actividades propias, por ejemplo, leer la Tora.

172 Por ejemplo, para enseñar.

173 Los ríos, arroyos o pozos.

174 La que no sale directamente de la fuente.

175 "No tuve ninguna polución."

176 Bendecir.

177 De ropa, lino, etcétera.

178 Del agua sucia.

179 Cuando al costado hay, por ejemplo, un río.

180 Prov., XXI, 27.

181 Cualquiera que sea la duración de la pausa.

[mucho] o no se detiene. Si se detiene durante un lapso suficiente para terminar [las oraciones], todos están de acuerdo en que debe comenzar desde el principio. La discrepancia se refiere al 'caso de que no se detenga.[182] Un maestro opina que el hombre es rechazado e inepto, y su oración no es oración [válida];[183] el otro maestro opina que el hombre es apto, y su oración es oración [válida].

Enseñaron los rabíes: Cuando uno tiene que hacer las necesidades no debe ponerse a orar; si ora, su rezo es abominación. Dijo el rabí Zebid (o según otros, el rabí Iehudá): Esto es únicamente cuando el hombre no se puede contener; si se puede contener, su oración es oración [válida]. — ¿Cuánto tiempo? [184] — Dijo el rabí Sheshet: Durante el tiempo que se tarda en recorrer una parasanga. — Algunos agregan [esta parte] a la baraíta: [Es abominación] únicamente cuando no puede contenerse; si puede contenerse, su oración es oración [válida]. — ¿Cuánto tiempo? [184] — Dijo el rabí Zebid: Durante el tiempo que se tarda en caminar una parasanga.

Dijo el rabí Shemuel bar Najmaní en nombre del rabí Ionatán: El que tiene que hacer las necesidades no debe ponerse a orar, porque dice lo escrito: *Prepárate, Israel, para venir al encuentro de tu Dios.* [185] — Dijo también el rabí Shemuel bar Najmaní en nombre del rabí Ionatán: ¿Qué significa el versículo que dice: *Guarda tu pie cuando vayas a la casa de Dios;* . . . Guárdate de pecar; y si pecas, tráeme una ofrenda. . . .*y acércate más para oír* . . . Dijo Rabá: Acércate para escuchar la palabra de los sabios, que cuando pecan presentan una ofrenda y se arrepienten. . . .*que para ofrecer el sacrificio de los necios;* . . . No hagas como los necios, que cuando pecan, presentan una ofrenda y no se arrepienten. . . .*porque no saben que hacen mal.* [186] ¿Son, entonces, justos? — Significa lo siguiente: No hagan como los necios, que cuando pecan y traen una ofrenda, no saben si la presentan por una buena acción o una mala acción. Dijo el santo, bendito sea: No saben distinguir el bien del mal y me traen ofrencios [187] cuando te hallas rezando ante mí.

Enseñaron los rabíes: El que va al retrete tiene que sacarse las filacterias a una distancia de cuatro codos y luego entrar. — Dijo el rabí Ajá hijo del rabí Huná en nombre del rabí Sheshet: [Esta norma] es para los retretes permanentes; [188] en un retrete accidental se las quita y evacua en seguida, y cuando sale se las vuelve a poner a cuatro codos de distancia, porque transforma el retrete [provisional] en retrete permanente. — Formulóse esta pregunta: ¿Se puede entrar a hacer aguas en un retrete permanente, con las filacterias puestas? — Rabiná lo autorizó. El rabí Adá bar Matená lo prohibió. Fueron a preguntar a Rabá y este contestó: Está prohibido, por temor de que uno mueva también el vientre. Según otros, por temor de que despida ventosidad. Se ha enseñado en otra [baraíta]: El que va a un retrete permanente debe quitarse las filacterias a cuatro codos de distancia, dejarlas en una ventana que dé al camino y entrar; cuando sale se las vuelve a poner a cuatro codos de distancia. Esta es la opinión de la escuela de Shamái. La escuela de Hilel dice: Entra llevándolas en la mano. — El rabí Akiba dijo: Se las guarda en la ropa y entra. — ¿En la ropa, dices? Se puede distraer y dejarlas caer. — Digamos, más bien, que se las pone en la ropa teniéndolas con la mano, entra y las deja en un agujero, del lado de la letrina, pero no en una cavidad del lado de la calle, porque puede pasar alguien y llevárselas, y él se hace de este modo sospechoso. Cierta vez un discípulo dejó las filacterias en un agujero que daba a la calle; una prostituta que pasó se las llevó, fue a la casa de estudio y dijo: Miren lo que me dio Fulano en pago. — Cuando lo supo el discípulo subió al techo, se tiró y se mató. Fue entonces cuando se dispuso que debe entrarse [al excusado] poniendo [las filacterias] en la ropa y teniéndolas con la mano.

Enseñaron los rabíes: Antes se dejaban las filacterias en alguna cavidad del lado del retrete, pero venían ratones y se las llevaban. Ordenaron, entonces, que las dejaran en las ventanas, del lado de la calle; se las llevaban los transeúntes. Dispusieron, entonces, que uno entrara llevándolas en la mano. — Dijo el rabí Miiashá hijo del rabí Iehoshúa ben Leví: La jurisprudencia dice que hay que enrollarlas como un libro y tenerlas en la mano derecha, sobre el corazón. — El rabí Iosef bar Miniomí dijo en nombre del rabí Najmán: Hay que cuidar que no quede colgando, fuera de la mano, ni un palmo de correa. — Dijo el rabí Iacov bar Ajá en nombre del rabí Zerá: Esta norma se aplica únicamente cuando queda tiempo en el día para llevarlas; [189] cuando ya no queda tiempo en el día para llevarlas, se hace una bolsa del tamaño de un palmo

---

[182] De que el lapso de la interrupción no sea suficente para terminar las oraciones.

[183] Si no es capaz de contenerse hasta el fin de la oración, no debe comenzar a rezar.

[184] Durante cuánto tiempo debe ser capaz de contenerse.

[185] Amós, IV, 12. Ponte primeramente en condiciones para ir al encuentro de tu Dios.

[186] Ecles., IV, 17.

[187] Interpreta *guarda tu pie* como "guarda tu orificio" (cuida tus necesidades). del mismo modo que en 1 Samuel, XXIV, 3 se interpreta *Saúl entró (en la cueva) para cubrirse los pies,* como *Saúl entró (en la cueva) para hacer una necesidad.*

[188] En los que ya hay excrementos.

[189] Las filacterias se llevaban todo el día, y se sacaban al llegar la noche.

y se guardan en ella. — Dijo Rabáh bar Bar Janá en nombre del rabí Iojanán: [El que entra al retrete] de día, las enrolla como un libro y las conserva en la mano, sobre el corazón; de noche, se hace una bolsa del tamaño de un palmo y las deja en ella. — Dijo Abaie: Cuando es una bolsa destinada especialmente [para las filacterias, debe tener un palmo]; cuando no es una bolsa destinada especialmente, menos de un palmo es suficiente. — Dijo Mar Zutrá (según otros, el rabí Ashí): Observemos que en la tienda de un muerto las vasijas [de cualquier tamaño] protegen [el contenido].[190] [191]

Dijo también Rabáh bar Bar Janá: Cuando seguíamos al rabí Iojanán y [el rabí] quería entrar al retrete, si tenía en la mano una *Agadá* nos daba el libro, pero si llevaba puestas las filacterias no nos las daba y nos decía: Puesto que los rabíes lo permitieron,[192] [23 b] ellas me protegerán. — Dijo Rabá: Cuando seguíamos [como discípulos] al rabí Najmán y él llevaba un libro de *Agadá* en la mano, nos daba el libro, pero si tenía puestas las filacterias no nos las daba, y decía: Ya que los rabíes lo permitieron, que ellas me protejan.

Enseñaron los rabíes: No se deben tener las filacterias en la mano, ni un rollo de la Tora en los brazos mientras se reza;[193] ni tampoco cuando se orina. Tampoco se debe dormir con ellos, ni el sueño normal ni un [breve] sueño ocasional. — Dijo Shemuel: Lo mismo que un cuchillo, dinero, una escudilla y una hogaza de pan.[194] — Dijo Rabá en nombre del rabí Sheshet: La jurisprudencia no concuerda con esta enseñanza,[195] que sigue a la escuela de Shamái. Según la escuela de Hilel se permite en un retrete permanente; con mayor razón se permitirá en un retrete ocasional. — Presentóse una objeción. "Lo que aquí te permito, te lo prohíbo en otra parte", se refiere, evidentemente, a las filacterias. Se justifica de acuerdo con la escuela de Hilel: lo que aquí te permito, es decir, en el retrete permanente, te lo prohíbo en otra parte, es decir, en un retrete improvisado. Pero no de acuerdo con la escuela de Shamái, porque no permite nada. — Lo que aquí se enseña se refiere a [la norma de desnudarse] un palmo y dos palmos. Dice una enseñanza: Para defecar se desnuda un palmo detrás y dos palmos delante. La otra dice: Detrás un palmo, delante nada. Es evidente que ambas se refieren al hombre, pero no hay contradicción. Aquella habla de la [necesidad] mayor y esta de la menor. — ¿Si de acuerdo con tu opinión habla de la [necesidad] menor, para qué se descubre un palmo detrás? Será, más bien, que ambas se refieren a la necesidad mayor, pero no hay contradicción porque una habla del hombre y la otra de la mujer. — En tal caso, veamos la cláusula final. Dice así: "Esta es una deducción por *cal vajomer* que no puede ser refutada". — ¿Cómo que no puede ser refutada? ¡Es una diferencia natural![196] Digamos, más bien, que se refiere a las filacterias, y que refuta lo que dijo Rabá en nombre del rabí Sheshet. — Es una refutación; pero de todos modos queda una objeción que hacer: Si se permite en un retrete permanente con mayor razón se permitirá en un retrete improvisado. — Significa lo siguiente: En un retrete permanente en el que no hay rociadura, se permite; en un retrete improvisado en el que hay rociadura, se prohíbe. — ¿En tal caso, por qué dices "que no puede ser refutada"? Se puede refutar muy bien. — Significa lo siguiente: Esta es una norma[197] que se basa en un motivo[198] y no en una deducción por *cal vajomer*;[199] porque si lo dedujéramos por *cal vajomer* la deducción no podría ser refutada.

Enseñaron los rabíes: El que quiera asistir a una comida normal[200] deberá recorrer diez veces una distancia de cuatro codos, o cuatro veces una distancia de diez codos, evacuar y luego ir [a la comida]. — Dijo el rabí Itsjac: El que quiera asistir a una comida normal deberá quitarse [previamente] las filacterias y luego concurrir [a la comida]. — Su opinión difiere de la del rabí Jiiá. Porque dijo el rabí Jiiá: Las deja sobre la mesa, y eso es correcto. — ¿Hasta cuándo? — Dijo el rabí Najmán bar Itsjac: Hasta el momento de la bendición.

Una enseñanza dice: Se envuelven las filacterias junto con el dinero en el pañuelo de cabeza. Otra enseñanza dice: No se envuelven. — No hay contradicción. En un caso lo destina para eso; en el otro no lo destina para eso. Porque dijo el rabí Jisdá: En la bolsa que se ha destinado para guardar filacterias y en la que se guardan filacterias, no debe ponerse dinero. En la destinada para filacterias sin que se hayan puesto en ella filacterias, o en la que se han puesto filacterias sin haber sido destinada para ese fin, se puede guardar dinero. Pero de acuerdo con Abaie, para quien el destino [de un objeto] es esencial,[201] en la que se destina [para filacterias], aunque no se las haya puesto, se prohíbe guardar dinero. En la que se ponen [filacterias], si ha sido destinada para eso, se prohíbe guardar dinero; si no ha sido destinada para eso, no se prohíbe.

[190] Siempre que estén herméticamente cerradas. V. Núm., XIX, 15.
[191] De la impurificación.
[192] Entrar con las filacterias en la mano.
[193] La preocupación por cuidarlos impide que se concentre en la oración.
[194] Tampoco deben tenerse en las manos cuando se reza, porque el temor de dejarlos caer distrae la atención.
[195] La de que se prohíbe orinar con las filacterias puestas.
[196] La que hay entre el hombre y la mujer.
[197] La de permitirlo en un retrete habitual y prohibirlo en el improvisado.
[198] El riesgo de ensuciarse la mano.
[199] Del retrete permanente al ocasional.
[200] Y no esté seguro de poder contenerse si le vinieran ganas de evacuar el vientre.
[201] V. Sanedrín, 47 b.

El rabí Iosef hijo del rabí Nejuniiá preguntó al rabí Iehudá: ¿Se pueden poner las filacterias bajo la almohada? No me cabe duda de que no se pueden poner bajo la parte de los pies, porque sería despreciarlas. Lo que no sé es si se pueden poner bajo la cabecera. — Dijo Shemuel —le contestó—: Se permite, aunque esté con el hombre la esposa. — Presentóse una objeción: "No se ponen las filacterias bajo la parte de los pies [de la cama], porque es tratarlas con desprecio, pero se pueden poner bajo la cabecera. Estando con el hombre la esposa, se prohíbe. Si hay un espacio de tres palmos por encima de la cabeza, o de tres palmos por debajo, se pueden poner en ese espacio". ¿Esta [enseñanza] no refuta la de Shemuel? — La refuta. — Dijo Rabá: Aunque se ha enseñado que "refuta la de Shemuel", la jurisprudencia coincide con él. — ¿Por qué? — [24 a] Cuanto más seguridad mejor.[202] — ¿Dónde se ponen? — Dijo el rabí Irmiiá: Entre el colchón y la almohada, pero no bajo la cabeza. — Pero el rabí Jiiá enseñó: Se ponen en un turbante, debajo de la almohada. — De manera que la punta del turbante salga afuera [de la almohada]. Bar Capará las ataba a la cortina de la cama haciéndolas quedar hacia afuera. El rabí Shishá hijo del rabí Idí las ponía en un taburete y las cubría con un pañuelo. El rabí Hamnuná hijo del rabí Iosef dijo: Cierta vez que estaba con Rabá, me dijo: Ve a traerme las filacterias. Las encontré entre el colchón y la almohada, no debajo de la cabeza. Supe que era día de purificación.[203] Lo había hecho para darme una lección de jurisprudencia.

El rabí Iosef hijo del rabí Nejuniiá preguntó al rabé Iehudá: ¿Cuando dos personas duermen en una misma cama puede una de ellas volver la cara y recitar el *shemá*, y la otra volver la cara y recitar el *shemá*? — Dijo esto Shemuel —le contestó—: [Sí,] aunque esté con la esposa. — La esposa —replicó el rabí Iosef—, y desde luego cualquier otra [persona]. — Todo lo contrario; su esposa es como él mismo; otra [persona] no es como él mismo. — Presentóse una objeción. [Dice una enseñanza:] Cuando dos personas duermen en una misma cama, una de ellas vuelve la cabeza y recita el *shemá*, y la otra vuelve la cabeza y recita el *shemá*. Y otra enseñanza: Cuando un hombre está en la cama y tiene a su lado a sus hijos y sus familiares,[204] no debe recitar el *shemá*, a menos que los separe una manta; pero si los hijos y familiares son menores de edad, puede hacerlo. — Se justifica de acuerdo con la opinión del rabí Iosef, porque [podemos decir que] una [enseñanza] se refiere a su esposa y la otra a un extraño; pero de acuerdo con el criterio de Shemuel hay una contradicción. — Shemuel puede contestarte lo siguiente: También es contradictoria la opinión del rabí Iosef, porque se ha enseñado que cuando un hombre está en la cama y se encuentran con él en la cama los hijos y los familiares,[205] no debe recitar el *shemá*, salvo si una manta los separa. ¿Y qué puedes contestar? Que en opinión del rabí Iosef los tanaítas discrepan con respecto a la esposa; en mi opinión también discrepan los tanaítas.[206]

Dijo el maestro: "Vuelve la cara y recita el *shemá*". Pero se tocan las nalgas. — Lo cual respalda la opinión del rabí Huná, porque dijo el rabí Huná: El contacto de las nalgas no es sexual. — También se podría decir que respalda esta otra opinión del rabí Huná: Una mujer desnuda puede cortar la torta[207] sentada, porque oculta la cara[208] en el suelo;[209] pero el hombre no necesita hacerlo. — Esto significa —dijo el rabí Najmán bar Itsjac—: Porque oculta "toda la cara" en el suelo.

Dijo el maestro: "Pero si los hijos y los familiares son menores de edad puede hacerlo". ¿Hasta qué edad? — Respondió el rabí Jisdá: Las niñas, hasta los tres años y un día; los varones, hasta los nueve años y un día. Según otros: Las niñas hasta los once años y un día; los varones, hasta los doce años y un día. En ambos casos hasta que: *tus pechos se habían formado, y tu pelo había crecido.*[211] — Dijo el rabí Cahaná al rabí Ashí: Rabá declaró allí[212] que si bien la enseñanza refuta la opinión de Shemuel, la jurisprudencia concuerda con ella. ¿Cómo es aquí?[213] — ¿Quieres tejerlo todo con la misma trama? —le contestó—. Donde se ha dicho, se ha dicho; donde no se ha dicho, no se ha dicho.[214]

Dijo el rabí Marí al rabí Papa: ¿Qué se hace cuando sale un pelo por la ropa? — ¡Un pelo es un pelo! —exclamó [el rabí Papa].

Dijo el rabí Itsjac: Un palmo [de desnudez] en una mujer [casada] es una desnudez [sexual].[215] — ¿De qué modo? ¿Diremos que es cuando se mira? Ya lo dijo el rabí Sheshet: ¿Por qué nombra la Escritura los adornos exteriores junto con los adornos interiores?[216] Para enseñarte que cuando uno le mira a una mujer el dedo meñique es como si le mirara el lugar reservado. — Se refiere más bien a la esposa, cuando uno recita el *shemá*. — Dijo el rabí Jisdá: La

202 Es preferible librarlas de los ratones u otros riesgos, que evitarles ofensas.

203 Para la esposa.

204 Sus esclavos.

205 Incluso la esposa.

206 Con respecto a la mujer y a otra persona.

207 Ofrenda de la primera masa para pan, de cada cosecha. V. Números. xv. 20 y sigs.
208 Eufemismo por vul··a.
209 Aunque queden las nalgas descubiertas.
210 Toda la desnudez.

211 Ezequiel, XVI, 7.
212 Acerca de las filacterias.
213 Con respecto a la recitación del *shemá* en la cama.
214 Que la jurisprudencia concuerda con el criterio de Shemuel.
215 Una incitación sexual.
216 Los que se tomaron en la guerra con Madián. (Cf. Números, XXXI, 50.)

217 Isaías, XLVII, 2.
218 Ídem, íd., 3.
219 Cantares, II, 14.

220 Ídem, IV, 1.

221 Antigua escuela de intérpretes de la Biblia.
222 Deut., XXVIII, 66.

223 Mientras rezaba.
224 Para enderezarlo, o, según otra interpretación de la frase, para buscar insectos.
225 Cuando se le salía de la cabeza.
226 Cree que de lo contrario Dios no lo oye.
227 Como los profetas de Baal. Cf. 1 Reyes, XVIII, 28.
228 Entre el estornudar de Rabí y el de otros.

229 En el cielo.

230 Jerem., XXVII, 22.

231 Para separar la cara del resto del cuerpo.

pierna de una mujer es una desnudez [sexual],[215] como dice lo escrito: ...*descubre las piernas, pasa los ríos*;[217] y luego: *Será tu desnudez descubierta, y tu vergüenza será vista*.[218] — Dijo Shemuel: La voz de una mujer es una desnudez,[215] como dice lo escrito: *Porque dulce es tu voz, y hermoso tu rostro*.[218] — Dijo el rabí Sheshet: El cabello de una mujer es una desnudez,[215] como dice lo escrito: *Tus cabellos como manadas de cabras*.[220]

Dijo el rabí Janiná: He visto que Rabí colgaba sus filacterias. — Se hizo esta objeción. "Al que cuelga las filacterias le queda colgada la vida". Dijeron los intérpretes de los principios:[221] ...*y tendrás tu vida como algo que pende delante de ti*:[222] Se refiere a los que cuelgan las filacterias. — La objeción no es objeción [válida]. En un caso se cuelgan por las correas; en el otro, por la caja. Y si quieres diré que se prohíbe [colgarlas] tanto por las correas como por la caja, y que Rabí las colgaba dentro de la bolsa. — ¿En tal caso, qué nos dice con eso? — Podría creerse que es preciso colocarlas [sobre algo], como al rollo de la Tora; por eso nos dice que no.

Dijo también el rabí Janiná: He visto a Rabí eructar, bostezar, estornudar y escupir,[223] [24 b] y tantearse el manto;[224] pero no lo acomodaba,[225] y cuando bostezaba se ponía la mano en el mentón. — Presentóse una objeción. [Dice una enseñanza:] El que hace oír la voz cuando reza es de poca fe;[226] el que levanta la voz cuando reza es de los falsos profetas;[227] el que eructa y bosteza es de los incultos; si uno estornuda cuando reza, [el estornudo] es mal augurio para él (según otros, revela que es un hombre repugnante); el que escupe cuando reza es como si escupiera ante un rey. En cuanto a eructar y bostezar no hay objeción; en un caso es involuntario, en el otro, intencional. Pero entre estornudar y estornudar hay una contradicción.[228] — Tampoco hay contradicción entre estornudar y estornudar; en un caso es de arriba, y en el otro, de abajo. Porque dijo el rabí Zerá: En la escuela del rabí Hamnuná me inculcaron estas cosas, que son para mí tan importantes como todo lo que aprendí: estornudar cuando uno se halla orando es de buen agüero, [e indica] que el mismo alivio que le dan abajo le darán arriba.[229] — Pero hay sin duda una contradicción entre escupir [en un caso] y escupir [en el otro]. — Tampoco entre escupir y escupir hay contradicción, porque se puede proceder en la forma indicada por el rabí Iehudá. Porque dijo el rabí Iehudá: Cuando uno está orando y se le junta saliva en la boca, la hace desaparecer en el manto, y si es un manto fino, en la manteleta de la cabeza. — Cierta vez se hallaba Rabiná detrás del rabí Ashí; se le juntó saliva y la escupió a sus pies. — ¿No comparte el maestro —le dijo [el rabí Ashí]— la opinión del rabí Iehudá, de hacer desaparecer [la saliva] en la manteleta? — Me da asco —contestó.

"El que hace oír la voz cuando reza es de poca fe." Dijo el rabí Huná: Se refiere al que puede poner atención rezando en un murmullo, pero si no puede poner atención rezando en un murmullo, se le permite, pero únicamente cuando reza solo; rezando con la congregación no, porque molesta.

El rabí Abá eludía al rabí Iehudá porque quería ir al país de Israel, y el rabí Iehudá había dicho: El que sube de Babilonia a Israel viola un mandamiento, porque dice lo escrito: *A Babilonia serán transportados, y allí estarán hasta el día en que yo los visite, dice el señor*.[230] — Iré a escuchar de afuera —dijo. — Fue y encontró a un discípulo recitando ante el rabí Iehudá: Cuando uno se encuentra rezando y estornuda, tiene que esperar hasta que se haya ido el olor y luego continúa rezando. Según otros, cuando uno se encuentra rezando y siente ganas de estornudar, debe retroceder cuatro codos, estornudar y esperar a que se haya desvanecido el olor; luego reanuda la oración diciendo: Señor del mundo, tú nos formaste agujeros y agujeros, y huecos y huecos, bien conoces la vergüenza y el oprobio de nuestra vida, y sabes que después de muertos somos bichos y gusanos. Y sigue rezando desde el punto en que dejó. — Dijo entonces: Valía la pena haber venido, aunque sólo fuera para oír esto.

Enseñaron los rabíes: Cuando uno duerme vestido y el frío no le deja sacar la cabeza, pliega el manto alrededor del cuello para hacer una separación [231] y recita el shemá. Según otros, "alrededor del pecho". — [Lo dice] el primer tanaíta, pero el pecho está a la vista de la desnudez [sexual]. — En su opinión, aunque el pecho esté a la vista de la desnudez [sexual], se permite.

Dijo el rabí Huná en nombre del rabí Iojanán: El que anda por callejones sucios se pone la mano sobre la boca y recita el *shemá*. — Por Dios —le dijo el rabí Jisdá—, si el rabí Iojanán me lo hubiese dicho con su propia boca, no le habría hecho caso. — Según otros, dijo Rabáh bar Bar Janá en nombre del rabí Iehoshúa ben Leví: El que anda por callejones sucios, se pone la mano en la boca y recita el *shemá.* —·Por Dios —le dijo el rabí Jisdá—, si me lo hubiese dicho el rabí Iehoshúa ben Leví con su propia boca, no le habría hecho caso.— ¿El rabí Huná dijo eso? ¿No dijo el rabí Huná que los eruditos no deben permanecer en lugares sucios, porque no pueden estar nunca sin meditar en la Tora? —No hay contradicción; en un caso habla de estar, y en el otro de andar.— ¿Pudo haber dicho eso el rabí Iojanán? ¿No declaró Rabáh bar Bar Janá en nombre del rabí Iojanán, que se puede meditar en las palabras de la Tora en todas partes, menos en el baño y en el retrete? Y si me objetas que también aquí se habla en un caso de estar y en el otro de andar, te diré que cierta vez el rabí Abahu iba detrás del rabí Iojanán recitando el *shemá.* Cuando llegó a un callejón sucio se interrumpió, y [al salir] le preguntó al rabí Iojanán: ¿Dónde comienzo? — Si la pausa —le contestó— fue suficientemente larga como para terminar toda la oración, debes comenzar desde el principio. — Lo que quiso decirle es lo siguiente: Yo no soy de esa opinión,[232] pero si tú la sigues, y te interrumpiste durante un lapso suficiente como para terminar las oraciones, tienes que comenzarlas de nuevo. — Hay una enseñanza que concuerda con el rabí Huná, y otra que concuerda con el rabí Jisdá. Se ha enseñado en concordancia con el rabí Huná: El que anda por un callejón sucio se pone la mano sobre la boca y recita el *shemá.* — Se ha enseñado en concordancia con el rabí Jisdá: El que transita por un callejón sucio no debe recitar el *shemá;* más aún, cuando camina recitando el *shemá* y llega a un callejón debe interrumpir la recitación. — ¿Y si no la interrumpe? —respondió el rabí Miashá hijo del hijo del rabí Iehoshúa ben Leví—: *Por eso yo también les di estatutos que no eran buenos, y decretos por los cuales no podrían vivir.*[233] — Dijo el rabí Así: *¡Ay de los que traen la iniquidad con cuerdas de vanidad!* [234] — Lo siguiente —dijo el rabí Adá bar Ahabá—: *Por cuanto tuvo en poco la palabra del señor.*[235] — ¿Y si se interrumpe, qué recompensa obtiene? — Dice de él la Escritura —respondió el rabí Abahú—: *...por medio de esta ley haréis prolongar vuestros días...* [236]

Dijo el rabí Huná: El que se pone el manto atándolo a la cintura,[237] puede recitar el *shemá.* — Se ha enseñado asimismo: El que se pone el manto, ya sea este de tela, cuero o arpillera, atándolo a la cintura, puede recitar el *shemá;*

[232] De que debe interrumpirse la oración.

[233] Ezequiel, xx, 25.
[234] Isaías, v, 18.
[235] Números, xvi, 31.

[236] Deut., xxxii, 47.
[237] Dejando desnudo el torso.

[25 *a*] pero para decir las oraciones tiene que cubrirse el pecho. — Dijo también el rabí Huná: El que por olvido entra al retrete con las filacterias puestas, las tapa con una mano hasta que termine. — ¿Hasta que termine? ¿Cómo lo determinas? — Más bien, como dijo el rabí Najmán bar Itsjac, hasta que termine la primera porción. — ¿Y por qué no suspende en seguida y se levanta? — Por la declaración del rabán Shimeón ben Gamaliel. Porque se ha enseñado que dijo el rabán Shimeón ben Gamaliel: La retención de los excrementos produce hidropesía; la retención de la orina, ictericia.

Se ha dicho: Cuando alguien tiene excrementos sobre el cuerpo, o tiene una mano dentro de un retrete,[238] según el rabí Huná se le permite recitar el *shemá*; según el rabí Jisdá se le prohíbe recitar el *shemá*. — Dijo Rabá: ¿En qué se funda el rabí Huná? — En que dice el versículo: *Todo lo que respira alabe al señor*.[239] — Según el rabí Jisdá se le prohíbe recitar el *shemá*. ¿En qué se basa el rabí Jisdá? — En que dice lo escrito: *Todos mis huesos dirán: ¿Señor, quién como tú...?*[240]

Se ha dicho: [Cuando hay] un mal olor desprendido de un lugar visible, se recita el *shemá*, según el rabí Huná, alejándose cuatro codos. Según el rabí Jisdá, se recita el *shemá* alejándose cuatro codos del lugar en que deja de percibirse el mal olor. Se ha enseñado en concordancia con el rabí Jisdá: No debe recitarse el *shemá* frente a excrementos humanos, ni a excrementos de perros, ni de cerdos, ni de aves, ni ante una pila de bosta que despida mal olor. Si están[241] en un lugar situado diez palmos más arriba o diez palmos más abajo, se puede recitar el *shemá* junto a él; de lo contrario hay que alejarse hasta perderlos de vista. Lo mismo las oraciones: [Cuando hay] un olor desprendido de un lugar visible, se recita el *shemá* alejándose cuatro codos del lugar del olor. — Dijo Rabá: La jurisprudencia no coincide con esta baraíta (sobre todo lo enseñado), sino con esta otra enseñanza: No debe recitarse el *shemá* ante excrementos humanos; tampoco ante excrementos de cerdos o de perros que tengan cueros.[242] — Preguntaron al rabí Sheshet: ¿Y cuando el mal olor no tiene origen [visible]?[243] — Vengan a ver — les contestó — estas esteras de la casa de estudio, en la que algunos duermen[244] y otros estudian. Pero sólo se refiere al estudio de la Tora, no al *shemá*. Y aun con respecto al estudio de la Tora, se aplica únicamente al [olor] producido por otro, no al que produce uno mismo.

Se ha dicho: Cuando pasa [una carga de] estiércol, según Abaie se puede recitar el *shemá*;[245] según Rabá, está prohibido recitar el *shemá*. Dijo Abaie: ¿De dónde lo tomo? De lo que se ha enseñado: La persona limpia que pasa delante de una persona impura detenida junto a un árbol, se vuelve impura. Cuando delante de una persona limpia detenida bajo un árbol pasa una persona inmunda, aquella sigue siendo limpia; pero si [la inmunda] se detiene, se vuelve inmunda. Lo mismo las piedras atacadas de lepra.[246] — Rabá te puede decir: Allí depende de la permanencia,[247] como dice lo escrito: *habitará solo; fuera del campamento será su morada*.[248] Aquí dijo el misericordioso: *tu campamento ha de ser santo*, y en este caso no lo es.

Dijo el rabí Papa: El hocico de un cerdo es como estiércol que pasa. — Es evidente.[250] — Hacía falta decirlo, [para enseñar que es así] aunque [el cerdo] acabara de salir del río.

Dijo el rabí Iehudá: Cuando se duda de que haya excrementos, se prohíbe;[251] cuando se duda de que haya orina, se permite. — Según otros, dijo el rabí Iehudá: Cuando se duda de que haya excrementos en la casa, se permite;[252] en la pila de estiércol, se prohíbe. Cuando se duda de que haya orina, se permite [también] en la pila de estiércol. — Coincide con la opinión del rabí Hamnuná; porque dijo el rabí Hamnuná: La Tora lo prohíbe únicamente delante del chorro [de orina]. — Lo mismo que enseñó el rabí Ionatán. Porque el rabí Ionatán señaló una contradicción. Dice un versículo: *Tendrás un lugar fuera del campamento, al que salgas*.[253] Y otro versículo: *...tendrás también ... una estaca*, etcétera.[254] — ¿Cómo [se explica]? — Uno habla de las [necesidades] grandes; el otro, de las chicas. De aquí se desprende que la Tora prohíbe [recitar el *shemá*] frente al chorro; después de caído al suelo, se permite. Luego lo prohibieron los rabíes, pero sólo cuando hay certeza, y no cuando se duda. — ¿Habiendo certeza, durante cuánto tiempo [se prohíbe]? — Dijo el rabí Iehudá en nombre de Shemuel: Mientras esté [la tierra] húmeda. — Lo mismo dijo Rabáh bar Bar Janá en nombre del rabí Iojanán: Mientras esté húmeda. — Lo mismo dijo Ulá: Mientras esté húmeda. — Dijo Guenibá en nombre de Rab: Mientras quede la huella. — Dijo el rabí Iosef: Que el maestro[255] perdone

---

[238] Pasando el brazo por la ventana desde la calle.

[239] Salmos CL, 6.

[240] Ídem, XXXV, 10.

[241] Los excrementos, o el estiércol.

[242] Los excrementos de cerdos y perros se usaban para curtir.
[243] El que procede de ventosidades.
[244] Y expiden viento.

[245] No hace falta interrumpir la recitación.

[246] Cf. Levít., XIV, 34 y sigs.
[247] La detención y permanencia en el mismo sitio de lo que está inmundo.
[248] Levít., XIII, 46.
[249] Deut., XXIII, 15.
[250] El hocico de un cerdo está siempre sucio.
[251] Recitar el *shemá*.
[252] Dentro de la casa es más probable que no haya.

[253] Deut., XXIII, 13.
[254] Ídem, íd., 14.

[255] Rab.

256 Por citarlo mal.

257 En la enseñanza.

258 Cuando cae sobre piedras.

259 Quien fija el plazo hasta la tercera hora. V. *supra*, 9 *b*.

260 Rab.

261 La autorización o prohibición de recitar.

a Guenibá.²⁵⁶ Porque incluso para los excrementos dijo el rabí Iehudá en nombre de Rab: Se permite no bien se forma encima una costra. ¡Con mayor razón la orina! — ¿Qué le encuentras —le dijo Abaie— para confiar [en ella]? ²⁵⁷ Confía en el siguiente, que dio Rabáh bar Huná en nombre de Rab: Se prohíbe [recitar] ante excrementos, aunque sean como tiestos. — ¿Qué se entiende por excrementos como tiestos? — Dijo Rabáh bar Bar Janá en nombre del rabí Iojanán: Los que no se rompen si se tiran [al suelo]. Según otros: Los que no se rompen si se hacen rodar. — Dijo Rabiná: Cierta vez que me hallaba ante el rabí Iehudá de Diftí, [el rabí] vio excrementos y me dijo: Fíjate si se formó una costra. — Según otros, le dijo: Fíjate si se formaron grietas. — ¿Cómo queda esto? — Se ha enseñado: Cuando los excrementos son como tiestos, según Amemar se prohíbe; según Mar Zutrá, se permite. — Dijo Rabá: La jurisprudencia dice que cuando los excrementos están secos como tiestos, se prohíbe; en cuanto a la orina, mientras esté húmeda [la tierra]. — Formulóse una objeción: "En cuanto a la orina, mientras esté [la tierra] húmeda se prohíbe; se permite cuando ha sido absorbida o se ha secado".²⁵⁸ Luego "absorbido" es lo mismo que "secado", y si después de secarse no queda ninguna huella, tampoco debe quedar huella después de haber sido absorbida; y si hay huella debe estar prohibido [recitar el *shemá*], aunque ya no esté [la tierra] húmeda. — Aunque aceptáramos tu razonamiento, veamos la cláusula inicial: "Mientras esté húmeda [la tierra], se prohíbe"; es decir que si sólo hay una huella [en tierra seca], se permite. — Lo cierto es que de esta [baraíta] no se pueden sacar conclusiones.

Podría decirse que sobre esto discrepan los tanaítas. [Se ha enseñado que:] "Se prohíbe recitar el *shemá* frente a una vasija de la que se ha derramado orina. Delante de orina absorbida por la tierra, se permite; si no ha sido absorbida, se prohíbe. Dijo el rabí Iosí: Mientras esté [la tierra] húmeda". ¿Qué significa "absorbida" y "no absorbida"? ¿Diremos que "absorbida" significa que [la tierra] no está húmeda, y "no absorbida" que [la tierra] está húmeda, y que ahora el rabí Iosí dice que cuando está húmeda se prohíbe, y cuando se ve solamente la huella, se permite? ¡Pero esta es la opinión del primer tanaíta! Habrá que decir, más bien, que "absorbida" significa que no se ve ninguna huella, y "no absorbida", que se nota una huella, y que el rabí Iosí dice que cuando [la tierra] está húmeda se prohíbe, y que cuando sólo se advierte una huella se permite. — No; ambos concuerdan en que se prohíbe mientras [la tierra] se encuentre húmeda, y se permite cuando sólo se distingue una huella, [25 *b*] pero discrepan acerca de si "húmeda" significa que moja.

Si se sumerge [en el baño de purificación] y tiene tiempo de salir, etcétera. ¿Debemos suponer que el tanaíta [de la mishná] enseña lo mismo que el rabí Eliézer, para quien [se puede recitar el *shemá*] hasta la salida del sol? — También podrías decir que enseña lo mismo que el rabí Iehoshúa;²⁵⁹ pero quizá siga aquí a los piadosos, de los que dijo el rabí Iojanán: Los piadosos solían terminar con la salida del sol.

En caso contrario se cubre con el agua y recita. De esta forma el pecho ve la desnudez [sexual]: — Dijo el rabí Eleazar, según otros, el rabí Ajá bar Abá bar Ajá, en nombre de nuestro maestro:²⁶⁰ Se refiere a las aguas turbias, que son como tierra firme, para que el pecho no vea la desnudez sexual.

Enseñaron los rabíes: En agua limpia se recita hundiéndose hasta el cuello; según otros, hay que agitar [el agua] con los pies. — Pero según el primer tanaíta, el pecho ve la desnudez [sexual]. — En su opinión, se puede [recitar] aunque el pecho vea la desnudez. — Los talones ven la desnudez. — En su opinión, se puede [recitar] aunque los talones vean la desnudez [sexual]. — Se ha dicho que si los talones ven la desnudez, se permite [recitar]; si la tocan, según Abaie se prohíbe y según Rabá se permite. Así lo enseñó el rabí Zebid. El rabí Jiná hijo del rabí Icá, de esta manera: Cuando la tocan, todos concuerdan en que se prohíbe. Cuando la ven, según Abaie se prohíbe y según Rabá se permite. La Tora no fue dada para los ángeles servidores. La jurisprudencia dice que cuando la tocan se prohíbe; cuando la ven, se permite.

Dijo Rabá: Ante excrementos [que se encuentran] detrás de un vidrio, se permite recitar el *shemá*. — Frente a la desnudez [sexual] vista a través de un vidrio, se prohíbe recitar el *shemá*. "Ante excrementos [que se encuentran] detrás de un vidrio, se permite recitar el *shemá*", porque depende,²⁶¹ tratándose de excrementos, de que estén cubiertos, y aquí están cubiertos. "Frente a la desnudez vista a través de un vidrio, se prohíbe recitar el *shemá*", porque dijo el misericordioso: *...para que él no vea en ti cosa inmunda,*[262] y aquí se ve.

262 Deut., XXIII, 15.

Dijo Abaie: Pequeños excrementos se anulan con saliva. — Tiene que ser saliva espesa —agregó Rabá. — Dijo Rabá: Cuando hay excrementos en un agujero, se tapa [el agujero] con el pie y se recita el *shemá*. — ¿Y si se le pegan excrementos a la sandalia? —preguntó Mar hijo de Rabiná. — La pregunta quedó sin respuesta.

Dijo el rabí Iehudá: Se prohíbe recitar el *shemá* delante de un pagano desnudo. — ¿Por qué pagano? También [se prohíbe] delante de un israelita [desnudo]. — Era preciso aclararlo [con respecto a los paganos], porque, como dice de ellos lo escrito: *...cuya carne es como carne de asnos,*[263] podría creerse que deben considerarse como asnos. Por eso nos explica que su carne también es desnudez, como dice el versículo: *...y así no vieron la desnudez de su padre.*[264]

263 Ezeq., XXIII, 20.

264 Génesis, IX, 23.

Pero no debe cubrirse con agua sucia, ni con agua que haya servido para remojo, sin antes echarle agua [fresca]. ¿Cuánta agua tendría que estar echando? — Más bien significa lo siguiente: No debe cubrirse con agua sucia, ni con agua que haya servido para remojo; ni [debe recitar el *shemá* frente a] orina, sin antes echarle agua.

Enseñaron los rabíes: ¿Cuánta agua debe echarle? Cualquier cantidad. — Dijo el rabí Zacái: Un cuarto [de log]. — Dijo el rabí Najmán: Discrepan sobre el caso de que el agua se eche después; si se echa antes, todos concuerdan en que cualquier cantidad basta.[265] — Dijo el rabí Iosef: Discrepan sobre el caso de que ya esté allí [el agua]; si se echa después, todos coinciden en que debe ser un cuarto [de log]. — Dijo el rabí Iosef a su criado: Tráeme un cuarto de agua. Concordaba, por lo tanto, con el criterio del rabí Zacái.

265 La orina se anula a medida que cae sobre el agua.

Enseñaron los rabíes: Se prohíbe recitar el *shemá* delante de un bacín o un orinal, aunque no contengan nada; y delante de orina, sin antes echarle agua. — ¿Cuánta agua hay que echarle? — Un poco. — Dijo el rabí Zacái: Un cuarto de log, ya sea que esté delante de la cama, o detrás de la cama. — Dijo el rabán Shimeón ben Gamaliel: Estando detrás de la cama se recita; delante de la cama, no se recita. Pero alejándose cuatro codos, se puede recitar. — Dijo el rabí Shimeón ben Eleazar: Aunque la habitación tenga cien codos no se debe recitar; hay que sacarla[266] o ponerla bajo la cama. — Formulóse esta pregunta: ¿Qué quiso decir?[267] ¿Que estando detrás de la cama se puede recitar inmediatamente, y que estando delante de la cama hay que alejarse de ella cuatro codos y luego recitar, o tal vez que cuando está detrás de la cama hay que alejarse cuatro codos antes de recitar, y que si se halla delante de la cama no se debe recitar de ninguna manera? — Ven y escucha. Se ha enseñado que dijo el rabí Shimeón ben Eleazar: Estando [la orina] detrás de la cama, se recita inmediatamente; delante de la cama, hay que alejarse previamente a cuatro codos de distancia. Dijo el rabán Shimeón ben Gamaliel: Aunque el cuarto tenga cien codos [de largo] no se debe recitar sin antes sacar [la orina] o ponerla debajo de la cama. — Nuestra pregunta ha sido contestada, pero las enseñanzas se contradicen. — Invierte la segunda.[268] — ¿Por qué la segunda? ¿Por qué no inviertes la primera? — ¿De quién supiste que haya dicho que se considera toda la habitación como si tuviera cuatro codos? Del rabí Shimeón ben Eleazar.

266 La orina.

267 El rabán Shimeón ben Gamaliel.

268 Cambiándole los nombres.

Pregunté lo siguiente al rabí Huná —dijo el rabí Iosef—: Sé que una cama de menos de tres [palmos de altura] se considera unida [al suelo];[269] ¿pero la que tiene tres cuatro, cinco, seis, siete, ocho o nueve [palmos]? — No sé —me contestó. — Por la que tiene diez no pregunté. — Dijo Abaie: Has hecho bien en no preguntar; diez es otro sector. — Dijo Rabá: La jurisprudencia dice que menos de tres se considera unida [al suelo]; diez es otro dominio; de tres a diez es lo que el rabí Iosef preguntó al rabí Huná y este no le contestó. — Dijo Rab: La jurisprudencia coincide con el rabí Shimeón ben Eleazar. — Lo mismo dijo Bali en nombre del rabí Iacov, el hijo de la hija de Shemuel: La jurisprudencia concuerda con el rabí Shimeón ben Eleazar. — En cambio dijo Rabá: La jurisprudencia no concuerda con el rabí Shimeón ben Eleazar.

269 Por eso todo lo que se coloca bajo una cama de esa altura se considera enterrado.

El rabí Ajái se ocupó con [la boda de] su hijo en la casa del rabí Itsjac bar Shemuel bar Marta. Lo condujo al palio nupcial, pero la cosa no salió bien. Entró a averiguar cómo iba, y encontró un rollo de la Tora. — Si no hubiera venido ahora — les dijo —,[270] ustedes habrían puesto en peligro a mi hijo; porque se ha enseñado que en una casa donde hay un rollo de la Tora o filacterias se prohíbe cumplir la obligación conyugal mientras no se hayan sacado [de la casa] o colocado en un envase y este en otro envase. — Dijo Abaie: Se refiere a un envase que no se haya destinado para ese fin; tratándose de envases destinados para ese fin, da lo mismo uno que diez. — Dijo Rabá: La cubierta [26 *a*] de un baúl es como un envase dentro de otro envase. — Dijo el rabí Iehoshúa ben Leví: Para un rollo de la Tora hay que hacer una separación de diez [palmos de altura].[271] — Cierta vez fue Mar Zutrá a la casa del rabí Ashí y vio que en el lugar de Mar hijo del rabí Ashí,[272] había un rollo de la Tora, para el que habían hecho una mampara de diez [palmos de altura]. — ¿Qué criterio sigues? — le preguntó — ¿El del rabí Iehoshúa ben Leví? Creo que el rabí Iehoshúa ben Leví se refería a las casas en las que no hay otros cuartos. Pero el maestro tiene otro cuarto. — No había pensado en eso — respondió.

¿A qué distancia hay que alejarse de ella [273] *y de los excrementos? A cuatro codos.* Dijo Rabá en nombre del rabí Sejorá en nombre del rabí Huná: Se refiere al caso de que estén detrás; cuando están delante hay que alejarse hasta perderlos de vista. La misma norma rige para las oraciones. — No es así, porque Rafram bar Papa dijo en nombre del rabí Jisdá: Se puede estar de frente a un retrete [274] y recitar las oraciones. — Hablaba de un retrete en el que no hay excrementos. — No es así, porque dijo el rabí Iosef bar Janiná: Al hablar de un retrete incluían al que no tiene excrementos, y al hablar de una casa de baños,[275] incluían a aquella en la que no hay nadie. — Aquí [276] se refiere más bien a un retrete nuevo. — Sobre esto había preguntado Rabiná: ¿Con respecto a un lugar destinado para retrete,[277] se considera el destino o no se considera el destino? — Lo que había preguntado Rabiná era si se podía orar dentro de ese lugar, no frente a él.[278] — Dijo Rabá: Los retretes persas, aunque contengan excrementos, deben considerarse cerrados.

MISHNÁ 5. Los atacados de flujo cuando han tenido una polución, las menstruosas que expulsan el semen y las mujeres que echan el menstruo cuando se están copulando, tienen que tomar un baño de purificación. El rabí Iehudá los exime.

GUEMARÁ. Se hizo esta pregunta: ¿De acuerdo con la opinión del rabí Iehudá, qué hace el atacado de pérdida seminal cuando ve que tiene flujo [blenorrágico]? ¿Diremos que el rabí Iehudá exime a los enfermos de blenorragia que eyaculan semen, porque su estado anterior no requiere el baño ritual, pero no exime al que padece flujo seminal y contrae una blenorragia, porque su primer estado requiere el baño ritual? ¿O no hay ninguna diferencia? — Ven y escucha. *Las mujeres que echan el menstruo cuando se están copulando, tienen que tomar un baño de purificación. El rabí Iehudá las exime.* Una mujer que comienza a menstruar cuando se está copulando es igual que un atacado de flujo seminal que descubre una blenorragia, y el rabí Iehudá la exime [del baño de purificación]. Esto lo demuestra.[279] — El rabí Jiiá enseñó expresamente: El afectado de flujo seminal que contrae una blenorragia debe tomar el baño de purificación; el rabí Iehudá lo exime.

CAPÍTULO IV

MISHNÁ 1. La oración de la mañana [se puede decir] hasta mediodía. El rabí Iehudá dijo: Hasta la cuarta hora. La oración de la tarde, hasta el anochecer. El rabí Iehudá dijo: Hasta promediar la tarde. La oración del anochecer no tiene tiempo determinado. Las oraciones agregadas [se dicen] todo el día. Dijo el rabí Iehudá: Hasta la séptima hora.

GUEMARÁ. Voy a señalar una contradicción [con la siguiente enseñanza]: "El momento [adecuado] [1] es a la salida del sol; de este modo la bendición por el éxodo se une a las oraciones, y se dicen las oraciones de día.[2] — Esa enseñanza se refería a los devotos; porque dijo el rabí Iojanán: Los devotos solían terminar [el *shemá*] a la salida del sol. — ¿Los demás pueden recitarlo hasta el mediodía, no más tarde? Sin embargo, dijo el rabí Marí hijo del rabí Huná hijo del rabí Irmiiá bar Abá en nombre del rabí Iojanán: El que por error omite la oración del anochecer, reza por la mañana dos veces. [Si omite] la de la mañana, reza por la tarde dos veces. — Se pueden decir las oraciones todo el día. El que las dice antes del mediodía obtiene la recompensa de rezar a su debido tiempo; después del mediodía, la recompensa que obtiene es la de rezar pero no la de rezar a su debido tiempo.

Formulóse esta pregunta: ¿El que por error omite la oración de la tarde, debe rezar dos veces al anochecer? Si me dices que el que omite por error la oración del anochecer reza por la mañana dos veces, [recuerda que] es un solo día, como dice lo escrito: *Y fue la tarde y la mañana un día.*[3] Pero aquí, como la oración reemplaza al sacrificio, habiendo pasado el día falta el sacrificio. O diremos, tal vez, que siendo la oración un pedido de misericordia, se puede orar cuando se quiera. — Ven y escucha. Dijo el rabí Huná bar Iehudá que dijo el rabí Itsjac en nombre del rabí Iojanán: El que omite por error la oración de la tarde, reza dos veces al anochecer. Aquí no decimos: Pasó el día y faltó el sacrificio. — Se hizo esta objeción: *Lo torcido no se puede enderezar, y lo que falta no se puede contar.*[4] *Lo torcido no se puede enderezar* se refiere al que deja pasar el *shemá* del anochecer, el *shemá* de la mañana, la oración del anochecer o la oración de la mañana. *Lo que falta no se puede contar*, se refiere al que sus compañeros incluyen en una acción religiosa, y él no se cuenta con ellos. — Dijo el rabí Itsjac en nombre del rabí Iojanán: Aquí se trata del que se abstiene deliberadamente [de rezar]. — Dijo el rabí Ashí: Lo demuestra el hecho de que se diga "omite" y no "se equivoca". De aquí se deduce.

[26 *b*] Enseñaron los rabíes: El que por error deja de rezar la oración de la tarde en la víspera del sabat, reza dos veces al anochecer del sabat.[5] Si por error deja de rezar la oración de la tarde del sabat, reza dos veces al finalizar el sabat la oración semanal: la bendición de diferenciación[6] en la primera plegaria, no en la segunda; si pronuncia la diferenciación en la segunda, y no en la primera, le cuentan únicamente la segunda, y no le cuentan la primera. Vale decir que si no lee la diferenciación en la primera plegaria, es como si no hubiese orado, y se la hacemos repetir. — A esta [enseñanza] la contradice la siguiente: El que por olvido deja de mencionar el poder de las lluvias[7] en la bendición de la resurrección de los muertos,[8] e incluye el ruego de lluvia en la bendición de los años,[9] se le hace repetir. Al que se olvida la diferenciación en la oración "tú das sabiduría",[10] no se le hace repetir, porque también la puede decir sobre la copa [de vino]. — Es [realmente] una contradicción.

Se ha dicho que expresó el rabí Iosí hijo del rabí Janiná: Las oraciones fueron establecidas por los patriarcas. — Dijo el rabí Iehoshúa ben Leví: Las oraciones fueron establecidas en reemplazo de las ofrendas diarias. — Se ha enseñado de acuerdo con el rabí Iosí hijo del rabí Janiná, y se ha enseñado de acuerdo con el rabí Iehoshúa ben Leví. Se ha enseñado de acuerdo con el rabí Iosí hijo del rabí Janiná: Abraham estableció la oración de la mañana, porque dice lo escrito: *Y subió Abraham por la mañana al lugar donde había estado de pie (delante del señor);*[11] "estar de pie" no puede significar más que orar, como dice el versículo: *Entonces Finees se puso de pie y oró.*[12] Isaac estableció la oración de la tarde, como dice lo escrito: *Y había salido Isaac a meditar al campo,*[13] y meditar no puede significar más que orar, como dice el versículo: *Oración del que sufre, cuando está angustiado y derrama delante del señor su meditación.*[14] Jacob estableció la oración del anochecer, como dice lo escrito: *Y llegó a un cierto lugar;*[15] y llegar no puede significar más que orar, como dice el versículo: *Tú, pues, no ores por este pueblo, ni levantes por ellos clamor ni oración, ni me llegues con tus ruegos.*[16] Se ha enseñado en concordancia con el rabí Iehoshúa ben Leví: ¿Por qué dijeron que la oración de la mañana se puede decir hasta el mediodía? Porque la ofrenda diaria de la mañana se podía presentar hasta el mediodía. El rabí Iehudá dijo [que se puede pronunciar] hasta la cuarta hora, porque la ofrenda diaria de la mañana se podía presentar hasta la hora cuarta. ¿Y por qué dijeron que la oración de la tarde se puede decir hasta el anochecer? Porque el sacrificio permanente de la tarde se podía ofrecer hasta el anochecer. El rabí Iehudá dijo [que se puede pronunciar] hasta mediados de la tarde, porque la ofrenda permanente del anochecer se podía presentar hasta mediados de la tarde. ¿Y por qué dijeron que

[3] Génesis, I, 5

[4] Eclesiastés, I, 15.

[5] Aunque la oración de los sábados es distinta.
[6] Al finalizar el sabat se pronuncia la bendición de despedida (la 4ª de las "dieciocho bendiciones"), afirmando la separación de la santidad sabática del carácter profano de los días hábiles.
[7] El poder de Dios expresado en las lluvias.
[8] La segunda bendición.
[9] La novena.
[10] La cuarta.

[11] Génesis, XIX, 27.
[12] Salmos, CVI, 30.

[13] Génesis, XXIV, 63.

[14] Salmos, CII, 1.
[15] Gén., XXVIII, 11.

[16] Jeremías, VII, 16.

17 De los holocaustos.
18 De otras ofrendas.
19 De los sábados, los primeros de mes y los días festivos.
20 Considerando la parte diurna de las 6 a las 18, sería a partir de las 12 y media.
21 A partir de las 15 y media.
22 En la mishná.
23 Hasta promediar el lapso que va de las 12 y media a las 18, o el que va de las 15 y media a las 18.
24 Entre las 9 y media y las 12.
25 Les agregaron las oraciones complementarias e hicieron coincidir la hora de rezar con la hora de los sacrificios.

26 La agregada se puede rezar hasta las siete; la de la tarde, hasta las once menos cuarto.
27 En la segunda mitad de la séptima hora.
28 Porque se excluye la séptima hora.
29 De la segunda mitad de la tarde.
30 La menor de edad huérfana de padre a quien la madre o los hermanos hacen contraer enlace, puede, al llegar a la mayoría de edad, rechazar al marido que le impusieran. En algunos casos el juzgado induce a la menor a rechazarlo.
31 Sobre la muerte del marido. En todos los demás casos tienen que ser dos los testigos.
32 Mató a una criatura, picoteándole el cráneo.
33 Ya no era vino nuevo.
34 Selecto, denominación que se da al tratado Edaiot (testimonios), de la serie Nezikín.
35 Éxodo, XVI, 21.

36 Génesis, XVIII, 1
37 El maná —del que habla el versículo— lo recogían en la primera mitad, hasta la segunda hora.
38 Terminando en la tercera hora del día.

para la oración del anochecer no hay tiempo determinado? Porque las partes [17] no consumidas al anochecer, y la grasa,[18] podían traerse toda la noche. ¿Y por qué dijeron que las oraciones agregadas [19] se pueden decir durante todo el día? Porque las ofrendas agregadas se podían presentar todo el día. El rabí Iehudá dijo [que se pueden decir] hasta la séptima hora, porque los sacrificios agregados se podían presentar hasta la séptima hora. ¿Cuál es la tarde grande? De las seis y media en adelante.[20] ¿Y la pequeña tarde? De las nueve y media en adelante.[21] Se hizo esta pregunta: ¿El rabí Iehudá dijo [22] que correspondía a la mitad de la primera mitad de la tarde o de la segunda mitad? [23] —Ven y escucha. Se ha enseñado que dijo el rabí Iehudá: Se refieren a la mitad de la segunda mitad de la tarde, es decir, hasta las once menos cuarto.[24] ¿Diremos que esto refuta al rabí Iosí hijo del rabí Janiná? —El rabí Iosí hijo del rabí Janiná te puede contestar: Sostengo que los patriarcas establecieron la oración, pero los rabíes la basan en las ofrendas. —Y si no lo admites, ¿quién, de acuerdo con la opinión del rabí Iosí hijo del rabí Janiná, estableció la oración agregada? Las oraciones fueron, por lo tanto, establecidas por los patriarcas, y los rabíes las basaron en las ofrendas.[25]

El rabí Iehudá dijo: Hasta la cuarta hora. Formulóse esta pregunta: ¿Debe entenderse "hasta [la cuarta hora] inclusive" o "hasta [la cuarta hora] exclusive"? —Ven y escucha. El rabí Iehudá dijo: Hasta promediar la tarde. Admitiendo que es "hasta exclusive", sería esta la discrepancia del rabí Iehudá y los rabíes; si dices que es "hasta inclusive", sería el rabí Iehudá de la misma opinión que [27 a] los rabíes. —¿Deduces, por lo tanto, que es "hasta exclusive"? Veamos entonces la cláusula final: Las oraciones agregadas [se dicen] todo el día. Dijo el rabí Iehudá: Hasta la séptima hora. No obstante, se ha enseñado: El que tiene que rezar dos oraciones, la agregada y la de la tarde, dice primero la de la tarde y luego la agregada, porque aquella es regular y esta no es regular. El rabí Iehudá dijo, en cambio, que debe rezar primero la agregada y luego la de la tarde, porque [el tiempo para decir] aquella pasa, y el de esta no pasa.[26] —Si dices que es "hasta inclusive" no hay inconveniente: pueden encontrarse ambas oraciones.[27] Si dices que es "hasta exclusive", ya no pueden reunirse ambas oraciones;[28] cuando llega la hora de recitar la oración de la tarde, ya ha pasado la de recitar la agregada. —¿Dices, entonces, que es "hasta inclusive"? Se presenta el inconveniente de la primera cláusula. ¿En qué difieren el rabí Iehudá de los rabíes? —¿Tú crees que el rabí Iehudá, al decir hasta promediar la tarde, se refería a la segunda mitad? Se refería a la primera mitad, de esta manera: ¿Cuándo termina la primera mitad [29] y comienza la segunda? Al final de las once menos cuarto.

Nosotros también hemos estudiado —dijo el rabí Najmán— que el rabí Iehudá ben Babá atestiguó cinco cosas: que se instruye a la menor de edad; [30] que una mujer se puede volver a casar con la declaración de un solo testigo;[31] que en Jerusalén habían lapidado a un gallo por haber dado muerte a un ser [humano];[32] que se había derramado como libación sobre el altar vino de cuarenta días;[33] y que se había presentado la ofrenda diaria de la mañana en la cuarta hora. De aquí se deduce que es "hasta inclusive". Esto lo demuestra. —Dijo el rabí Cahaná: La jurisprudencia coincide con el rabí Iehudá, porque lo hemos visto en el tratado Bejirtá.[34]

"Y que se había presentado la ofrenda diaria de la mañana en la cuarta hora." ¿Quién dio la siguiente enseñanza? [Dice así:] ...y cuando el sol calentaba, se derretía;[35] es la cuarta hora. Dices que es la cuarta. ¿No será la sexta? —Donde dice en el calor del día,[36] es la sexta hora; como aquí dice: ...y cuando el sol calentaba, se derretía, es la cuarta hora. ¿De quién es esta opinión? Ni del rabí Iehudá ni de los rabíes. De acuerdo con el rabí Iehudá, hasta la cuarta hora es de mañana; de acuerdo con los rabíes, hasta mediodía todavía es de mañana. —Si quieres diré que es la opinión del rabí Iehudá, y si quieres diré que es la opinión de los rabíes. Si quieres diré que es la opinión de los rabíes, porque dice la Escritura ...por la mañana, por la mañana,[35] dividiendo la mañana en dos.[37] Si quieres, diré que es la opinión del rabí Iehudá; la [repetición] innecesaria [de la palabra] mañana indica que [la recolección] se efectuaba una hora antes.[38] No obstante todos concuerdan en que cuando el sol calentaba, se derretía, era en la cuarta hora. —¿Cómo se sabe? —Dice el versículo —respondió el rabí Ajá bar Iacov—: Cuando el sol calentaba, se derretía. ¿Cuál es la hora en la que el sol calienta y la sombra es fresca? Debes decir que es la cuarta hora.

39 En el caso de la ofrenda matinal.

40 Después de la mitad de la tade ya no se recita la oración vespertina.

41 No pasó delante de él para volver a su asiento.

42 Para guardar la jerarquía. O, según los tosafitas, porque las inclinaciones que se hacen durante la lectura de las oraciones parecerían reverencias dirigidas al maestro.

43 Con el saludo corriente: "La paz sea contigo", en lugar de decirle: "La paz sea contigo, mi maestro".

44 ¿Hiciste la separación entre los días profanos y la santidad sabática? Es decir: ¿Terminaste las tareas corrientes?

45 Lo que está prohibido en sábado.

46 Después de haber dicho la oración sabática, en la víspera del sábado.

47 Era un día oscuro, y el rabí rezó la oración sabática creyendo que ya era sábado.

48 No se le hacen repetir las oraciones.

49 Cuando todavía era sabat.

La oración de la tarde, hasta el anochecer, etcétera. Dijo el rabí Jisdá al rabí Itsjac: Allí [39] dijo el rabí Cahaná que la jurisprudencia coincidía con el rabí Iehudá, porque lo habíamos visto en el tratado *Bejirtá.* ¿Y aquí? — [El rabí Itsjac] guardó silencio, y no contestó nada. — Veamos —dijo el rabí Jisdá—; si Rab dice la oración sabática la víspera del sábado, cuando todavía es de día, debemos deducir que la jurisprudencia coincide con el rabí Iehudá.[40] — Al contrario; del hecho de que el rabí Huná y los rabíes recen antes de anochecer, se deduce que la jurisprudencia no coincide con el rabí Iehudá. No habiéndose determinado si la jurisprudencia concuerda con este o con aquel, tiene razón el que actúa de acuerdo con el uno y tiene razón el que actúa de acuerdo con la opinión del otro.

Cierta vez se hallaba Rab en casa de Guenibá, y rezó en víspera de sábado la oración del sabat. El rabí Irmiiá bar Abá oraba detrás de Rab, y cuando Rab concluyó no interrumpió al rabí Irmiiá.[41] De aquí se deducen tres cosas: se deduce que se puede rezar la oración sabática en la víspera del sábado; se deduce que los discípulos pueden rezar detrás de los maestros; y se deduce que se prohíbe pasar delante del que está orando. — Esto respalda la opinión del rabí Iehoshúa ben Leví. Porque dijo el rabí Iehoshúa ben Leví: Se prohíbe pasar delante del que está orando. — No es así; los rabíes Amí y Así pasaban. — Los rabíes Amí y Así pasaban a más de cuatro codos de distancia. ¿Pero cómo pudo hacer eso el rabí Irmiiá? ¿No dijo el rabí Iehudá en nombre de Rab: No se debe rezar [27 b] junto al maestro, ni detrás del maestro?[42] Y se ha enseñado que dijo el rabí Eliézer: El que reza detrás del maestro, el que saluda al maestro,[43] el que contesta el saludo del maestro, el que discrepa de la escuela del maestro y el que dice algo que no le escuchó al maestro, hace que la presencia divina abandone a Israel. — El caso del rabí Irmiiá bar Abá es distinto, porque era discípulo y colega [de Rab], y por eso le dijo el rabí Irmiiá bar Abá a Rab: ¿Ya separaste?[44] Y [Rab] contestó: Sí, ya separé. — Pero no le dijo: ¿Ya separó el maestro? — ¿Pero es que había hecho la separación? Porque el rabí Abín contó que cierta vez Rabí rezó en víspera de sábado la oración sabática, luego fue a la casa de baños,[45] salió y nos enseñó el capítulo cuando todavía no había oscurecido. — Respondió Rabá: Fue únicamente a sudar, y era antes de que se hubiese prohibido. — Nada de eso, porque Abaie permitió al rabí Dimí bar Liwái que sahumara unos canastos.[46] — Aquel fue un error.[47] — ¿Los errores pueden repetirse? Dijo Abidán que cierta vez el cielo se cubrió de nubes y la gente creyó que ya era de noche. Fueron a la casa de oración y rezaron las plegarias de la terminación del sabat. Más tarde se abrieron las nubes y brilló el sol. Consultaron a Rabí y este dijo: Si han orado, han orado. — Tratándose de una congregación es distinto; no la molestamos.[48]

Dijo el rabí Jiiá bar Abín: Rab decía las oraciones sabáticas en víspera de sábado; el rabí Ioshiiá rezaba en sábado las oraciones de la terminación sabática.[49] Rab decía las oraciones sabáticas en la víspera del sábado. ¿Pronunciaba la santificación con la copa [de vino]? — Ven y escucha. Dijo el rabí Najmán en nombre de Shemuel: Se pueden rezar las oraciones sabáticas en la víspera del sábado y decir la santificación con la copa [de vino]. La jurisprudencia coincide con él. — El rabí Ioshiiá rezaba en sábado las oraciones de la terminación sabática. ¿Decía la bendición de separación con la copa [de vino]? — Ven y escucha. Dijo el rabí Iehudá en nombre de Shemuel: Se pueden rezar en sábado las oraciones de la terminación sabática, y pronunciar la bendición de separación con la copa [de vino]. — Dijo el rabí Zerá en nombre del rabí Así, que había dicho el rabí Eleazar en nombre del rabí Janiná, citando a Rab: Al lado de esta columna el rabí Ishmael hijo del rabí Iosí dijo en sábado la oración sabática. — Cuando llegó Ulá, dijo: Fue al lado de una palmera, no de una columna, y no era el rabí Ishmael hijo del rabí Iosí, sino el rabí Eleazar hijo del rabí Iosí; y no era en la víspera del sábado la oración sabática, sino en sábado la oración de la terminación del sábado.

La oración del anochecer no tiene tiempo determinado. ¿Qué significa *no tiene tiempo determinado*? ¿Será que se puede rezar a cualquier hora de la noche? Que diga, entonces: La oración del anochecer se puede rezar toda la noche. — Digamos, más bien, que *no tiene tiempo determinado* expresa la opinión del que dice que la oración del anochecer es voluntaria. Porque dijo el rabí Iehudá en nombre de Shemuel: La oración del anochecer es, según el rabán Gamaliel, obligatoria; según el rabí Iehoshúa, voluntaria. — Dijo Abaie:

La jurisprudencia coincide con el que dice que es obligatoria. — La jurisprudencia, dijo Rabá, coincide con el que dice que es voluntaria.

Enseñaron los rabíes: Cierta vez·se presentó ante el rabí Iehoshúa un discípulo y le preguntó: ¿La oración del anochecer, es voluntaria u obligatoria? — Voluntaria —le contestó. — [El discípulo] se presentó ante el rabán Gamaliel y le preguntó: ¿La oración del anochecer es voluntaria u obligatoria? — Es obligatoria —le contestó. — El rabí Iehoshúa —replicó— me dijo que es voluntaria. — Espera a que lleguen los portaestandartes [50] a la casa de estudio —dijo [el rabán]. — Cuando llegaron los portaestandartes se levantó el que preguntaba e interrogó: ¿La oración del anochecer es voluntaria u obligatoria? — El rabán Gamaliel respondió: Es obligatoria. ¿Alguien lo discute? —dijo el rabán Gamaliel dirigiéndose a los sabios. — No —contestó el rabí Iehoshúa. — Me han dicho en tu nombre que es voluntaria —le dijo [el rabán]—. Iehoshúa —agregó—, levántate, para que den testimonio contra ti. — Iehoshúa se puso de pie y dijo: Si yo estuviera vivo y él muerto, los vivos podrían desmentir a los muertos. Pero estando yo vivo y él vivo, los vivos no pueden desmentir a los vivos.[51] — El rabán Gamaliel continuó exponiendo sentado, mientras el rabí Iehoshúa seguía de pie, hasta que la gente comenzó a protestar y gritó al intérprete Jutspit: ¡Detente! — Se detuvo. — ¿Hasta cuándo seguirá atormentándolo? —le dijeron—. El año pasado lo atormentó en la fiesta de año nuevo;[52] lo atormentó con respecto al primogénito, en el asunto del rabí Tsadoc;[53] y ahora lo vuelve a atormentar. Vamos a destituirlo.[54] ¿A quién nombramos? No podemos nombrar al rabí Iehoshúa, porque es protagonista del suceso. Si nombramos al rabí Akiba, [el rabán Gamaliel] le echará una maldición, porque no tiene antepasados meritorios. Nombremos al rabí Eleazar ben Azariiá, que es sabio y rico, y es décimo descendiente de Esdras. Es sabio; cualquier pregunta que le hagan la contesta. Es rico; cuando haga falta asistir a la corte imperial, podrá hacerlo. Es décimo descendiente de Esdras; es, por lo tanto, de prosapia distinguida, y [el rabán Gamaliel] no podrá maldecirlo. — Fueron a verlo y le dijeron: ¿Aceptaría el maestro el cargo de jefe del colegio? — Consultaré a mi familia —contestó. — Consultó a la esposa, y esta le

[50] Los eruditos.

[51] No puedo negar haberlo dicho.

[52] Le mandó presentarse ante él, el día de la expiación, con el bastón y la alforja. Véase Rosh Hashaná, 25 a.
[53] V. Bejorot, 36 a.
[54] Del cargo de jefe del colegio.

dijo: [28 *a*] ¿Y si después te deponen? —La copa de honor por un día —respondió—, aunque al día siguiente se rompa. —No tienes canas —dijo ella. — Tenía dieciocho años de edad, y ocurrió un milagro: se le encanecieron [en la barba] dieciocho filas de pelo. Por eso dijo el rabí Eleazar ben Azariiá: "soy como un septuagenario",[55] y no: "soy septuagenario".

Se ha enseñado: Aquel día retiraron al portero y permitieron entrar a los discípulos. Porque el rabán Gamaliel había hecho anunciar: Se prohíbe la entrada a la casa de estudio a los discípulos cuyo interior no sea como su exterior.[56] Aquel día agregaron muchos bancos. —Dijo el rabí Iojanán: Sobre esto disienten el rabí Abá Iosef bar Dostái y los rabíes. Una [parte] dice que se agregaron cuatrocientos bancos; la otra que se agregaron setecientos bancos. El rabán Gamaliel se acongojó. Dijo: ¿Habré apartado la Tora de Israel, Dios no lo quiera? —Le mostraron en sueños potes blancos llenos de ceniza. Pero no tenían ningún significado; se los mostraron únicamente para tranquilizarlo.

Se ha enseñado: Aquel día fueron presentados los testimonios [tradicionales]; y [la frase] "aquel día" se refiere siempre al día mencionado. No hubo jurisprudencia pendiente en la casa de estudio que no fuera completamente aclarada. El mismo rabán Gamaliel tampoco se fue de la casa de estudio ni por una hora, como se ha enseñado: Aquel día se presentó en la casa de estudio el prosélito amonita Iehudá y preguntó: ¿Me permiten ingresar en la comunidad?[57] —Te prohibimos ingresar en la comunidad —le dijo el rabán Gamaliel. —Te permitimos ingresar en la comunidad —le dijo el rabí Iehoshúa. —Ha quedado establecido —le dijo el rabán Gamaliel [al rabí Iehoshúa]— que *no entrará amonita ni moabita en la congregación del señor.*[58] —Respondió el rabí Iehoshúa: ¿Siguen habitando Amón y Moab en sus antiguos lugares? Hace mucho que Senaquerib, el rey de Asiria, vino a mezclar las naciones, como dice lo escrito: *Quité los territorios de los pueblos, y saqué sus tesoros, y derribé como valientes a los que estaban sentados.*[59] Y todos los segregados son segregados de la mayoría. —Pero también dice —replicó el rabán Gamaliel—: *Y después de esto haré volver a los cautivos de los hijos de Amón, dice el señor.*[60] Han vuelto, por lo tanto. —También dice lo escrito —repuso el rabí Iehoshúa—: *Y haré volver el cautiverio de mi pueblo Israel;*[61] no han vuelto, por lo tanto. —A continuación le permitieron ingresar en la comunidad. Dijo entonces el rabán Gamaliel: Siendo así, iré a pedir al rabí Iehoshúa que me disculpe. —Cuando llegó a su casa vio que tenía las paredes negras. — Por las paredes de tu casa —le dijo— se ve que eres carbonero. —Pobre de la generación —replicó— de la que tú eres conductor. No conoces las penurias de los estudiosos, ni cómo se ganan la vida ni cómo se mantienen. —Me humillo ante ti —dijo—; perdóname. —No le hizo caso. —Hazlo por mis antepasados. —Entonces se aplacó. —¿Quién se lo irá a comunicar a los rabíes? —dijeron. —Yo iré —ofrecióse un batanero. —El rabí Iehoshúa envió a la casa de estudio un mensaje que decía: El que solía llevar el manto, que se lo ponga.[62] ¿Le dirá el que no solía llevar el manto[63] al que solía llevarlo: Quítate el manto que yo me lo pondré? —Dijo el rabí Akiba a los rabíes: Cierren las puertas para que no vengan los sirvientes del rabán Gamaliel a molestar a los rabíes.[64] —Dijo entonces el rabí Iehoshúa: Será mejor que me levante y vaya a verlos. —Llegó y llamó a la puerta, y dijo: Que el rociador hijo de rociador[65] siga rociando. ¿Le dirá el que no es rociador ni hijo de rociador, al rociador hijo de rociador: tu agua es agua estancada[66] y tus cenizas son cenizas de horno?[67] —Rabí Iehoshúa —le contestó el rabí Akiba—, a ti te dieron excusas. Lo que hicimos fue únicamente en defensa de tu honor. Mañana tú y yo nos levantaremos temprano e iremos a su puerta.[68] —¿Qué hacemos? —dijeron ellos—. ¿Lo destituimos? Dice la tradición que en la santidad se eleva pero no se degrada. ¿Que exponga un maestro un sábado y el otro maestro el sábado siguiente? Habrá envidia. Más bien, que exponga el rabán Gamaliel tres sábados, y el rabí Eleazar ben Azariiá un sábado. —A esto se refería el maestro que dijo: ¿De quién era ese sábado? Era del rabí Eleazar ben Azariiá. Y aquel discípulo[69] era el rabí Shimeón ben Iojái.

Las oraciones agregadas [se dicen] *todo el día.* Dijo el rabí Iojanán: Pero es llamado trasgresor.[70]

Enseñaron los rabíes: El que tiene que rezar dos oraciones, la de la tarde y la agregada, dice primero la de la tarde y luego la agregada, porque aquella es permanente y esta no es permanente. Dijo el rabí Iehudá: Reza primero la agregada y luego la de la tarde, porque aquella es un manda-

[55] *Supra,* 12 *b.*

[56] Cuyo carácter no armonice con sus modales.

[57] Casándose con una judía.

[58] Deut., XXIII, 4.

[59] Isaías, X, 13.

[60] Jeremías, XLIX, 6.

[61] Amós, IX, 14.

[62] Que el rabán Gamaliel vuelva a ocupar su cargo.

[63] El rabí Eleazar ben Azariiá.

[64] Los rabíes no deseaban la vuelta del rabán, por su carácter autoritario.

[65] Sacerdote hijo de sacerdote, que rocía en el Templo el agua de la purificación.

[66] Y no agua corriente, como se pide en Números, XIX, 17.

[67] No son las cenizas de la vaca bermeja. V. *loc. cit.* en la nota anterior.

[68] A la casa del rabí Eleazar ben Azariiá.

[69] El que había preguntado si la oración del anochecer era obligatoria o voluntaria.

[70] El que demora en rezarlas.

miento de tiempo limitado, y esta es un mandamiento de tiempo no limitado. —
Dijo el rabí Iojanán: La jurisprudencia dice que debe rezarse primero la
oración de la tarde y luego la agregada. — Cuando el rabí Zerá se cansaba de
estudiar, se iba a sentar a la puerta de la escuela del rabí Natán bar Tobí.
Cuando pasen los rabíes, pensaba, me levanto y gano una recompensa.[71] Salió
[un día] el rabí Natán bar Tobí y le dijo: ¿Quién enseñó esta jurisprudencia
en la casa de estudio? — Dijo esto el rabí Iojanán —respondió—: La jurisprudencia no es como dice el rabí Iehudá, que se reza primero la oración agregada y luego la de la tarde. — ¿Dijo eso el rabí Iojanán? —preguntó el otro. —
Sí —contestó—; lo repitió cuarenta veces. — ¿Es lo único [que aprendiste con
él] —dijo [el rabí Natán]—, o es cosa nueva para ti? — Es cosa nueva para
mí —dijo—, porque no estaba seguro si [la enseñanza] no sería del rabí Ieh-
shúa ben Leví.

Dijo el rabí Iehoshúa ben Leví: Según el rabí Iehudá, del que reza las
oraciones agregadas después de la séptima hora dice la Escritura: *Reuniré a
los que fueron destruidos (nugue) por el largo tiempo; tuyos fueron. . .*[72] ¿Cómo sabes que *nugue* indica aquí destrucción? — Es la interpretación del rabí
Iosef. Los enemigos de la casa de Israel serán destruidos por haber demorado
el tiempo de las fiestas de Jerusalén.

Dijo el rabí Eleazar: Según el rabí Iehudá, del que reza la oración de la
mañana después de la cuarta hora dice la Escritura: *Reuniré a los que pasaron
ansiedad (nugue) por el largo tiempo; tuyos fueron. . .* ¿Cómo sabes que *nugue*
significa ansiedad? — Porque dice el versículo: *Se deshace mi alma de ansiedad
(tugá).*[73] — Dijo el rabí Najmán bar Itsjac: Porque dice el versículo: *Sus vír-
genes están afligidas (nugot) y ella tiene amargura.*[74] [28 b] El rabí Aviá
cayó enfermo y no pudo ir a escuchar la disertación del rabí Iosef.[75] Al día
siguiente Abaie quiso aplacar al rabí Iosef, y preguntó [al rabí Aviá]: ¿Por
qué no vino el maestro a escuchar la exposición? — No pude —contestó— porque tenía el corazón débil. — ¿Por qué no comiste algo, para poder venir? — le
preguntó. — ¿No está de acuerdo el maestro con la opinión del rabí Huná?
—respondió—. Dijo el rabí Huná: Se prohíbe probar bocado antes de rezar
la oración agregada. — El maestro hubiera podido rezar solo la oración agregada —replicó [Abaie]—, comer algo y venir. — ¿No está de acuerdo el
maestro —respondió— con la opinión del rabí Iojanán, de que se prohíbe rezar
las oraciones antes de que las rece la congregación? — ¿No se ha enseñado al
respecto —repuso [Abaie]— que, como dijo Abá, [esta prohibición rige]
solamente cuando uno se encuentra en compañía de la congregación? La jurisprudencia no coincide con el rabí Huná ni con el rabí Iehoshúa ben Leví. No
coincide con el rabí Huná, por lo que acabamos de decir.[76] No coincide con el
rabí Iehoshúa ben Leví, porque dijo el rabí Iehoshúa ben Leví: Una vez
llegada la hora indicada para rezar la oración de la tarde, se prohíbe probar
bocado mientras no se haya rezado la oración de la tarde.

*MISHNÁ.*2 *El rabí Nejuniá ben Hacaná solía decir una oración al entrar
a la casa de estudio, y una breve oración al salir de ella. ¿Qué oración es esa?
—le preguntaron. — Cuando entro —contestó—, pido que no haya ningún tropiezo por mi culpa. Cuando salgo, doy las gracias por mi suerte.*

GUEMARÁ. Enseñaron los rabíes: ¿Qué [se] dice al entrar? "¿Señor, sea
tu voluntad, Dios mío, que no ocurra ningún percance por mi causa, que no me
equivoque al citar la jurisprudencia, que mis compañeros se alegren por mí,
que no declare limpio lo inmundo ni inmundo lo limpio, que mis colegas no se
equivoquen al citar la jurisprudencia y que yo me alegre por ellos". ¿Qué dice
al salir? "Te doy las gracias, señor Dios mío, por haber puesto mi parte entre
los moradores de la casa de estudio, y no haberla puesto entre los moradores
de las esquinas.[77] Yo me levanto temprano y ellos se levantan temprano; pero
yo me levanto temprano para el verbo de la Tora, y ellos se levantan temprano
para la verbosidad ociosa. Yo me esfuerzo y ellos se esfuerzan; yo me esfuerzo
y recibo recompensa, y ellos se esfuerzan y no reciben ninguna recompensa.
Yo corro y ellos corren; yo corro hacia la vida del mundo futuro, y ellos
corren hacia la fosa de la destrucción".

Enseñaron los rabíes: Cuando el rabí Eliézer cayó enfermo sus discípulos
fueron a visitarlo y le dijeron: Maestro, enséñanos los senderos de la vida,
para que alcancemos con ellos la vida del mundo futuro. — Sean cautelosos

[71] En el mundo del futuro.

[72] Sofonías, III, 18.

[73] Salmos, CXIX, 28.
[74] Lamentaciones, I, 4.
[75] El rabí Iosef, jefe de la escuela de Pum-bedita, disertaba todos los sábados por la ma-ñana, antes de rezarse la oración agregada.

[76] Porque no se debe comer nada antes de re-citar la oración agre-gada.

[77] Los mercaderes, es decir, la gente inculta.

[78] Probablemente "de la especulación filosófica".

[79] Del Templo. V. 1 Reyes, VII, 21.

con el honor de sus compañeros —les contestó—, aparten a sus hijos de la meditación [78] y pónganlos en el regazo de los eruditos; y cuando recen, sepan ante quién se encuentran. De este modo alcanzarán la vida del mundo futuro.

Cuando cayó enfermo el rabí Iojanán ben Zacái, sus discípulos fueron a visitarlo. Cuando [el rabí] los vio rompió a llorar. —Luz de Israel —le dijeron los discípulos—, columna del lado derecho,[79] poderoso martillo, ¿por qué lloras? —Si fuera conducido —contestó— ante un rey de carne y hueso, que hoy está aquí y mañana en la tumba, cuyo furor, si se enfurece conmigo, no es furor eterno, cuya cárcel, si me encarcela, no es cárcel eterna, cuya muerte, si me mata, no es muerte eterna, [un rey] a quien puedo convencer con palabras y sobornar con dinero, también lloraría. Cómo, entonces, no habré de llorar si me llevan ante el rey de reyes, el santo, bendito sea, el que vive y permanece para toda la eternidad, y cuyo furor, si se enfurece conmigo, es furor eterno, y cuya cárcel, si me encarcela, es cárcel eterna, y cuya muerte, si me mata, es muerte eterna, [el rey] a quien no puedo convencer con palabras ni sobornar con dinero. Y más aún, teniendo ante mí dos caminos, que conducen uno al paraíso y otro al infierno, y no sabiendo por cuál de ellos me llevarán. —Bendícenos, maestro —le dijeron. —Sea la voluntad [de Dios] —les dijo— que esté en ustedes el temor al cielo lo mismo que el temor a [los seres de] carne y sangre. —¿Sólo eso? [80] —dijeron los discípulos. —Ustedes saben —replicó— que cuando alguien quiere cometer un pecado, piensa: ¡Ojalá no me vea ningún hombre! [81] —Al morir les dijo: Saquen las vasijas, para que no se vuelvan impuras, y preparen un trono para Ezequías, rey de Judá, que ha llegado.

[80] El temor a Dios debe ser mayor.

[81] Aunque el temor a Dios sólo fuera igual al temor a los hombres, sería suficiente para impedirles pecar.

MISHNÁ. 3 Dijo el rabán Gamaliel: Hay que recitar las dieciocho bendiciones todos los días. — Dijo el rabí Iehoshúa: Lo fundamental de las dieciocho. — Dijo el rabí Akiba: El que puede hacerlo fácilmente, dice las dieciocho; si no, lo fundamental de las dieciocho. — Dijo el rabí Eliézer: Cuando se hace de la oración una acción fija, no es [auténtica] plegaria. — Dijo el rabí Iehoshúa: El que anda por un lugar peligroso reza una breve oración, diciendo: Ayuda, señor, a tu pueblo, el resto de Israel; ten presente sus necesidades en todas las encrucijadas. Bendito seas, señor, que escuchas las oraciones. — El que anda en un asno, desmonta y reza. Si no puede desmontar, vuelve la cara.[82] Si no puede volver la cara, dirige su pensamiento al sanctasanctórum. El que viaja en un barco o una balsa, dirige su pensamiento al sanctasanctórum.

[82] Hacia Jerusalén.

GUEMARÁ. ¿A qué corresponden esas dieciocho [bendiciones]? Dijo el rabí Hilel hijo del rabí Shemuel bar Najmaní: A las dieciocho veces que lo recuerda [83] David en *Tributad al señor, hijos de los poderosos.*[84] — Dijo el rabí Iosef: A las dieciocho veces que se menciona [83] en el *shemá.* — El rabí Tanjum dijo en nombre del rabí Iehoshúa ben Leví: A las dieciocho vértebras de la columna.

Dijo también el rabí Tanjum en nombre del rabí Iehoshúa ben Leví: Cuando se reza hay que inclinarse [85] hasta que se aflojen todas las vértebras de la columna. — Dijo Ulá: Hasta que se vea un *isar* [86] sobre el pecho.[87] — Dijo el rabí Janiná: Inclinando la cabeza es suficiente. — Dijo Rabá: Únicamente cuando a uno le cuesta [doblar el cuerpo]; de ese modo demuestra que quiere inclinarse.

[83] El nombre de Dios.
[84] Salmo XXIX.

[85] En los pasajes correspondientes.
[86] Moneda romana de poco valor.
[87] Hasta que se forme un pliegue.

Las dieciocho [bendiciones] son realmente diecinueve. — Dijo el rabí Leví: La bendición que se refiere a los herejes fue establecida en Iavne. — ¿Con qué la hicieron corresponder? — Dijo el rabí Leví: Según el rabí Hilel hijo del rabí Shemuel bar Najmaní, con [el versículo que dice]: *Truena el Dios de gloria;* [88] según el rabí Iosef, con la palabra *uno* del *shemá;* según el rabí Tanjum (en nombre del rabí Iehoshúa ben Leví), a la pequeña vértebra de la columna.

[88] Salmos, XXIX, 3.

Enseñaron los rabíes: Shimeón el algodonero había puesto en orden las dieciocho bendiciones, en Iavne, ante el rabán Gamaliel. Dijo el rabán Gamaliel a los sabios: ¿Alguno de ustedes podría formar una bendición acerca de los herejes? — Se levantó Shemuel el menor y la formó. Al año siguiente la había olvidado, [29 a] y se pasó dos o tres horas tratando de recordarla; pero no lo destituyeron.[89] —¿Por qué no lo destituyeron? ¿No dijo el rabí Iehudá en nombre de Rab, que si [un lector] se equivoca en cualquiera de las otras bendiciones, no lo destituyen, pero si se equivoca en la que se refiere a los herejes, lo destituyen, porque es sospechoso de ser hereje? — El caso de Shemuel el

[89] Del cargo de lector.

[90] Ezeq., XVIII, 24.

[91] Avot, II, 4.
[92] Juan Hircano, el rey jasmoneo.
[93] Alejandro Janeo.

[94] Las que reemplazan a las dieciocho bendiciones de todos los días.
[95] Salmos, XXIX, 3.
[96] Cartago, o Cartagena (España), donde quizá haya existido una comunidad judía en el siglo II. (Neubauer, *op. cit.*, 411.)
[97] A Dios.
[98] V. 1 Samuel, II, 1-10.
[99] V. 1 Reyes, VIII, 25-53.

[100] Shemuel ofrece un ejemplo de lo fundamental de las doce bendiciones intermedias. Las tres primeras y las tres últimas deben ser dichas sin abreviar.
[101] La fórmula abreviada, en lugar del texto completo.
[102] La bendición de la separación.

[103] Las primeras tres, las últimas tres y el resumen de las doce intermedias que comienza con "haznos entender".
[104] La bendición de la diferenciación.
[105] La duodécima.

[106] De lluvia.

menor era distinto, porque él la había compuesto. — ¿No era de temer que se hubiese retractado? — Dijo Abaie: La tradición dice que el bueno no se vuelve malo. — ¿Cómo no? ¿No dice el versículo: *Mas si el justo se apartare de su justicia y cometiere maldad?* [90] — Se refiere al que es originalmente perverso, pero no al que es originalmente justo. — ¿No? Sin embargo, se ha enseñado: No confíes en ti mismo, hasta el día de tu muerte.[91] Iojanán, el sumo sacerdote, fue sumo sacerdote durante ochenta años y finalmente se volvió hereje.[92] — Dijo Abaie: Iojanán es Ianái.[93] — Rabá dijo: Ianái no es Iojanán. Ianái era originalmente perverso, y Iojanán era originalmente justo. — De acuerdo con la opinión de Abaie, no hay nada que objetar; de acuerdo con la opinión de Rabá es objetable. — Rabá puede contestar: El que es originalmente justo puede retroceder. — ¿En tal caso, por qué no lo destituyeron? — El caso de Shemuel el menor era distinto, porque ya la había comenzado [a decir]. Porque el rabí Iehudá dijo en nombre de Rab, según otros, del rabí Iehoshúa ben Leví: Se aplica únicamente al que no la comienza; el que la comienza, la termina.

¿A qué corresponden las siete [bendiciones] sabáticas? [94] — Dijo el rabí Jalaftá ben Shaúl: A las siete voces de [los salmos de] David, [a partir de la *voz del señor*] *sobre las agua.*[95] — ¿A qué corresponden las nueve de la fiesta de año nuevo? — Dijo el rabí Itsjac de Cartiginin: [96] A las nueve veces que Ana lo nombra [97] en sus oraciones.[98] Porque dijo el maestro: En año nuevo visitaban a Sara, Raquel y Ana. — ¿A qué corresponden las veinticuatro [oraciones] de los días de ayuno? — Dijo el rabí Jelbó: A las veinticuatro canciones [de alabanza] que entonó Salomón cuando trajo el arca al sanctasanctórum.[99] — En tal caso, habría que decirlas todos los días. — Salomón las dijo en un solo día de plegarias; por eso las decimos nosotros en un día de plegarias.

Dijo el rabí Iehoshúa: Lo fundamental de las dieciocho. ¿Qué significa *lo fundamental de las dieciocho?* — Dijo Rab: Lo fundamental de cada bendición. — Dijo Shemuel: Haznos entender, señor nuestro Dios, para que conozcamos tus caminos; circuncídanos el corazón, para que te temamos; perdónanos, para que seamos redimidos; aléjanos de nuestros dolores; engórdanos en las praderas de tu tierra; reúne nuestra dispersión en los cuatro extremos [del mundo]; que tu juicio enmiende a los que se equivocan; levanta la mano sobre los perversos, y que se regocijen los justos con la construcción de tu ciudad, la erección de tu Templo, la glorificación del cuerno de tu sirviente David, la preparación de una luz para tu Mesías, el hijo de Isaí; antes de que llamemos, contesta. Bendito seas, señor, tú que escuchas las oraciones.[100] Abaie maldijo a los que rezaban "haznos entender".[101] — Dijo el rabí Najmán en nombre de Shemuel: Se puede rezar [la fórmula abreviada] "haznos entender" todo el año, menos en la finalización del sabat y de las fiestas, porque hay que decir la bendición de la separación en [la oración] "otórganos conocimiento". — Objetó Rabáh bar Shemuel: Se improvisa una cuarta bendición. Hemos visto que enseñó el rabí Akiba: Se dice [102] improvisando una cuarta bendición. El rabí Eleazar dijo: Se dice en la bendición de gracias. — ¿Acaso procedemos todo el año de acuerdo con el rabí Akiba, para proceder de acuerdo con él ahora? ¿Por qué razón no procedemos de acuerdo con el rabí Akiba el resto del año? Porque se establecieron dieciocho [bendiciones], y no diecinueve; y aquí también, se establecieron siete,[103] y no ocho. — Objetó Mar Zutrá: Se incluye [104] en [el resumen diciendo]: "haznos entender, señor nuestro Dios, que distingues lo sagrado de lo profano". — Es una objeción [válida].

Dijo el rabí Bibái bar Abaie: [La oración abreviada] "haznos entender" se puede rezar todo el año, menos en la época de las lluvias, porque hay que incluir un pedido en la bendición de los años.[105] — Se incluye —objetó Mar Zutrá— en la que dice: Engórdanos en las praderas de tu tierra y danos rocío y lluvia. — Es fácil equivocarse. — En tal caso, también sería fácil equivocarse al incluir la bendición de la separación en "otórganos conocimiento". — Allí —contestaron— no es fácil equivocarse, porque se incluye al comienzo de la oración; aquí es fácil equivocarse, porque se incluye en medio de la oración. — Objetó el rabí Ashí: Se intercala en "que escuchas las oraciones". Porque dijo el rabí Tanjum en nombre del rabí Así: Al que se equivoca y deja de mencionar el poder de las lluvias en la bendición de la resurrección, le mandamos comenzar de nuevo. [Al que olvida] el pedido [106] en la bendición de los años, no le mandamos comenzar de nuevo, porque lo intercala en "que escuchas las oraciones". [Al que olvida] la bendición de la separación en "otórganos cono-

cimiento" no le mandamos comenzar de nuevo, porque la dice con la copa. —
Después de equivocarse es distinto.

[Vimos en] el texto, que dijo el rabí Tanjum en nombre del rabí Así: "Al
que se equivoca y deja de mencionar el poder de las lluvias en la bendición
de la resurrección, le mandamos comenzar de nuevo. [Al que olvida] el pedido
[de lluvia] en la bendición de los años, no le mandamos comenzar de nuevo,
porque lo intercala en «que escuchas las oraciones». [Al que olvida] la bendición de la separación en «otórganos conocimiento» no le mandamos comenzar
de nuevo, porque la dice con la copa". Se hizo esta objeción: "Al que se equivoca y deja de mencionar el poder de las lluvias en la bendición de la resurrección, le mandamos comenzar de nuevo. [Al que olvida] el pedido [de llu-
via] en la bendición de los años, le mandamos comenzar de nuevo. [Al que
olvida] la bendición de la separación en «otórganos conocimiento» no le mandamos comenzar de nuevo, porque lo dice con la copa". — No hay contradicción; en uno de los casos,[107] se refiere al que reza solo; en el otro, al que reza
con la congregación. — ¿Por qué al que reza con la congregación no se le manda comenzar de nuevo? — Porque [repite lo que] oye al lector. — En tal caso,
en lugar de dar como razón, que "lo intercala en «que escuchas las oraciones»",
debería argumentar que "lo escucha al lector". — Será, más bien, que tanto en
un caso como en el otro se refiere al que reza solo, pero no hay contradicción,
porque en un caso lo recuerda antes de llegar a "que escuchas las oraciones",
[29 b] y en el otro lo recuerda después de "que escuchas las oraciones". —
Dijo el rabí Tanjum que dijo el rabí Así en nombre del rabí Iehoshúa ben
Leví: El que por error omite mencionar la luna nueva en la bendición por el
servicio [del Templo],[108] repite [la oración] desde [la bendición por] el servicio; si lo recuerda[109] cuando está en la bendición de gracias, repite desde el
servicio; si lo recuerda en "concede la paz",[110] repite el servicio. [Si lo
recuerda] al terminar, repite desde el principio. — Dijo el rabí Papa hijo del
rabí Ajá bar Adá: Al decir "[si lo recuerda] al terminar, repite desde el principio", lo que queremos decir es "si mueve los pies [repite desde el principio]";
si todavía no ha movido los pies,[111] repite desde el servicio. — ¿De dónde lo
tomas? — le preguntó el otro. — Se lo oí a Abá Marí,[112] y Abá Marí se lo oyó
a Rab: — Dijo el rabí Najmán bar Itsjac: La norma de que después de haber
movido los pies debe comenzar desde el principio rige únicamente para el que
no acostumbra pronunciar una plegaria después de la oración; el que acostumbra pronunciar una plegaria después de la oración repite desde [la bendición
por] el servicio. — Según otros, dijo el rabí Najmán bar Itsjac: La norma de
que si no ha movido los pies repite desde el servicio rige para los que acostumbran decir una plegaria después de la oración; los que no acostumbran
decir una plegaria después de la oración, vuelven a comenzar desde el principio.

Dijo el rabí Eliézer: Cuando se hace de la oración una acción fija, etcétera.
¿Qué significa *una acción fija?* — Dijo el rabí Iacov bar Idí en nombre del rabí
Oshaiiá: Cuando la acción de rezar es una carga pesada. — Dijeron los rabíes:
Cuando uno no la dice como un ruego. — Tanto Rabáh como el rabí Iosef
dijeron: Cuando uno no sabe intercalarle algo nuevo.[113] — Dijo el rabí Zerá:
Yo sabría intercalarle algo nuevo, pero no lo hago por temor de equivocar-
me. — Abaie bar Abín y el rabí Janiná bar Abín dijeron: Cuando uno no reza
al enrojecer el sol, porque dijo el rabí Jiiá bar Abá en nombre del rabí Iojá-
nán: La ley dice que debe rezarse cuando enrojece el sol. — Dijo el rabí Zerá:
¿En qué versículo [está]? — *Te temerán con el sol y ante la luna, de generación en generación*.[114] En el oeste[115] maldicen a los que rezan[116] cuando
enrojece el sol. — ¿Por qué? — Porque se puede descuidar el tiempo.[117]

*Dijo el rabí Iehoshúa: El que anda por un lugar peligroso reza una breve
oración .... en todas las encrucijadas.* ¿A qué encrucijadas se refiere? — Dijo
el rabí Jisdá en nombre de Mar Ucbá: Aunque estés preñado de ira contra
ellos, como una mujer embarazada, sea tu voluntad no desatender sus necesidades.[118] — Según otros dijo el rabí Jisdá en nombre de Mar Ucbá: Aunque
violen las palabras de la Tora, sea tu voluntad no desatender sus necesidades.[119]

Enseñaron los rabíes: El que transita por un lugar lleno de animales y
bandas de ladrones, reza una breve oración. — ¿Qué breve oración? — Dijo el
rabí Eliézer: Haz tu voluntad arriba en el cielo, y concede serenidad aquí
abajo a los que te temen y hacen lo que es bueno ante tus ojos. Bendito seas,
señor, que escuchas los ruegos. — Dijo el rabí Iehoshúa: Atiende el ruego de

tu pueblo Israel y satisface rápidamente sus deseos. Bendito seas, señor, que escuchas las oraciones. — Dijo el rabí Eleazar hijo del rabí Tsadoc: Escucha el clamor de tu pueblo Israel y satisface enseguida su pedido. Bendito seas, señor, que escuchas las oraciones. Según otros: Las necesidades de tu pueblo Israel son muchas, y su saber es escaso. Sea tu voluntad, señor nuestro Dios, dar a cada uno sustento suficiente y a cada cuerpo lo que le falta. Bendito seas, señor, que escuchas las oraciones. — Dijo el rabí Huná: La jurisprudencia concuerda con los otros.

Dijo Elías al rabí Iehudá, el hermano del rabí Salá el piadoso: No te enfurezcas, y no pecarás; no bebas, y no pecarás; y cuando salgas de viaje, consulta a tu hacedor y ve. — ¿Qué significa "consulta a tu hacedor y ve"? — Dijo el rabí Iacov en nombre el rabí Jisdá: Se refiere a la oración del camino. — Dijo también el rabí Iacov en nombre del rabí Jisdá: El que sale de viaje debe decir la oración del viajero. — ¿Cuál es la oración del camino? — Sea tu voluntad, señor Dios mío, conducirme en paz, guiar mis pasos en paz, sostenerme en paz, librarme de los enemigos y de las asechanzas del camino, bendecir la obra de mis manos, y hacerme encontrar gracia, bondad y compasión en tus ojos y en los ojos de todos los que me vean. Bendito seas, señor, que escuchas los ruegos.

Dijo Abaie: El hombre siempre [30 a] tiene que unirse a la congregación. Debe decir: Sea tu voluntad, señor Dios *nuestro, conducirnos* en paz, etcétera. — ¿Cuándo se dice la oración? — Respondió el rabí Iacov en nombre del rabí Jisdá: Cuando inicia el viaje. — ¿Hasta qué distancia? [120] — Dijo el rabí Iacov en nombre del rabí Jisdá: Una parasanga. — ¿Cómo se reza? — Dijo el rabí Jisdá: De pie, [sin caminar]. — Dijo el rabí Sheshet: También caminando. — Cierta vez iban juntos los rabíes Jisdá y Sheshet, cuando de pronto el rabí Jisdá se detuvo y comenzó a rezar. El rabí Sheshet preguntó a su criado: ¿Qué hace el rabí Jisdá? [121] — Se detuvo a rezar —respondió [el criado]. — Déjame detenerme a mí también —dijo [el rabí Sheshet]—; voy a rezar. Si puedes ser bueno, no dejes que te llamen malo.

¿Qué diferencia hay entre [la oración] "haznos entender" y la oración breve? — Con "haznos entender" es preciso decir las tres primeras y las tres últimas [bendiciones],[122] y no hay que volver a orar al regresar a casa. Con la oración breve no hace falta decir las tres primeras y las tres últimas, pero al volver a casa hay que volver a rezar. La jurisprudencia dice que "haznos entender" se recita de pie, detenido, y la oración breve tanto detenido como caminando.

El que anda en un asno, etcétera. Enseñaron los rabíes: Cuando uno anda en un asno y llega el momento de rezar, si tiene alguien que le tenga el asno desmonta y reza; si no tiene, se queda donde está y reza. — Dijo Rabí: De una forma u otra [123] se queda donde está y reza, para no preocuparse. — Dijo Rabá (según otros, el rabí Iehoshúa ben Leví): La jurisprudencia coincide con Rabí.

Enseñaron los rabíes: Los ciegos, o los que no saben orientarse por la dirección del viento, dirigen el corazón hacia el padre que está en el cielo, como dice lo escrito: . . . *y oraren al señor.*[124] Los que están fuera del país, dirigen el corazón hacia el país de Israel, como dice lo escrito: . . . *y oraren a tí, hacia su tierra.*[125] Los que están en la tierra de Israel, dirigen el corazón hacia Jerusalén, como dice lo escrito: . . . *y oraren al señor hacia la ciudad que tú elegiste.*[124] Los que están en Jerusalén, dirigen el corazón hacia el Templo, como dice lo escrito: . . . *y oraren hacia esta casa.*[126] Los que están en el Templo dirigen el corazón hacia el sanctasanctórum, como dice el versículo: . . . *y te rogaren en este lugar.*[127] Los que están en el sanctasanctórum dirigen el corazón hacia el propiciatorio.[128] Los que están detrás del propiciatorio,[129] piensan que están delante del propiciatorio. Por consiguiente, los que están al este, vuelven la cara hacia el oeste; los que están al oeste, vuelven la cara hacia el este; los que están al sur, vuelven la cara hacia el norte; los que están al norte, vuelven la cara hacia el sur. De este modo todo Israel dirige el corazón hacia el mismo punto. — Dijo el rabí Abín, según otros el rabí Abiná: ¿De qué versículo [se extrae esta norma]? — *Tu cuello es como la torre de David, edificada con almenas,*[130] promontorio hacia el que se vuelven todas las bocas.

Cuando el padre de Shemuel y Leví salían de viaje, rezaban las oraciones antes, y cuando llegaba el momento recitaban el *shemá.* — ¿En qué opinión se basaban? — En la del siguiente tanaíta, como se ha enseñado: Cuando uno se levanta temprano para salir de viaje, le traen la trompeta [131] y él la hace sonar,[132] una rama de palmera [133] y él la sacude, el rollo de Ester [134] y él lo lee. Y cuando llega la hora del *shemá,* lo recita. El que se levanta temprano para viajar en carro o en barco,[135] dice las oraciones [136] y cuando llega el hora del *shemá,* lo recita. — Dijo el rabí Shimeón ben Eleazar: De cualquier manera recita primero el *shemá* y luego las oraciones, para agregar a las oraciones la bendición por el éxodo. — ¿Sobre qué discrepan? — Un maestro opina que es más importante rezar de pie; el otro, que es más importante decir la bendición por el éxodo junto a las oraciones.

Meremar y Mar Zutrá solían reunir diez [personas] los sábados de las fiestas,[137] decían las oraciones y luego iban a exponer. El rabí Ashí decía las oraciones ante la congregación,[138] estando sentado;[139] luego, al volver a su casa, rezaba nuevamente, esta vez de pie. — ¿Por qué no hace el maestro —le dijeron los rabíes— lo mismo que Meremar y Mar Zutrá? — Me resulta dificultoso [140] —contestó. — Podría hacer el maestro lo que hacían el padre de Shemuel, y Leví. — Nunca les he visto hacerlo [141] —contestó— a ninguno de los rabíes mayores que yo.

120 Hasta qué distancia tiene tiempo de avanzar antes de recitar la oración. Otra interpretación: A qué distancia mínima puede viajar sin necesidad de rezar.
121 El rabí Sheshet estaba ciego.

122 De las dieciocho.

123 Tenga o no tenga a quién confiar el asno.

124 1 Reyes, VIII, 44.

125 Ídem, íd., 48.

126 2 Crónicas, VI, 32.

127 1 Reyes, VIII, 35.
128 V. Éxodo, XXV, 17.
129 En el lado oeste de la antecámara.

130 Cantares, IV, 4.
131 *Shofar,* trompeta hecha con un cuerno de carnero.
132 En año nuevo. Cf. Números, XXIX, 1.
133 De las que se usan en la fiesta de los tabernáculos. Cf. Lev., XXIII, 40 y sigs.
134 En la fiesta de *purim.*
135 Donde no puede ponerse de pie.
136 Antes de partir.
137 Los sábados previos a las fiestas, en los que predicaban públicamente en la casa de estudio.
138 Mientras su intérprete hablaba por él.
139 Si se pusiera de pie, el público haría respetuosamente lo mismo.
140 Reunir las diez personas reglamentarias para rezar.
141 Rezar al alba, antes del *shemá.*

MISHNÁ. 4 *Dijo el rabí Eleazar ben Azariiá: Las oraciones agregadas se rezan únicamente con la congregación de la ciudad. Los sabios, sin embargo, dijeron [que se rezan] con la congregación de la ciudad o sin ella. Dijo el rabí Iehudá en su nombre:* [142] *En todas partes donde haya congregación se eximen los individuos de rezar las oraciones agregadas.*

GUEMARÁ. ¿No opina el rabí Iehudá lo mismo que el primer tanaíta? — Discrepan sobre el caso del individuo que vive en una localidad donde no hay congregación. El primer tanaíta opina que se exime; el rabí Iehudá opina que le corresponde. — Dijo el rabí Huná bar Jinená en nombre del rabí Jiiá bar Rab: La jurisprudencia es la que estableció el rabí Iehudá en nombre del rabí Eleazar ben Azariiá. — Tienes razón —le dijo el rabí Jiiá bar Abín—, porque dijo Shemuel: Jamás en mi vida recé las oraciones agregadas solo,

[*30 b*] en Nehardea, salvo el día que llegó a la ciudad el ejército del rey, que trastornó a los rabíes y estos no oraron. Recé solo, siendo un individuo único en [un lugar] donde no había congregación.

El rabí Janiná, lector [de la Tora], se sentó ante el rabí Ianái y dijo: La jurisprudencia es la que enseñó el rabí Iehudá en nombre del rabí Eleazar ben Azariiá. — Vete a leer tus versículos afuera — le contestó —; la jurisprudencia no es la que enseñó el rabí Iehudá en nombre del rabí Eleazar ben Azariiá. — Dijo el rabí Iojanán: He visto al rabí Ianái que rezaba y luego volvía a rezar.[143] — Dijo el rabí Irmiiá al rabí Zerá: La primera vez no habrá puesto atención, y la segunda vez puso atención. — Fíjate — le contestó — qué gran hombre lo atestigua.[144]

Aunque tenían en Tiberíades trece casas de oración, los rabíes Amí y Así rezaban únicamente entre las columnas donde estudiaban.[145] — Se dijo que el rabí Itsjac bar Abdimí declaró en nombre de nuestro maestro:[146] La jurisprudencia es la que enseñó el rabí Iehudá en nombre del rabí Eleazar ben Azariiá. — El rabí Jiiá bar Abá rezó y volvió luego a rezar. — ¿Por qué hizo eso eso — le preguntó el rabí Zerá —. ¿Porque no había puesto atención? Sobre esto dijo el rabí Eleazar: El hombre tiene que examinarse; si puede poner el corazón [en la plegaria], reza; si no, no reza. ¿O será porque el maestro olvidó mencionar la luna nueva? Se ha enseñado al respecto: Al que por error omite mencionar la luna nueva en la oración del anochecer, no se le hace repetir [el rezo], porque puede mencionarla en la oración de la mañana; si se olvida en la oración de la mañana, no se le hace repetir, porque puede mencionarla en la agregada; si se olvida en la agregada, no se le hace repetir, porque puede mencionarla en la oración de la tarde. — Sobre esto — le contestó — se ha enseñado, que dijo el rabí Iojanán: Se refiere únicamente a la congregación.[147]

¿Cuánto tiempo hay que dejar pasar entre una oración y otra?[148] [Sobre esto disienten] los rabíes Huná y Jisdá. Uno dice: Hasta que pueda concentrar la atención en la plegaria. — El otro dice: Hasta que pueda concentrar la atención en la oración. El que dice: Hasta que pueda concentrar la atención en la plegaria se basa en el versículo que dice: *Y rogué al señor.*[149] El que dice: Hasta que pueda concentrar la atención en la oración, se basa en el versículo que dice: *Entonces Moisés oró.*[150]

Dijo el rabí Anán en nombre de Rab: Al que por error deja de mencionar la luna nueva en la oración del anochecer no se le hace repetir la oración, porque el juzgado santifica la luna nueva solamente de día. — Dijo Amemar: Esta norma de Rab se refiere al mes completo;[151] cuando el mes es incompleto[152] se le hace repetir. — Dijo a Amemar el rabí Ashí: Rab dio una razón. ¿Qué me importa que el mes sea completo o incompleto? En realidad no hay ninguna diferencia.

CAPÍTULO V

*MISHNÁ.*1 *No debemos levantarnos a orar más que con la mente grave. Los hombres piadosos de antes solían aguardar una hora antes de rezar, para dirigir el corazón hacia el padre del cielo. Aunque a uno lo salude el rey, no debe contestarle. Aunque a uno se le enrosque una serpiente en el talón, no debe interrumpirse.*

GUEMARÁ. ¿De dónde se toma? — Del versículo que dice — respondió el rabí Eleazar —: *Ella, con amargura de alma . . .*[1] — ¿De qué manera?[2] El caso de Ana era probablemente distinto, porque ella estaba muy afligida. — Se toma más bien — dijo el rabí Iosí hijo del rabí Janiná — de este versículo: *Mas yo por la abundancia de tu misericordia entraré en tu casa; adoraré hacia tu santo templo en tu temor.*[3] — ¿De qué manera? El caso de David era probablemente distinto, porque estaba transido de misericordia. — Será, más bien — dijo el rabí Iehoshúa ben Leví — de este versículo: *Adorad al señor en la hermosura de la santidad.*[4] No leamos *en la hermosura* (*behadrat*), sino *en el temblor* (*bejerdat*). — ¿De qué manera? Tal vez haya que leer literalmente *en la hermosura*, como el rabí Iehudá, que solía adornarse antes de rezar. — Se tomará, más bien — dijo el rabí Najmán bar Itsjac — de este versículo: *Servid al señor con temor, y alegraos con temblor.*[5] — ¿Qué significa *alegraos*

[6] Prov., XIV, 23.

[7] Salmos, CXXVI, 2.

[8] Las alternativas del proceso o del debate le ocupan los pensamientos, y no se puede concentrar en la oración.
[9] La Biblia (Levítico XV, 28) impone siete días únicamente cuando hay emisión de sangre durante tres días seguidos.
[10] Antes de aventar los granos.
[11] Cuando se llevan a la casa aventados hay que separar el diezmo.
[12] La sangre.
[13] Ciudad situada cerca de Nehardea, en una región muy fértil próxima a una corriente de agua (río o canal). (Neubauer, *op. cit.*, pág. 366).
[14] Probablemente la primera población de Babilonia a la que se llegaba desde Pum Nahará, ciudad que, al parecer, estaba fuera de la jurisdicción babilónica.
[15] Jeremías, II, 6.
[16] Estas fueron destinadas por Adán para ser habitadas; luego, siempre hubo palmeras allí.
[17] Hagroniá podría ser Agranum, importante ciudad situada junto a una ramificación del Éufrates, que según Plinio fue destruida por los persas. Be Kifí sería, en tal caso, la localidad de Cufá, y Be Durá, un lugar de la llanura del mismo nombre. (Neubauer, *op. cit.*, pág. 347).
[18] Salmos, X, 17.
[19] Para no impedirles resumir y terminar.

con temblor? — Dijo el rabí Adá bar Matená en nombre de Rabáh: Donde hay alegría hay temblor. — Abaie estaba sentado delante de Rabáh y lo vio muy contento. — Dice lo escrito — expresó—: *alegraos con temblor.* — Me estoy poniendo las filacterias —contestó. — El rabí Irmiiá estaba sentado delante del rabí Zerá y vio que estaba muy contento. — Dice lo escrito — expresó—: *En toda aflicción hay fruto.*[6] — Tengo puestas las filacterias —respondió.

En la celebración de la boda de su hijo, Mar hijo de Rabiná observó que los rabíes se estaban poniendo muy alegres. [31 a] Trajo entonces una copa de cristal que valía cuatrocientos *zuzim*, y la rompió delante de ellos. [Los rabíes] se pusieron tristes. — El rabí Ashí celebraba la boda de su hijo y vio que los rabíes se habían puesto muy alegres. Trajo, entonces, una copa de cristal blanco y la rompió delante de ellos. Se pusieron tristes. — ¿Quisiera cantarnos algo el maestro? —pidieron los rabíes al rabí Hamnuná el pequeño, en la boda de su hijo. — ¡Ay de los que morimos! —respondió— ¡Ay de los que morimos! — ¿Qué tenemos que responderte? —le preguntaron. — ¿Dónde está la Tora —dijo—, dónde está el mandamiento que nos ha de proteger?

Dijo el rabí Iojanán en nombre del rabí Shimeón ben Iojái: Al hombre le está prohibido llenarse la boca de risa en este mundo, porque dice lo escrito: *Entonces nuestra boca se llenará de risa, y nuestra lengua de alabanza...*[7] ¿Cuándo? Cuando digan *...entre las naciones: Grandes cosas ha hecho el señor con estos.*[7] — Se cuenta que Resh Lakish no volvió a llenarse la boca de risa en este mundo, después de haber escuchado esa enseñanza de su maestro el rabí Iojanán.

Enseñaron los rabíes: Uno no debe levantarse a rezar después de una sesión judicial o [una discusión] sobre jurisprudencia,[8] pero sí después de [la aplicación de] una jurisprudencia establecida. — ¿Cuál es la jurisprudencia establecida? — Por ejemplo — respondió Abaie—, esta del rabí Zerá. Dijo el rabí Zerá: Las hijas de Israel se comprometieron a dejar pasar siete días [de purificación], cuando observen una mancha de sangre que tenga, aunque sólo sea el tamaño de una semilla de mostaza.[9] — Por ejemplo — respondió Rabá—, esta del rabí Hoshaiiá. Dijo el rabí Hoshaiiá: Se puede emplear astucia con los cereales, llevándolos a la casa con la broza,[10] para que los coman los animales, sin separar el diezmo.[11] Y si quieres, diré que es, por ejemplo, como esta del rabí Huná. Dijo el rabí Huná en nombre del rabí Zeirá: Cuando se desangra a un animal consagrado, se prohíbe aprovecharla,[12] siendo [su aprovechamiento] una violación. — Los rabíes siguen a la mishná. El rabí Ashí, a la baraíta.

Enseñaron los rabíes: Uno no debe levantarse a rezar cuando está afligido, perezoso, festivo, conversador, fútil o parlanchín; debe hacerlo cuando está con el placer de la prescripción. De igual modo, no debe separarse del prójimo con charlas, bromas o futesas, sino con frases de la jurisprudencia. Lo encontramos también en nuestros antiguos profetas, que terminaban sus alocuciones con palabras de alabanza y consuelo. Lo mismo enseñó Marí hijo del hijo del rabí Huná hijo del rabí Irmiiá hijo de Abá: Uno no debe separarse de su prójimo más que con palabras de la jurisprudencia, con las cuales aquel lo recuerde. Por ejemplo: El rabí Cahaná acompañó al rabí Shimí bar Ashí, de Pum Nahará[13] a Be Tsiniatá,[14] en Babilonia. Cuando llegaron le dijo: ¿Es cierto lo que dice la gente, que estas palmeras de Babilonia están desde los tiempos de Adán? — Me recuerdas —le contestó— lo que dijo el rabí Iosí hijo del rabí Janiná. Dijo el rabí Iosí hijo del rabí Janiná: ¿Qué significa el versículo que dice: *...por una tierra por la que nadie pasó y que nadie habitó?*[15] Si nadie pasó nadie pudo haberla habitado. Lo que te enseña es que las tierras que Adán destinó para ser habitadas, fueron habitadas, y que las tierras que Adán no destinó para ser habitadas, no fueron habitadas.[16] — El rabí Mardecái acompañó al rabí Shimí bar Ashí de Hagroniá a Be Kifí, según otros, a Be Durá.[17]

Enseñaron los rabíes: El que reza tiene que dirigir el corazón al cielo. — Dijo Abá Shaúl: Esto se encuentra indicado en el versículo que dice: *Tú dispones su corazón, y haces atento tu oído.*[18] — Se ha enseñado que dijo el rabí Iehudá: El rabí Akiba, cuando rezaba con la congregación, tenía la costumbre de abreviar y dejar, para no molestar a la congregación;[19] cuando rezaba solo, uno lo dejaba en un rincón y lo encontraba luego en otro rincón, por las genuflexiones y postraciones que hacía.

Hay que rezar siempre —dijo el rabí Jiiá bar Abá— en una habitación con ventanas, porque dice lo escrito: ...*y abiertas las ventanas de su cámara*, etcétera.[20]

Podría creerse que es preciso rezar todo el día. Por eso se ha explicado por medio de Daniel [que debe ser]: ...*tres veces al día*, etcétera.[20] Podría creerse que debe rezarse [tres veces] después de haber estado en cautiverio. Por eso dice: ...*como lo solía hacer antes*.[20] Podría creerse que uno reza colocándose en cualquier posición. Por eso dice el versículo: ...*hacia Jerusalén*.[20] Podría creerse que se pueden reunir las tres oraciones; por eso se aclaró hace mucho por intermedio de David, en el versículo que dice: *Tarde y mañana y a mediodía*, etcétera.[21] Podría creerse que al rezar debe hacerse oír la voz; por eso se aclaró por intermedio de Ana, en el versículo que dice: ...*y su voz no se oía*.[22] Podría creerse que uno pide primero lo que necesita, y luego recita la oración. Por eso se aclaró hac mucho por medio de Salomón, en el versículo que dice: ...*oyendo el clamor y la oración*.[23] El *clamor* es la oración; la *oración*, es el pedido [particular]. No se hacen pedidos después del "verdadero y firme";[24] pero después de la oración se puede decir incluso la confesión de pecados del día de la expiación. Se ha dicho asimismo que expresó el rabí Jiiá bar Ashí en nombre de Rab: Aunque ha quedado establecido que deben formularse los pedidos [particulares] en [la bendición] "que escucha la oración", si se quiere decir algo después de la oración, se puede decir, incluso algo como la confesión de pecados del día de la expiación.

Dijo el rabí Hamnuná: ¡Qué jurisprudencia importante se puede extraer de los versículos que hablan de Ana![25] *Pero Ana hablaba en su corazón*...: de aquí se deduce que el que reza debe poner [devoción en] el pecho; ...*y solamente sus labios se movían*...: de aquí se deduce que el que reza debe hablar claramente con los labios; *y su voz no se oía*...: de aquí se deduce que no debe levantarse la voz al rezar; ...*y Elía la tuvo por ebria*:[26] de aquí se deduce que a los borrachos les está prohibido rezar. *Entonces le dijo Elí: ¿Hasta cuándo estarás ebria?*, etcétera.[27] Dijo el rabí Eleazar: De aquí se deduce que cuando alguien observa en su prójimo [31 *b*] algo indecoroso, debe reprenderlo. *Y Ana le contestó: No, señor mío*...[28] —Le dijo —expresó Ulá (según otros, el rabí Iosí hijo del rabí Janiná)—: Tú no eres señor en esto, ni está en ti el espíritu santo para que sospeches eso de mí. —Según otros, le dijo: Tú no eres señor, la presencia divina y el espíritu santo no están en ti para que me pongas en la balanza de la culpa, y no del mérito. ¿No sabes que ...*yo soy una mujer de espíritu atribulado? No he bebido vino ni licor*.[28] —Dijo el rabí Eleazar: De aquí se deduce que el que es sospechado de haber hecho algo que no hizo, debe declararlo. —*No tomes a tu sierva por una hija de Belial*.[29] Dijo el rabí Eleazar: De aquí se deduce que el que reza en estado de ebriedad es como si rindiera culto a los ídolos. Dice aquí lo escrito: ...*por una hija de Belial* y dice allí: ...*han salido de en medio de ti hijos de Belial*.[30] Lo mismo que allí [significa] idolatría, también aquí [significa] idolatría. —*Elí respondió y dijo: Ve en paz*,...[31] Dijo el rabí Eleazar: De aquí se deduce que el que sospecha del prójimo algo que no hizo, debe apaciguarlo;[32] más aún, bendecirlo, como dice lo escrito: ...*y que el Dios de Israel te otorgue la petición que le has hecho*.[31] —*E hizo voto, diciendo: Señor de los ejércitos*,...[33] Dijo el rabí Eleazar: Desde que el santo, bendito sea, creó su mundo, nadie había llamado al santo, bendito sea, [señor de los] ejércitos, hasta que llegó Ana y lo llamó [señor de los] ejércitos. Dijo Ana ante el santo, bendito sea: Señor del mundo: ¿Con tantos y tantos ejércitos que creaste en tu mundo, te resulta tan difícil darme un hijo? Hay una parábola. Este caso se puede comparar al de un rey de carne y hueso que ofreció una comida a sus sirvientes. Vino un pobre, se detuvo en la puerta y dijo: Denme un pedazo [de pan]. —No le hicieron caso. [El hombre] se abrió paso, llegó hasta donde estaba el rey y le dijo: Rey señor mío, ¿de toda esta fiesta que preparaste, te resulta tan difícil darme un pedazo [de pan]? — ...*si miraras, si miraras*...[33] Dijo Ana ante el santo, bendito sea —expresó el rabí Eleazar—: Señor del mundo, si te dignas mirar, bien, pero si no te dignas mirar, me ocultaré delante de mi esposo Elcana,[34] y cuando me haya escondido me harán beber las aguas amargas;[35] y tú no falsearás tu ley, que dice: ...*ella será libre y será fecunda*.[36] De acuerdo con el que dice que si la mujer es estéril se considera, está bien. ¿Pero cómo se explica de acuerdo con el que dice que si antes dio a luz con dolores, ahora dará a luz fácilmente; si tuvo niñas, tendrá varones; si tuvo morenos, tendrá rubios; si

[20] Daniel, VI, 11.

[21] Salmos, LV, 18.

[22] 1 Samuel, I, 13.

[23] 1 Reyes, VIII, 28.

[24] Antes de las tres primeras bendiciones.

[25] 1 Samuel, I, 10 y sigs.

[26] Ídem, íd., 13.

[27] Ídem, íd., 14.

[28] Ídem, íd., 15.

[29] Ídem, íd., 16.

[30] Deut., XIII, 14.
[31] 1 Samuel, I, 17.

[32] Disculparse.

[33] Ídem, íd., 11.

[34] Me encerraré con otro hombre, a la vista de mi esposo para que sospeche y exija que se me someta a la prueba del adulterio. (Cf. Números, V, 18).
[35] V. Números, V, 18 y sigs.
[36] Números, V, 28.

tuvo [hijos] bajos, los tendrá altos? — Como se ha enseñado: ...*será libre y será fecunda*, lo cual enseña que si es estéril es atendida. Estas son las palabras del rabí Ishmael. El rabí Akiba le dijo: En tal caso, todas las mujeres estériles se esconderían,[37] y la que no hubiera pecado sería atendida. Más bien lo que enseña es que aquella que antes dio a luz con dolores, ahora dará a luz fácilmente, la que tuvo hijos bajos los tendrá altos, la que los tuvo morenos los tendrá rubios, la que tuvo hijos aislados, tendrá gemelos. — ¿Y qué significa *si miraras, si miraras...*? — La Tora emplea la forma corriente de hablar de los hombres.[38]

(Si miraras) la aflicción de tu sierva ... y no te olvidaras de tu sierva, sino que dieras a tu sierva.[39] Dijo el rabí Iosí hijo del rabí Janiná: Tres siervas. ¿Por qué? Ana dijo ante el santo, bendito sea: Señor del mundo, tú creaste para la mujer tres exámenes *(bidki)* de muerte [40] —según otros, tres uniones *(dibki)* de muerte—: la menstruación, la torta [41] y el encendido de las velas [en la víspera del sabat].[42] ¿Cometí yo alguna de estas transgresiones?

...sino que dieras a tu sierva simiente de hombres... [39] ¿Qué significa *simiente de hombres*? — Dijo Rab: Un hombre de hombres.[40] — Dijo Shemuel: Simiente para ungir a dos hombres. ¿Quiénes son? Saúl y David. — Dijo el rabí Iojanán: Simiente equivalente a dos hombres. ¿Quienes son? Moisés y Aarón, como dice lo escrito: *Moisés y Aarón entre sus sacerdotes, y Samuel entre los que invocaron su nombre.*[44] — Dijeron los rabíes: *Simiente de hombres, simiente que se mezclará entre los hombres.*[45] — Cuando vino el rabí Dimí [de Palestina] lo explicó:[46] Ni muy alto ni muy bajo, ni muy delgado ni muy grueso, ni muy blanco ni muy rubicundo, ni muy sabio [47] ni muy tonto.

Yo soy aquella mujer que estuvo aquí junto a ti... [48] Dijo el rabí Iehoshúa ben Leví: De aquí se deduce que está prohibido sentarse a menos de cuatro codos de distancia de [uno que esté diciendo] la oración. — *Por este niño oraba...* [49] Dijo el rabí Eleazar: Samuel expuso la jurisprudencia en presencia de su maestro, como dice lo escrito: *Y matando al becerro, trajeron el niño a Elí.*[50] ¿Trajeron el niño a Elí porque mataron al becerro? Significa, más bien, que Elí les dijo: Llamen a un sacerdote, para que venga a matar [al becerro]. — Samuel los vio buscando un sacerdote para matar, y les dijo: ¿Para qué buscan al sacerdote? La matanza la puede hacer un lego y es válida. — Lo llevaron ante Elí, y este le dijo: ¿Cómo lo sabes? — Contestó [Samuel]: ¿Dice lo escrito "los sacerdotes matarán [al becerro]"? [No.] Dice: *...los sacerdotes ... ofrecerán (la sangre...).*[51] La obligación del sacerdote comienza con la recepción de la sangre, lo que demuestra que la matanza la puede hacer un lego y es válida. — Lo que dijiste es cierto —le respondió—, pero enseñaste la jurisprudencia delante de tu maestro, y el que enseña la jurisprudencia delante de su maestro es culpable [de un delito castigado con la pena] de muerte. — Vino entonces Ana y gritó: *Yo soy aquella mujer que estuvo aquí junto a ti*, etcétera. — Déjame castigarlo —le dijo [Elí]—, y luego rogaré para que te den otro más grande que este. — Ella respondió: *Por este niño oré.*

Pero Ana hablaba en su corazón.[52] Dijo el rabí Eleazar en nombre del rabí Iosí ben Zimrá: [Hablaba] acerca de su corazón. Le dijo: Señor del mundo, de todas las cosas que creaste en la mujer, no hay ninguna que hayas creado sin objeto: [hiciste] ojos para ver, oídos para oír, una nariz para oler, una boca para hablar, manos para trabajar, piernas para andar, senos para amamantar. ¿No me diste los senos del pecho para amamantar? Dame entonces un hijo, para amamantarlo.

Dijo también el rabí Eleazar en nombre del rabí Iosí ben Zimrá: Al que ayuna en sabat se le rompe una condena de setenta años, pero lo mismo es castigado por [perturbar] la alegría sabática. — ¿Cómo se arregla? — Dijo el rabí Najmán bar Itsjac: Ayuna para expiar el ayuno.

Dijo también el rabí Eleazar: Ana lanzó invectivas contra el cielo, porque dice lo escrito: *Y Ana oró al señor.*[53] Esto demuestra que lanzó palabras contra el cielo.

Dijo también el rabí Eleazar: Elías lanzó invectivas contra el cielo, porque dice lo escrito: *...y que tú vuelves el corazón de ellos.*[54] — Dijo el rabí Shemuel hijo del rabí Itsjac: ¿Cómo se sabe que el santo, bendito sea, se

---

[37] Se encerrarían con otro hombre.

[38] La forma enfática (*si mirar miraras*) aquí no tiene significado especial.
[39] 1 Samuel, I, 11.
[40] Tres pruebas para comprobar si merece la muerte.
[41] La primicia de la masa.
[42] La mujer que descuida estas tres cosas muere en el parto.
[43] Un hombre destacado.
[44] Salmos, XCIX, 6.
[45] Un hombre corriente, no destacado.
[46] Explicó lo que habían dicho los rabíes.
[47] Para no provocar envidia y mal de ojo.
[48] 1 Samuel, I, 26.

[49] Ídem, íd., 27.

[50] Ídem, íd., 25.

[51] Levít., I, 5.

[52] 1 Samuel, I, 13.

[53] 1 Samuel, I, 10.

[54] 1 Reyes, XVIII, 37.

[55] Miqueas, IV, 6. Dios reconoce haber perjudicado a los pecadores por darles malos instintos.

[56] Los que demuestran que Dios tiene la culpa de que el hombre tenga malos instintos.

[57] A Israel, dicho de este modo para contrarrestar la posible influencia maléfica de las palabras.

[58] Jeremías, XVIII, 6.

[59] Ezeq., XXXVI, 26.

[60] Ídem, íd., 27.

[61] Números, XI, 2.

[62] Se escribe *alef lamed*.

[63] Se escribe *ain lamed*.

[64] Deut., I, 1.

[65] Oseas, XIII, 6.

[66] Deut., VIII, 14.

[67] Ídem, XXXI, 20.

[68] Ídem, XXXII, 15.

[69] Oseas, II, 10.

[70] Éxodo, XXXII, 7.

[71] Deut., IX, 14.

[72] Éxodo, XXXII, 10.

[73] Los tres patriarcas.

[74] Éxodo, XXXII, 11.

[75] Números, XXX, 3.

[76] Éxodo, XXXII, 32.

desdijo y dio la razón a Elías? [32 a] Porque dice lo escrito: *Y a la que agravié.*[55] — Dijo el rabí Jamá hijo del rabí Janiná: Si no fuera por estos tres versículos,[56] a los enemigos de Israel [57] les flaquearían las piernas; el que dice: *a la que agravié;* el que dice: *He aquí que como el barro en la mano del alfarero, así sois vosotros en mi mano, casa de Israel;*[58] y el que dice: *y quitaré de vuestra carne el corazón de piedra, y os daré un corazón de carne.*[59] — Se extrae de aquí —dijo el rabí Papa—: *Y pondré dentro de vosotros mi espíritu, y haré que andéis en mis estatutos.*[60]

Dijo también el rabí Eleazar: Moisés lanzó invectivas contra el cielo, como dice lo escrito: *Moisés oró al señor;*[61] no leamos *al (el)* [62] *señor,* sino *sobre (al)* [63] el señor, porque en la escuela del rabí Eliézer ben Iacov leen la *alef* como *ain,* y la *ain* como *alef.* — En la escuela del rabí Ianái lo extrajeron de aquí: *...y Dizahab.*[64] — ¿Qué significa Dizahab? — Moisés —explicaron en la escuela del rabí Ianái— habló de este modo ante el santo, bendito sea: Señor del universo, la plata y el oro (*zahab*) que diste en abundancia a Israel, hasta que dijeron "basta" (*dai*), los impulsaron a hacer el becerro. — Dijeron también en la escuela del rabí Ianái: El león no le ruge a un canasto de paja, pero sí a un canasto de carne. — Dijo el rabí Oshaiiá: Puede compararse al caso de un hombre que tiene una vaca flaca de patas grandes, a la que le da de comer altramuz. [La vaca] lo cocea y el hombre le dice: ¿Qué te hace cocearme, como no sea el altramuz que te doy de comer? — Dijo el rabí Jiiá bar Abá en nombre del rabí Iojanán: Puede compararse con el caso de un hombre que tiene un hijo a quien baña, unta, le da de comer y beber, le cuelga una bolsa al cuello y lo instala a la puerta de un burdel. ¿Puede el hijo evitar el pecado? — Es como dice la gente —declaró el rabí Ajá hijo del rabí Huná en nombre del rabí Sheshet—: El estómago lleno es una mala especie. Lo dice también el versículo: *...se saciaron, y repletos, se les ensoberbeció el corazón; por eso se olvidaron de mí.*[65] — El rabí Najmán lo tomó de este otro: *...y se enorgullezca tu corazón, y te olvides del señor...* [66] — Los rabíes lo tomaron de este: *...y comerán, y se saciarán, y engordarán, y se volverán...* [67] Y si quieres, lo tomó de aquí: *Pero engordó Jesurún, y tiró coces.*[68] — Dijo el rabí Shemuel bar Najmaní en nombre del rabí Ionatán: ¿Cómo se sabe que el santo, bendito sea, se desdijo y le dio la razón a Moisés? Porque dice lo escrito: *...le multipliqué la plata y el oro que ofrecían a Baal.*[69]

Entonces dijo el señor a Moisés: Anda, desciende... [70] ¿Qué significa *anda, desciende?* —El santo, bendito sea —respondió el rabí Eleazar—, dijo a Moisés: Moisés, desciende de tu grandeza. Yo te he dado grandeza únicamente por Israel. ¿Ahora que Israel pecó, para qué te quiero? — Moisés perdió inmediatamente las fuerzas y no pudo hablar. Pero, cuando dijo [Dios]: *Déjame que los destruya...,*[71] pensó Moisés: Esto depende de mí. Se levantó, y se vigorizó con la oración y pidió misericordia. Este caso puede compararse al del rey que se enojó con el hijo y comenzó a castigarlo violentamente. Estaba presente el amigo, pero temía pronunciar una palabra. Por último dijo el rey: Si no fuera por mi amigo, que está presente, te mataría. — Depende de mí —pensó el otro. — Se levantó y lo salvó.

Ahora, pues, déjame que se encienda mi ira en ellos, y los consuma; y de ti yo haré una nación grande, etcétera.[72] Dijo el rabí Abahú: Si no fuera un versículo escrito, sería imposible decirlo. Porque esto nos enseña que Moisés aferró al santo, bendito sea, como quien toma a un hombre por la ropa, y dijo ante él: Señor del mundo, no te soltaré hasta que no los perdones y absuelvas. — *Haré de ti una nación grande,* etcétera. Moisés —dijo el rabí Eleazar— habló de este modo ante el santo, bendito sea: Señor del mundo, si cuando estás iracundo no puede hallarse en tu presencia una silla de tres patas,[73] menos lo podrá una silla de una pata. Además, me siento abochornado ante mis antepasados, que ahora dirán: Vean qué jefe puso sobre ellos; busca grandeza para sí, pero no misericordia para ellos.

Y rogó Moisés en presencia del señor... [74] Dijo el rabí Eleazar: Esto enseña que Moisés estuvo orando ante el santo, bendito sea, hasta que lo cansó. — Dijo Rabá: Hasta que rescató el voto, porque aquí dice: *vaiejal* (y rogó), y allí dice: *no quebrantará (iejal) su palabra.*[75] Sobre esto dijo el maestro: Uno mismo no puede quebrar el voto, pero otro se lo puede deshacer. — Dijo Shemuel: Esto enseña que arriesga la vida por ellos, como dice lo escrito: *...y si no, bórrame ahora de tu libro que has escrito.*[76] — Dijo Rabá en nombre del rabí Itsjac: Enseña que dejó reposar sobre ellos la cualidad de la misericordia. — Dijeron los rabíes: Enseña que Moisés declaró ante el santo, bendito sea: Señor del mundo, hacer esto es una profanación *(julín)* para ti.

Y rogó Moisés en presencia del señor. Se ha enseñado que dijo el rabí Eliézer el grande: Esto enseña que Moisés estuvo rezando ante el santo, bendito sea, hasta que le vino fiebre. — ¿Qué fiebre? — Dijo el rabí Eleazar: Fuego en los huesos. — ¿Qué es fuego en los huesos? — Fiebre ósea. — *Acuérdate de Abraham, Isaac e Israel, tus siervos, a los que juraste por ti mismo...* [77] ¿Por qué *por ti mismo?* — Moisés —respondió el rabí Eleazar— dijo ante el santo, bendito sea: Señor del mundo, si les hubieras jurado por el cielo y por la tierra, yo podría decir que lo mismo que algún día quedarán en la nada el cielo y la tierra, también puede quedar en la nada tu juramento. Pero les juraste por tu gran nombre, y lo mismo que tu gran nombre vive y permanece para la eternidad de las eternidades, así también permanece para la eternidad de las eternidades tu juramento. — *...y les has dicho: Yo multiplicaré vuestra descendencia como las estrellas del cielo, y toda esta tierra de que he hablado...* [77] ¿De que he hablado? Debería decir "de la que tú has hablado". — Dijo el rabí Eleazar: Hasta aquí es la palabra del discípulo; desde aquí, la palabra del maestro. — Pero el rabí Shemuel bar Najmaní dijo: Tanto estas como aquellas son palabras del discípulo, sólo que Moisés dijo ante el santo, bendito sea: Señor del mundo, las palabras por las que me mandaste: "Vete a decir a Israel en mi nombre", se las comuniqué en tu nombre. ¿Qué les digo ahora?

Por cuanto no pudo (iecolet) el señor... [78] [Debería decir] *iacol.* [79] Moisés —dijo el rabí Eleazar— habló de este modo ante el santo, bendito sea: Señor del mundo, ahora las naciones dirán que [Dios] se volvió débil como una mujer y no tiene fuerza para redimir. — ¿No vieron —respondió el santo, bendito sea, a Moisés— los milagros y las proezas que les hice en el mar? — Señor del mundo —replicó [Moisés]—, siempre dirán: Puede hacer frente a un rey, pero no a treinta y uno. — Dijo el rabí Iojanán: ¿Cómo se sabe que el santo, bendito sea, dio finalmente la razón a Moisés? Porque dice lo escrito: *Entonces dijo el señor: Ya lo he perdonado conforme a tu dicho.* [80] — Se ha enseñado en la escuela del rabí Ishmael: *Conforme a tu dicho;* algún día dirán las naciones del mundo: Dichoso del discípulo al que el maestro le da la razón. — *Tan ciertamente como que vivo.* [81] Esto enseña —observó Rabá en nombre del rabí Itsjac— que el santo, bendito sea, dijo a Moisés: Moisés, tú me reviviste con tus palabras.

Expuso el rabí Shimlái: Siempre hay que presentar primero la alabanza del santo, bendito sea, y luego decir las oraciones. ¿Cómo lo sabemos? Por Moisés. Porque dice lo escrito: *Y rogué al señor en aquel tiempo...,* [82] y luego dice: *Señor Dios, tú has comenzado a mostrar a tu siervo tu grandeza, y tu mano poderosa; porque, ¿qué dios hay en el cielo o en la tierra que haga obras y proezas como las tuyas?* Y luego dice: *Déjame pasar, te lo ruego, para ver aquella buena tierra,* etcétera. [84]

(Señal: Acciones, caridad, ofrenda, sacerdote, ayuno, cerrado, hierro.) [85]

[32 *b*] Dijo el rabí Eleazar: Es más grande la oración que las buenas acciones, porque no hay nadie más grande en buenas acciones que nuestro maestro Moisés, pero sólo le escuchaban la oración, como dice lo escrito: *...no sigas hablándome...* [86] y en seguida dice: *Sube a la cumbre del Pisga.* [87]

Dijo también el rabí Eleazar: Es más grande el ayuno que la caridad. ¿Por qué? — Esta se hace con dinero; aquel, con el cuerpo.

Dijo también el rabí Eleazar: Es más grande la oración que la ofrenda, porque dice lo escrito: *¿Para qué me sirve la multitud de vuestros sacrificios?* [88] Y luego dice: *Cuando extendáis vuestras manos...* [89] — Dijo el rabí Iojanán: El sacerdote que haya matado a un hombre no debe alzar las manos, [90] porque dice el versículo: *...llenas están de sangre vuestras manos.* [89]

Dijo también el rabí Eleazar: Desde que fue destruido el santuario están cerradas las puertas de la oración, como dice lo escrito: *Aun cuando clamé y di voces, cerró los oídos a mi oración.* [91] Pero si están cerradas las puertas de la oración, no lo están las puertas de las lágrimas, como dice el versículo: *Oye mi oración, señor, y escucha mi clamor, no calles ante mis lágrimas.* [92] — Rabá no disponía ayunos los días nublados, porque dice lo escrito: *Te cubriste de nube para que no pasara nuestra oración.* [93]

Dijo también el rabí Eleazar: Desde que fue destruido el Templo una muralla de hierro separa a Israel de su padre celestial, como dice lo escrito:

[77] Éxodo, XXXII, 13.

[78] Números, XIV, 16.
[79] En masculino, no en femenino *(iecolet)*.

[80] Números, XIV, 20.

[81] Ídem, íd., 21.

[82] Deut., III, 23.

[83] Ídem, íd., 24.
[84] Ídem, íd., 25.
[85] Índice mnemotécnico de las siete enseñanzas del rabí Eleazar que van a continuación.
[86] Deut., III, 26.
[87] Ídem, íd., 27.

[88] Isaías, I, 11.
[89] Ídem, íd., 15.
[90] Para la bendición sacerdotal.

[91] Lamentaciones, III, 8.

[92] Salmos, XXXIX, 13.

[93] Lamentaciones, III, 44.

94 Ezequiel, IV, 3.

95 Deut., IX, 26.
96 Ídem, íd., 19.

97 Espera la satisfac-
ción de su pedido como
premio a su dedicación.
98 Prov., XIII, 12.

99 Ídem, III, 18.

100 Salmos, XXVII, 14.
101 Deben ser hechas
con empeño.

102 Josué, I, 7.

103 2 Samuel, X, 12.
104 Isaías, XLIX, 14.

105 Ídem, íd., 15.

106 Estos (en lugar
del estas del versículo),
alude al mencionado
episodio del becerro, en
el que el pueblo dijo:
Israel, estos son tus dio-
ses... (Éx., XXXII, 4).
107 El yo con el que
empiezan los diez man-
damientos.

108 Salm., LXXXIV, 5.

109 Ídem, CXL, 14.

Tómate también una plancha de hierro, y ponla en lugar de muro de hierro entre tú y la ciudad.[94]

Dijo el rabí Janín en nombre del rabí Janiná: La plegaria del que prolonga mucho la oración no queda desatendida. ¿Cómo lo sabemos? Por nuestro maestro Moisés. Porque dice lo escrito: *Y oré al señor,*[95] y dice: *Pero el señor me escuchó esta vez también.*[96] — No es así, porque el rabí Jiiá bar Abá dijo en nombre del rabí Iojanán: El que prolonga mucho la oración y sobre eso especula,[97] sufre al final congojas, como dice lo escrito: *La esperanza que se demora es tormento del corazón...*[98] — ¿Qué debe hacerse? — Estudiar la Tora, como dice el versículo: *...pero árbol de vida es el deseo cumplido,*[98] y el árbol de vida no es otra cosa que la Tora, como dice lo escrito: *Ella es árbol de vida a los que de ella echan mano.*[99] — No hay contradicción; una [enseñanza] se refiere al que prolonga la oración y con eso especula, y la otra al que la prolonga sin especular. — Dijo el rabí Jamá hijo del rabí Janiná: Cuando uno ve que reza y no es escuchado, tiene que volver a rezar, como dice lo escrito: *Aguarda al señor; esfuérzate, y aliéntese tu corazón; sí, espera al señor.*[100]

Enseñaron los rabíes: Hay cuatro cosas que requieren fuerza.[101] Son ellas: [el estudio de] la Tora, las buenas acciones, la oración y la sociabilidad. ¿Cómo se sabe lo de la Tora y las buenas acciones? — Por el versículo que dice: *Solamente esfuérzate y sé muy valiente, para cuidar de hacer conforme a toda la ley...*[102] *Esfuérzate* en la Tora, y *sé valiente* en buenas acciones. — ¿Cómo se sabe acerca de la oración? — Porque dice lo escrito: *Aguarda al señor; esfuérzate y aliéntese tu corazón; sí, espera al señor.* — ¿Cómo se sabe acerca de la sociabilidad? — Porque dice el versículo: *Esfuérzate, y esforcémonos por nuestro pueblo,* etcétera.[103]

Pero Sión dijo: Me abandonó el señor, y el señor me olvidó.[104] — Abandonar es lo mismo que olvidar. — La comunidad de Israel —dijo Resh Lakish— declaró ante el santo, bendito sea: Señor del mundo, cuando un hombre toma esposa después de la muerte de su primera mujer, recuerda las acciones de la primera; pero tú me abandonaste y me olvidaste. — Hija mía —contestó el santo, bendito sea—, he creado doce constelaciones en la bóveda celeste. Para cada constelación creé treinta ejércitos; para cada ejército treinta legiones; para cada legión, treinta cohortes; para cada cohorte, treinta centurias; para cada centuria, treinta campamentos; y en cada campamento colgué trescientas sesenta y cinco mil miríadas de estrellas, correspondientes a los días del año solar. Todas ellas las creé por ti, y tú me dices "me abandonaste y me olvidaste". ¿Se olvida la mujer de su criatura?[105] — Dijo el santo, bendito sea: ¿Puedo olvidar los holocaustos de carneros y los primogénitos que me ofreciste en el desierto? — Señor del mundo —le dijo ella—, puesto que no hay olvido frente al trono de tu gloria, tampoco me perdonarás el episodio del becerro. — *También estos*[106] *se olvidarán*[105] —contestó. — Dijo ella: Señor del mundo, puesto que hay olvido frente al trono de tu gloria, ¿me perdonarás también el episodio del Sinaí? — Pero el *yo*[107] *nunca te lo olvidaré*[105] —contestó. — Esto concuerda con lo que dijo el rabí Eleazar en nombre del rabí Oshaiiá: ¿A qué se refiere [la frase] *también estas se olvidarán?* Al episodio del becerro. Y *el yo nunca te lo olvidaré* al episodio del Sinaí.

Los hombres piadosos de antes, solían aguardar una hora. ¿En qué se funda? — Dice el versículo —respondió el rabí Iehoshúa ben Leví—: *Bienaventurados los que habitan en tu casa.*[108] — Dijo también el rabí Iehoshúa ben Leví: El que reza también debe dejar pasar una hora después de la oración, porque dice lo escrito: *Ciertamente los justos alabarán tu nombre; los rectos morarán en tu presencia.*[109] — Se ha enseñado igualmente: El que reza debe esperar una hora antes de la oración y una hora después. ¿En qué se basa la [pausa] anterior a la oración? — En el versículo que dice: *Bienaventurados los que habitan en tu casa.* — ¿En qué se basa la [pausa] posterior a la oración? — En que dice lo escrito: *Ciertamente los justos alabarán tu nombre; los rectos morarán en tu presencia.* — Enseñaron los rabíes: Los hombres piadosos de antes solían aguardar una hora, rezaban durante una hora, y dejaban pasar otra hora. — Pero si dedicaban nueve horas diarias a la oración, ¿cómo conservaban el estudio de la Tora y cómo hacían su trabajo? — Como eran piadosos, se les conservaba el estudio de la Tora y se bendecía su trabajo.

Aunque a uno lo salude el rey, no debe contestarle. Dijo el rabí Iosef: Esta norma la enseñaron para los reyes israelitas solamente; para los reyes de las otras naciones se interrumpe [la oración]. — Presentóse una objeción: El que se halla rezando y ve venir hacia él a un salteador o un carro, no debe interrumpir [la oración]; la abrevia y se aleja. — No hay contradicción; la abrevia cuando puede; (si no puede, la interrumpe).

Enseñaron los rabíes: Cierta vez un hombre piadoso se hallaba rezando junto al camino. Pasó un funcionario y lo saludó, y no le contestó. [El funcionario] aguardó a que terminara de rezar, y cuando terminó le dijo: ¡Fatuo! ¿No dice en tu Tora: *Por tanto, guárdate, y guarda tu alma con diligencia?* [110] Y luego dice: *Guardad, pues, mucho vuestras almas,* [111] Te saludé. ¿Por qué no me contestaste el saludo? Si te cortara la cabeza con mi espada, ¿quién me reclamaría tu sangre? — Espera —le contestó—, que [te explicaré, y] mis palabras te aplacarán. Si estuvieras —le dijo— frente a un rey de carne

110 Deut., IV, 9.
111 Ídem, íd., 15.

y hueso, y viniera un amigo tuyo y te saludara, ¿le [33 *a*] contestarías el saludo? — No —respondió. — ¿Y si le contestaras, qué te harían? — Me cortarían la cabeza con una espada —contestó. — De aquí —dijo entonces [el devoto]— se puede hacer una deducción por *cal vajomer*. Si eso es lo que harías estando ante un rey de carne y hueso, que hoy se encuentra aquí y mañana en la tumba, con mayor razón deberías hacerlo estando ante el rey de reyes de reyes, el santo, bendito sea, que vive y perdura hasta la eternidad de las eternidades. — El funcionario quedó inmediatamente aplacado, y el piadoso regresó en paz a su casa.

Aunque a uno se le enrosque una serpiente en el talón, no debe interrumpirse. Dijo el rabí Sheshet: Esta norma se refiere a una serpiente; siendo un escorpión se puede interrumpir. — Presentóse una objeción: Del que se cae en una cueva de leones no se puede atestiguar que se haya muerto; del que se cae en un pozo lleno de serpientes y escorpiones se puede atestiguar que se haya muerto. — Este caso es distinto, porque [al caer] los aplasta y lo muerden. — Dijo el rabí Itsjac: El que ve [que vienen sobre él] bueyes, se interrumpe, porque enseñó el rabí Oshaiiá: Hay que alejarse cincuenta codos de un buey inocente,[112] y hasta perderlo de vista de un buey advertido.[113] — Se ha enseñado en nombre del rabí Meir: [Cuando veas] la cabeza de un buey metida en un canasto [de heno], súbete al techo y tira al suelo la escalera.[114] — Dijo Shemuel: Se aplica únicamente a los bueyes negros, en el mes de nisán,[115] que es cuando Satán retoza entre sus cuernos.

Enseñaron los rabíes: Había una vez en cierto lugar un *arod*[116] que atacaba a la gente. Fueron a denunciarlo al rabí Janiná ben Dosá. — Muéstrenme la guarida —les dijo. — Le mostraron la guarida, [el rabí] puso el talón [del pie] sobre el agujero, salió el *arod*, picó [el talón] y murió. [El rabí] se lo echó al hombro y lo llevó a la casa de estudio. — ¿Ven, hijos míos? —dijo—, no es el *arod* el que mata, sino los pecados. — En aquel momento dijeron: ¡Pobre del hombre que se encuentre con un *arod*, y pobre del *arod* que se encuentre con el rabí Janiná ben Dosá!

MISHNÁ 2. *Se menciona el poder de las lluvias en [la bendición por] la resurrección, el pedido, en la bendición de los años, y la bendición de la separación*[118] *en [la oración] "que otorga conocimiento". Dijo el rabí Akiba: Se lee como cuarta bendición.* — Dijo el rabí Eliézer: En la bendición de gracias.

GUEMARÁ. Se menciona el poder de las lluvias. ¿Por qué? —Dijo el rabí Iosef: Porque se equipara a la resurrección; por eso se intercala en la bendición por la resurrección.

El pedido, en la bendición de los años. ¿Por qué? — Dijo el rabí Iosef: Porque se refiere a la subsistencia; por eso se intercala en la bendición por la subsistencia.

La bendición de la separación en [la oración] "que otorga conocimiento". ¿Por qué? —Dijo el rabí Iosef: Porque es una sabiduría;[119] por eso se incluye en la bendición por la sabiduría. — Dijeron los rabíes: Porque se refiere a lo profano; por eso se incluye en la bendición por los [días] profanos. — Dijo el rabí Amí: Grande es el conocimiento, que fue puesto al principio de la bendición de los días profanos. — Dijo también el rabí Amí: Grande es el conocimiento, que fue puesto entre dos letras,[120] como dice lo escrito: *Porque el Dios de todo saber es el señor.*[121] Y al que no tiene conocimiento se le prohíbe compadecerlo, como dice lo escrito: ...*porque aquel no es pueblo de entendimiento; por tanto, su hacedor no tendrá de él misericordia.*[122] — Dijo el rabí Eleazar: Grande es el santuario, que fue puesto entre dos letras, como dice lo escrito: *Tú has hecho, señor, el santuario, señor...*[123] — Dijo también el rabí Eleazar: Cuando un hombre posee conocimiento, es como si el santuario se hubiese erigido en sus días, porque conocimiento está entre dos letras, y santuario está entre dos letras. — Objetó el rabí Ajá Carjiná: En tal caso, [habría que decir que] la venganza es grande, porque está entre dos letras, como dice lo escrito: *Dios de las venganzas, Dios...*[124] Sin duda —le contestó—, cuando hace falta, es grande, de acuerdo con lo que dijo Ulá: Dos venganzas,[125] ¿por qué? Una para bien y otra para mal. Para bien, como dice el versículo: *Resplandeció desde el monte de Parán;*[126] para mal, como dice el otro: *Señor, Dios de las venganzas, Dios de las venganzas, manifiéstate...*[124]

---

112 El que acorneó menos de tres veces.
113 El que acorneó tres veces, o según el rabí Iehudá, cuatro veces. Véase Baba Kamá, 23 *b*.
114 Húyele a los bueyes, aunque estén comiendo.
115 Primavera.
116 Alguna especie híbrida de serpiente.
117 De lluvia y rocío.

118 En la 4ª de las 18 bendiciones se expresa, al finalizar el sabat, la separación de la santidad sabática —o de los días festivos— de los restantes días profanos de la semana.

119 La capacidad para distinguir lo sagrado de lo profano.

120 Dos nombres de Dios, que suelen abreviarse con la letra *he*.
121 1 Samuel, II, 3.
122 Isaías, XXVII, 11.

123 Éxodo, XV, 37.

124 Salmos, XCIV, 1.

125 En el versículo se repite la palabra *venganzas*. V. más adelante.
126 Deut., XXXIII, 2.

Dijo el rabí Akiba: Se lee como cuarta bendición, etcétera. Dijo el rabí Shamán bar Abá al rabí Iojanán: Observa que fueron los hombres de la gran congregación los que establecieron para Israel las bendiciones, oraciones, santificaciones y separaciones. Veamos ahora dónde las incluyeron. — Al principio —le contestó [el rabí Iojanán]— la intercalaron [127] en la oración; cuando se hicieron ricos,[128] dispusieron que se dijera sobre la copa [de vino]; cuando se volvieron nuevamente pobres, la pusieron de nuevo en la oración; pero aquellos dijeron:[129] Aunque se haya recitado la bendición de la separación en la oración, hay que [volver a] recitarla sobre la copa [de vino]. — Se ha dicho igualmente que declaró el rabí Jiá bar Abá en nombre del rabí Iojanán: Los hombres de la gran congregación establecieron para Israel bendiciones, oraciones, santificaciones y bendiciones de separación; al principio la incluyeron [127] en la oración; cuando se hicieron ricos,[128] dispusieron que se pronunciara sobre la copa [de vino]; cuando volvieron a ser pobres la pusieron de nuevo en la oración. Pero ellos [129] dijeron: El que haya recitado la bendición de la separación con los rezos, tiene que volver a decirla sobre la copa [de vino]. — También se dijo que Rabáh y el rabí Iosef declararon: El que dice la bendición de la separación con los rezos debe decirla [nuevamente] sobre la copa [de vino]. — Podemos objetar esta enseñanza —dijo Rabá— [con esta otra]: "Al que por error omite nombrar el poder de las lluvias en la bendición de la resurrección, o el pedido [de lluvia] en la bendición de los años, se le hace repetir [la oración]. [Si se olvida de incluir] la bendición de la separación en «que otorga conocimiento», no se le hace repetir, porque la puede decir sobre la copa". — No digamos: "porque la puede decir sobre la copa", sino "porque la dice sobre la copa". — Se ha dicho asimismo que, según el rabí Biniamín bar Iefet, el rabí Iosí preguntó al rabí Iojanán en Sidón (según otros, el rabí Shimeón ben Iacov de Tiro preguntó al rabí Iojanán): A mí me dijeron que el que lee la bendición de la separación en los rezos la vuelve a pronunciar sobre la copa. ¿Es así? Y aquel le contestó: Debe decirla sobre la copa.

Formulóse esta pregunta: ¿El que pronuncia la bendición de la separación sobre la copa [de vino], tiene que pronunciarla de nuevo en la oración? —Respondió el rabí Najmán bar Itsjac: Se deduce por *cal vajomer* de la oración. Si a pesar de haberse establecido originalmente que la bendición de la separación debe decirse entre los rezos, se dispuso que el que la diga en la oración la vuelva a decir sobre la copa, con mayor razón [deberá decirla con la oración] el que lea la separación sobre la copa, que no es su lugar original. — Enseñó el rabí Ajá, el alto, en presencia del rabí Jinená: El que recita la bendición de la separación entre los rezos es más digno de encomio que el que la pronuncia sobre la copa [de vino]; y si la lee en ambas ocasiones, merece que reposen bendiciones en su cabeza. — Esta [enseñanza] se contradice a sí misma. Dices que el que recita la bendición de la separación entre los rezos es más digno de encomio que el que la pronuncia sobre la copa [de vino]. De aquí se deduce que con leerla en la oración es suficiente. Pero luego dice: Si la lee en ambas ocasiones, merece que reposen bendiciones en su cabeza. Si con [decirla] una vez cumple su obligación y queda eximido, la segunda bendición es innecesaria. Y dijo Rab (según otros Resh Lakish, y según otros el rabí Iojanán y Resh Lakish juntos): El que pronuncia una bendición innecesaria viola el mandamiento que dice: *No tomarás (el nombre del señor tu Dios en vano).*[130] —Leamos más bien de este modo: El que pronuncia la bendición de la separación en una [ocasión] y no en la otra, merece que reposen bendiciones en su cabeza. — Preguntó el rabí Jisdá al rabí Sheshet: ¿Y el que se olvida de decirla tanto en una [ocasión] como en la otra? — El que se olvida tanto en una [ocasión] como en la otra— respondió— comienza de nuevo.[131]

[*33 b*] Dijo Rabiná a Rabá: ¿Qué dice la jurisprudencia?[132] —Lo mismo que en la santificación —respondió—. Así como se dice la santificación sobre la copa, a pesar de haberla leído entre los rezos, también se dice la separación sobre la copa, a pesar de haberla dicho en la oración.

Dijo el rabí Eliézer: En la bendición de gracias. Cierta vez iba el rabí Zerá montado en un asno, y detrás de él marchaba muy ufano el rabí Jiá bar Abín. — ¿Tú dijiste —le preguntó—, en nombre del rabí Iojanán, que la jurisprudencia coincide con el rabí Eliézer acerca de los días de fiesta que siguen al sabat? —Sí —respondió—, la jurisprudencia es esa. ¿Ellos [133] discrepan de él? — ¿Cómo no discrepar? ¡Es claro que los rabíes discrepan! — Creo que los rabíes no están de acuerdo con respecto a los demás días del año. ¿Es que también disienten sobre los festivales que siguen al sabat? — Pero el que indudablemente no concuerda es el rabí Akiba. — ¿Acaso seguimos el criterio del rabí Akiba todo el año, para que hayamos de seguirlo ahora? — ¿Por qué no segùimos el criterio del rabí Akiba todo el año? — Porque se han establecido dieciocho bendiciones, y no diecinueve. Y aquí también; se han establecido siete, y no ocho.[134] — No se ha declarado [135] —dijo [el rabí Zerá]— que esa es la jurisprudencia, sino que preferimos ese criterio. — Se ha dicho que el rabí Itsjac bar Abdimí expresó en nombre de nuestro maestro [Rab]: Esa es la jurisprudencia, pero algunos dicen que es únicamente que preferimos ese criterio.[136] — Dijo el rabí Iojanán: [Los rabíes] están de acuerdo.[137] — Dijo el rabí Jiiá bar Abá: Así parece.[138] — Dijo el rabí Zerá: Opta por el rabí Jiiá bar Abá, que pondera y repite la enseñanza de su maestro con mucha exactitud, como Rejabá de Pumbedita. Porque dijo Rejabá en nombre del rabí Iehudá: El monte del Templo era un peristilo doble; un peristilo dentro de otro peristilo. — Dijo el rabí Iosef: No sé ni una cosa ni la otra,[139] pero sé que Rab y Shemuel establecieron para nosotros en Babilonia una preciosa perla: [140] Nos hiciste conocer, señor nuestro Dios, tu juicio justiciero, y nos enseñaste a cumplir los estatutos de tu voluntad. Nos hiciste participar en tiempos de alegría y en festivales de buena voluntad, y heredar la santidad del sabat y la gloria de las épocas establecidas y los festivales. Separaste la santidad del sabat de la santidad de los festivales, y santificaste el séptimo día distinguiéndolo de los seis días de trabajo. Separaste y santificaste a tu pueblo Israel con tu santidad, y nos diste, etcétera.

MISHNÁ 3. Al que dice: "Que tu misericordia se extienda hasta los nidos de aves",[141] o "Que tu nombre sea mencionado para bien", o "Damos las gracias, damos las gracias", se le manda callar.

GUEMARÁ. Se explica que se le mande callar cuando dice *damos las gracias, damos las gracias,* porque parece [estar creyendo en] dos poderes;[142] lo mismo cuando dice *que tu nombre sea mencionado para bien,* porque sería [nombrarlo] únicamente por el bien, y no por el mal, y hemos visto que: el hombre debe bendecir a Dios por el mal lo mismo que lo bendice por el bien. ¿Pero por qué [lo mandan callar cuando dice:] *que tu misericordia se extienda hasta los nidos de aves?* — Sobre esto disienten en el oeste dos amoraítas, el rabí Iosí bar Abín y el rabí Iosí bar Zebidá. Uno dice: Porque provoca envidias en la creación.[143] El otro dice: Porque hace derivar de la misericordia los mandatos del santo, bendito sea, que son disposiciones.

Cierta vez se adelantó uno, [144] en presencia de Rabáh, y dijo: Tú que fuiste generoso con los nidos de las aves, sé también generoso y misericordioso con nosotros. — Qué bien sabe aplacar a su señor este discípulo —dijo Rábáh. — Pero hemos visto —le dijo Abaie— que *se le manda callar.* — Rabáh había querido agudizar a Abaie.[145]

Cierta vez se adelantó uno en presencia del rabí Janiná y dijo: Dios grande, poderoso, temible, fuerte, vigoroso, imponente, firme, intrépido, seguro y enaltecido. — [El rabí] esperó a que concluyera, y cuando concluyó le dijo: ¿Terminaste las alabanzas de tu señor? ¿Para qué las queremos? Ni siquiera esas tres que decimos [146] habríamos podido pronunciar, si nuestro maestro Moisés no las hubiera nombrado en la Tora,[147] y si los hombres de la gran congregación no hubiesen venido a incluirlas en la oración. ¡Y tú sigues con todas estas! Es como el caso del rey de carne y sangre que tenía un millón de denarios de oro, y lo elogiaban por tenerlos de plata. ¿No era humillarlo?

Dijo también el rabí Janiná: Todo está en las manos del cielo, menos el temor al cielo, como dice lo escrito: *Ahora, pues, Israel, ¿que te pide el señor, tu Dios, sino que lo temas?* [148] ¿Pero es que el temor al cielo es tan poca cosa? Sin embargo, el rabí Janiná dijo en nombre del rabí Shimeón ben Iojái: El santo, bendito sea, no tiene en su tesoro más que un depósito de temor al cielo, como dice lo escrito: *el temor del señor será su tesoro.*[149] — Sí; para Moisés era poca cosa, porque dijo el rabí Janiná: Esto es comparable al caso del hombre a quien le piden un utensilio grande; como lo tiene, le parece chico. Y cuando le piden un utensilio chico y no lo tiene, le parece grande.

"Damos las gracias, damos las gracias", se le manda callar. Dijo el rabí

---

134 Por eso está de más decir que la jurisprudencia no coincide con el rabí Akiba, sino con el rabí Eliézer.

135 Públicamente, con valor de enseñanza.

136 Para responder a las consultas particulares.

137 Con el rabí Eliézer.

138 El que ya lo recitó no hace falta que lo repita.

139 Si preferimos el criterio del rabí Eliézer, o si lo consideramos posible.

140 Incluida en la cuarta de las siete bendiciones que se dicen de pie los sábados y días de fiesta.

141 V. Deut., XXII, 6.

142 Los del mazdeísmo persa, Ormuz, dios del bien, y Ahrimán, dios del mal.

143 Dando protección preferente a las aves.

144 Hacia el arca, en la casa de oración.

145 Comprobar si conocía la norma.

146 Grande, poderoso y temible; figuran en la primera bendición.
147 En Deut., X, 17.

148 Deut., X, 12.

149 Isaías, XXXIII, 6.

¹⁵⁰ Al recitar el *shemá*.

¹⁵¹ Decir: "damos las gracias, damos las gracias".

¹⁵² Es reprobable.

¹⁵³ Hay que hacerlo callar, porque es como si se dirigiera a dos dioses.

Zerá: Decir *oye, oye*,¹⁵⁰ es lo mismo que decir *damos las gracias, damos las gracias*. — Presentóse una objeción. [Dice una enseñanza:] "Recitar el *shemá* y repetirlo es reprobable". También esto ¹⁵¹ es reprobable, pero no debemos mandarlo callar. — No hay contradicción. En este caso repite palabra por palabra;¹⁵² en el otro, frase por frase.¹⁵² — Dijo el rabí Papa a Abaie: Tal vez la primera vez no ponga atención, y la segunda vez, sí. — ¿Es que puede haber —le contestó— [34 a] ese descuido con el cielo? Al que reza al principio sin prestar atención, le damos de golpes con un martillo de herrero hasta que ponga atención.

MISHNÁ 4. (*Decir: "Que te bendigan los buenos", conduce a la herejía.*) *Cuando el que ha pasado al frente del arca comete un error, debe pasar otro en su lugar. En ese momento no se hace oposición. ¿Por dónde comienza? Por el principio de la bendición en la que aquel se equivocó. El que baja al frente del arca* ¹⁵⁴ *no contesta amén a [las bendiciones de] los sacerdotes, porque puede confundirse. Cuando no hay más sacerdote que él, no alza las manos;*¹⁵⁵ *pero si está seguro de que puede alzar las manos y reanudar la oración,*¹⁵⁶ *se le permite hacerlo.*

¹⁵⁴ El que oficia de lector en las ceremonias y baja a colocarse ante el atril, situado en una parte más baja que el resto de la casa de oración.

¹⁵⁵ Para la bendición sacerdotal.

¹⁵⁶ Sin equivocarse.

¹⁵⁷ Por modestia, considerándose indigno de cumplir la sagrada misión.

¹⁵⁸ Entre la 4ª bendición y la 15ª.

¹⁵⁹ La cuarta.

¹⁶⁰ La decimoséptima.

¹⁶¹ Se pueden decir en cualquier orden. El que se salta alguna, la dice a continuación.

¹⁶² El que se equivoca en cualquiera de ellas tiene que volver a la oración "que otorga conocimiento".

GUEMARÁ. Enseñaron los rabíes: El que es invitado a bajar al frente del arca debe negarse;¹⁵⁷ no negarse es gacha sin sal. Pero hacerse rogar demasiado es gacha con exceso de sal. ¿Cómo se hace? La primera vez se niega; la segunda vez vacila; la tercera vez estira las piernas y avanza.

Enseñaron los rabíes: Hay tres cosas de las que mucho es malo y poco es bueno: la levadura, la sal y la negativa.

Dijo el rabí Huná: El que se equivoca durante las tres primeras [bendiciones], comienza de nuevo desde el principio; por la mitad,¹⁵⁸ vuelve a "que otorga conocimiento";¹⁵⁹ en las [tres] últimas, vuelve a la del servicio del Templo.¹⁶⁰ — Dijo el rabí Así: En las de en medio no hay orden.¹⁶¹ — Objetó el rabí Sheshet: "¿Adónde vuelve? Al principio de la bendición en la que aquel se equivocó". Esto refuta al rabí Huná. — El rabí Huná te puede contestar: Las de en medio son una sola bendición.¹⁶²

Dijo el rabí Iehudá: No deben pedirse las necesidades [particulares] ni en las tres primeras [bendiciones] ni en las tres últimas, sino en las de en medio. Porque dijo el rabí Janiná: En las primeras [el hombre] es como un sirviente que alaba al amo; en las de en medio es como un sirviente que pide al amo una recompensa; en las últimas es como un sirviente que recibe del amo una recompensa, se despide y se va.

Enseñaron los rabíes: Cierta vez bajó al frente del arca un discípulo, en presencia del rabí Eliézer, y estiró mucho [la oración]. — ¡Maestro —le dijeron los [demás] discípulos—, cómo se estira este! — ¿Más que nuestro maestro Moisés, de quien dice lo escrito: ...*cuarenta días y cuarenta noches* (*estuve postrado*...) etcétera? ¹⁶³ En otra ocasión bajó al frente del arca otro discípulo, en presencia del rabí Eliézer, y acortó [la oración] más de lo necesario. — ¡Maestro, cómo abrevia este! —dijeron los discípulos. — ¿Más que nuestro maestro Moisés, que dijo: *Te ruego, Dios, que la sanes ahora?* ¹⁶⁴

¹⁶³ Deut., IX, 25.

¹⁶⁴ Números, XII, 13.

Dijo el rabí Iacov en nombre del rabí Jisdá: El que ruega por el prójimo no necesita nombrarlo, porque dice lo escrito: *Te ruego, Dios, que la sanes ahora*, pero no menciona el nombre de Miriam.

Enseñaron los rabíes: Estas son las bendiciones en las que hay que inclinarse [al decirlas]: la bendición de los patriarcas,¹⁶⁵ al principio y al final, y la de gracias, al principio y al final; al que quiera inclinarse al principio de cada bendición, se le explica que no debe hacerlo. — Dijo el rabí Shimeón ben Pazí en nombre del rabí Iehoshúa ben Leví en nombre de Bar Capará: Los legos [se inclinan] como hemos dicho; [34 b] el sumo sacerdote, al final de cada bendición, y el rey al principio y al final de cada bendición. — Dijo el rabí Itsjac bar Najmaní: Me explicó el rabí Iehoshúa ben Leví que los legos [se inclinan] como hemos dicho; el sumo sacerdote, al principio de cada bendición; el rey se arrodilla y no vuelve a erguirse,¹⁶⁶ como dice lo escrito: *Cuando acabó Salomón de hacer al señor esta oración* ...*se levantó del altar del señor, delante del cual había estado hincado de rodillas*... ¹⁶⁷

¹⁶⁵ La primera de las dieciocho.

¹⁶⁶ Hasta el final de la oración.

¹⁶⁷ 1 Reyes, VIII, 54.

¹⁶⁸ 1 Reyes, I, 31.

Enseñaron los rabíes: Inclinarse es [doblarse] de cara [al suelo], como dice lo escrito: *Entonces Betsabé se inclinó ante el rey, con su rostro a tierra*.¹⁶⁸ Arrodillarse es [hincarse] de rodillas, como dice lo escrito: ...*hincado de ro-*

[169] Gén., XXXVII, 10.
[170] Una baraíta.

[171] Inclinarse al principio de la bendición es meritorio; al final, es reprochable.

dillas...[167] Prosternarse es extender brazos y piernas, como dice el versículo: *¿Acaso vendremos yo y tu madre, y tus hermanos a prosternarnos en tierra ante ti?* [169] —Dijo el rabí Jiiá hijo del rabí Huná: He visto que Abaie y Rabá se inclinaban de costado.— Una enseñó:[170] Inclinarse en la bendición de gracias es meritorio. Otra enseñó: Es reprochable.— No hay contradicción; una se refiere al comienzo, y la otra al final.[171]— Rabá se arrodillaba al principio y al final de la bendición de gracias.— Los rabíes le dijeron: ¿Por qué hace eso el maestro?— He visto arrodillarse al rabí Najmán — contestó—, y lo mismo al rabí Sheshet.— Pero se ha enseñado que arrodillarse en la bendición de gracias es reprochable.— Se refiere a la bendición de gracias de las alabanzas.— También se ha enseñado que arrodillarse en la bendición de gracias o en la bendición de gracias de las alabanzas es reprochable.— Aquella enseñanza se refiere a las gracias de la bendición de la comida.

MISHNÁ 5. Equivocarse en la oración es de mal augurio para el que lo hace, y si este es delegado de la comunidad, el mal augurio es para sus representados, porque el delegado de uno es como uno mismo. Se cuenta que el rabí Janiná ben Dosá rezaba por los enfermos, y decía: Este vivirá; aquel morirá.— ¿Cómo lo sabes? —le preguntaron.— Cuando la oración me sale fácilmente de la boca —respondió—, sé que es aceptada; en caso contrario, sé que es destrozada.

[172] En qué bendición es mala señal equivocarse.
[173] La primera de la oración.

[174] *Bará,* creó, significa también fuerte. Sería, por lo tanto: Cuando el fruto de los labios (la oración) sea fuerte, lo sanaré.
[175] Isaías, LVII, 19.

[176] Ídem, LXIV, 3.

[177] En los tiempos del Mesías no habrá esclavitud bajo reinos extranjeros.
[178] Deuter., XV, 11. También los habrá en la era mesiánica.

[179] El penitente.

[180] Para agasajar a los justos en el mundo del futuro.

[181] Génesis, II, 10.

[182] Amós, VII, 14.

GUEMARÁ. ¿A cuál se refiere? [172] Dijo el rabí Jiiá en nombre del rabí Safrá en nombre de uno de la escuela de Rabí: A la bendición de los patriarcas.[173]— Otros lo atribuyen a la siguiente baraíta: El que reza debe poner el corazón en todas las bendiciones, y si no puede poner el corazón en todas, debe ponerlo en una.— Dijo el rabí Jiiá en nombre del rabí Safrá en nombre de uno de la escuela de Rabí: En la bendición de los patriarcas.

Se cuenta que el rabí Janiná, etcétera. ¿De dónde se toma? — Del versículo que dice —respondió el rabí Iehoshúa ben Leví—: *Creó*[174] *fruto de labios: Paz, paz al que está lejos y al cercano, dijo el señor; y lo sanaré.*[175]

Dijo el rabí Jiiá bar Abá en nombre del rabí Iojanán: Los profetas no profetizaron más que sobre el que casa a su hija con un erudito, el que se ocupa con los negocios de los eruditos, y el que da a los eruditos el usufructo de sus bienes. En cuanto a los mismos eruditos, *ni ojo ha visto a un Dios fuera de ti, que hicieses por el que en él espera.*[176]

Dijo también el rabí Jiiá bar Abá en nombre del rabí Iojanán: Los profetas no profetizaron más que sobre la era mesiánica; en cuanto al mundo del futuro, *ni ojo ha visto a un Dios fuera de ti.* Lo cual contradice a Shemuel, porque dijo Shemuel: La única diferencia que hay entre este mundo y la era del Mesías es la esclavitud en los reinos;[177] como dice lo escrito: *Porque no faltarán menesterosos en medio de la tierra.*[178]

Dijo también el rabí Jiiá bar Abá en nombre del rabí Iojanán: Los profetas no profetizaron más que sobre los penitentes; en cuanto a los cabalmente justos, *ni ojo ha visto a un Dios fuera de ti.* — Con esto disiente del rabí Abahú, porque dijo el rabí Abahú: Donde están los penitentes no pueden estar los cabalmente justos, como dice lo escrito: *Paz, paz al que está lejos y al cercano.*[175] Primero al que está lejos, y luego al cercano. — ¿Y el rabí Iojanán? Él te dirá: ¿Qué significa *el que está lejos?* El que desde un principio se aleja del pecado. ¿Y qué significa *al cercano?* El que estaba cerca del pecado y se alejó de él.[179]

¿Qué significa *ni ojo ha visto?* — Dijo el rabí Iehoshúa ben Leví: Es el vino conservado en las uvas desde los seis días del génesis.[180]— Dijo el rabí Shemuel bar Najmaní Es el Edén, que ningún ojo de criatura vio. Tal vez me digas: ¿Dónde, entonces, estaba Adán? Estaba en el jardín. ¿Me dirás que el jardín es el Edén? Pues veamos lo que dice lo escrito: *Y salía de Edén un río para regar el jardín.*[181] El jardín es una cosa y el Edén, otra.

Enseñaron los rabíes: Cierta vez enfermó el hijo del rabán Gamaliel, y mandó a dos eruditos a ver al rabí Janiná ben Dosá para pedirle que rogara por él. Cuando los vio venir, [el rabán] subió al altillo y rogó por él. Luego bajó y les dijo: Vayan, ya se le fue la fiebre. — ¿Eres profeta? —le preguntaron. — *No soy profeta* —contestó— *ni hijo de profeta;*[182] lo sé por experiencia. Cuando la oración me sale fácilmente de la boca, sé que es aceptada; en caso contrario, sé que es destrozada. — [Los dos eruditos] se sentaron, escribieron y anotaron la hora exacta. Volvieron a casa del rabán Gamaliel y este les dijo: ¡Por el culto! Ni un instante menos ni un instante más. Pasó de este modo; en este mismo momento se le fue la fiebre y pidió agua para beber.

Ocurrió cierta vez que cuando el rabí Janiná ben Dosá fue a estudiar la Tora con el rabí Iojanán ben Zacái, enfermó el hijo del rabí Iojanán ben Zacái. — Janiná, hijo mío —le dijo [el padre]—, ruega por él, para que viva. — [El rabí Janiná] se puso la cabeza entre las rodillas y rogó por él, y [el enfermo] sanó. — Dijo el rabí Iojanán ben Zacái: A Ben Zacái no le habrían hecho caso, aunque se hubiese oprimido la cabeza con las rodillas un día entero. — ¿Janiná es más grande que tú? —le preguntó la mujer. — No —contestó—, pero él es como un sirviente ante el rey,[183] y yo soy como un príncipe ante el rey.[184]

Dijo el rabí Jiiá bar Abá en nombre del rabí Iojanán: Debe rezarse únicamente en un cuarto con ventanas,[185] porque dice lo escrito: *...y abiertas las ventanas de su cuarto que daban a Jerusalén.*[186]

Dijo el rabí Cahaná: Para mí el que reza en una llanura es un insolente.[187] — Dijo también el rabí Cahaná: Para mí el que divulga sus pecados es un insolente, como dice lo escrito: *Bienaventurado aquel cuya transgresión ha sido perdonada, y cubierto su pecado.*[188]

CAPÍTULO VI

[35 a] *MISHNÁ 1. ¿Qué bendiciones se dicen sobre los frutos? Sobre frutos de árbol se dice: "que creó el fruto del árbol"; se exceptúa el vino, sobre el que se dice: "que creó el fruto de la vid". Sobre frutos de la tierra se dice: "que creó el fruto de la tierra"; se exceptúa el pan, porque sobre pan se dice: "que saca el pan de la tierra". Sobre hortalizas se dice: "que creó el fruto de la tierra". Dijo el rabí Iehudá: "Que creó diversas clases de hierbas".*

GUEMARÁ. ¿De dónde se toma?[1] De lo que enseñaron los rabíes: *...consagrado en alabanzas al señor.*[2] Esto enseña que se requieren dos bendiciones, una anterior y otra posterior. — Sobre esta base dijo el rabí Akiba: Se le prohíbe al hombre comer algo sin pronunciar previamente una bendición. — ¿A esto se refiere [la frase] *consagrado en alabanza al señor?* Porque hace falta para lo siguiente: primero, para enseñar que el misericordioso dispuso que deben redimirse[3] y luego comerse; segundo, que lo que requiere canto de alabanza debe ser redimido, y lo que no requiere canto de alabanza no debe ser redimido. Lo cual coincide con [lo que enseñó] el rabí Shemuel bar Najmaní en nombre del rabí Ionatán. Porque dijo el rabí Shemuel bar Najmaní en nombre del rabí Ionatán: ¿Cómo se sabe que sólo sobre vino se entona una canción de alabanza?[4] Por el versículo que dice: *Y la vid les respondió: ¿He de dejar mi mosto, que alegra a Dios y a los hombres...?*[5] Si alegra a los hombres, cuánto más alegrará a Dios. De aquí se deduce que sólo sobre vino se entona una canción de alabanza. — Se explica de acuerdo con el que lee:[6] "Los árboles del cuarto año"; pero no se explica de acuerdo con el que lee: "Los viñedos del cuarto año". Porque se ha dicho que en cuanto a [esto disienten] los rabíes Jiiá y Shimeón hijo de Rabí; uno enseñó [que debe leerse] "los viñedos del cuarto año", y el otro, "los árboles del cuarto año". — También se justificaría la opinión del que lee "los viñedos del cuarto año", si se basara en la [regla de la] similitud.[7] Porque se ha enseñado que dijo Rabí: Aquí[8] dice: *para que os haga crecer su fruto,* y allí[9] dice: *como el fruto de la viña.* Lo mismo que allí se refiere al fruto de la viña, también aquí se refiere al fruto de la viña. Queda, de este modo, una canción de alabanza, para deducir que debe pronunciarse la bendición. Pero si no se basara en la [regla de la] similitud, ¿de dónde lo deduciría? Y aun basándose en la similitud, lo que se deduce es la bendición posterior [a la comida];[10] ¿de dónde deducimos la anterior? — En cuanto a eso no hay dificultad; se deduce por *cal vajomer.* Si uno bendice cuando se ha saciado, con mayor razón bendecirá cuando está hambriento.[11] — La hemos encontrado con respecto a las viñas;[12] ¿de dónde la sacamos con respecto a las demás especies? — Se deduce de los viñedos; si el viñedo, que es algo de lo que se goza, requiere la bendición, también requerirán la bendición todas las demás cosas de las que se goza. — Puede objetarse que para los viñedos rige la ley del segado.[13] — Se refuta con el caso de los cereales.[14] — No puede aducirse el caso de los cereales, porque están sometidos a la ley de la torta.[15] — Adu-

---

[183] Puede verlo en cualquier momento.
[184] Para verlo tiene que pedirle audiencia.
[185] Para ver el cielo.
[186] Daniel, VI, 11.
[187] Hay que rezar en un lugar cerrado y solitario.
[188] Salm., XXXII, 1.

[1] Que debe pronunciarse una bendición antes de comer cualquier cosa.
[2] Levít., XIX, 24.

[3] Los frutos del cuarto año que hayan de ser consumidos fuera de Jerusalén.

[4] La cantan los levitas al ofrecer el sacrificio.
[5] Jueces, IX, 13.

[6] El citado versículo del Levítico.
[7] La aplicación en una cuestión de la explicación empleada en otra cuestión, por haber un término común a las dos.
[8] Levít., XIX, 25.
[9] Deut., XXII, 9.
[10] Por la similitud con la bendición indicada en Deut., VIII, 10.
[11] Y se dispone a comer.
[12] La prueba de que debe bendecirse su fruto.
[13] V. Levít., XIX, 10.
[14] Aunque no están sujetos a la ley del segado, requieren la bendición, de acuerdo con Deut., VIII, 10.
[15] La ofrenda de la masa. Cf. Números, XV, 20 y sigs.

16 Para los que no rige la ley de la masa, pero se debe pronunciar la bendición.

17 Como ofrenda de bebida y ofrenda de comida.
18 Jueces, XV, 5.

19 Las que se enumeran en Deut., VIII, 8.
20 Como dice claramente en Deuteronomio, VIII, 10.

21 Salmos XXIV, 1.

22 Ídem, CXV, 16.

23 Prov., XXVIII, 24.
24 Deut., XXXII, 6.

25 Prov., I, 8.

26 Oseas, II, 11.
27 Deut., XI, 14.

28 Josué, I, 8.

cimos, entonces, el caso de los viñedos,[16] y las deducciones retornan [al punto de partida]: la característica de un caso no es la misma que la característica del otro, y la característica del otro no es la misma que la característica del uno. Lo que tienen de igual es que son objetos que se gozan, y por lo tanto requieren la bendición. De ahí se extrae que por todo aquello que se goza debe pronunciarse la bendición. Pero a este aspecto común se agrega el aspecto común de que [tanto el vino como los cereales] se ofrecen en el altar,[17] y con esto se añade el olivo, que también se ofrece en el altar. — ¿[La bendición sobre] el olivo depende de su relación con el altar? [El olivo] es llamado expresamente *viña*, como dice lo escrito: *...y quemó las mieses amontonadas y en pie y las viñas de aceitunas*.[18] — Dijo el rabí Papa: Se llaman "viñas de aceitunas", y no simplemente "viñas". — De todas maneras, la cuestión queda en pie. El aspecto común no puede emplearse, porque [el vino y los cereales] comparten el aspecto de ser ofrecidos en el altar. — Se deduce, más bien, de las siete clases.[19] Siendo las siete clases productos que se disfrutan y sobre los cuales debe pronunciarse una bendición,[20] también deberá pronunciarse una bendición sobre cualquier otro producto que se disfrute. — No pueden [servir de base] las siete clases, porque están sujetas a la ley de las primicias. Además, se podría deducir de ellas únicamente la [bendición] posterior, pero no la anterior. — En cuanto a esto no hay dificultad, porque se extrae por *cal vajomer*. Si uno bendice cuando se ha saciado, con mayor razón bendecirá cuando tiene hambre.[11] Y el que lee:[6] "los árboles del cuarto año", tiene razón con respecto a todo lo que sea planta; ¿pero, de dónde extrae la norma para lo que no sea planta, como la carne, los huevos y el pescado? — Será, por consiguiente, razonable suponer que al hombre le esté prohibido disfrutar de cualquier cosa de este mundo sin pronunciar una bendición.

Enseñaron los rabíes: Se prohíbe al hombre disfrutar algo de este mundo sin bendecir; el que disfruta algo de este mundo sin bendecir es un sacrílego. — ¿Cómo se repara? — Hay que ir a ver a un sabio. — ¿Hay que ir a ver a un sabio? ¿Qué puede hacer por él? La profanación ya está cometida. — Digamos, más bien — dijo Rabá —, que hay que ir antes a ver a un sabio, para aprender las bendiciones y evitar los sacrilegios. — Dijo el rabí Iehudá en nombre de Shemuel: El que disfruta de las cosas de este mundo sin bendecir, es como si aprovechara lo que se ha consagrado al cielo; porque dice el versículo: *Del señor es la tierra y su plenitud*.[21] — El rabí Leví señaló una contradicción. Dice un versículo: *Del señor es la tierra y su plenitud*. Y otro versículo: *Los cielos son los cielos del señor; y ha dado la tierra a los hijos de los hombres*.[22] — No hay contradicción: el primero es antes de la bendición; [35 b] el segundo, después. — Dijo el rabí Janiná bar Papa: El que goza de las cosas de este mundo sin bendecir, es como si les robara al santo, bendito sea, y a la comunidad de Israel; porque dice lo escrito: *El que roba a su padre o a su madre, y dice que no es maldad, compañero es del hombre destructor*.[23] Padre no es otro que el santo, bendito sea, como dice el versículo: *¿No es él tu padre que te creó?*[24] Y *madre* no es otra que la comunidad de Israel, como dice lo escrito: *Oye, hijo mío, la instrucción de tu padre, y no desprecies la dirección de tu madre*.[25] — ¿Qué significa: *compañero es del hombre destructor*? — Dijo el rabí Janiná bar Papa: Es compañero de Jeroboam hijo de Nabat, el que destruyó [la fe de] Israel en su padre celestial. — El rabí Janiná bar Papa señaló una contradicción. Dice un versículo: *...tomaré mi trigo a su tiempo*, etcétera;[26] y otro versículo: *...y recogerás tu grano*, etcétera.[27] — No hay contradicción; uno habla de cuando Israel cumple la voluntad del omnipresente; el otro de cuando Israel no cumple la voluntad del omnipresente.

Enseñaron los rabíes: *...y recogerás tu grano*; ¿qué se aprende con esto? Como podría creerse que el versículo: *Nunca se apartará de tu boca este libro de la ley*,[28] debe interpretarse al pie de la letra, nos dice: *...y recogerás tu grano*, para enseñarnos que debemos ocuparnos, además, en las tareas mundanas. Esta es la opinión del rabí Ishmael. El rabí Shimeón ben Iojái dijo: ¿Es posible? Si el hombre ara cuando es tiempo de arar, siembra cuando es tiempo de sembrar, siega cuando es tiempo de segar, trilla cuando es tiempo de trillar, y avienta en la época de los vientos, ¿en qué queda la Tora? Es que cuando Israel hace la voluntad del omnipresente, su trabajo lo realizan otros, como dice lo escrito: *Y extranjeros apacentarán vuestras ovejas,*

[29] Isaías, LXI, 5.

[30] Deut., XXVIII, 48.

[31] Épocas de cosecha y vendimia.

[32] Deut., XXVI, 13.

[33] Ídem, íd., 12.

[34] La uva se transforma en vino.

[35] La misma que se pronuncia sobre aceitunas.
[36] En el caso del aceite.
[37] *Zait* significa tanto olivo como oliva.

[38] Trigo, cebada, avena, centeno y cascabillo.

[39] Salmos, CIV, 15.

[40] Después de beber vino.

[41] Y queda suspendida la obligación de bendecir.
[42] V. Levít., XXII, 14.

etcétera.[29] Cuando Israel no cumple la voluntad del omnipresente, tienen que hacer ellos mismos su trabajo, como dice lo escrito: *...y recogerás tu grano.* Y no solamente eso; también tienen que hacer el trabajo de otros, como dice el versículo: *...servirás a tus enemigos.*[30] — Dijo Abaie: Unos siguieron las instrucciones del rabí Ishmael, y les fue bien; otros siguieron las del rabí Shimeón ben Iojái, y no les fue bien. — Dijo Rabá a los rabíes: Les pido que no se presenten ante mí durante los meses de nisán y tishrí,[31] para que no tengan que preocuparse por su subsistencia durante el resto del año.

Dijo Rabáh bar Bar Janá en nombre del rabí Iojanán en nombre del rabí Iehudá hijo del rabí Eleái: Observa y verás que las generaciones posteriores no fueron como las generaciones anteriores. Las generaciones anteriores hacían del estudio de la Tora la ocupación principal, y del trabajo una ocupación complementaria, y las dos marchaban bien en sus manos. Las generaciones posteriores hicieron del trabajo la ocupación principal, y del estudio de la Tora una ocupación complementaria, y ninguna de las dos marchó bien en sus manos.

Dijo también Rabáh bar Bar Janá en nombre del rabí Iojanán en nombre del rabí Iehudá hijo del rabí Eleái: Observa, y verás que las generaciones posteriores no fueron como las generaciones anteriores. Las generaciones anteriores traían los productos por la huerta, para que correspondiera imponerles el diezmo; las generaciones posteriores traen los productos por el techo, por el patio o por espacios cercados, para librarlos del diezmo. Porque dijo el rabí Ianái: Los productos no diezmados no están sujetos al diezmo mientras no estén a la vista de la casa, porque dice lo escrito: *He sacado lo consagrado de la casa.*[32] — Pero el rabí Iojanán dijo: También [tienen que ser diezmados cuando están a la vista] del patio, como dice lo escrito: *...y comerán dentro de tus puertas, y se saciarán.*[33]

Se exceptúa el vino, etcétera. ¿Qué tiene de distinto el vino? ¿Diremos que porque cambia para mejorar,[34] debe cambiar la bendición? También cambia para mejorar el aceite, y sin embargo no cambia la bendición. Porque dijo el rabí Iehudá en nombre de Shemuel, y también lo dijo el rabí Itsjac en nombre del rabí Iojanán: Sobre el aceite se pronuncia la bendición "que creó el fruto del árbol".[35] — A esto respondióse: Allí[36] no se puede cambiar la bendición. ¿Qué diremos? ¿"Qué creó el fruto de la oliva"? ¡Pero si el fruto se llama oliva![37] — Podemos decir: "que creó el fruto del olivo". — Será, más bien — dijo Mar Zutrá — porque el vino alimenta, y el aceite no alimenta. — ¿El aceite no alimenta? Sin embargo, se ha enseñado: El que hace voto de abstención de alimentos puede tomar agua y sal. Nosotros objetamos: ¿De la denominación de alimentos se exceptúan únicamente el agua y la sal? ¿Todos los demás son alimentos? Tenemos que decir por consiguiente, que esto refuta a Rab y Shemuel, quienes enseñaron que la bendición "que creó diversas clases de alimentos" se pronuncia únicamente sobre cinco clases de cereales.[38] Luego lo aclaró el rabí Huná, expresando que se refiere al que dice: "me abstendré de todo lo que alimenta", lo que demuestra que el aceite alimenta. — Será, más bien, que el vino fortifica y el aceite no fortifica. — ¿El vino fortifica? Rabá tomaba vino la víspera de la pascua para que le estimulara el apetito y le permitiera comer más pan ácimo. — Mucho, estimula; poco, fortifica. — ¿Pero es que realmente fortifica? ¿No dice el versículo: *Y el vino que alegra el corazón del hombre ... y el pan que sustenta la vida del hombre?*[39] Es el pan el que fortifica, no el vino. — El vino hace ambas cosas, fortifica y alegra. — En tal caso, habría que decir tres bendiciones.[40] — La gente no lo considera comida. — Dijo el rabí Najmán bar Itsjac a Rabá: ¿Y si alguien lo considerara comida? — Cuando venga Elías —contestó— decidirá si puede ser considerado comida; entretanto, no hay quien tenga esa opinión.

[Leemos en] el texto: "Dijo el rabí Iehudá en nombre de Shemuel, y también lo dijo el rabí Itsjac en nombre del rabí Iojanán: Sobre el aceite se pronuncia la bendición «que creó el fruto del árbol»". ¿De qué manera? ¿Se bebe [el aceite]? Siendo así es perjudicial,[41] como dice la enseñanza: El que bebe aceite de oblación paga su valor sin agregar el quinto.[42] El que se unta con aceite de oblación, paga su valor más el quinto. — Será, sin duda, que lo come con pan. En tal caso, el pan sería lo principal y el aceite un agregado, y hemos visto que la regla es la siguiente: Cuando se toma un alimento principal con otro agregado, se dice la bendición por el principal y se exime [de bendición] el agregado. — Seguramente lo tomará con *inogarón*. Rabáh bar Shemuel explicó: *Inogarón* es jugo de remolacha, y *oxigarón*, el jugo [36 a] de las restantes hortalizas. Siendo así, el *inogarón* sería lo principal y el aceite lo agregado, y se ha enseñado que la regla es la siguiente: Cuando se toma un alimento principal con otro agregado, se dice la bendición por el principal y se exime [de bendición] el agregado. — Aquí nos referimos al caso de un hombre que tiene dolor de garganta; porque se ha enseñado: El que tiene dolor de garganta en sabat no debe aliviarse directamente con aceite,[43] sino poner mucho aceite en *inogarón* y tragarlo. — Es evidente.[44] — Podría creerse que como lo considera medicina, no tiene que pronunciar ninguna bendición [sobre el aceite]; por eso nos dicen que puesto que obtiene placer debe bendecir.

Sobre harina de trigo[45] [la bendición es, según] dijo el rabí Iehudá: "que creó el fruto de la tierra";[46] [según] dijo el rabí Najmán: "por cuya palabra existen todas las cosas". — Dijo Rabá al rabí Najmán: No discrepes del rabí Iehudá, porque los rabíes Iojanán y Shemuel comparten su opinión. Porque dijo el rabí Iehudá en nombre de Shemuel, y también el rabí Itsjac en nombre del rabí Iojanán: Sobre aceite se bendice "al que creó el fruto del árbol", lo que demuestra que a pesar de cambiar, en esencia es lo mismo. Y aquí también; aunque cambia, en esencia es lo mismo. — ¿Son iguales los dos casos? Allí[47] ya no puede haber ninguna mejora, pero aquí puede haber mejora, con su transformación en pan; y sobre lo que puede mejorar no se dice la bendición "que creó el fruto de la tierra", sino la bendición "por cuya palabra existen todas las cosas". — Dijo el rabí Zerá en nombre del rabí Matená en nombre de Shemuel: Sobre repollo crudo y harina de cebada se dice la bendición "por cuya palabra existen todas las cosas". ¿[No se deduce] de aquí que sobre harina de trigo se dice la bendición "que creó el fruto de la tierra"? — No; sobre harina de trigo también se dice: "por cuya palabra existen todas las cosas". — En tal caso, que lo enseñe para la harina de trigo, y de allí [se deducirá] de hecho para la harina de cebada.[48] — Si lo enseñara para la harina de trigo podría creerse que sólo rige para la harina de trigo, y que sobre harina de cebada no se pronuncia ninguna bendición; por eso nos dice que no es así. — ¿Es menos importante la harina de cebada que la sal o la salmuera? Se ha enseñado que sobre sal y salmuera se dice la bendición "por cuya palabra existen todas las cosas". — Es necesario;[49] podría decirse que uno suele ponerse sal o salmuera en la boca [sin peligro], pero la harina de cebada es dañina, porque crea parásitos intestinales, y no hace falta bendecir. Por eso nos dice que como se obtiene algún placer, hay que bendecir.

Sobre médula de palmera,[50] dijo el rabí Iehudá que se bendice [con la fórmula] "que creó el fruto de la tierra". Shemuel dijo: [Con la fórmula] "por cuya palabra existen todas las cosas". El rabí Iehudá dijo: [Con la fórmula] "que creó el fruto de la tierra", porque es un fruto. Shemuel dijo: "Por cuya palabra existen todas las cosas", porque luego se endurece. — ¡Sagaz! —dijo Shemuel al rabí Iehudá—. Tu opinión es razonable, porque el rábano también se endurece y sin embargo se dice la bendición "que creó el fruto de la tierra". Sin embargo no es así; el rábano se planta para [comerlo cuando es] una raíz tierna, pero las palmeras no se plantan para [comerles] la médula.

¿Cuando no se planta algo para algo no se bendice [sobre este otro algo]? ¿Y el caso de la alcaparra, que se planta por el botón? Hemos visto que: Sobre los productos de la alcaparra, sobre las hojas y los retoños, se bendice "que creó el fruto de la tierra"; y sobre las hayas y la vaina, "que creó el fruto del árbol". — Dijo el rabí Najmán bar Itsjac: La alcaparra se planta por el retoño, pero las palmeras no se plantan por la médula.[51] Aunque Shemuel elogió al rabí Iehudá, la jurisprudencia es la que estableció Shemuel.

Dijo el rabí Iehudá en nombre de Rab: Fuera del país [de Israel], se tiran las bayas de las alacaparras incircuncisas,[52] y se come la vaina. Es decir que las bayas son frutos y la vaina no es fruto. — Hay una contradicción: "Sobre los productos de la alcaparra, sobre las hojas y los retoños, se dice: «que creó el fruto de la tierra»; y sobre las bayas y la vaina, «que creó el fruto del árbol»". — [El rabí Iehudá] concuerda con la opinión del rabí Akiba; porque se ha enseñado que dijo el rabí Eliézer: El diezmo de la alcaparra se saca de las bayas y la vaina. El rabí Akiba dijo: Solamente las bayas son diezmadas, porque son frutos.[53] — ¿Entonces por qué no dice que la jurisprudencia es la que estableció el rabí Akiba? — Si dijera que la jurisprudencia es la del rabí Akiba, podría creerse que lo es también dentro del país; por eso nos comunica que si alguien aligera la norma[54] para el interior del país, se sigue su juris-

Notas al margen:

[43] En sabat se prohibe preparar medicinas.

[44] En este caso es evidente que debe hacer la bendición por el aceite como ingrediente principal.

[45] Cuando se come cruda.

[46] La misma que para el trigo aplastado.

[47] En el caso del aceite.

[48] Porque es inferior a la harina de trigo.

[49] Aclarar la norma de la harina de cebada.

[50] Parte comestible del árbol joven.

[51] Sacándole la médula se mata el árbol.

[52] Las que tienen menos de tres años. Cf. Levít., XIX, 23.

[53] Y la vaina no es fruto.

[54] Relativa a los productos incircuncisos.

55 La Tora sólo habla del diezmo del trigo, el aceite y el vino.

56 No impone diezmo a la vaina.
57 V. Deut., XXII, 9.

58 Si se trataba de un fruto o una hortaliza.

59 Al hortelano que la arranca.

60 Levít., XIX, 23.

61 Cuando se mide para determinar si puede ser inmunda.
62 Los botones son, con respecto a la granada, lo mismo que los capullos de la alcaparra con respecto a las bayas.

63 Cf. Levít., XXV, 5, y Deut., XV, 9.

64 Los que discrepan del rabí Iosí.

65 El de la alcaparra.

prudencia fuera del país, pero no dentro del país. — En tal caso, que diga que la jurisprudencia coincide con la establecida por el rabí Akiba para el exterior del país, porque si alguien aligera la norma con respecto al país, se sigue su jurisprudencia fuera del país. — Si lo dijera de ese modo, podría aducirse que esta regla se aplica únicamente al diezmo de los frutos dispuesto dentro del país por los rabíes,[55] y que en cuanto a los árboles incircuncisos, la ley establecida en la Tora rige igualmente en el exterior del país. Por eso nos informa que no es así.

Cierta vez vio Rabiná que Mar hijo del rabí Ashí tiraba las bayas [de una alcaparra incircuncisa] y se comía la vaina. ¿Qué opinas? —le dijo— ¿Coincides con el rabí Akiba, que aligera la norma?[56] Pues siga el maestro el criterio de la escuela de Shamái, que la aligera más aún. Porque se ha enseñado: Según la escuela de Shamái, la alcaparra es *semilla diversa*[57] en un viñedo; según la escuela de Hilel, no es semilla diversa en un viñedo. Ambas escuelas concuerdan en que corresponde aplicarle la ley de los árboles incircuncisos. Aquí hay una contradicción. Primero dices que según la escuela de Shamái la alcaparra es semilla diversa en un viñedo, lo que indica que es una variedad de hortaliza; y luego dices que ambas escuelas admiten que [para la alcaparra] rige la ley de los árboles incircuncisos, lo que indica que es una variedad de árbol. — No hay contradicción. La escuela de Shamái dudaba,[58] y optó por la forma más rigurosa tanto aquí como allí. De todas maneras, de acuerdo con la escuela de Shamái [la alcaparra] es un caso dudoso con respecto a la incircuncisión, y hemos visto que: Cuando se duda de que corresponda la ley de los [árboles] incircuncisos, se prohíbe en el país de Israel y se permite en Siria. Fuera del país se puede ir [36 b] a comprarlo, pero no deben verlo.[59] — Procedemos de acuerdo con el rabí Akiba cuando este difiere del rabí Eliézer, pero la opinión de la escuela de Shamái, cuando discrepa de la opinión de la escuela de Hilel, no modifica nada. Pero entonces tomemos en cuenta que [la vaina] protege al fruto, y el misericordioso dijo: . . . *lo consideraréis incircunciso con su fruto.*[60] *Con*, es decir, todo lo que pertenece al fruto, lo que protege al fruto. — Dijo Rabá: ¿A qué llamamos protección del fruto? A lo que lo cuida tanto cuando [el fruto] ha sido arrancado como cuando sigue unido [al árbol]; pero aquí lo protege únicamente cuando [el fruto] está unido [al árbol], no cuando ha sido arrancado. — Abaie objetó: El pezón de la granada se cuenta,[61] pero los botones no se cuentan.[62] Si dice que los botones no se cuentan, es porque no son comestibles; y con respecto a los [árboles] incircuncisos se ha enseñado: La ley de la incircuncisión se aplica a la cáscara y los botones de las granadas, y a la cáscara y la pepita de las nueces. — Llamamos, más bien —dijo Rabá—, protección del fruto, al que lo sigue acompañando después de haber madurado. La vaina de la alcaparra se cae cuando el fruto madura. — No es así, porque el rabí Najmán dijo en nombre de Rabáh bar Abuhá: Las vainas de los dátiles de [palmeras] incircuncisas están prohibidas, porque protegen al fruto. Lo protegen únicamente cuando [el dátil] es flor; sin embargo, lo llaman protección del fruto. — El rabí Najmán opina lo mismo que el rabí Iosí. Porque se ha enseñado que dijo el rabí Iosí: Los botones de la vid están prohibidos, porque son frutos. — Pero los rabíes disienten. — Objetó el rabí Shimí de Nehardea: ¿También discrepan los rabíes de él con respecto a otros árboles? Porque se ha enseñado: ¿En qué estado debe suspenderse el séptimo año[63] el talado de los árboles? Dijo la escuela de Shamái: Para todos los árboles, en cuanto comienzan a dar fruto. La escuela de Hilel dijo: Los algarrobos, cuando le cuelgan cadenas [de algarrobas]; las vides, cuando tienen granos; los olivos, cuando florecen; los demás árboles, cuando frutecen. — A esto dijo el rabí Así: La uva ácida es la de semilla y es la haba blanca. — ¿La haba blanca? ¡Qué ocurrencia! — Digamos, más bien: Es del tamaño de la haba blanca. — ¿Quién dijo que la uva ácida es [fruto] y los botones de la vid no son? — Los rabíes.[64] Y son ellos los que enseñaron que debe suspenderse el talado de todos los demás árboles cuando comienzan a frutecer. — Más bien —dijo Rabá—, ¿cuándo decimos que algo protege al fruto? Cuando al quitarlo el fruto muere. Pero en este caso[65] el fruto no muere al quitarlo. Cierta vez le sacaron los botones a una granada, y la granada se secó; le sacaron la flor a una alcaparra, y siguió viviendo. (La jurisprudencia es la que estableció Mar hijo del rabí Ashí cuando tiró las bayas [de la alacaparra] y se comió las vainas. Si con respecto a [la ley de] los [árboles] incircuncisos [la vaina] no es fruto, tampoco lo es

[66] No es alimento.

[67] Levít., xix, 23.

[68] Deut., viii, 9.

[69] Preparada; en esta forma se considera alimento.

[70] A pesar de estar preparado por paganos.

[71] Es, por lo tanto, alimento, y masticarlo en el día de la expiación debe constituir pecado.

[72] Cocción de harina, miel y aceite.

[73] Con miel.

con respecto a la bendición; por lo tanto, no decimos sobre ella "que creó el fruto del árbol", sino "que creó el fruto de la tierra".)

Pimienta. Dijo el rabí Sheshet: Se pronuncia [la bendición] "por cuya palabra existen todas las cosas". — Dijo Rabá: No se pronuncia ninguna.[66] Aquí Rabá mantiene su opinión; porque dijo Rabá: El que mastica granos de pimienta el día de la expiación no incurre en culpa; el que mastica jengibre el día de la expiación, no incurre en culpa. — Presentóse una objeción. Por el versículo que reza —dijo el rabí Meir—: *consideraréis como incircunciso lo primero de su fruto,*[67] sé que se refiere a un árbol de fruto comestible. ¿Por qué dice, entonces, *árboles frutales?* [67] Para incluir un árbol cuya madera sabe igual que la fruta: el pimentero. Esto nos enseña que la ley de los incircuncisos rige también para el pimentero, y nos enseña que en la tierra de Israel no falta nada, como dice lo escrito: *Tierra en la cual no comerás el pan con escasez, ni te faltará nada en ella.*[68] — No hay contradicción; una enseñanza se refiere a la primienta húmeda;[69] la otra, a la pimienta seca. — Dijeron los rabíes a Meremar: El que mastica jengibre en el día de la expiación no incurre en falta. ¿Pero no dijo Rabá que se permite [consumir] el jengible procedente de la India,[70] pronunciándose la bendición "que creó el fruto de la tierra"? [71] — No hay contradicción. Una enseñanza se refiere al jengibre húmedo, la otra, al jengibre seco.

Sobre jabits [72] de cacerola y gachas de cebada, dijo el rabí Iehudá, se bendice [con la fórmula] "por cuya palabra existen todas las cosas". El rabí Cahaná dijo: [Con la fórmula] "que creó varias clases de alimentos". Con respecto a las gachas simples de cebada nadie discute que se dice "que creó varias clases de alimentos". Hay discrepancia en cuanto a la gachas de cebada hechas como *jabits* de cacerola.[73] Según el rabí Iehudá, [la fórmula debe ser] "...todas las cosas"; en su opinión lo principal es la miel. Según el rabí Cahaná, [debe ser] "que creó varias clases de alimentos"; considera que lo principal es la harina. — Dijo el rabí Iosef: La opinión del rabí Cahaná es más verosímil, porque Rab y Shemuel declararon que sobre todo aquello que contenga alguna de las cinco clases [de cereales], debe pronunciarse la bendición "que creó diversas clases de alimentos".

[Dice] el texto: "Rab y Shemuel declararon que sobre todo aquello que contenga alguna de las cinco clases [de cereales], debe pronunciarse la bendición «que creó diversas clases de alimentos»". Por otra parte se ha enseñado que dijeron tanto Rab como Shemuel: Sobre todo aquello que esté hecho con las cinco clases [de cereales] se pronuncia la bendición "que creó diversas clases de alimentos". [Ambas enseñanzas] son necesarias. Si sólo nos dieran la que dice: "Sobre todo aquello que esté hecho...", podríamos creer que es porque [el cereal] conserva su aspecto, lo que no ocurre cuando se mezcla.

[37 a] Por eso nos dicen [en la otra]: "todo aquello que contenga..." Si sólo nos dieran la que dice: "Todo aquello que contenga...", podríamos creer que rige únicamente para lo que esté hecho con alguna de las cinco clases [de granos], y no para el arroz y el mijo mezclados con otras cosas, y que si conservan su aspecto la fórmula de la bendición es, incluso para el arroz y el mijo, la que dice: "que creó diversas clases de alimentos". Por eso nos dicen que la fórmula "que creó varias clases de alimentos" se dice únicamente sobre aquello que está hecho con las cinco clases [de granos], lo que excluye el arroz y el mijo, sobre los cuales no se dice "que creó diversas clases de alimentos" aunque conserven su aspecto. — ¿Sobre el arroz (y el mijo) no se dice "que creó diversas clases de alimentos"? Sin embargo se ha enseñado: Cuando a uno le sirven pan de arroz o pan de mijo, bendice antes y después de comerlo, lo mismo que sobre comida cocinada.[74] Con respecto a la comida cocinada se ha enseñado: Antes [de tomarla] se dice la bendición "que creó diversas clases de alimentos"; después [de comer], la bendición triple.[75] — Es lo mismo que la comida cocinada y no es lo mismo que la comida cocinada. Es lo mismo que la comida cocinada porque se bendice antes y después, y no es lo mismo que la comida cocinada porque sobre la comida cocinada se dice antes "que creó diversas clases de alimentos" y después la bendición triple, y sobre esto se dice antes "por cuya palabra existen todas las cosas" y después "que creó muchos seres con sus necesidades, por todo lo que creó..." — ¿El arroz no es una comida cocinada? Sin embargo, se ha enseñado: Son comidas cocinadas las siguientes: Pasta de escanda, pasta de trigo, harina fina, legumbres partidas, farro y arroz. — Esta es la opinión [76] del rabí Iojanán ben Nurí. Porque se ha enseñado que dijo el rabí Iojanán ben Nurí: El arroz es un cereal; se incurre en la pena de extinción [77] preparándolo con levadura en la pascua, y puede servir para cumplir la obligación pascual.[78] — Pero los rabíes no son de esta opinión.[76] — ¿Los rabíes no son de esta opinión? Sin embargo, se ha enseñado: El que mastica trigo dice la bendición "que creó el fruto de la tierra". Si lo muele, lo cuece y luego lo remoja, estando las rebanadas enteras [79] dice antes [de comerlas] la bendición "que saca el pan de la tierra", y después, las tres bendiciones. Cuando ya no están enteras dice antes "que creó diversas clases de alimentos", y después, la bendición formada por tres. El que mastica arroz dice antes "que creó el fruto de la tierra". Si lo muele, lo cuece y luego lo remoja,[80] estando las rebanadas enteras dice antes "que creó diversas clases de alimentos", y después la bendición triple. — ¿Con quién concuerda [esta regla]? ¿Diremos que con el rabí Iojanán ben Nurí, que dijo que el arroz es un cereal? En tal caso, la bendición anterior debería ser la que dice "que saca el pan de la tierra" y la posterior la bendición de tres. — Será, más bien, con los rabíes, lo que refuta a Rab y a Shemuel. — Los refuta.

Dijo el maestro: "El que mastica trigo pronuncia la bendición «que creó el fruto de la tierra»" ¿No se había enseñado que se dice "que creó diversas clases de semillas"? — No hay contradicción. Una [enseñanza] sigue al rabí Iehudá,[81] y la otra a los rabíes; porque hemos visto que sobre hortalizas se pronuncia la bendición "que creó el fruto de la tierra", pero según el rabí Iehudá, se dice "que creó diversas clases de hierbas".

Dijo el maestro: "El que mastica arroz dice antes «que creó el fruto de la tierra». Si lo muele, lo cuece y luego lo remoja, estando las rebanadas enteras dice antes «que creó diversas clases de alimentos», y después la bendición triple". Sin embargo, se ha enseñado que después [de comerlas] no debe pronunciar ninguna. — Dijo el rabí Sheshet: No hay contradicción. Esta enseñanza sigue al rabán Gamaliel; la otra a los rabíes, como se ha enseñado: La regla dice que después de [comer] cualquier cosa que pertenezca a las siete clases [de alimentos] [82] se pronuncian, según el rabán Gamaliel, las tres bendiciones, y según los rabíes, la bendición triple. — Cierta vez se hallaban comiendo juntos en el altillo, en Jericó, el rabán Gamaliel y los ancianos. Trajeron dátiles,[83] comieron, y el rabán Gamaliel dio permiso al rabí Akiba para pronunciar la bendición. El rabí Akiba recitó apresuradamente la bendición integrada por tres. — Akiba —le dijo el rabán Gamaliel—, ¿hasta cuándo seguirás con la cabeza puesta en la disputa? — Maestro —respondió—, aunque tú dices una cosa y tus colegas otra, tú nos enseñaste que cuando discute uno con muchos, la jurisprudencia la establecen los muchos. — Dijo el rabí Iehudá en su nombre: Sobre cualquiera de las [comidas que pertenecen a las]

---

[74] Hecha con alguna de las cinco clases de cereales.

[75] V. *infra*, 44 a.

[76] La de que el arroz es plato de cocina.

[77] Cf. Éxodo, xii, 19.

[78] La de comer pan sin levadura.

[79] Si no se han deshecho en el líquido.

[80] El pan de arroz obtenido.

[81] El rabí Iehudá establece una bendición especial para cada variedad vegetal. V. *infra*, 46 a.

[82] Los que figuran en Deut., viii, 8.

[83] Que pertenecen a la variedad *miel*, incluida en el citado versículo.

84 Integrada por tres.

85 La enseñanza de que por el arroz se pronuncia la unificación de las tres bendiciones.
86 De la baraíta que dice: "El que mastica trigo. ."
87 Dicen, por un lado, que después del pan de arroz no hace falta bendecir, y por el otro, que debe pronunciarse la bendición que contiene tres.

88 V. nota 72, página 215.

89 Antes y después de comerlo.

90 Las ofrendas de alimentos detalladas en Levít., cap. II

91 Migajas de las cinco clases de cereales.
92 Si las come durante la pascua.
93 En tal caso debe pronunciarse la bendición "que hace brotar pan de la tierra".
94 La mitad de un bollo del tamaño de ocho huevos.
95 Las migajas.
96 La bola hecha con las migajas.
97 Proceden de un pan que queda parcialmente entero.
98 La primicia de la masa.
99 Fruta de sartén.
100 Recubierto de aceite, o huevos y aceite.
101 Masa hecha con pan y requesón y cocida al sol.

siete clases, [37 b] y siempre que no se trate de un cereal, o si es un cereal, que con él no se haya hecho pan, deben pronunciarse, según el rabán Gamaliel, tres bendiciones, y según los sabios, una bendición.⁸⁴ Sobre las [comidas] que no pertenezcan a las siete clases ni sean de alguna especie de cereal, como, por ejemplo, el pan de arroz o de mijo, se dice, según el rabán Gamaliel, la bendición triple; según los sabios, no se dice ninguna bendición. — ¿Con quién la haces concordar? ⁸⁵ — Con el rabán Gamaliel. — Veamos, entonces, la parte final de la primera cláusula: ⁸⁶ "Cuando ya no están enteras [las rebanadas], dice antes «que creó diversas clases de alimentos», y después la bendición formada por tres". — ¿Con qué opinión concuerda? ¿Diremos que con la opinión del rabán Gamaliel? Si según el rabán Gamaliel se pronuncian tres bendiciones después de comer dátiles y cereales pisados, de más está decir [que también serán tres] cuando no estén enteras [las rebanadas]. Será, por lo tanto, con [la opinión de] los rabíes. — En ese caso los rabíes se contradicen a sí mismos.⁸⁷ — Concuerda, en realidad, con los rabíes, pero con respecto al arroz debe leerse: no hace falta ninguna bendición "posterior".

Dijo Rabá: Sobre el budín campestre, al que se le pone mucha harina, se dice "que creó diversas clases de alimentos". — ¿Por qué? — Porque aquí lo principal es la harina. Sobre el budín de la ciudad, que no contiene tanta harina, se dice "por cuya palabra existen todas las cosas". — ¿Por qué? — Porque aquí lo principal es la miel. — Pero luego dijo Rabá: Tanto sobre el uno como sobre el otro se dice "que creó diversas clases de alimentos". Porque Rab y Shemuel dijeron: Sobre todo aquello que contenga alguna de las cinco clases de cereales se dice [la fórmula] "que creó diversas clases de alimentos".

Dijo el rabí Iosef: Sobre el *jabits* ⁸⁸ que contenga trocitos de pan del tamaño de una aceituna, se dice antes la bendición "que hace brotar pan de la tierra", y después ⁸⁹ tres bendiciones. Si no contiene trozos de pan del tamaño de una aceituna, se dice antes "que creó diversas clases de alimentos" y después la bendición triple. — Dijo el rabí Iosef: ¿Cómo se deduce [esta regla]? Porque se ha enseñado que el [lego] que presenta en Jerusalén una ofrenda de alimento, dice: Bendito sea el que nos conservó la vida, nos cuidó y nos permitió llegar hasta este momento. — Cuando [el sacerdote] la reciba para consumirla, pronuncia la bendición "que hace brotar pan de la tierra". Se ha enseñado al respecto: Se dividen ⁹⁰ en trozos del tamaño de una aceituna. — En tal caso —le dijo Abaie— y de acuerdo con la enseñanza de la escuela del rabí Ishmael, según la cual [el sacerdote] la desmenuza hasta reducirla nuevamente a harina, no debería decir [la fórmula] "que hace brotar pan de la tierra". Y si me dices que es así, [recuerda que] se ha enseñado: El que recoge de todas ellas ⁹¹ una cantidad igual al tamaño de una aceituna, y se las come, si son leudas, es castigado con la extinción;⁹² si son ácimas, se cumple con ellas la obligación pascual.⁹³ — Nos estamos refiriendo al caso de que las vuelva a amasar. — Veamos, entonces, la cláusula final: Esto es únicamente cuando se las come en el tiempo que se tarda en comer la mitad [de un bollo].⁹⁴ Si las vuelve a amasar,⁹⁵ en lugar de "se las come" debería decir "se la come".⁹⁶ — Se trata, más bien, de una hogaza grande.⁹⁷ — ¿Cómo queda esto? — Dijo el rabí Sheshet: Sobre un *jabits* se pronuncia la bendición "que hace brotar pan de la tierra", aunque los trozos de pan que contenga no lleguen al tamaño de una aceituna. — Dijo Rabá: Siempre que conserven aspecto de pan.

La ley de la torta ⁹⁸ rige también para el *trocnín*. Cuando llegó Rabí dijo en nombre del rabí Iojanán: Al *trocnín* no le corresponde la ley de la torta. — ¿Qué es el *trocnín*? — Dijo Abaie: [Masa de harina cocinada] en un agujero del suelo. — Dijo también Abaie: La ley de la torta no rige para la *taritá*. — ¿Qué es la *taritá*? — Unos dicen que es [una masa] ligeramente cocida;⁹⁹ otros, que es pan tostado;¹⁰⁰ y otros, que es pan preparado para hacer *cutaj*.¹⁰¹ — Dijo el rabí Jiiá: El pan preparado para hacer *cutaj* se exime de ofrendar la torta. — Pero se ha enseñado que sí debe ofrendar la torta. — Allí tiene su razón, como se ha enseñado: El rabí Iehudá dijo que lo decide la preparación; si está hecho [38 *a*] en forma de hogaza, debe presentar la oblación; si está hecho en forma de tabla, se exime de la oblación.

Dijo Abaie al rabí Iosef: ¿Qué bendición se pronuncia sobre [la masa cocida en] un agujero del suelo? — ¿Tú crees que es pan? —le respondió—. No es más que masa. Se dice "que creó diversas clases de alimentos". — Mar Zutrá la adoptó para su almuerzo y bendecía [con la fórmula] "que hace brotar pan de la tierra", antes, y las tres bendiciones después. — Mar hijo del rabí Ashí dijo: Se cumple con ella la obligación pascual. — ¿Por qué? — Porque se puede calificar de *pan de aflicción*.[102]

Dijo también Mar hijo del rabí Ashí: Sobre miel de dátiles se dice "por cuya palabra existen todas las cosas". — ¿Por qué? — Porque no es más que una exudación.[103] — ¿Con qué opinión concuerda? — Con la siguiente enseñanza que hemos visto: Por miel de dátiles, vino de manzanas, vinagre, y otros jugos de frutas, separados para oblación, el rabí Eliézer impone[104] el pago del valor más el quinto;[105] el rabí Iehoshúa exime [del quinto].[106]

Preguntó a Rabá uno de los rabíes: ¿Cuál es la [bendición] de la [fruta] majada? — Rabá no le entendió lo que decía. Rabiná, que estaba sentado frente a Rabá, dijo [al rabí]: ¿Te refieres a la amapola,[107] al azafrán[108] o a las semillas de uva?[109] — Rabá, que cayó en la cuenta [de lo que le habían preguntado], le dijo: Te refieres, sin duda, a la *jashilta*,[110] y me has hecho recordar algo que dijo el rabí Así: Los dátiles de oblación se pueden majar,[111] pero se prohíbe hacer con ellos hidromel.[112] La jurisprudencia dice que sobre dátiles majados se pronuncia la bendición "que creó el fruto del árbol". — ¿Por qué? — Porque conservan su estado anterior.

¿[Cuál es la bendición por] la *shatitá*?[113] — Dijo Rab: La que dice "por cuya palabra existen todas las cosas". — Dijo Shemuel: La que dice "que creó diversas clases de alimentos". — Dijo el rabí Jisdá: No discrepan; el uno habla de la [*shatitá*] espesa; el otro, de la blanda. La espesa es para comer, la blanda, para medicina. — Objetó el rabí Iosef: Ambos dijeron[114] que en sabat se puede agitar la *shatitá* y beber cerveza egipcia.[115] Tú dices que es para medicina, ¿pero es que se permite [preparar] remedios en sabat? — ¿No eres tú de esta opinión? —le dijo Abaie—. Sin embargo, se ha enseñado que en sabat se puede comer todo lo que sea curativo y se puede beber de todo. — ¿Cómo lo explicas? — Es que uno lo prepara para comer; y aquí también, uno lo prepara para comer. — Otra versión: ¿Cómo lo explicas? — Es que uno lo prepara para comer, pero tiene además efecto curativo; aquí también, uno lo prepara para comer, pero tiene además efecto curativo. — También es necesaria la [enseñanza] de Rab y Shemuel.[116] Con aquella[117] podría creerse que uno lo considera como alimento,[118] siendo curativo por añadidura, y que en este caso, como la intención original es la de preparar un remedio, no debe pronunciarse ninguna bendición. Por eso nos enseña que cuando se obtiene placer debe bendecirse.

Sobre pan se dice: "que saca...", etcétera. Enseñaron los rabíes: ¿Cómo se bendice? "Que saca (*hamotsí*) el pan de la tierra". — Dijo el rabí Nejemiiá: "Que sacó (*motsí*) el pan de la tierra". — Dijo Rabá: Nadie discute que *motsí* significa "sacó", porque dice lo escrito: *Dios los sacó (motsiam) de Egipto.*[119] Discrepan sobre el significado de *hamotsí*. Los rabíes opinan que *hamotsí* significa "que sacó", porque dice el versículo: *...te sacó (hamotsí) agua de la roca del pedernal...*[120] Y el rabí Nejemiiá opina que *hamotsí* significa "que saca", porque dice lo escrito: *que os saca (hamotsí) de debajo de las tareas pesadas de Egipto.*[121] Los rabíes sostienen que en aquel versículo el santo, bendito sea, dijo a Israel: Cuando los haya sacado haré por ustedes algo que les demuestre que fui yo quien los sacó de Egipto; y así dice el versículo: *...y vosotros sabréis que yo soy el señor vuestro Dios, que os sacó...*[121]

Los rabíes alababan ante el rabí Zerá al hijo del rabí Zebid, hermano del rabí Shimeón hijo del rabí Zebid, diciendo que era un gran hombre y entendía mucho de bendiciones. — Cuando lo encuentren —les dijo—, tráiganmelo. — Cierta vez fue a su casa. Le dieron pan, y él pronunció [la fórmula] "que sacó..." — ¿Es este —dijo el otro— el que afirman que es un gran hom-

---

[102] Deut., XVI, 3.

[103] No es fruto de árbol.

[104] Por la transgresión de consumirlos.

[105] V. Levítico, 15 y sigs.

[106] Porque no los considera frutos.

[107] Machacada y mezclada con vino.

[108] Majado para extraerle el aceite.

[109] Puestas en maceración para hacer aguamiel.

[110] Bebida hecha con huesos aplastados de dátiles.

[111] Para hacer una bebida liviana.

[112] Porque para hacer hidromel hay que deshacerlos completamente, y dejan de ser frutos.

[113] Harina de cebada tostada y mezclada con miel.

[114] Los rabíes Iehudá y Iosí ben Iehudá. V. Sabat, 156 a.

[115] Bebida hecha con cebada tostada. V. Pesajim, 42 b.

[116] La que dice que la *shatitá*, aunque tenga efectos curativos, se considera alimento y debe comerse bendiciendo.

[117] La de que pueden consumirse en sabat los alimentos que tengan efectos medicinales.

[118] Y por eso bendice.

[119] Núm., XXIII, 22.

[120] Deut., VIII, 15.

[121] Éxodo, VI, 7.

122 De los versículos citados.

123 Cuando lo comemos crudo.

124 Los productos del primer caso mejoran al hervirlos; los del segundo caso se echan a perder.

125 La de comer pan ácimo en la pascua.

126 Demostrativas de que el rabí Iojanán no había dicho lo que el rabí Biniamín le atribuía.

127 Porque después de haber sido hervidas (o puestas en salmuera) siguen siendo hortalizas (o aceitunas).

128 Cf. Éxodo, XII, 8.

bre, entendido en bendiciones? Si hubiese dicho "que saca..." [38 b] nos habría explicado el significado,[122] e informado que la jurisprudencia es la que establecieron los rabíes. ¿Pero diciendo "sacó", qué nos enseña? Lo hizo para apartarse de la disputa. La jurisprudencia dice: "que saca el pan de la tierra", porque estamos con los rabíes, para quienes significa "que saca".

Sobre hortalizas se dice, etcétera. [La mishná] equipara a las hortalizas con el pan: como el pan se transforma por medio del fuego, les corresponde a las hortalizas [la misma bendición] cuando son transformadas por el fuego. — Dijo Rabanái en nombre de Abaie: Vale decir que sobre hortalizas hervidas debe pronunciarse la bendición "que creó el fruto de la tierra". (¿Por qué? Porque [la mishná] equipara a las hortalizas con el pan.)

El rabí Jisdá expuso en nombre de nuestro maestro, es decir, de Rab: Sobre verduras hervidas se dice "que creó el fruto de la tierra". — Nuestros maestros, los que llegaron del país de Israel, es decir, Ulá en nombre del rabí Iojanán, dijeron: Sobre verduras hervidas se bendice [con la fórmula] "por cuya palabra existen todas las cosas". — Yo digo: Sobre aquello por lo que decimos al principio[123] "que creó el fruto de la tierra", debemos decir, cuando lo hervimos, "por cuya palabra existen todas las cosas"; y sobre aquello por lo que decimos al principio "por cuya palabra existen todas las cosas", debemos decir, cuando se hierve, "que creó el fruto de la tierra". — Se explica que sobre aquello por lo que decimos al principio "por cuya palabra existen todas las cosas", digamos "que creó el fruto de la tierra", cuando se hierve; sería, por ejemplo, el caso del repollo, la remolacha y la calabaza. ¿Pero cómo se explica que sobre aquello por lo que decimos al principio "que creó el fruto de la tierra", digamos al hervirlo "...todas las cosas"?[124] — Dijo el rabí Najmán bar Itsjac: Podría ser el caso del ajo y el puerro.

Expuso el rabí Najmán en nombre de nuestro maestro, es decir, de Shemuel: Sobre hortalizas hervidas se dice "que creó el fruto de la tierra". Nuestros compañeros que llegaron del país de Israel, es decir, el rabí Ulá en nombre del rabí Iojanán, enseñaron que sobre verduras cocidas se dice "por cuya palabra existen todas las cosas". Yo digo que sobre esto existen discrepancias, porque se ha enseñado: Se cumple la obligación[125] con una galleta remojada o hervida, siempre que no se haya deshecho; esta es la opinión del rabí Meir. El rabí Iosí dijo: Se cumple la obligación con una galleta remojada, pero no hervida, y siempre que no se haya deshecho. Pero no es así. Todos concuerdan en que sobre verduras cocidas se dice "que creó el fruto de la tierra"; el rabí Iosí hace la excepción [de la galleta hervida] porque es preciso que tenga sabor a pan ácimo, y no lo tiene. Pero en este caso también el rabí Iosí lo admite.

Dijo el rabí Jiiá bar Abá en nombre del rabí Iojanán: Sobre hortalizas hervidas se dice "que creó el fruto de la tierra". Pero el rabí Biniamín bar Iefet dijo en nombre del rabí Iojanán: Sobre hortalizas hervidas se dice "por cuya palabra existen todas las cosas". — Dijo el rabí Ulá bar Itsjac: Ulá afirmó su error después del rabí Biniamín bar Iefet. El rabí Zirá se asombró: ¿qué tiene que hacer el rabí Biniamín bar Iefet junto al rabí Jiiá bar Abá? El rabí Jiiá bar Abá aprendía cuidadosamente las enseñanzas de su maestro el rabí Iojanán; el rabí Biniamín bar Iefet no ponía ese cuidado. Además, el rabí Jiiá bar Abá repasaba cada treinta días lo que había aprendido con su maestro el rabí Iojanán; el rabí Biniamín bar Iefet no lo repasaba. Aparte esta [razón] y la otra,[126] está el caso de la consulta que le hicieron al rabí Iojanán sobre los lupinos que fueron hervidos siete veces en una olla y comidos como postre. [El rabí] les contestó: Se dice "creó el fruto de la tierra". — Dijo también el rabí Jiiá bar Abá: He visto al rabí Iojanán bendecir antes y después de comer aceitunas en salmuera. Si dices que las verduras cocidas se conservan iguales, se explica que se pronuncie antes la bendición "que creó el fruto del árbol", y después la bendición triple;[127] pero si dices que las verduras cocidas no se conservan iguales, aunque se diga antes de comer "por cuya palabra existen todas las cosas", ¿cuál se diría después de comer? — Podría decirse: "que creó muchos seres vivos con sus necesidades, para todo lo que creó".

Objetó el rabí Itsjac bar Shemuel: Para cumplir la obligación de [comer] hierbas [amargas] en la pascua,[128] sirven tanto [las hojas] como los tallos, pero no deben ser encurtidos, ni cocidas ni hervidas. ¿Si dices que se conservan iguales, por qué no deben ser hervidas? — Aquel caso es distinto, porque deben ser de sabor amargo, y no lo tendrían.

Dijo el rabí Irmiiá al rabí Zerá: ¿Es posible que el rabí Iojanán haya ben-

129 Se bendice por alimentos que tengan por lo menos el tamaño de una aceituna.

130 Para modelo de tamaño mínimo.

131 La fórmula de la bendición que debe decirse al comer verdura hervida.
132 Por ser el plato principal.

133 ¿Por qué no me preguntaste? Tal vez no sea sabio, pero tengo experiencia.
134 Por la falta de respeto hacia Bar Capará.

135 Ya no se reconoce la forma original.
136 Trozos grandes o pequeños.

137 Hasta que hierva.

138 Para la bendición, que debe ser "que creó el fruto de la tierra".

139 En el primer caso la bendición sería "que creó el fruto de la tierra"; en el segundo, "por cuya palabra existen todas las cosas".
140 Como aquí ya está partido debe decirse la fórmula "por cuya palabra existen todas las cosas".
141 ¿Por qué no se dice "que saca pan"?

decido por una aceituna en salmuera? Al sacarle el hueso [39 a] ya no tenía el tamaño requerido.[129] — No creas —respondió— que se requiere el tamaño de una aceituna grande. Se requiere el tamaño de una aceituna mediana, y lo tenía, porque la aceituna que le sirvieron al rabí Iojanán era grande, y tenía la medida necesaria aun sin el hueso. Porque se ha enseñado que: La aceituna mencionada [130] no es chica ni grande, sino mediana; de la variedad llamada *agurí*. — Dijo a esto el rabí Abahú: No se llama *agurí*, sino *abrutí*, o según otros, *samrusí*. ¿Por qué se llama *agurí*? Porque el aceite se junta (*agur*) en su interior.

Podría decirse que sobre esto [131] disputan los tanaítas. Porque cierta vez se hallaban sentados delante de Bar Capará dos discípulos y les sirvieron coles, damascos y aves. Bar Capará dio permiso a uno de ellos para decir la bendición, y este dijo en seguida la bendición por las aves.[132] Su compañero se rio de él y Bar Capará se enojó. — No estoy enfadado con el que pronunció la bendición —dijo—, sino con el que se rio. El que tu compañero se porte como si nunca hubiera probado carne, no es razón para reírse de él. — Luego se rectificó y dijo: No estoy enfadado con el que se rio, sino con el que bendijo. Si aquí no hay sabiduría, por lo menos hay vejez.[133] — Se ha enseñado: Ninguno de los dos pasó del año.[134] — La discrepancia era la siguiente: el que bendijo opinaba que tanto sobre hortalizas cocidas como sobre aves se dice "por cuya palabra existen todas las cosas", pudiendo comenzarse por el plato que se prefiera. El que se rio opinaba que sobre verduras cocidas se dice "que creó el fruto de la tierra", y sobre aves, "por cuya palabra existen todas las cosas"; por lo tanto, debe darse preferencia a las verduras. — No; en realidad todos estaban de acuerdo en que tanto sobre hortalizas hervidas como sbre aves se dice "por cuya palabra existen todas las cosas". La discrepancia era esta: uno opinaba que debe darse preferencia a lo que a uno le gusta más; el otro que debe darse preferencia a las coles, porque son nutritivas.

Estando en casa del rabí Huná —refirió el rabí Zerá—, este nos dijo: Sobre cabezas de nabo, cuando se cortan en trozos grandes, [se dice] "que creó el fruto de la tierra"; en trozos chicos, "por cuya palabra existen todas las cosas".[135] Cuando fuimos a ver al rabí Iehudá, este nos dijo: Sobre estos o sobre aquellos,[136] se dice lo mismo "que creó el fruto de la tierra", porque se cortan en trozos más chicos para hacerlos más sabrosos.

Dijo el rabí Ashí: Cuando estábamos en casa del rabí Cahaná, este nos dijo: Sobre caldo de remolacha sin mucha harina, se dice "que creó el fruto de la tierra"; [sobre caldo] de nabo con mucha harina, "que creó diversas clases de alimentos". Luego dijo: Tanto sobre este como sobre aquel, "que creó el fruto de la tierra", porque se le pone mucha harina únicamente para hacerlo más espeso.

Dijo el rabí Jisdá: El caldo de remolachas es bueno para el corazón y para los ojos, y más aún para los intestinos. — Dijo Abaie: Lo es cuando se deja en el fogón hasta que haga *tuc, tuc*.[137]

Dijo el rabí Papa: Tengo la certeza de que el agua de remolacha es igual que la misma remolacha,[138] que el agua de nabo es igual que el mismo nabo, y que el agua de verduras es igual que las mismas verduras. — Pero preguntó el rabí Papa: ¿Y el agua de anís? ¿Se pone para mejorar el sabor o para quitarle el mal olor?[139] — Ven y escucha. Después de darle sabor a la comida, el anís ya no puede ser oblación ni declarado alimento impuro. De aquí se desprende que se pone para mejorar el sabor. Esto lo demuestra.

Dijo el rabí Jiiá bar Ashí: Sobre pan duro puesto [en remojo] en una olla, se dice "que saca [pan de la tierra]". — Su opinión difiere de la del rabí Jiiá, porque el rabí Jiiá dijo: El pan se parte al concluir la bendición.[140] — Objetó Rabá: ¿Por qué es distinto el pan duro?[141] Dices que es porque al concluir la bendición el pan ya está partido; pero el pan [entero] también está partido al concluir la bendición. [39 *b*] Es que —dijo **Rabá**— primero se bendice y luego se parte [el pan]. — Los neardíes proceden de acuerdo con el rabí Jiiá, y los rabíes de acuerdo con **Rabá**. — Me dijo mi madre —declaró **Rabiná**—: Tu padre procedía de acuerdo con el rabí Jiiá; porque dijo el rabía Jiiá: El pan se parte al concluir la bendición. Los rabíes, en cambio, proceden de acuerdo con **Rabá**. La jurisprudencia dice, como lo estableció **Rabá**, que primero se bendice y luego se parte [el pan].

Se ha dicho que cuando a uno le ponen [en la mesa] trozos [de pan] y [panes] enteros, según el rabí Huná debe bendecirse con los trozos,[142] quedando eximidos los enteros. — El rabí Iojanán dijo, en cambio: Se cumple mejor el precepto bendiciendo sobre un [pan] entero. Pero si el trozo es de pan de trigo y el entero es pan de cebada, todos concuerdan en que se bendice sobre el trozo de pan de trigo, quedando eximido el pan de cebada. — Dijo el rabí Irmiiá bar Abá: Sobre esto disputan los tanaítas.[143] Se da de oblación una cebolla chica entera, y no media cebolla grande. — Dijo el rabí Iehudá: Nada de eso; se da media cebolla grande. ¿Sobre qué discrepan? Sobre lo siguiente: un maestro opina que es preferible la calidad, el otro maestro opina que es preferible que [la ofrenda] esté entera. — Cuando hay un sacerdote presente,[144] nadie discute que es preferible optar por la calidad; disienten únicamente sobre el caso de que no haya ningún sacerdote presente,[145] porque se ha enseñado que, en general, cuando hay un sacerdote presente se da de oblación lo mejor, y cuando no hay ningún sacerdote presente se separa para la oblación lo que se conserva mejor. — Dijo el rabí Iehudá: Siempre se da de oblación lo mejor. — Dijo el rabí Najmán bar Itsjac: El que teme a Dios trata de cumplir su obligación siguiendo ambos criterios. — ¿Quién, por ejemplo? — Mar hijo de Rabiná. Porque Mar hijo de Rabiná ponía el trozo [de pan] debajo del [pan] entero, y luego lo partía.

Enseñó un discípulo en presencia del rabí Najmán bar Itsjac: Se pone el trozo [de pan] debajo del [pan] entero, se parte y se bendice — ¿Cómo te llamas? —le preguntó [el rabí]. — Shalman —contestó. — Tú eres la paz (*shalom*) —le dijo—, y tu enseñanza es perfecta (*shelemá*), porque hiciste la paz entre los discípulos.

Dijo el rabí Papa: Todos concuerdan en que en la pascua se pone el trozo debajo del entero y se parten.[146] — ¿Por qué? — Porque dice lo escrito: *Pan de pobreza*.[147] — Dijo el rabí Abá: Los sábados hay que partir dos panes. — ¿Por qué? — Porque el versículo dice: *doble pan*.[148] — Dijo el rabí Ashí: He visto al rabí Cahaná tomar dos y partir uno. — El rabí Zerá sacaba un trozo que le alcanzaba para toda la comida. — Dijo Rabiná al rabí Ashí: Esto parece glotonería. — Como sólo lo hace hoy[149] y no lo hace día por medio, no parece glotonería. — Cuando los rabíes Amí y Ashí hallaban un pan de *eruv*,[150] pronunciaban la bendición "que saca pan de la tierra" y decían: Si se usó para cumplir un precepto, usémoslo para cumplir otro.

[142] Cuando son más grandes que los enteros.

[143] Sobre el caso de que haya un fragmento de pan de trigo y un pan entero de cebada.

[144] A quien se le entregan inmediatamente los productos.
[145] En cuyo caso hay que aguardar hasta que llegue alguno para darle la oblación.

[146] Las dos piezas juntas.
[147] Deut., XVI, 3.
[148] Éxodo, XVI, 22.

[149] En sabat.

[150] Se prohíbe alejarse los sábados a más de dos mil codos de distancia de la ciudad, pero si en este límite se pone, antes del sabat, comida para dos personas (comida de *eruv*) ese trayecto queda teóricamente incorporado a la ciudad y se pueden caminar dos mil codos más.

[40 a] Dijo Rab: [Cuando dice:]151 Tomen, se bendijo, tomen, se bendijo...,152 no tiene que [volver a] bendecir. [Si dijera:]153 Traigan sal, traigan condimento..., tiene que bendecir [de nuevo].154 Pero el rabí Iojanán sostiene que aunque diga: Traigan sal, traigan condimento, no tiene que repetir la bendición. Si dice: Mezcla [forraje] para los bueyes, mezcla [forraje] para los bueyes, [entonces sí], tiene que bendecir [de nuevo]. Y el rabí Sheshet afirma, por su parte, que aunque diga: Mezcla [forraje] para los bueyes, no debe decirse [otra vez] la bendición, porque el rabí Iehudá dijo en nombre de Rab: Se prohíbe al hombre comer antes de haber alimentado a los animales, porque dice lo escrito: *Daré también hierba en tu campo para tus ganados;... y luego: ...y comerás, y te saciarás.*155

Dijo Rabá bar Shemuel en nombre del rabí Jiiá: El que parte [el pan] no debe hacerlo antes de que le hayan puesto a todos sal o condimento. — Cierta vez estaba Rabá bar Shemuel en casa del exilarca [de Babilonia]. Le trajeron pan, y él en seguida lo partió. — ¿Se desdice el maestro de su enseñanza? —le preguntaron. —Para este no hace falta esperar —respondió.156

Dijo también Rabá bar Shemuel en nombre del rabí Jiiá: No hay mejor forma de orinar que hacerlo sentado.157 —Dijo el rabí Cahaná: Sobre tierra floja también [se puede orinar] de pie. No habiendo tierra floja, hay que subir a un lugar alto y orinar sobre un plano inclinado.

Dijo también Rabá bar Shemuel en nombre del rabí Jiiá: Después de cada comida ingiere sal, y después de beber toma agua; evitarás que te haga daño. — Se ha enseñado asimismo: Después de cada comida ingiere sal, y después de beber toma agua; evitarás que te haga daño. — Otra enseñanza dice: El que toma cualquier alimento sin comer después sal, el que bebe algo sin tomar después agua, de día le molesta el mal aliento, y de noche la angina.

Enseñaron los rabíes: El que anega en agua lo que come no sufre de los intestinos. — ¿Cuánta? — Dijo el rabí Jisdá: Una copa por pan.

Dijo el rabí Marí en nombre del rabí Iojanán: El que come lentejas una vez cada treinta días aleja la angina de su casa. Pero no debe comerlas todos los días. — ¿Por qué? — Porque dan mal aliento. — Dijo también el rabí Marí en nombre del rabí Iojanán: El que come mostaza una vez cada treinta días, aleja la enfermedad de su casa; pero no debe comerla todos los días. — ¿Por qué? — Porque debilita el corazón.

Dijo el rabí Jiiá bar Ashí en nombre de Rab: El que come pescados chicos no sufre de los intestinos; más aún, el pescado chico nutre, desarrolla y vigoriza todo el cuerpo del hombre. — Dijo el rabí Jamá hijo del habí Janiná: El que come habitualmente comino negro no sufre del corazón. — Presentóse una objeción. "Dijo el rabán Shimeón ben Gamaliel: El comino negro es uno de los sesenta venenos, y si uno duerme al este del lugar donde se guarda, la sangre caerá sobre su cabeza".158 — No hay contradicción. Esta [enseñanza] habla del olor; la otra, del sabor. La madre del rabí Irmiiá le hacía pan, le pegaba [comino negro, para que le absorbiera el sabor,] y luego lo raspaba [para quitarle el olor].

Dijo el rabí Iehudá: "Que creó diversas clases de hierbas." Dijo el rabí Zerá (según otro, el rabí Jinená bar Papa): La jurisprudencia no es la establecida por el rabí Iehudá. — Dijo también el rabí Zerá (según otros, el rabí Jinená bar Papa): ¿En qué se funda el rabí Iehudá? En que dice el versículo: *Bendito sea el señor día por día...* 159 ¿Debemos bendecirlo de día, y no de noche? Significa, más bien, que todos los días debemos darle la bendición correspondiente [al día]. También aquí; por cada variedad debemos darle la bendición correspondiente.

Dijo también el rabí Zerá (según otros, el rabí Jinená bar Papa): Observa y verás que la manera de ser del santo, bendito sea, no es la misma que la manera de ser del hombre de carne y hueso. Con el hombre de carne y hueso reciben contenido las vasijas vacías, no las llenas; con el santo, bendito sea, no es así: las que reciben contenido son las llenas, no las vacías,160 como dice lo escrito: *Y dijo: Si oír oyeres...,*161 es decir, si oyes [una vez] oirás [otras veces], si no, no oirás. Otra explicación: Si oíste a los viejos, oirás a los nuevos; si tu corazón se aparta, no volverás a oír.

MISHNÁ 2. El que dice sobre un fruto de árbol [la bendición] "que creó el fruto de la tierra", cumple su obligación [de bendecir], pero si sobre un fruto de la tierra bendice [con la fórmula] "que creó el fruto del árbol", no cumple su obligación. El que dice "por cuya palabra existen todas las cosas" sobre cualquier producto, cumple su obligación.

GUEMARÁ. ¿Quién enseñó que lo principal del árbol es la tierra? — El rabí Iehmán —respondió el rabí Najmán bar Itsjac—, porque se ha enseñado: Cuando la fuente se seca o el árbol es talado,[162] lleva [las primicias] pero no lee [los versículos].[163] — Dijo el rabí Iehudá: Las lleva y los lee.[164]

Sobre un fruto de la tierra, etcétera. Es evidente. — Dijo el rabí Najmán bar Itsjac: Era necesario decirlo por el rabí Iehudá, quien sostiene que el trigo es una variedad de árbol. Porque se ha enseñado que, según el rabí Meir, el árbol cuyo fruto comió Adán era una vid, porque no hay nada que traiga al hombre tantos lamentos como el vino; y así lo dice lo escrito: *Y bebió del vino, y se embriagó...* [165] El rabí Nejemiiá dijo: Era una higuera, porque con lo mismo que se perdieron repararon el pecado. Así lo dice lo escrito: *Entonces cosieron hojas de higuera.*[166] — Dijo el rabí Iehudá: Era una planta de trigo, porque los niños no saben decir papá ni mamá antes de haber conocido el sabor del cereal.[167] — Podría creerse que por haber dicho el rabí Iehudá que el trigo es una variedad de árbol, debe pronunciarse sobre él la bendición "que creó el fruto del árbol"; por eso nos enseña que se dice "que creó el fruto del árbol" cuando al arrancar el fruto queda la rama y sigue produciendo [frutos]; [40 b] pero si al arrancar el fruto no queda ninguna rama que siga produciendo [frutos], no se dice "que creó el fruto del árbol", sino "que creó el fruto de la tierra".

El que dice: "por cuya palabra...", etcétera. Se ha enseñado que dijo el rabí Huná: Excepto cuando lo dice sobre el pan y sobre el vino.[168] — El rabí Iojanán dijo: También sobre el pan y el vino. — Podría decirse que la discrepancia es la misma que sostienen los tanaítas. [Dice una enseñanza:] "El que ve un pan y dice: «¡Qué lindo pan! Bendito sea el omnipresente que lo creó», cumple con eso la obligación [de bendecir]. El que ve un higo y dice: «¡Qué lindo higo! Bendito sea el omnipresente que lo creó», cumple con eso su obligación. Esta es la opinión del rabí Meir. El rabí Iosí, por su parte, dijo: El que modifica la fórmula de las bendiciones establecida por los sabios, no cumple su obligación". — ¿Diremos que el rabí Huná opina como el rabí Iosí, y el rabí Iojanán como el rabí Meir? — El rabí Huná te puede contestar: Puedo coincidir incluso con el rabí Meir, porque el rabí Meir mantiene su punto de vista sólo cuando se nombra el pan; cuando no se nombra el pan el rabí Meir está de acuerdo.[169] — Y el rabí Iojanán te puede contestar: Puedo coincidir también con el rabí Iosí, porque el rabí Iosí sostiene su opinión sólo en un caso como ese, en el que se pronuncia una bendición que no es de las que han establecido los rabíes; en el caso de que dijera "por cuya palabra existen todas las cosas", que es una fórmula establecida por los rabíes, el rabí Iosí estaría de acuerdo.[170]

Biniamín el pastor dobló una rebanada [de pan] y dijo: Bendito sea el amo de este pan. Rab declaró que había cumplido la obligación. — Pero Rab había dicho que la bendición en la que no se nombra a Dios no es bendición. — Habrá dicho: Bendito sea el misericordioso, amo de este pan. — Pero deben decirse tres bendiciones.[171] — Al decir Rab que había cumplido se refería a la primera bendición. — ¿Qué nos dice con eso? [Que cumplió su obligación] aunque la haya dicho en lengua profana.[172] ¡Eso ya lo habíamos visto! [Se ha enseñado que:] Pueden leerse en cualquier idioma: La sección [de la Torá] relativa a la esposa infiel,[173] la confesión para el diezmo,[174] el shemá, la oración y la bendición de la comida. — Era necesario decirlo, porque podría creerse que sólo [se cumplía] cuando se decía en lengua profana lo mismo que establecieron los rabíes en lengua sagrada, y no [se cumplía] cuando no se decía en lengua profana lo mismo que establecieron los rabíes en lengua sagrada. Por eso nos enseña [que no es así].

[Hemos visto] en el texto [que] dijo Rab: La bendición en la que no se nombra a Dios no es bendición [válida]. El rabí Iojanán dijo: La bendición en la que no se nombra el reino [de Dios] no es bendición. — Dijo Abaie: La opinión de Rab es más aceptable, porque se ha enseñado: *No he transgredido tus mandamientos, ni he olvidado.*[175] *No he transgredido,* no he dejado de bendecirte. *ni he olvidado,* mencionar tu nombre. No dice nada de nombrar el reino. Pero el rabí Iojanán enseñó: *Ni he olvidado,* mencionar tu nombre y tu reino.

---

162 Cuando uno recoge las primicias y antes de que las lleve a Jerusalén se seca la fuente que regaba los árboles, o estos son talados.

163 V. Deut., XXVI, 5 y sigs. No los lee porque figura la frase: *...he traído las primicias del fruto de la tierra que me diste,* y la tierra sin árboles y sin agua carece de valor.

164 Porque lo principal es la tierra, no los árboles.

165 Génsis, IX, 21.

166 Ídem, III, 7.

167 Luego, el árbol de la ciencia debía de ser una variedad de trigo.

168 El pan porque es la parte esencial de las comidas. El vino, porque le corresponden varias bendiciones especiales.

169 De que no se cumple la obligación de bendecir.

170 De que de ese modo se cumple la obligación de bendecir.

171 Porque probablemente el pastor lo dijo después de haber comido el pan.

172 El pastor lo dijo en arameo.

173 Números, V, 21 y sigs.

174 Deuteron., XXVI, 13-15.

175 Ídem, íd., 13.

MISHNÁ 3. *Sobre todo aquello que no crece en la tierre se dice "por cuya palabra existen todas las cosas". Sobre vinagre, [productos] alterados y langostas, se dice "por cuya palabra existen todas las cosas". Dijo el rabí Iehudá: Sobre aquellas cosas que contienen alguna forma de maldición, no se bendice.*[176] *El que se encuentra ante varias cosas, entre ellas alguna de las siete especies,*[177] *según el rabí Iehudá hace la bendición sobre esta última. Los sabios dicen que puede hacerla sobre la que quiera.*

GUEMARÁ. Enseñaron los rabíes: Sobre aquello que no crece en la tierra, como carne de ganado, fieras, aves y pescados, se dice "por cuya palabra existen todas las cosas". Sobre leche, huevos y queso se dice "por cuya palabra..." Sobre pan herrumbrado, vino enmohecido y alimentos cocinados descompuestos se dice "por cuya palabra". Sobre sal, salmuera, hongos y trufas se dice "por cuya palabra". De aquí se podría deducir que los hongos y las trufas no crecen en la tierra, pero se ha enseñado que al que hace voto de no comer productos de la tierra se le prohíben los frutos de la tierra pero se le permiten los hongos y las trufas. Pero si dice: [Hago voto de no comer] nada que crezca en la tierra, también se le prohíben los hongos y las trufas. — Dijo Abaie: Crecen en la tierra, pero no se nutren en la tierra. Sin embargo, dice "sobre aquello que crece en la tierra". — Leamos: "sobre aquello que se nutre en la tierra".

Sobre [productos] alterados. ¿Cuáles son los productos alterados? [Sobre esto no están de acuerdo] los rabíes Zerá e Ileá. Uno dijo que son los [frutos] quemados por el sol [en el árbol]; el otro dijo que son los dátiles arrancados por el viento. Se ha enseñado que *dijo el rabí Iehudá: Sobre aquellas cosas que contienen alguna forma de maldición, no se bendice.* [Esta enseñanza] se justifica de acuerdo con el que dice que [los productos alterados] son los [frutos] quemados por el sol, porque habla de una especie de maldición; ¿pero qué clase de maldición puede haber en los dátiles arrancados por el viento? — Se refiere a los otros [artículos].[178] — Según otra versión: [Esta enseñanza] se justifica de acuerdo con el que dice que [los productos alterados] son los [frutos] quemados por el sol, porque decimos sobre ellos "por cuya palabra"; pero no se explica de acuerdo con el que dice que son los dátiles arrancados por el viento, porque sobre ellos no debemos decir "por cuya palabra" sino "que creó el fruto del árbol".[179] — Todos concuerdan en que [productos] alterados son los [frutos] quemados por el sol; discrepan acerca de que lo sean los dátiles, porque se ha enseñado: La ley de los productos dudosos[180] se aplica con menor rigor a los siguientes: *shitín, rimín, ozadín, benot shua, benot shicmá, gufnín, nitspá* y los alterados de las palmeras. Los *shitín*, según lo que, dijo Rabah bar Bar Janá en nombre del rabí Iojanán, son una especie de higos; *rimín* son lotos; *ozardín* son manzanas silvestres; *benot shua*, como dijo Rabáh bar Bar Janá en nombre del rabí Iojanán, higos blancos; *benot shicmá*, según lo que dijo Rabáh bar Bar Janá en nombre del rabí Iojanán, sicómoros; *gufnín*, uva tardía; y *nitspá*, alcaparrón. Sobre los alterados de las palmeras [disientes] los rabíes Ileá y Zerá. Uno dice que son [frutos] quemados por el sol; el otro, que son dátiles arrancados por el viento. Se explica, de acuerdo con el que dice que son [frutos] quemados por el sol, que, como afirma la enseñanza, se les aplique con menos rigor la ley de los productos dudosos, porque al decir que en caso de duda se eximen de ser diezmados, se entiende que no habiendo duda,[181] deben ser diezmados. Pero de acuerdo con el que dice que son dátiles arrancados por el viento, ¿si no hubiera duda, habría que diezmarlos? ¡No, porque son *res nullius!* — Se trata aquí del caso de que los hayan almacenado en la era. Porque dijo el rabí Itsjac que dijo el rabí Iojanán en nombre del rabí Eliézer ben Iacov: El [pobre] que almacena en la era productos espigados, olvidados y dejados en los rincones,[182] debe pagar diezmo.

Según otra versión: [41 a] Se justifica de acuerdo con el que dice que son dátiles arrancados por el viento, porque aquí[183] habla de productos simplemente alterados,[184] y allí[185] de [los alterados de] las palmeras; pero [no se explica] de acuerdo con el que dice que son [frutos] quemados por el sol [porque] tanto aquí como allí deberían ser [productos] alterados de las palmeras o productos simplemente alterados. — Es una objeción [valedera].

El que se encuentra ante varias cosas, etcétera. Dijo Ulá: La disensión se refiere únicamente al caso de que [esas varias cosas] tengan la misma bendición. El rabí Iehudá opina que debe darse preferencia a lo que pertenezca a las siete clases; los rabíes, a lo que gusta más. Cuando no tienen todas la misma ben-

---

[176] Dentro de esta clasificación está lo que acaba de nombrarse.
[177] Las que figuran en Deut., VIII, 8.

[178] El vinagre y las langostas.

[179] Aunque los haya arrancado el viento siguen siendo dátiles.
[180] Los que se compran sin saber a ciencia cierta si el vendedor separó de ellos la oblación correspondiente.

[181] Cuando se sabe positivamente que el vendedor no apartó los diezmos.

[182] V. Levít., XIX, 9.

[183] En la mishná.
[184] Estropeados por el calor.
[185] En la enumeración de los productos dudosos.

Notas (columna izquierda):

[186] La que guste más.

[187] La bendición que se diga sobre uno de los alimentos no eximirá al otro.

[188] Deut., VIII, 8.

[189] Levít., cap. XIV.
[190] El pan de trigo se come más rápidamente que el de cebada.
[191] Del que no se sabe si es humano.
[192] La cantidad de uvas que puede comer.
[193] El utensilio de un particular (no de un artesano, que los hace) que tiene un agujero del tamaño de una granada ya no puede volverse inmundo.
[194] Miel de dátiles.
[195] La cantidad de miel con la que se incurre en pecado si se come el día de la expiación.
[196] ¿Qué opina de esto?
[197] Los dátiles.
[198] Las granadas.
[199] V. Deut., VIII, 8, donde hay dos enumeraciones que comienzan con la palabra *tierra*. Si bien *miel* (en cuyo concepto se incluyen los dátiles) es la última palabra, está más cerca del segundo vocablo *tierra* que *granados* del primero.

Texto principal:

dición, todos concuerdan en que primero debe bendecirse sobre una,[186] y luego sobre otra. — Presentóse una objeción. [Dice una baraíta:] El que tiene delante un rábano y una aceituna, bendice sobre el rábano, quedando eximida la aceituna. — En este caso el rábano es la parte principal [del plato]. — Veamos, entonces, la cláusula final: Dijo el rabí Iehudá que se dice la bendición sobre la aceituna, porque es una de las siete clases. — ¿No acepta el rabí Iehudá lo que se ha enseñado, que cuando hay algo principal y algo complementario, se bendice sobre lo principal y queda eximido lo complementario? Y si dices que no lo acepta, [recuerda lo que] se ha enseñado: Dijo el rabí Iehudá que cuando se toma la aceituna por el rábano, se dice la bendición sobre el rábano y queda eximida la aceituna. — En realidad se trata de un caso en el que lo principal es el rábano. La disensión del rabí Iehudá y los rabíes se refiere a otra cosa. El texto [de la baraíta] es deficiente, debiendo leerse de este modo: El que tiene delante un rábano y una aceituna, bendice sobre el rábano, y la aceituna queda eximida, cuando el rábano es la parte principal [del plato]; cuando el rábano no es la parte principal del plato, todos concuerdan en que debe decir una bendición el uno y otra sobre la otra. Cuando hay dos clases [de alimentos] que tienen la misma bendición, se bendice sobre cualquiera de las dos. El rabí Iehudá, por su parte, dice que debe bendecirse sobre la aceituna, porque la aceituna es una de las siete variedades [de la Tora].

Sobre esto discrepan los rabíes Amí e Itsjac el herrero. Uno dijo que la discusión se refiere al caso de que tengan la misma bendición; el rabí Iehudá opina que debe darse preferencia al [alimento] que pertenezca a las siete variedades, y los rabíes, a lo que guste más. Cuando no tienen la misma bendición, todos concuerdan en que primero [se bendice] sobre uno y luego sobre otro. El otro dijo que disienten incluso cuando las bendiciones son distintas. Se explica la opinión del que dice que la disensión se limita al caso de que [los alimentos] tengan la misma bendición; pero no se explica la del que dice que la disensión incluye el caso de que la fórmula de la bendición no sea la misma, porque entonces, ¿cuál es la discrepancia?[187] — Respondió el rabí Irmiiá: Discrepan sobre el orden [de las bendiciones]. Porque dijo el rabí Iosef (según otros, el rabí Itsjac): Lo que está primero en el versículo, está primero en la bendición. Dice el versículo: *Tierra de trigo y cebada, de vides, higueras y granados; tierra de olivos y de miel.*[188]

[Sobre esto] disiente el rabí Janán. Porque dijo el rabí Janán: El versículo indica únicamente unidades de medida. *Trigo.* Se ha enseñado que cuando uno entra en una casa leprosa[189] con la ropa al hombro y las sandalias y los anillos en la mano, se vuelve inmediatamente inmundo junto con sus cosas; si lleva la ropa [puesta], las sandalias calzadas y los anillos en los dedos, se vuelve inmediatamente inmundo, pero las cosas siguen limpias hasta que él haya permanecido en la casa el tiempo suficiente para comer un trozo de pan de trigo, no de cebada,[190] reclinado y con gusto. *Cebada.* Se ha enseñado que un hueso[191] del tamaño de un grano de cebada torna inmundo por contacto y por conducción, pero no hace inmunda la tienda. *Vides.* La medida del nazareno es de un cuarto de *log* de vino.[192] *Higueras.* Un higo seco es la medida de lo que se puede sacar de la casa en sabat. *Granados.* Se ha enseñado que la medida de los utensilios de un particular [41 b] es la de una granada.[193] *Tierra de olivos.* Dijo el rabí Iosí hijo del rabí Janiná: Tierra en la que la unidad de todas las medidas es la aceituna. — ¿De todas las medidas? ¿Y las que acabamos de nombrar? — Digamos, más bien, que la unidad de la mayoría de las medidas es la aceituna. *Miel.*[194] Tanto como [el volumen de] un dátil de gran tamaño, el día de la expiación.[195] — ¿Y el otro?[196] — ¿Estas medidas han sido expresamente establecidas? No son más una reglamentación de los rabíes, que se apoyaron en el versículo.

Cierta vez que los rabíes Jisdá y Hamnuná comían juntos, les sirvieron dátiles y granadas. El rabí Hamnuná tomó primero dátiles y pronunció la bendición. — ¿No concuerda el maestro —le dijo el rabí Jisdá— con lo que expresó el rabí Iosef, o según otros, el rabí Itsjac, que se bendice en el mismo orden en que aparecen en el versículo? — Estos[197] —contestó— figuran después de [la palabra] tierra, y estas,[198] en quinto lugar después de [la palabra] tierra.[199] — ¡Si tuviéramos piernas de hierro —dijo [el rabí Jisdá]— para [correr a] escucharte!

Se ha enseñado: Cuando sirven en una comida higos y uvas, según el rabí Huná debe bendecirse antes [de comerlos], pero no después. Lo mismo dijo el rabí Najmán: Debe bendecirse antes, pero no después. — El rabí Sheshet, sin embargo, dijo: Debe bendecirse antes y después, porque no hay nada que requiera una bendición antes sin que requiera otra después, excepto el pan cuando se come con confituras. — En esto disiente el rabí Jiiá, porque el rabí Jiiá dijo: El pan exime [de bendición] a cualquier otro alimento, y el vino exime a cualquier otra bebida. — Dijo el rabí Papa: La jurisprudencia dice que lo que corresponde a la comida y se toma en su transcurso, no requiere bendición ni anterior ni posterior; lo que no corresponde a la comida y se toma en su transcurso, requiere una bendición anterior, y ninguna posterior, y si se toma después de la comida, una bendición anterior y otra posterior.

Preguntaron a Ben Zomá: ¿Por qué dice que lo que corresponde a la comida y se toma en su transcurso, no requiere bendición, ni anterior ni posterior? Porque el pan los exime —contestó. — ¿Por qué no exime el pan también al vino? —El vino es distinto —respondió—, [42 a] porque es por sí mismo causa de bendición.[200] — El rabí Huná comió trece bollos,[201] de tres por *cab*, sin pronunciar ninguna bendición posterior. — ¡Esto es para el hambre! —le dijo el rabí Najmán.[202] Sobre todo aquello que los demás hacen lo principal de la comida debe decirse una bendición.

El rabí Iehudá ofreció por [la boda de] su hijo [una comida] en la casa del rabí Iehudá bar Jabibá. Sirvieron pan confitado y cuando entró, oyó [a los invitados] recitar [la bendición] *hamotsí*.[203] — ¿Qué es ese *tsi tsi* que estoy oyendo? —preguntó— ¿Están diciendo la bendición "que saca pan de la tierra"? — Sí —le contestaron—, porque se ha enseñado que dijo el rabí Muná en nombre del rabí Iehudá: Sobre pan confitado se dice "que saca", y el rabí Shemuel dijo que la jurisprudencia coincide con el rabí Muná. — Se ha enseñado —replicó— que la jurisprudencia no coincide con el rabí Muná. — ¿No dijo el mismo maestro —le respondieron—, en nombre de Shemuel, que los panecillos [confitados] se pueden usar para el *eruv*,[204] y que se bendice sobre ellos [con la fórmula] "que saca..."? — Es distinto cuando es la parte principal de la comida que si no es la parte principal de la comida.

Cierta vez se hallaba el rabí Papa en casa del rabí Huná hijo del rabí Natán. Después de terminada la comida trajeron nuevos alimentos. El rabí Papa se sirvió y comenzó a comer. — ¿No opina el maestro —le preguntaron— que después de terminada la comida se prohíbe comer?[205] —Eso se ha enseñado —respondió— para cuando la mesa ha sido levantada.[206]

Cierta vez estaban Rabá y el rabá Zerá en casa del exilarca. Después de levantada la mesa, el exilarca les mandó otro plato. Rabá comió; el rabí Zerá no comió. — ¿No cree el maestro —le dijo [a Rabá el rabí Zerá]— que se prohíbe comer después de haber sido levantada la mesa? —Confiamos —respondió— en el servicio del exilarca.

Dijo Rab: El que acostumbra [frotarse las manos] con aceite [después de comer], el aceite lo retiene.[207] —Cuando estábamos en la casa del rabí Cahaná —refirió el rabí Ashí— nos dijo [el rabí]: Si, por ejemplo, estamos acostumbrados a usar aceite, el aceite nos retiene. — Sin embargo la jurisprudencia no es la contenida en estas enseñanzas, sino la que estableció el rabí Jiiá bar Ashí en nombre de Rab: Hay tres cosas que siguen inmediatamente una detrás de otra. Inmediatamente después de la colocación de la mano[208] viene la matanza [del animal ofrecido]; inmediatamente después de la bendición por el éxodo viene la oración; e inmediatamente después del lavado de manos viene la bendición.[209] —Dijo Abaie: Digamos también que inmediatamente después de [haber invitado a] un erudito, viene una bendición, como dice este versículo: *El señor me ha bendecido por tu causa.*[210] O si quieres, este otro: *El señor bendijo la casa del egipcio a causa de José.*[211]

MISHNÁ 4. *La bendición que se dice sobre el vino antes de comer exime de la bendición posterior sobre el vino. La bendición pronunciada sobre entremeses antes de la comida exime de la bendición por los entremeses posteriores a la comida. La bendición dicha sobre el pan exime de la bendición sobre los entremeses, pero la bendición dicha sobre entremeses no exime de la bendición sobre el pan. Dijo la escuela de Shamái: Tampoco de la [bendición de la comida] cocinada. Cuando están sentados,[212] cada cual bendice por sí; cuando*

200 Se usa no solamente como bebida, sino también en las ceremonias rituales.
201 Con confituras.
202 No se ha interpretado bien este párrafo, de redacción oscura. Podría significar: Esta cantidad de comida alcanza para saciar el hambre; requiere, por lo tanto, una bendición de gracias.
203 La bendición corriente del pan: "que saca pan de la tierra".
204 V. nota 150, página 227.

205 Debe decirse la bendición posterior de la comida, y luego, antes de volver a comer, una nueva bendición inicial.
206 Mientras no se haya hecho la bendición final y levantado la mesa, la comida continúa.
207 Puede seguir comiendo hasta que le traigan el aceite, aunque se haya levantado la mesa.

208 La del oferente, sobre la cabeza del holocausto que ofrece.

209 La bendición posterior, después del segundo lavado de manos, indica que la comida ha terminado, se haya levantado la mesa o no.
210 Génesis, XXX, 27.
211 Ídem, XXXIX, 5.

212 Cuando sólo comparten la mesa.

[213] Cuando están en compañía.

[214] Substancias aromáticas puestas sobre carbones encendidos, que se traen al final de la comida.

[215] La de que la bendición inicial por el vino exime de la bendición posterior.

[216] Tomar otra copa. Como no había pensado seguir bebiendo, había hecho la bendición.

[217] Según Rabá, la mishná se refiere a que se sirve vino durante la comida, y nuevamente después de la comida, y deduce que la bendición pronunciada sobre el que se sirve durante la comida no exime de bendecir sobre el que se trae al final.

[218] Bendice uno por todos.

[219] De esta manera es una comida concertada.

están reclinados,[213] *bendice uno por todos.* [42 b] *Cuando se sirve vino en el transcurso de la comida, cada cual bendice por sí; al final de la comida, bendice uno por todos. El mismo pronuncia la bendición por los sahumerios,*[214] *aunque los sahumadores no se traen hasta después de la comida.*

GUEMARÁ. Dijo Rabáh bar Bar Janá en nombre del rabí Iojanán: Esta norma [215] se ha enseñado únicamente para el sabat y los días de fiesta, porque es cuando el hombre remata sus comidas con vino; pero los demás días se bendice sobre cada copa por separado. — Se ha enseñado igualmente que dijo Rabáh bar Marí en nombre del rabí Iehoshúa ben Leví: Esta norma se ha enseñado para los sábados y días de fiesta, para cuando se vuelve de la casa de baños, y para después de una sangría, porque entonces el hombre remata las comidas con vino; pero los demás días del año se bendice sobre cada copa por separado.

Cierta vez, en día de trabajo, estaba Rabáh bar Marí en casa de Rabá, y lo vio bendecir [sobre el vino] antes de la comida y nuevamente después de la comida. — Muy bien —le dijo—; el rabí Iehoshúa ben Leví dispuso lo mismo.

Cierta vez, en un día de fiesta, estaba el rabí Itsjac bar Iosef en casa de Abaie, y lo vio bendecir sobre cada copa [de vino] por separado. — ¿No está de acuerdo el maestro —le dijo— con el rabí Iehoshúa ben Leví? — Se me ocurrió ahora —contestó.[216]

Formulóse una pregunta. ¿La bendición que se pronuncia sobre el vino servido en el transcurso de la comida exime de bendecir sobre el que se toma al final? Y si alegas que *la bendición que se dice sobre el vino antes de comer exime de la bendición posterior sobre el vino,* te diré que es porque tanto este como aquel se beben por beber; pero aquí se toma una copa por beber y otra para remojar [los bocados]. ¿O es que no hay diferencia? — Rab dijo que exime; el rabí Cahaná que no exime; el rabí Najmán que exime; el rabí Sheshet que no exime; y el rabí Huná, el rabí Iehudá y todos los discípulos de Rab dijeron que no exime. — Rabá objetó al rabí Najmán: [La mishná dice que:] *Cuando se sirve vino en el transcurso de la comida, cada cual bendice por sí; al final de la comida, bendice uno por todos.*[217] — Significa lo siguiente —respondió—: Cuando en lugar de servir vino durante la comida, se sirve al final, uno solo bendice por todos.

La bendición sobre el pan exime de la bendición sobre los entremeses, pero la bendición dicha sobre entremeses no exime de la bendición sobre el pan. Dijo la escuela de Shamái: Tampoco de la [*bendición de la comida*] *cocinada.* Se hizo esta pregunta: ¿La escuela de Shamái discrepa sobre la cláusula inicial o sobre la cláusula final? ¿Sobre la cláusula inicial, en la que el primer tanaíta dice que si la bendición sobre el pan exime de la bendición sobre los entremeses, con mayor razón eximirá de la [bendición sobre la comida] de cocina, objetando la escuela de Shamái que no exime a los entremeses ni tampoco a la comida de cocina; o sobre la cláusula final, la que dice que la bendición dicha sobre entremeses no exime de la bendición sobre el pan, lo que indica que no exime de la bendición sobre el pan, pero sí de la bendición sobre los platos cocinados, objetando la escuela de Shamái que tampoco exime de la bendición sobre la comida cocinada? — [La cuestión queda] sin resolver.

Cuando están sentados, cada cual bendice por sí, etcétera. Si están reclinados, sí;[218] si no están reclinados, no. Hay una contradicción [con la siguiente enseñanza]: "Cuando van juntas diez personas por el mismo camino, cada cual bendice por sí, aunque todas coman la misma rebanada de pan. Si se sientan, aunque cada cual coma su propia rebanada, bendice uno por todos". Dice: "si se sientan", es decir, aunque no estén reclinados. — Dijo el rabí Najmán bar Itsjac: Se refiere al caso de que digan: Vayamos, y en tal parte comeremos pan.[219]

Cuando el alma de Rab entró a descansar, los discípulos formaron en el cortejo. Al regresar [del sepelio] dijeron: Nos detendremos a comer junto al río Danac. — Después de comer, siguieron sentados y plantearon este problema: ¿Al decir la enseñanza "reclinados" excluye el estar sentados, o es que decir "vayamos a comer a tal parte" equivale a estar reclinados? — No supieron

220 El que se había hecho en señal de duelo por la muerte de su maestro.

221 A darle a la comida el carácter de reunión.

222 A los canapés.

223 Porque ahora integran una reunión.

224 La que dice que después de reclinarse los comensales en los canapés, bendice uno de ellos en nombre de todos.

225 Tienen puesta la atención en lo que comen, y no en las palabras de la bendición. Según los tosafitas, no pueden contestar amén.

226 Creyó que tenía las manos sucias, o que había comido demasiado..
227 El de los sahumadores.

solucionarlo. Levantóse entonces el rabí **Adá bar Ajabá**, [43 *a*] volvió atrás el rasgón de su manto,[220] se hizo otro rasgón y dijo: El alma de Rab entró a descansar y nosotros no aprendimos las bendiciones de las comidas. — Vino un anciano, señaló la contradicción de la mishná con la baraíta, y la explicó: Cuando se dice: Iremos a comer a tal parte, es lo mismo que comer reclinados.

Cuando están reclinados, bendice uno por todos. Dijo Rab: Se aplica únicamente al pan, para el que hay que reclinarse; para el vino no hace falta. — Dijo el rabí Iojanán: También para el vino hay que reclinarse. — Según otros, dijo Rab: Se aplica únicamente al pan, para el que la reclinación contribuye;[221] para el vino la reclinación no contribuye. — Dijo Iojanán: También para el vino contribuye la reclinación. — Se ha objetado [que dice una enseñanza]: ¿Cómo se hace la reclinación? — Los invitados entran y se sientan en bancos y sillas. Cuando han llegado todos, les traen agua para que se laven una mano. En seguida les sirven vino, y cada cual bendice por sí. Entonces suben [222] y se reclinan, y vuelven a traerles agua; aunque se lavaron una mano, ahora se lavan las dos. Les sirven vino y esta vez,[223] pese a haber dicho cada cual su bendición, vuelve a bendecir uno por todos. — De acuerdo con la versión de que Rab dijo: "Se aplica únicamente al pan, para el que hay que reclinarse; para el vino no hace falta reclinarse", hay una contradicción con la cláusula inicial. — Tratándose de invitados es distinto, porque su propósito es subir.[222] — De acuerdo con la versión de que Rab dijo: "Se aplica únicamente al pan, para el que la reclinación contribuye; para el vino la reclinación no contribuye", hay una contradicción con la cláusula final.[224] — En este caso es diferente, porque la reclinación contribuye para el pan y también contribuye para el vino.

Cuando se sirve vino en el transcurso de la comida. Preguntaron al rabí Zomá. ¿Por qué dice que cuando se sirve vino en el transcurso de la comida cada cual bendice por sí, y cuando se sirve al final, bendice uno por todos? — Respondió: Porque tienen la garganta ocupada.[225]

El mismo pronuncia la bendición por los sahumerios, etcétera. Si dice que *el mismo pronuncia la bendición por los sahumerios,* debe entenderse que lo hace incluso cuando hay algún otro más meritorio que él, y que se debe a que es el primero que se lava las manos después de la comida; lo cual apoya el criterio de Rab, porque el rabí Jiiá bar Ashí dijo en nombre de Rab: El primero que se lava las manos después de la comida es el que pronuncia la bendición. — Cierta vez se hallaban Rab y el rabí Jiiá sentados a la mesa delante de Rabí, y Rabí le dijo a Rab: Levántate y lávate las manos. — Viendo que se había sobresaltado,[226] le dijo el rabí Jiiá: Hijo de príncipe, lo que te dijo es que te prepares para bendecir la comida.

Dijo el rabí Zerá en nombre de Raba bar Irmiiá: ¿Cuándo se dice la bendición sobre el perfume?[227] Cuando sube el humo. — Dijo el rabí Zerá a Rabá bar Irmiiá: Pero todavía no se siente el olor. — De acuerdo con tu opinión —respondió— habría que decir que cuando uno pronuncia la bendición "que saca pan de la tierra", todavía no comió. Pero su propósito es comer; y aquí lo mismo, su propósito es oler. — Dijo el rabí Jiiá hijo de Abá bar Najmaní que dijo el rabí Jisdá en nombre de Rab (según otros, el rabí Jisdá en nombre de Zeirí): Sobre los sahumerios se dice la bendición "que creó árboles fragantes"; se exceptúa el del almizcle, que procede de un ser vivo, y se dice "que creó diversas clases de aromas". — Se hizo esta objeción: "La bendición «que creó árboles fragantes» se dice únicamente sobre los árboles balsámicos de la casa de Rabí, sobre los árboles balsámicos de la casa del emperador, y sobre el mirto de cualquier parte". — Es una objeción [válida].

Dijo el rabí Jisdá al rabí Itsjac: ¿Qué bendición se pronuncia sobre el bálsamo? — Según el rabí Iehudá —respondió—, la que dice "que creó el aceite de nuestra tierra". — Aparte el rabí Iehudá, que ama extraordinariamente al país de Israel —dijo [el rabí Jisdá]—, ¿cuál es la que dice la gente? — Según dijo el rabí Iojanán —respondió—, la que dice "que creo el aceite aromático". — Dijo el rabí Adá bar Ahabá: Sobre el terebinto se dice "que creó árboles fragantes"; pero no sobre el aceite en el que se macera. — Dijo el rabí Cahaná: También sobre el aceite en el que se macera, pero no sobre el aceite en el que se muele. — Dijeron los neardíes: También sobre el aceite en el que se muele.

228 Josué, II, 6.

229 Mes de primavera.

230 *Neshama* significa respiración y también alma.
231 Salmos, CL, 6.

232 Oseas, XIV, 7.

233 Ecles., III, 11.

234 Lo llevará al estercolero.

235 Nadie debe salir solo de noche, por temor a los espectros.
236 ¿Dos acompañantes, o un acompañante?

237 Avergonzarlo.

238 Gén., XXXVIII, 25. Prefirió arrostrar al fuego a delatar públicamente a Judá.
239 El aceite para quitarse la suciedad de las manos; el mirto para perfumar.

240 Después de la comida.

241 La fórmula "que creó gratos aromas".

[43 *b*] Dijo el rabí Guidal en nombre de Rab: Sobre el jazmín se dice "que creó árboles fragantes". — Dijo el rabí Jauanel en nombre de Rab: Sobre el romero se dice "que creó árboles fragantes". — Dijo Mar Zutrá: ¿De qué versículo [se deduce]? [De este:] *Mas ella los había hecho subir al terrado, y los había escondido entre los árboles de lino.*228 — (Dijo el rabí Mesharsheiiá:) Sobre el narciso de cultivo se dice "que creó árboles fragantes"; sobre el narciso silvestre, "que creó hierbas fragantes". — Dijo el rabí Sheshet: Sobre la violeta se bendice "que creó hierbas fragantes". — Dijo Mar Zutrá: El que huele una cidra o un membrillo debe decir: "Bendito sea el que dio aroma a la fruta". — Dijo el rabí Iehudá: El que sale en los días de nisán 229 y ve los árboles florecidos, dice: "Bendito sea el que no deja que falte nada en su mundo, y que creó en él bellos seres y bellos árboles para placer de los hombres".

Dijo el rabí Zutrá bar Tobiiá en nombre de Rab: ¿De dónde se toma que hay que bendecir por las fragancias? Del versículo que dice: *Todo lo que respira (neshama)* 230 *alabe el señor.*231 ¿Qué es lo que da placer al alma y no al cuerpo? Dilo: los buenos olores.

Dijo también el rabí Zutrá bar Tobiiá en nombre de Rab: Algún día los jóvenes de Israel despedirán olores tan fragantes como los del Líbano; lo dice el versículo: *Se extenderán sus ramas, y será su gloria como la del olivo, y perfumará como el Líbano.*232

Dijo también el rabí Zutrá bar Tobiiá en nombre de Rab: ¿Qué significa el versículo que dice: *Todo lo hizo hermoso en su tiempo?* 233 Enseña que el santo, bendito sea, hizo que a cada cual le gustara su ocupación. — Es como dice la gente —observó el rabí Papa—: Cuélgale al cerdo en el cuello un vástago de palmera, y hará con él lo de siempre.234

Dijo también el rabí Zutrá bar Tobiiá en nombre de Rab: Una antorcha es igual que dos [personas]; la luz de la luna, igual que tres.225 — Se hizo esta pregunta: ¿La antorcha es igual que dos personas, contándolo a uno, o sin contarlo a uno? 236 — Ven y escucha. "La luz de la luna es igual que tres [personas]." Si dices que es contándolo a uno, no hay dificultad; pero si dices que es sin contarlo a uno, ¿para que quiero [que seamos] cuatro? El maestro dijo: A uno [el espectro] se le aparece, y le hace daño; a dos, se les aparece, pero no les hace daño; a tres no se les aparece para nada. Podemos, por lo tanto, deducir que la antorcha equivale a dos [personas], contándolo a uno. Esto lo demuestra.

Dijo también el rabí Zutrá bar Tobiiá en nombre de Rab (según otros, el rabí Janá bar Bizná en nombre del rabí Shimeón el devoto, y según otros el rabí Iojanán en nombre del rabí Shimeón ben Iojái): Es preferible arrojarse a un horno en llamas que hacer palidecer en público el rostro del prójimo.237 ¿Cómo se sabe? Por Tamar, de quien dice el versículo: *Pero ella, cuando la sacaban,* etcétera.238

Enseñaron los rabíes: Cuando a uno le traen [después de la comida] aceite y mirto,239 dice primero, según la escuela de Shamái, la bendición por el aceite, y luego por el mirto; según la escuela de Hilel, primero bendice por el mirto y luego por el aceite. — Dijo el rabán Gamaliel: Voy a fallar. El aceite nos sirve para perfumarnos y para untarnos; el mirto nos sirve únicamente para perfumarnos, no nos sirve para untarnos. — Dijo el rabí Iojanán: La jurisprudencia concuerda con el que falló. — Cierta vez se hallaba el rabí Papa en la casa del rabí Huná hijo del rabí Icá. Les trajeron aceite y mirto, y el rabí Papa tomó primero el mirto y pronunció la bendición, y luego dijo la bendición sobre el aceite. — ¿No opina el maestro —le preguntó el otro— que la jurisprudencia coincide con el que falló? — Dijo Rabá —respondió—: La jurisprudencia es la que estableció la escuela de Hilel. — No era verdad; lo dijo únicamente para justificarse.

Enseñaron los rabíes: Cuando traen [a la mesa] 240 aceite [perfumado] y vino, se toma, como dice la escuela de Shamái, el aceite con la mano derecha y el vino con la izquierda, y se bendice primero sobre el aceite 241 y luego sobre el vino. Según la escuela de Hilel, se toma el vino con la derecha y el aceite con la izquierda, y se bendice primero sobre el vino y luego sobre el aceite. [Finalmente] se embadurna con él la cabeza del sirviente; y si el sirviente es un erudito, se embadurna la pared, porque no queda bien que un erudito salga a la calle perfumado.

Enseñaron los rabíes: Hay seis cosas que son impropias de un erudito. No debe salir a la calle perfumado; ni salir de noche solo; ni salir calzando sandalias remendadas; ni conversar en la calle con una mujer; ni comer con ignorantes; ni llegar el último a la casa de estudio. Otros agregan: Tampoco andar a trancos ni caminar enhiesto. ·

"No debe salir a la calle perfumado." Dijo a esto el rabí Abá hijo del rabí Jiiá bar Abá en nombre del rabí Iojanán: Esta norma se aplica en los lugares donde se sospecha de la práctica de echarse con varones. — Dijo el rabí Sheshet: Rige sólo para la ropa; puesto sobre el cuerpo, [el perfume] aleja el sudor. — Dijo el rabí Papa: El cabello, en este caso, es lo mismo que la ropa. Según otros: lo mismo que el cuerpo.

"No debe salir solo de noche." Para evitar sospechas. Rige para los que no tienen horario determinado; de los que tienen horario determinado [no se sospecha], porque se sabe que van a cumplir su horario.

"No debe salir calzando sandalias remendadas." Esta norma respalda la opinión del rabí Jiiá bar Abá, porque dijo el rabí Jiiá bar Abá: No es propio que un erudito salga a la calle calzando sandalias remendadas. — No es así, porque el rabí Jiiá bar Abá sale [calzando sandalias remendadas]. — Dijo Mar Zutrá hijo del rabí Najmán: Se refiere a las que tienen remiendo sobre remiendo, y sólo en la pala; en la suela no importa. Y en la pala, para salir a la calle; dentro de la casa, no importa. Y sólo en verano; en la estación de las lluvias, no importa.[242]

"No debe conversar en la calle con mujeres." Dijo el rabí Jisdá: Ni con su esposa. — Se ha enseñado asimismo: Ni con la esposa, ni con la hija, ni con la hermana, porque no todos conocen a sus parientes.

"No debe comer con ignorantes." ¿Por qué? Puede dejarse convencer.[243]

"No debe ser el último en llegar a la casa de estudio." Para que no lo llamen transgresor.

"Otros agregan: Tampo andar a trancos." Porque dijo el maestro: Los pasos largos reducen en una quingentésima parte la agudeza visual del hombre. ¿Qué debe hacerse? — Se restablece bebiendo el vino de santificación en la víspera del sabat.

"Ni caminar enhiesto." Porque dijo el maestro: Caminar enhiesto, aunque sólo sea cuatro codos, es lo mismo que empujarle los pies a la presencia divina;[244] porque dice lo escrito: *Toda la tierra está llena de su gloria.*[245]

[44 a] *MISHNÁ 5. Cuando a uno le sirven primeramente alimentos salados y pan, dice la bendición sobre los alimentos salados y el pan queda eximido, porque el pan es complemento de aquellos. La regla es la siguiente: Cuando hay un alimento principal y otro complementario, se bendice sobre el principal y el complementario queda eximido.*

GUEMARÁ. ¿Puede haber algún alimento salado principal del que el pan sea complementario? — Dijo el rabí Ajá hijo del rabí Avirá en nombre del rabí Ashí: Se refiere al que come la fruta de Genesaret.[246] — Dijo Rabáh bar Bar Janá: Cuando seguíamos al rabí Iojanán para comer fruta de Genesaret, siendo ciento le llevábamos diez cada uno, y siendo diez le llevábamos ciento cada uno, y ciento no cabían en una canasta de tres *seás*. [El rabí] la comía, y juraba que aún no había probado comida. — ¿Comida, dices? — Más bien, que no había comido. — El rabí Abahú la comía hasta que las moscas le resbalaban en la frente.[247] Los rabíes Amí y Así la comían hasta que se les caía el cabello. El rabí Shimeón ben Lakish la comía hasta que empezaba a divagar; el rabí Iojanán daba aviso a la casa del príncipe, y el rabí Iehudá, el príncipe, enviaba guardias para que lo llevaran a su casa.

Cuando volvió [de Palestina] el rabí Dimí dijo que el rey Janeo tenía una ciudad en la montaña del rey,[248] en la que sacaban de viernes a viernes sesenta miríadas de fuentes de pescado salado, para los hombres que se dedicaban a cortar higueras. Cuando llegó Rabín dijo que el rey Janeo tenía en la montaña del rey un árbol del que sacaban mensualmente cuarenta *seás* de pichones de tres nidadas. Cuando llegó el rabí Itsjac dijo que en una ciudad, llamada Gofnit, del país de Israel, había ochenta pares de hermanos, todos sacerdotes, casados con ochenta pares de hermanas, todas de familia sacerdotal. Los rabíes buscaron de Surá a Neardea y sólo encontraron el [caso parecido] de las hijas del rabí Jisdá, que estaban casadas con [los hermanos] Ramí bar Jamá y Mar Ucbá bar Jamá; pero ellas eran sacerdotisas, y ellos no.

[242] El barro lo tapa.

[243] Adoptar sus malas prácticas.

[244] Asumir una actitud despectiva hacia Dios.
[245] Isaías, vi, 3.

[246] El que come fruta de Genesaret toma luego alimentos salados para contrarrestar la excesiva dulzura de la fruta.

[247] La fruta le ponía la piel suave y lisa.

[248] Probablemente una región de Judea llamada de ese modo.

—Dijo Rab: Comida sin sal no es comida. — Dijo el rabí Jiiá bar Abá en nombre del rabí Iojanán: Comida sin salsa no es comida.

MISHNÁ 6. El que come uvas, higos y granadas dice después tres bendiciones; esta es la opinión del rabán Gamaliel. Los sabios dijeron: La bendición que contiene tres. — Dijo el rabí Akiba: El que toma hortalizas hervidas por toda comida, también dice después las tres bendiciones. El que bebe agua para apagar la sed, dice la bendición "por cuya palabra existen todas las cosas". — Dijo el rabí Tarfón: "el que creó muchos seres vivientes y sus necesidades".

GUEMARÁ. ¿En qué se funda el rabán Gamaliel? — En el versículo que dice: *Tierra de trigo y cebada*, etcétera;[249] y en el que dice: *Tierra en la cual no comerás el pan con escasez*, etcétera.[250] y en el que dice: *Y comerás y te saciarás, y bendecirás al señor tu Dios.*[251] — ¿Y los rabíes? — [Dicen que la palabra] *tierra*[252] interrumpe la continuidad [del texto]. — ¿Y el rabán Gamaliel reconoce que *tierra* interrumpe la continuidad del texto? — Lo emplea para excluir al que mastica trigo.[253]

Dijo el rabí Iacov bar Idí en nombre del rabí Janiná: Sobre todo lo que pertenezca a las cinco clases de cereales se dice antes [de comer] "que creó diversas clases de alimentos", y después [de comer] la bendición triple. — Dijo Rabáh bar Marí en nombre del rabí Iehoshúa ben Leví: Sobre todo lo que pertenezca a las siete clases,[254] se dice antes "que creó el fruto del árbol", y después la bendición que contiene tres. — Dijo Abaie al rabí Dimí: ¿Cómo es la bendición que contiene tres? — Sobre frutos de árbol — contestó — se dice: "Por el árbol y por el fruto del árbol, y por los productos del campo, y por el exquisito, bueno y anchuroso país que diste en herencia a nuestros antepasados, para comer sus frutos y satisfacerse con sus bondades. Compadécete, señor nuestro Dios, de tu pueblo Israel, de tu ciudad Jerusalén, de tu santuario y tu altar. Edifica rápidamente, en nuestros días, tu ciudad santa Jerusalén, llévanos a ella y regocíjanos con ella, porque tú eres bueno y haces bien a todos". Sobre las cinco clases de cereales se dice: "Por el sustento, por la alimentación, por los productos del campo...", etcétera. Finalizando con: "Por el país y por el sustento". — ¿Cómo termina [la de la fruta]? — Rab — dijo a su regreso el rabí Dimí — terminaba los días de luna nueva de este modo: "Bendito sea el que santifica a Israel y la luna nueva". — ¿Y ahora? — Dijo el rabí Jisdá: "Por el país y sus frutos". — Dijo el rabí Iojanán: "Por el país y por los frutos". — Dijo el rabí Amram: No disienten; una es para nosotros, y la otra para ellos.[255] — Objetó el rabí Najmán bar Itsjac: ¿Ellos comen y nosotros bendecimos?[256] — Cambiemos [los nombres]: Dijo el rabí Jisdá: "Por el país y por los frutos"; dijo el rabí Iojanán: "Por el país y sus frutos".

[44 b] Dijo el rabí Itsjac bar Abdimí en nombre de nuestro maestro: Sobre huevos y sobre cualquier plato de carne se dice antes [de comer: "por cuya palabra existen] todas las cosas"; después [de comer]: "que creó muchos seres vivientes, etcétera". Sobre hortalizas, nada.[257] — Dijo el rabí Itsjac: También [se bendice] por las hortalizas;[257] pero no por el agua. — Dijo el rabí Papa: También por el agua. — Mar Zutrá procedía de acuerdo con el rabí Itsjac bar Abdimí, y el rabí Shimí bar Ashí de acuerdo con el rabí Itsjac. Como señal,[258] uno como dos y dos como uno.[259] — Dijo el rabí Ashí: Cuando pienso en ello, hago como dicen todos.[260]

Se ha enseñado: Todo lo que requiere bendición posterior, requiere bendición anterior; pero hay cosas que requieren bendición anterior y no posterior. Lo cual se entiende de acuerdo con la opinión del rabí Itsjac bar Abdimí, porque excluye las verduras, y de acuerdo con la opinión del rabí Itsjac, porque excluye el agua. ¿Pero de acuerdo con la opinión del rabí Papa, qué es lo que excluye? — Excluye los preceptos.[261] — ¿Qué excluye para los habitantes del oeste, que cuando se quitan los filacterias dicen: "que nos santificó con sus preceptos y nos mandó observar sus leyes"? — Excluye las fragancias.

Dijo el rabí Ianái en nombre de Rabí: Un huevo es superior a todo lo que es como un huevo [de grande]. — Cuando llegó Rabín, dijo: Es mejor un huevo escalfado que seis *caisim*[262] de harina. — Cuando vino el rabí Dimí, dijo: Es mejor un huevo escalfado que seis [*caisim*], y un huevo duro que cuatro;[263] y un huevo hervido es mejor que la misma cantidad de cualquier otra cosa, menos carne.

Dijo el rabí Akiba: El que toma hortalizas hervidas, etcétera. ¿Hay alguna

---

[249] Deut., VIII, 8.
[250] Ídem, íd., 9.
[251] Ídem, íd., 10.
[252] Del vers. 9.

[253] La palabra *bendecirás* del vers. 10 se refiere únicamente al pan del que habla el vers. 9, y no a los frutos mencionados en el 8. La palabra *tierra* interrumpe la continuidad y al *trigo* le corresponden las tres bendiciones sólo cuando ha sido transformado en *pan.*
[254] Las nombradas en Deut., VIII, 8.

[255] Para nosotros, en Babilonia, la del rabí Jisdá; para ellos, en Israel, la del rabí Iojanán.
[256] Ellos comen los frutos del país de Israel, y nosotros decimos "y sus frutos".
[257] Después de comer.
[258] Como clave para recordar quién sigue a quién.
[259] El nombrado con su nombre solamente, sigue al nombrado con dos nombres, el de él y el del padre; y a la inversa.
[260] Digo todas las bendiciones, incluso la posterior por el agua.
[261] Las acciones rituales por las que se bendice antes y no después.
[262] Medida de capacidad igual al *log.*
[263] Según otra interpretación: Es mejor un huevo escalfado que seis huevos duros, y un huevo duro que cuatro hervidos.

hortaliza hervida que sea un plato nutritivo? — Dijo el rabí Ashí: Se refiere a los tallos de coles.

Enseñaron los rabíes: El bazo es bueno para los dientes, pero malo para los intestinos. El puerro es malo para los dientes, pero bueno para los intestinos. La verdura [cruda] deja verde.[264] Todo lo chico achica.[265] Los seres vivientes vivifican; las partes próximas a los órganos vitales, vivifican. Coles como alimento; acelga como remedio. ¡Pobre de la casa [266] por la que pasan continuamente hortalizas!

Dijo el maestro: "El bazo es bueno para los dientes, pero malo para los intestinos". ¿Cómo se remedia? — Se mastica bien y se escupe. — "El puerro es malo para los dientes, pero bueno para los intestinos". ¿Cómo se remedia? — Se cuece bien y se traga. — "La verdura cruda deja verde". Dijo el rabí Itsjac: Tomada en la primera comida posterior a una sangría. — Dijo también el rabí Itsjac: Se prohíbe hablar con el que come verdura antes de la cuarta hora.[267] — ¿Por qué? — Por el aliento. — Dijo también el rabí Itsjac: Se prohíbe comer verdura cruda antes de la cuarta hora. — Cierta vez se hallaban sentados juntos Amemar, Mar Zutrá y el rabí Ashí, y, antes de la cuarta hora les sirvieron verduras crudas. Amemar y el rabí Ashí comieron; Mar Zutrá, no. — ¿Por qué [no comes]? —le preguntaron—. ¿Porque dijo el rabí Itsjac que se prohíbe hablar con el que come verdura cruda antes de la cuarta hora, por su [mal] aliento? Nosotros hemos comido, y tú hablas con nosotros. — Sigo la otra disposición del rabí Itsjac —respondió—, la de que se prohíbe comer verdura cruda antes de la cuarta hora. — "Todo lo chico achica." Dijo el rabí Jisdá: Hasta un cabrito de un *zuz*.[268] Pero sólo cuando no tiene la cuarta parte;[269] si tiene la cuarta parte, no hay inconveniente. — "Los seres vivientes vivifican." Dijo el rabí Papa: Incluso pescaditos de laguna. — "Las partes próximas a los órganos vitales, vivifican." Dijo el rabí Ajá bar Iacov: Como el cuello.[270] — Dijo Rabá a su criado: Cuando vayas a buscarme carne cruda, hazme el favor de traerla de un lugar próximo a la bendición.[271] — "Coles como alimento; acelga como remedio." ¿Las coles sirven únicamente como alimento? ¿No sirven como remedio? Sin embargo, se ha enseñado: Hay seis cosas que curan a un enfermo haciendo una verdadera curación. Son ellas: las coles, la acelga, el jugo de zamarrilla, el estómago, el útero y el lóbulo mayor del hígado. — Digamos, entonces, que las coles sirven también como alimento. — "¡Pobre de la casa por la que pasan continuamente hortalizas!" No es así, porque Rabá dijo a su criado: Cuando veas hortalizas en el mercado, no me preguntes: ¿Con qué comerás el pan? — Dijo Abaie: [Se refiere a las verduras cocidas] sin carne. — Dijo Rabá: [A las que se comen] sin vino. — Se ha enseñado que Rab dijo: sin carne, Shemuel: sin madera,[272] y el rabí Iojanán: sin vino. — Dijo Rabá al rabí Papa: ¡Cervecero! Nosotros lo cortamos[273] con carne y vino. ¿Ustedes, que no tienen mucho vino, con qué lo cortan? — Contestó: Con astillas. — La esposa del rabí Papa, cuando cocinaba verduras, cortaba [el daño] con ochenta ramas [de árboles] persas.

Enseñaron los rabíes: Los pescaditos en salmuera suelen causar la muerte al séptimo, decimoséptimo o vigesimoséptimo [día de su preparación]; según otro, el vigesimotercero. — Únicamente cuando están mal asados; estando bien asados, no hacen daño. Y los que no están bien asados hacen daño solamente cuando no se bebe aguamiel después [de comerlos]. Al que bebe aguamiel no le hacen daño.

El que bebe agua para apagar la sed, etcétera. ¿Qué excluye [esta norma]? — Dijo el rabí Idí bar Abín: Excluye [45 a] al que se atora con un bocado de carne.

Dijo el rabí Tarfón: "el que creó muchos seres vivientes y sus necesidades". Dijo Rabá hijo del rabí Janán a Abaie, según otros al rabí Iosef: ¿Qué dice la jurisprudencia? — Vete a ver lo que hace el pueblo —respondió.

CAPÍTULO VII

MISHNÁ 1. *Cuando tres personas comen juntas, tienen la obligación de invitarse.[1] Pueden ser invitados[2] los que hayan comido productos dudosos,[3] [alimentos] del primer diezmo[4] del que se haya sacado la oblación,[5] [alimentos] del segundo diezmo, o [productos] consagrados [al Templo] que hayan sido redimidos;[6] los sirvientes que hayan comido algo [por lo menos] del tamaño de una aceituna; y los cuteos. Los que hayan comido productos no diez-*

[264] Palidece el rostro.
[265] Estorba el crecimiento.
[266] Del estómago.

[267] La hora de la primera comida del día.

[268] Aunque sea rollizo y de buena clase.
[269] De su tamaño normal.
[270] Está cerca del corazón.
[271] Próximo al cuello, que se corta, para matar al animal, pronunciando una bendición.

[272] Mal cocidas, con poco fuego.
[273] El daño.

[1] Invitarse mutuamente a decir la bendición de la comida.
[2] A pronunciar la bendición.
[3] De los que no se sabe con certeza si se les ha retirado el diezmo.
[4] El que corresponde a los levitas. V. Números, XVIII, 21.
[5] Se refiere probablemente al *diezmo de los diezmos* que deben ofrecer los levitas. V. Números, XVIII, 26.
[6] Para ser consumidos fuera de Jerusalén. Véase Deut., XIV, 22 y sigs.

mados, productos del primer diezmo de los que no se haya sacado la oblación, del segundo diezmo o productos consagrados no redimidos; los sirvientes que hayan comido menos de [lo que ocupa] una aceituna, y los extranjeros, no pueden ser invitados.² Tampoco pueden ser invitados las mujeres, los esclavos y los menores de edad. — ¿Cuánto [hay que comer] para ser invitado [a bendecir]? Tanto como [lo que ocupa] una aceituna. Dijo el rabí Iehudá: [Lo que ocupa] un huevo.

GUEMARÁ. ¿De dónde se toma?⁷ — Del versículo que dice —respondió el rabí Ashí—: *Engrandeced al señor conmigo, y exaltemos a una su nombre.*⁸ Del siguiente versículo —respondió el rabí Abahú—: *Cuando proclamo el nombre del señor, engrandeced a nuestro Dios.*⁹

Dijo el rabí Janán bar Abá: ¿De dónde se toma que el que responde amén no debe levantar la voz más que el que bendice? Del versículo que dice: *Engrandeced al señor conmigo, y exaltemos a una su nombre.* — Dijo el rabí Shimeón ben Pazí: ¿De dónde se toma que el traductor no debe levantar la voz más que el lector?¹⁰ Del versículo que dice: *Moisés hablaba y Dios le respondía con voz.*¹¹ No hacía falta que dijera *con voz.* ¿Qué significa *con voz?* "Con la voz de Moisés". — Se ha enseñado igualmente: El traductor no debe levantar la voz más que el lector. Cuando el traductor no puede alzar la voz hasta igualarla con la del lector, este debe reducir la suya y leer [en ese tono].

Se ha enseñado: Sobre el caso de dos personas que comen juntas, discrepan Rab y el rabí Iojanán. Uno dice que si quieren, pueden invitarse [recíprocamente a pronunciar la bendición común]; el otro dice que aunque quieran invitarse, no deben hacerlo. Hemos visto que: *Cuando tres personas comen juntas, tienen la obligación de invitarse.* Tres personas, pero no dos. — En este caso es obligatorio; en el otro, voluntario.

Ven y escucha. Cuando tres personas comen juntas, tienen la obligación de invitarse [a bendecir] y no se pueden separar. Es decir que deben ser tres, y no dos.¹² — Este es un caso distinto, porque están obligadas de antemano.¹³

Ven y escucha. El sirviente que atiende a dos comensales, puede sentarse a comer con ellos, aunque no se lo autoricen [expresamente]; el que atiende a tres, no debe sentarse a comer con ellos si no se lo permiten [expresamente]. — Allí es distinto; [45 b] ellos lo desean, porque así asumen de antemano la obligación [de invitarse].

Ven y escucha. Las mujeres se invitan entre ellas y los esclavos se invitan entre ellos, pero mujeres, esclavos y menores juntos, aunque lo quieran, no se invitan. (Las mujeres aunque sean ciento.) Y aunque cien mujeres no valen más que dos hombres, dice [la enseñanza]: Las mujeres se invitan entre ellas y los esclavos se invitan entre ellos. — Aquí es distinto, porque hay [muchas] opiniones. — En tal caso, veamos la cláusula final: Mujeres y esclavos juntos, aunque lo quieran, no se invitan. ¿Por qué no? Son [muchas] opiniones. — Aquí es distinto, por temor al libertinaje.

Debemos deducir que es Rab el que dijo que "aunque quieran invitarse, no deben hacerlo".¹⁴ Porque dijo el rabí Dimí bar Iosef en nombre de Rab: Cuando tres personas comen juntas y una de ellas sale a la calle, las otras la llaman y la incluyen en la invitación.¹⁵ — Porque la llaman; si no la llamaran, no. — Aquí es distinto, debido a que están comprometidos de antemano a invitarse. Más bien debemos deducir que es el rabí Iojanán el que dijo que "aunque quieran invitarse, no deben hacerlo". Rabáh bar Bar Janá dijo en nombre del rabí Iojanán: Cuando dos personas comen juntas, una de ellas cumple su obligación con la bendición de su compañero. A esto objetamos: ¿Qué nos enseña con esto? Se ha enseñado que: Cuando uno escucha, cumple su obligación, aunque no responda [amén]. A lo cual dijo el rabí Zerá: Esto nos enseña que no se invitan a bendecir.¹⁶ — Esto se deduce.

Dijo Rabá hijo del rabí Huná al rabí Huná: Los rabíes que vinieron del oeste dicen que si quieren pueden invitarse mutuamente [a bendecir]; ¿de quién lo aprendieron? Seguramente del rabí Iojanán. — No, lo aprendieron de Rab, antes de que este bajara a Babilonia.

[Según] el texto, dijo el rabí Dimí bar Iosef en nombre de Rab: Cuando tres personas comen juntas y una de ellas sale a la calle, la llaman y la incluyen en la invitación. — Dijo Abaie: Únicamente cuando la llaman y responde. — Dijo Mar Zutrá: Se refiere únicamente al caso de que sean tres; cuando son diez,¹⁷ tienen que esperar a que entre. — Al contrario —objetó el

⁷ La norma de que los tres comensales deben invitarse mutuamente a bendecir.
⁸ Salmos, XXXIV, 4.
⁹ Deut., XXXII, 3.

¹⁰ El lector leía en hebreo y un traductor lo vertía al arameo.
¹¹ Éxodo, XIX, 19.

¹² Les está prohibido separarse para que no queden dos.
¹³ Tienen que cumplir la obligación establecida de invitarse.

¹⁴ Las dos personas que comen juntas. Véase *supra*, 45 a.
¹⁵ Aunque no vuelva a entrar.

¹⁶ No obstante, la bendición de uno exime al otro.

¹⁷ Cuando se trata de completar el número de diez.

rabí Ashí—; nueve pueden parecer diez, pero dos no pueden parecer tres. — La jurisprudencia coincide con Mar Zutrá. — ¿Por qué? — Como tienen que mencionar el nombre de Dios, no es correcto que sean menos de diez.

Dijo Abaie: La tradición nos enseña que cuando dos personas comen juntas, es imperativo que se separen.[18] — Se ha enseñado asimismo: Cuando dos personas comen juntas, es imperativo que se separen. Lo cual rige para el caso de que se trate de dos personas cultas; si una de ellas es culta y la otra ignorante, bendice la persona culta y la ignorante da por cumplida su obligación.

He dado la siguiente enseñanza —dijo Rabá—, con la cual coincidió otra enseñanza expresada en nombre del rabí Zerá: Cuando tres personas comen juntas, una se interrumpe en obsequio de dos,[19] pero dos no se interrumpen en obsequio de una. — ¿Cómo no? El rabí Papa interrumpió [la comida] en obsequio de su hijo Abá Mar, junto con otro [comensal]. — El caso del rabí Papa es distinto, porque procedió con justicia.[20]

Iehudá bar Meremar, Mar hijo del rabí Ashí y el rabí Ajá de Diftí merendaban juntos. Ninguno de ellos era más importante que los demás, como para pronunciar la bendición por ellos. (Se planteó la cuestión:) La enseñanza de que *cuando tres personas comen juntas, tienen la obligación de invitarse*, se refiere al caso de que haya entre ellas un hombre importante; cuando son todos iguales, es preferible bendecir por separado. — Y cada cual pronunció su bendición. Luego fueron a ver a Meremar, y este les dijo: Ustedes cumplieron la obligación de bendecir, pero no la de invitarse. Y si me dicen: Comenzaremos de nuevo con la invitación, [les diré que] no se retrocede la invitación.

¿El que entra y los encuentra bendiciendo, qué dice con ellos?[21] — Dijo el rabí Zebid: "Bendito y exaltado sea." — Dijo el rabí Papa: Contesta amén. — En realidad no disienten; uno se refiere al caso de que los encuentre diciendo "bendigamos"; el otro, al caso de que los encuentre diciendo "bendito". Si los encuentra diciendo "bendigamos", dice "bendito y exaltado sea"; si los encuentra diciendo "bendito", contesta amén.

Dice una enseñanza que el que responde amén a su propia bendición merece elogios, y otra, que merece reproches. — No hay contradicción; una se refiere a [la bendición] "que edificó a Jerusalén", y la otra a las demás bendiciones. Abaie solía contestar en voz alta para que lo oyeran sus jornaleros y se levantaran, porque la bendición "que es bueno y hace el bien" no está indicada en la Tora. El rabí Ashí contestaba en voz alta, para que no tomaran superficialmente la bendición "que es bueno y hace el bien".

[46 a] El rabí Zerá estaba enfermo. El rabí Abahú fue a verlo e hizo un voto, diciendo: Si el pequeño de las piernas chamuscadas[22] se cura, daré una fiesta a los rabíes. — Se curó y [el rabí Abahú] les dio una fiesta a los rabíes. Cuando llegó el momento de partir [el pan],[23] dijo al rabí Zerá: ¿Quiere el maestro partir [pan] por nosotros? — ¿No concuerda el maestro con la norma del rabí Iojanán —le contestó—, de que es el dueño de casa el que debe partir el pan? — Partió el pan. Cuando llegó el momento de bendecir la comida, le dijo: ¿Quiere el maestro decir la bendición? — Contestó [el rabí Zerá]: ¿No concuerda el maestro con la opinión del rabí Huná de Babilonia,[24] el que dijo que debe bendecir la comida el mismo que parte el pan? — ¿Qué criterio seguía [el rabí Abahú]? — El que expuso el rabí Iojanán en nombre del rabí Shimeón ben Iojái: el dueño de casa parte el pan y el invitado bendice la mesa. El dueño de casa parte el pan, para hacerlo con amable voluntad; el invitado bendice, para bendecir al dueño de casa. — ¿Cómo lo bendice? — "Quiera [Dios] que el dueño de casa no sea nunca avergonzado en este mundo ni abochornado en el mundo del futuro." — Rabí agregó otras frases: "Que tenga mucha suerte en todas sus posesiones; que sus propiedades, lo mismo que las nuestras, prosperen y se encuentren cerca de la ciudad; y que Satán no tenga poder sobre la obra de sus manos ni sobre la obra de las nuestras; que no lo asalten, ni a él ni a nosotros, malos pensamientos de pecados, transgresiones y faltas, de ahora y para siempre".

¿Hasta dónde llega la bendición [posterior] de la comida?[25] — Dijo el rabí Najmán: Hasta [que digan] "bendigamos".[26] — Dijo el rabí Sheshet: Hasta "el que nutre".[27] — De aquí se deduce que existe una controversia similar a la de los tanaítas. Uno enseñó que la bendición posterior de la comida [se integra] con dos o tres;[28] el otro, con tres o cuatro. — Se admite que todos están de acuerdo en que la bendición "que es bueno y hace el bien" no es de la Tora. La discrepancia, por lo tanto, consiste en que aquel que dice [que se integra

---

[18] Para pronunciar la bendición.

[19] Si dos han terminado de comer y una no, la que no terminó suspende la comida para unirse a la bendición conjunta con las otras dos.

[20] Para honrar a su hijo.

[21] El que encuentra a tres comensales haciendo la bendición conjunta, cómo se une a la bendición.

[22] Véase Baba Metsía, *85 a*.

[23] Al dar comienzo a la comida.

[24] La comida se realizaba en Palestina.

[25] Según los tosafitas, durante cuánto tiempo debe interrumpir la comida el comensal que la suspende en atención a sus compañeros que ya han terminado y están por bendecir.

[26] El final de la bendición conjunta.

[27] La primera de las bendiciones posteriores de la comida.

[28] Podría significar "se compone de dos o tres bendiciones", o, como interpretan los tosafitas, que dos o tres comensales pronuncian una cada uno.

con] dos o tres, afirma que [la bendición conjunta] se prolonga hasta "el que nutre", y aquel que dice [que se integra con] tres o cuatro, sostiene que se prolonga hasta "bendigamos". — No; el rabí Najmán mantiene su opinión, y el rabí Sheshet la de él. Todos coinciden en que se prolonga hasta "bendigamos", lo cual se explica sin inconvenientes de acuerdo con el que dice [que la bendición se integra con] tres o cuatro; y el que dice [que se integra con] dos o tres puede decirte que se refiere a la bendición pronunciada por un jornalero, acerca de la cual dijo el maestro: Comienza con "el que nutre" y se intercala "que edificó a Jerusalén" en la bendición del país. "El rabí Sheshet mantiene la de él." Todos están de acuerdo en que [la bendición conjunta] llega hasta "el que nutre", lo cual se explica sin inconvenientes de acuerdo con el que dice [que se integra con] dos o tres; en cuanto al que dice [que se integra con] tres o cuatro, opina que la bendición "que es bueno y hace el bien" es de la Tora.

Dijo el rabí Iosef: La bendición "que es bueno y hace el bien" no puede ser de la Tora, porque los jornaleros la dejan. — Dijo el rabí Itsjac bar Shemuel bar Martá en nombre de Rab: La bendición "que es bueno y hace el bien" no puede ser de la Tora, porque comienza con la palabra "bendito", pero no termina con la palabra "bendito". Y se ha enseñado que: Todas las bendiciones comienzan con "bendito" y terminan con "bendito", excepto la bendición por la fruta, la bendición por los preceptos, la bendición que se une a otra y la última bendición del *shemá*. Algunas de ellas comienzan con "bendito" pero no terminan con "bendito", [46 b] y otras concluyen con "bendito" pero no se inician con "bendito". La bendición "que es bueno y hace el bien" comienza con "bendito" pero no termina con "bendito", de lo que se desprende que es una bendición aislada. — Dijo el rabí Najmán bar Itsjac: Puedes saber que la bendición "que es bueno y hace el bien" no es de la Tora, porque no la pronuncian en las casas de duelo.[29] Se ha enseñado: ¿Qué bendición se dice en las casas de duelo? "Bendito sea el que es bueno y hace el bien". El rabí Akiba dijo: "Bendito sea el juez de verdad". ¿Se dice "el que es bueno y hace el bien" y no "el juez de verdad"? — Digamos, más bien, que también se recita "el que es bueno y hace el bien".

Mar Zutrá fue a casa del rabí Ashí, que había sufrido una desgracia, y comenzó a bendecir de este modo: "El que es bueno y hace el bien, Dios de verdad, juez verdadero que juzga con justicia y quita con justicia y que rige en su mundo y procede de acuerdo con su voluntad; todos sus caminos son juicios, porque todo es de él, y nosotros somos su pueblo y sus siervos, y a nosotros nos corresponde darle las gracias por todo y bendecirlo. El que cerca las brechas de Israel que cierre también esta brecha en Israel, para la vida".

¿Dónde se reanuda?[30] — Dijo el rabí Zebid en nombre de Abaie: Se comienza por el principio. — Dijeron los rabíes: En el punto donde se interrumpe. — La jurisprudencia dice [que se reanuda] en el punto donde se interrumpe.

Dijo el exilarca al rabí Sheshet: Aunque ustedes son rabíes ancianos, los persas tienen más experiencia que ustedes en la organización de las comidas. Cuando hay dos sofás, se tiende primero el invitado mayor, y por encima de él lo hace el otro.[31] Cuando hay tres, el mayor se tiende en el del centro, el otro por encima de él y el tercero por debajo.[32] — ¿Y cuando quiere hablarle[33] — replicó [el rabí Sheshet] — tiene que incorporarse primero y luego hablarle? — Los persas no — contestó —, porque se entienden por medio de ademanes. — ¿Con quién se inicia el lavado de manos previo a la comida? — preguntó [el rabí Sheshet] — Con el mayor — respondió [el exilarca]. — ¿Y el mayor tiene que aguardar sentado, mirándose las manos, hasta que los demás se laven? — Le traen enseguida su mesa[34] — contestó. — ¿Con quién se inicia el lavado de manos posterior a la comida? — Con el menor — contestó. — ¿Y el mayor tiene que aguardar, con las manos sucias, hasta que los demás se laven? — No le retiran la mesa antes de traerle el agua.[35] — Sólo conozco una enseñanza — dijo entonces el rabí Sheshet — que expresa: ¿Cuál es el orden de la reclinación? Cuando hay dos sofás, primero se recuesta el mayor, y luego el otro debajo de él; cuando hay tres sofás, se recuesta primero el mayor, luego el otro encima de él y finalmente el tercero debajo. El lavado previo se inicia con el mayor. El lavado posterior, cuando son cinco, se inicia con el mayor; cuando son [entre seis y] ciento se comienza con el menor, y al llegar al quinto se vuelve a comenzar con el mayor. La bendición de la comida la dice el que reinicia el lavado posterior.[36] Lo cual respalda a Rab, porque el rabí Jiiá bar Ashí dijo

[29] Según el rabí Akiba.

[30] Cuando se interrumpe la bendición conjunta posterior a la comida.

[31] Quedando con las cabezas juntas.
[32] Con la cabeza junto a los pies del otro.
[33] El mayor al que está por debajo de él.

[34] Cada comensal tenía una mesita delante.

[35] Mientras los demás se lavan, sigue comiendo.

[36] El mayor, o aquel a quien este le cede el turno.

en nombre de Rab: El primero que se lava despúes de la comida es el que dice la bendición. — Cierta vez se hallaban Rab y el rabí Jiiá comiendo con Rabí, y Rabí dijo a Rab: Levántate y lávate las manos. — Como lo viera sobresaltado, le dijo [el rabí Jiiá]: Hijo de príncipes, lo que quiso decir es que te prepares para bendecir la comida.

Enseñaron los rabíes: No se hace cortesía [37] en la calle, ni en un puente, [47 a] ni para [lavarse] las manos sucias.[38] — Cierta vez iban por el camino Rabín y Abaie y el asno de Rabín se puso delante del de Abaie; pero [Rabín] no dijo: Pasa, maestro. — Como este discípulo viene del oeste —se dijo [Abaie]— se volvió orgulloso. — Al llegar a la casa de oraciones, le dijo:[39] Pasa, maestro. — ¿Antes de ahora no era maestro? —replicó. — El rabí Iojanán —respondió —dijo que sólo se hace cortesía ante las puertas que tienen *mezuzá*.[40] — ¿Sólo ante las puertas que tienen *mezuzá*? En tal caso, tampoco se hará cortesía ante las puertas de las casas de oración y de estudio, que no tienen *mezuzá*. — Digamos, entonces: Ante las puertas apropiadas para *mezuzá*.

Dijo el rabí Iehudá hijo del rabí Shemuel bar Shilat en nombre de Rab: Los comensales no deben comer nada antes de que haya probado [la comida] el que parte el pan. — Estaba sentado el rabí Safrá y dijo: La enseñanza dice: No deben "probar" nada. — ¿Qué importancia tiene? — Hay que repetir textualmente las palabras del maestro.

Enseñaron los rabíes: Dos se esperan mutuamente ante la fuente;[41] tres no se esperan. El que parte el pan es el primero que adelanta la mano, pero si quiere ser cortés con su maestro, o con cualquier otra persona superior a él, puede hacerlo. — Rabá bar Bar Janá ofreció por [la boda de] su hijo [una fiesta] en la casa del rabí Shemuel hijo del rabí Catiná. Comenzó por sentarse a instruir a su hijo: El que parte [el pan] no debe partirlo antes de que [los comensales] hayan contestado amén. — Dijo el rabí Jisdá: Antes de que la mayoría haya contestado. — ¿Por qué la mayoría? —le dijo Ramí bar Jamá. — Porque no queda terminada la bendición.[42] — Tampoco queda terminada para la minoría. — Lo que digo —replicó— es que aquel que prolonga la respuesta amén más de lo necesario, comete un error.

Enseñaron los rabíes: No se debe contestar con un amén apresurado, ni un amén acortado, ni un amén huérfano,[43] ni se debe pronunciar la bendición como si se la expulsara de la boca. — Dijo Ben Azái: Al que contesta con un amén huérfano se le vuelven huérfanos los hijos; al que contesta con un amén apresurado, se le apresuran los días; al que contesta con un amén acortado, se le acortan los días. Al que pronuncia el amén prolongado, se le prolongan los días y los años. — Rab y Shemuel estaban comiendo. Vino el rabí Shimí bar Jiiá y comenzó a comer apresuradamente. — Quieres, sin duda —le dijo Rab— compartir con nosotros [la bendición de la comida], pero nosotros ya terminamos. — Si me hubiesen traído hongos —le dijo Shemuel—,y a Abá [44] pichones, todavía estaríamos comiendo.[45] — Los discípulos de Rab estaban comiendo. Entró Rab y aquellos dijeron: Vino un hombre eminente que nos hará la bendición de la comida. — ¿Ustedes creen —replicó [Rab]— que la bendición la dice un hombre eminente? La tiene que decir el principal de los comensales. — La jurisprudencia expresa que la comida la bendice un hombre eminente, aunque haya llegado al final.

Los que hayan comido productos dudosos, etcétera. Pero no son alimentos aptos para el consumo. — Si quieren, pueden declarar sus bienes cosa de nadie, y siendo pobres, [los productos dudosos] son para ellos alimentos aptos para el consumo. Porque se ha enseñado que se pueden dar productos dudosos a los pobres y a los soldados alojados. — Se ha enseñado —dijo el rabí Huná— que según la escuela de Shamái no se les da de comer productos dudosos ni a los pobres ni a los soldados alojados.

[*Los que hayan comido alimentos*] *del primer diezmo del que se haya sacado la oblación*. Es evidente. — Era preciso enseñarlo para el caso de que [los levitas] [46] se adelantaran, tomaran [el primer diezmo] de las espigas y separaran la oblación del diezmo, antes de que se apartara la gran oblación. Esta es la opinión del rabí Abahú, porque dijo el rabí Abahú en nombre de Resh Lakish: El primer diezmo, que [los levitas] retiran de las espigas, se exime de la gran oblación, porque dice lo escrito: ...*presentaréis de ellos en ofrenda mecida al señor el diezmo de los diezmos*.[46] Les he mandado ofrecer *el diezmo de los diezmos*, y no la gran oblación más la oblación del diezmo del diezmo.

[Notas al margen:]

[37] Cediendo el paso, o el turno.
[38] Después de comer.

[39] Rabín a Abaie.

[40] El trozo de pergamino con pasajes de la Tora que se coloca, dentro de un pequeño recipiente, en la jamba de la puerta.

[41] De la que comen todos.

[42] La respuesta "amén" es la parte final de la bendición.

[43] Dicho sin haber escuchado la bendición.

[44] Sobrenombre con el que Shemuel llamaba a Rab.
[45] Por lo tanto el rabí Shimí estaba a tiempo para compartir la bendición.

[46] V. Núm., XVIII, 26 y sigs.

47 Los cereales aventados, antes de ser molidos.
48 En respuesta anticipada a tu objeción.
49 El texto bíblico dice: "de todos vuestros *dones*".
50 Núm., XVIII, 29.
51 ¿Por qué incluyes las espigas, y no los granos?
52 La quinta parte del valor que debe agregarse para redimir lo que es del Templo.
53 La falta de pago del quinto no anula la redención.
54 No permanecen en la mesa. Tienen que levantarse a cada rato para servir la comida.
55 Esa circunstancia no les impide integrar el terceto.
56 *Javer*, calificativo de los hombres cultos, en contraposición al de *am haarets* de los ignorantes.
57 No consagrados.

58 Los que no frecuentan el trato de los estudiosos, o, según Rashi, los que no han estudiado la Guemará para entender las mishnás.
59 Libro exegético del Levítico.
60 Interpretación del Deuteronomio.

61 La tierra de la maceta no está en contacto con el suelo.

62 V. *supra*, 46 b.

63 Deut., XIV, 25.

64 Levít., XXVII, 19. El versículo dice, en realidad: ...*añadirá a tu estimación la quinta parte del precio de ella, y le quedará para él.*

— Dijo el rabí Papa a Abaie: En tal caso, sería lo mismo que se adelantaran y los tomaran de la pila.[47] — Para ti [48] —le contestó— dice el versículo: [47 b] *De todos vuestros diezmos* [49] *ofreceréis*.[50] — ¿Pero qué te induce? [51] Estos ya son cereales; aquellos no son todavía cereales.

[*Alimentos*] *del segundo diezmo o* [*productos*] *consagrados* [*al Templo*] *que hayan sido redimidos. Es evidente.* — Se trata del caso del que haya entregado el valor [del producto] pero no el quinto.[52] Por eso nos enseña que el quinto no es impedimento.[53]

Los sirvientes que hayan comido algo [*por lo menos*] *del tamaño de una aceituna. Es evidente.* — Podría creerse que los sirvientes no son [comensales] fijos.[54] Por eso nos enseña.[55]

Y los cuteos. ¿Por qué? No pueden tener más méritos que los hombres vulgares, y se ha enseñado que los hombres vulgares no participan de la bendición conjunta de la comida. — Dijo Abaie: Se refiere a los cuteos camaradas.[56] — Dijo Rabá: También puede referirse a los cuteos vulgares, pero vulgares en el sentido en que lo toman los rabíes, contrario a la opinión del rabí Meir. Porque se ha enseñado: ¿Quién es un hombre vulgar? El que no come alimentos profanos [57] con limpieza ritual; esto es lo que dice el rabí Meir. Los sabios dijeron: El que no diezma debidamente sus productos. Y los cuteos diezman debidamente sus productos, porque observan con mucho cuidado los preceptos escritos. Dijo el maestro: Los mandamientos que los cuteos aceptan, los cumplen mejor que los israelitas.

Enseñaron los rabíes: ¿Cuáles son los hombres del vulgo? Los que no recitan el *shemá* mañana y tarde. Esta es la opinión del rabí Eliézer. El rabí Iehoshúa dijo: Los que no se ponen las filacterias. Ben Azái dijo: Los que no llevan franjas en la ropa. El rabí Natán dijo: Los que no tienen *mezuzá* en la puerta. El rabí Natán bar Iosef dijo: Los que tienen hijos y no los educan en el estudio de la Tora. Otros dijeron: Aunque hayan estudiado [la Tora] y aprendido [las mishnás], los que no sirven a los estudiosos son hombres del vulgo.[58] — Dijo el rabí Huná: La jurisprudencia coincide con los otros.

Ramí bar Jamá no incluía en la bendición conjunta de la comida al rabí Menashiiá bar Tajlifá, que había estudiado la Sifrá,[59] la Sifré [60] y la jurisprudencia. Cuando expiró Ramí Bar Jamá, dijo Rabá: Ramí bar Jamá murió sólo porque no incluía al rabí Menashiiá bar Tajlifá en la bendición conjunta de la comida. Pero se ha enseñado que otros dijeron: Aunque hayan estudiado [La Tora] y aprendido [las mishnás], los que no sirven a los estudiosos son hombres del vulgo. — El caso del rabí Menashiiá bar Tajlifá es distinto, porque sirvió a los rabíes. Ramí bar Jamá no se informó bien a su respecto. — Según otra versión: Escuchaba las enseñanzas que daban los rabíes y las estudiaba; era, por lo tanto, igual que los eruditos.

Los que hayan comido productos no diezmados, productos del primer diezmo, etcétera. En cuanto a los productos no diezmados, es evidente. — Era preciso enseñarlo para los productos que se consideran no diezmados por disposición rabínica. Por ejemplo, [los que crecen en] una vasija sin perforación [en el fondo].[61]

Primer diezmo, etcétera. Es evidente. — Era preciso enseñarlo para el caso de que [el levita] se adelantara [al sacerdote] y sacara [el diezmo] de la pila. Podría creerse que es como el rabí Papa le dijera a Abaie;[62] por eso nos enseña que es como la respuesta que le dio.

Segundo diezmo, etcétera. Es evidente. — Era necesario decirlo para el caso de que fuera redimido, pero no de acuerdo con la jurisprudencia. Por ejemplo, cuando se redime el segundo diezmo con plata sin acuñar, siendo que el misericordioso dijo: *Y te pondrás (vetsartá) la plata en la mano*,[63] es decir, plata que tenga una figura *(tsurá)*; o cuando se profanan [alimentos] consagrados cambiándolos por tierras en lugar de redimirlos con dinero, siendo que el misericordioso dijo: ...*dará el dinero y le quedará para él.*[64]

Los sirvientes que hayan comido menos de [*lo que ocupa*] *una aceituna. Es evidente.* — Como en la cláusula inicial habla del tamaño de una aceituna, en la cláusula final se refiere a lo que es menor que una aceituna.

Los extranjeros no se incluyen. Es evidente. — Se refiere a los prosélitos circuncidados que todavía no han tomado el baño de purificación. Porque dijo el rabí Zerá en nombre del rabí Iojanán: Son prosélitos después de haberse circuncidado y de haber tomado el baño de purificación. Mientras no hayan tomado el baño de purificación son paganos.

Tampoco pueden ser invitados las mujeres, los esclavos y los menores de edad. Dijo el rabí Icsí: Los niños de cuna pueden ser incluídos en la bendición conjunta de la comida. — ¿No hemos visto que: *Tampoco pueden ser invitados las mujeres, los esclavos y los menores de edad?* — Se guía por la opinión del rabí Iehoshúa ben Leví. Dijo el rabí Iehoshúa ben Leví: Aunque ha quedado establecido que los niños de cuna no pueden participar de la bendición conjunta de la'comida, en cambio pueden ser contados para completar los diez.[65] — Dijo también el rabí Iehoshúa ben Leví: Nueve y un esclavo forman [diez]. — Presentóse una objeción. Cierta vez entró el rabí Eliézar en la casa de oración y como no encontrara en ella diez [hombres], dio libertad a su esclavo y lo hizo completar los diez. — [El esclavo completó los diez] porque le habían dado la libertad, de lo contrario no habría podido [completarlos]. — Le hacían falta dos; dio libertad a uno y con el otro completó [el quórum]. — ¿Cómo hizo eso? El rabí Iehudá dijo que el que da libertad a un esclavo viola un mandamiento, porque dice lo escrito: ...*para siempre os serviréis de ellos.*[66] — Cuando se trata de realizar una acción piadosa es distinto. — ¿Puede hacerse una acción piadosa mediante una violación? — Cuando la acción piadosa se refiere a muchos, es distinto.

Dijo también el rabí Iehoshúa ben Leví: Hay que levantarse siempre temprano, para ir a la casa de oración y tener el mérito de contarse entre los primeros diez; aunque luego lleguen ciento, uno recibe la recompensa por todos ellos. — ¿La recompensa por todos ellos? — Digamos, más bien: A uno le dan una recompensa igual a la de todos los demás.

Dijo el rabí Huná: Nueve y el arca se juntan [para formar diez]. — ¿El arca es un hombre? —le preguntó el rabí Najmán. — Más bien —dijo el rabí Huná—, cuando nueve parecen diez, [estando junto al arca,] se cuentan [como diez]. — Algunos dicen: Cuando están juntos. Otros dicen: Cuando están separados. — Dijo el rabí Amí: Dos y el sabat se cuentan [como tres].[67] — ¿El sabat es un hombre? —le preguntó el rabí Najmán. — Más bien —dijo el rabí Amí—, dos eruditos que se agudizan mutuamente en la jurisprudencia,[68] se cuentan [como tres].[67] — Dijo el rabí Jisdá: Por ejemplo, yo y el rabí Sheshet. — Dijo el rabí Sheshet: Por ejemplo, yo y el rabí Jisdá.

Dijo el rabí Iojanán: Los niños fructíferos [69] se cuentan.[67] — Se ha enseñado igualmente: Los niños que tienen dos pelos [en el pubis][70] se cuentan para la bendición de la comida; los que no tienen dos pelos, no se cuentan. No somos estrictos con respecto a los niños. — Aquí hay una contradicción. Dices primero que los que tienen dos pelos se cuentan, y los que no tienen dos pelos no se cuentan, y luego dices que no somos estrictos con respecto a los niños. ¿Qué es lo que se incluye? — Sin duda [48 a] a los niños [precozmente] fructíferos. Pero la jurisprudencia no es la de estas enseñanzas, sino la que estableció el rabí Najmán: Los niños que comprenden a quién se bendice pueden ser incluidos en la bendición conjunta de la comida.

Abaie y Rabá [71] se hallaban sentados frente a Rabáh. — ¿A quién se bendice? —les preguntó Rabáh. — Al misericordioso —respondieron. — ¿Dónde reside el misericordioso? — Rabá señaló el cielo raso. Abaie salió y señaló el cielo. — Ustedes serán rabíes —les dijo Rabáh. — Es como dice la gente: Los pepinos se reconocen por el tallo.

Dijo el rabí Iehudá hijo del rabí Shemuel bar Shilat en nombre de Rab: Cuando nueve comen cereales y uno hortalizas, pueden reunirse.[72] — Dijo el rabí Zerá: Pregunté al rabí Iehudá cómo sería si fueran ocho, o si fueran siete.[73] Es lo mismo, me contestó. Desde luego que no habría preguntado cómo sería si fueran seis.[74] — Has hecho bien en no preguntar —le dijo el rabí Irmiiá. ¿Por qué razón dijo allí [que era lo mismo]? Porque eran mayoría [los que comían cereales]. Pues aquí también son mayoría. Pero el otro pensó que la mayoría debía ser más notoria.

El rey Janeo comía con la reina. Como había dado muerte a los rabíes,[75] no había nadie que bendijera por él. — ¿Quién podría traernos a un hombre que nos dijera la bendición de la comida? —le dijo a su esposa. — Júrame —le contestó ella— que si te traigo a uno no le harás daño. — [El rey] juró y ella trajo a su hermano Shimeón ben Shetá. Lo puso entre su esposo y ella, y le dijo: Mira qué honor te hago. — No eres tú quien me hace honor —replicó—, sino la Tora, como dice lo escrito: *Engrandécela, y ella te engrandecerá.*[76] Te honrará si la abrazas. — Tú ves —le dijo [Janeo]— que ellos [77] no aceptan mi autoridad. — Le dieron una copa de vino, para que hi-

[65] El quórum de diez varones mayores de trece años, necesario para realizar ciertos actos religiosos. Habiendo nueve en esas condiciones, el décimo puede ser un niño de cuna.

[66] Levít., xxv, 46.

[67] Para la bendición conjunta de la comida.
[68] La palabra *sabat* estaría aquí formada por las iniciales de tres vocablos que significan "dos que estudian la Tora".
[69] Los que llegan a la pubertad antes de los trece años de edad.
[70] Signo de pubertad.

[71] Cuando eran niños.

[72] Para pronunciar la bendición de diez.
[73] Ocho o diez que comieran cereales, y dos o tres, hortalizas.
[74] Seis cereales, y cuatro que comieran hortalizas. Rashi lo lee de este modo: "Lamento no haber preguntado cómo sería si fueran seis". El contexto parece darle la razón.
[75] V. Kidushín, 66 a.

[76] Prov., iv, 8.
[77] Los fariseos, a los que pertenecía Shimeón ben Shetá.

ciera la bendición. — ¿Cómo hago la bendición? —dijo— ¿"Bendito sea aquel por quien comieron Janeo y sus compañeros"? —Bebió la copa y le dieron otra, y bendijo. — Dijo el rabí Abá hijo del rabí Jiiá bar Abá: Shimeón ben Shetá lo hizo [78] siguiendo su propia opinión, porque el rabí Jiiá bar Abá dijo lo siguiente en nombre del rabí Iojanán: No bendice por otros el que no haya comido con ellos una cantidad de alimentos de cereales no menor que el tamaño de una aceituna. — Formulóse una objeción. "Dijo el rabán Shimeón ben Gamaliel: El que sube [al sofá] y se recuesta con ellos, y solo moja con ellos en la salsa, o sólo come con ellos un higo, puede ser incluido [en la bendición conjunta]". — Puede ser incluido, pero no puede bendecir por los demás si no come una cantidad de alimentos de cereales igual al tamaño de una aceituna. Se ha enseñado, asimismo, que dijo el rabí Janá bar Iehudá en nombre de Rabá: Aunque sólo [48 b] haya mojado con ellos en la salsa, o comido con ellos un higo, puede ser incluido [en la bendición conjunta]; pero no puede bendecir en nombre de los demás mientras no haya comido con ellos una cantidad de alimentos de cereales igual al tamaño de una aceituna. — Dice la jurisprudencia —declaró el rabí Janá bar Iehudá en nombre de Rabá—: El que come con ellos [79] una hoja de verdura y bebe una copa de vino, puede ser incluido [en la bendición conjunta], pero no puede bendecir por los demás mientras no haya comido con ellos una cantidad de alimentos de cereales igual al tamaño de una aceituna.

Dijo el rabí Najmán: Moisés estableció para Israel la bendición "que nutre",[80] en la época de la caída del maná. Josué estableció para ellos la bendición del país [81] cuando entraron en él. David y Salomón establecieron [la bendición que dice] "que construye a Jerusalén".[82] David puso: [83] "De Israel, tu pueblo, y de Jerusalén, tu ciudad"; y Salomón: "de la casa grande y santa". La bendición "el que es bueno y hace el bien" [84] fue formada en Iavne, con motivo de los que fueron muertos en Bitar; [85] porque dijo el rabí Matená: El día en que se permitió sepultar a los muertos de Bitar, se dispuso en Iavne que se dijera [la bendición] "que es bueno y hace el bien": "que es bueno", porque no se pudrieron [los cadáveres], y "que hace el bien", porque permitieron enterrarlos.

Enseñaron los rabíes: El orden de las bendiciones que se dicen después de las comidas es el siguiente: La primera bendición es "que nutre"; la segunda, la bendición del país; la tercera, "que construye a Jerusalén"; la cuarta, "que es bueno y hace el bien". Los sábados [la tercera] comienza con consuelo y termina con consuelo,[86] nombrándose en medio [de la bendición] la santidad del día. Dijo el rabí Eliézer: El que quiere la menciona [87] en la bendición del consuelo, o en la bendición del país, o en la bendición dispuesta por los sabios en Iavne. — Pero los sabios dijeron: No se menciona en ninguna [bendición] más que en la bendición del consuelo. — ¿Los sabios [coinciden] con el primer tanaíta? — Excepto en cuanto a que ya se haya mencionado.[88]

Enseñaron los rabíes: ¿De qué parte de la Tora se extrae que debe bendecirse después de la comida? Del versículo que dice: *Y comerás y te saciarás, y bendecirás...* —de aquí la bendición "que nutre"— *...al señor tu Dios...* —de aquí la bendición conjunta [89]— *...por la (buena) tierra* [90] —de aquí la bendición del país—; *por la buena (tierra)*: de aquí [la bendición] "que construye a Jerusalén". Y también dice lo escrito: *...aquel buen monte, y el Líbano,*[91] *que te dio:*[92] de aquí [la bendición] "que es bueno y hace el bien". — Con esto sé que debe bendecirse después [de la comida]; ¿cómo sé que también debe bendecirse antes [de comer]? — Se deduce por *cal vajomer*: Si uno bendice cuando se ha saciado, con mayor razón bendecirá cuando tiene hambre. — Dijo Rabí: (No hace falta). De *Y comerás y te saciarás, y bendecirás*, se toma la bendición "que nutre"; la bendición conjunta [de tres] se toma de *Engrandeced al señor conmigo;*[93] de *por la (buena) tierra*, la bendición del país; de *por la buena (tierra)*, [la bendición] "que construye a Jerusalén", por la que también dice lo escrito: *aquel buen monte, y el Líbano.* [La bendición] "que es bueno y hace el bien" fue establecida en Iavne. — Con esto sé que se bendice después [de comer]; ¿cómo sé que también se bendice antes [de comer]? — Porque dice: *que te dio*, es decir, no bien te lo dio.[94] —No hace falta —dijo el rabí Itsjac—, porque dice el versículo: *...y él bendecirá tu pan y tus aguas.*[95] No leamos *uberac* (y él bendecirá), sino *ubarec* (y bendecirás). — ¿Y cuándo dice *pan*? — Antes de comerlo. — Esto no hace falta —dijo el rabí Natán—, porque dice lo escrito: *Cuando entréis en la ciu-*

96 1 Samuel, IX, 13.

97 Ídem, íd., 2.
98 El tiempo que empleaba Saúl en hablar con las mujeres pertenecía al gobierno de Samuel, a cuyo fin comenzaría el de él.
99 No hace falta hacer la deducción.

100 Éxodo, XXIV, 12.

101 Deuter., VIII, 7: ...*tu Dios te introduce en buena tierra*...
102 Ídem, íd., 10: ...*por la buena tierra*...
103 Prov., IV, 2.

104 En la segunda bendición.

105 A los israelitas les dieron la Tora en tres ocasiones: en el monte Sinaí, en el monte Gerizín y en la llanura de Moab.
106 En los versículos que refieren la circuncisión de Abraham (Génesis XVII 1-14), aparece trece veces la palabra "pacto".

107 Es una bendición independiente de las anteriores, que son de origen bíblico; por eso debe repetirse la mención del reino de Dios.
108 La tercera bendición.
109 "De tu pueblo Israel" y "de tu ciudad Jerusalén".
110 Final de la segunda bendición.
111 Israel no santifica el sabat, como hace con los días de fiesta y de luna nueva, mediante la proclamación del novilunio.
112 Un solo acto, por el que Dios hace la santificación.
113 La salvación de Israel y la construcción de Jerusalén.

dad, le encontraréis luego, antes de que suba al lugar alto a comer; pues el pueblo no comerá hasta que él haya llegado, por cuanto él es el que bendice el sacrificio; después de esto comen los convidados.[96] — ¿Por qué [le dijeron] todo esto? — Porque las mujeres son parlanchinas. — Dijo Shemuel: Para contemplar la belleza de Saúl, porque dice lo escrito: *de hombros arriba sobrepasaba a cualquiera del pueblo*.[97] — Dijo el rabí Iojanán: Porque ningún reinado puede superponerse a otro ni lo que el ancho de un pelo.[98]

Con esto sé que se bendice por la comida; ¿cómo sé que también se bendice por la Tora? — Dijo el rabí Ishmael: Se deduce por *cal vajomer*. Si se bendice por la vida temporal, con mayor razón se bendecirá por la vida eterna del futuro. — No es necesario[99] —dijo en nombre del rabí Ishmael el rabí Jiiá bar Najmaní, discípulo del rabí Ishmael—, porque fíjate que dice lo escrito: *por la buena tierra que te dio*,[90] y en otro versículo dice: *te daré tablas de piedra, y la ley, y mandamientos*, etcétera.[100] — Dijo el rabí Meir: ¿De dónde se saca que lo mismo que se bendice por lo bueno se bendice por lo malo? — Del versículo que dice: ...*que el señor tu Dios te dio; es tu juez*, de todos los fallos que te impone, ya sea para el bien o para el infortunio. — No hace falta —expresó el rabí Iehudá ben Batirá—, porque fíjate que dice *buena*[101] y *la buena*;[102] *buena* se refiere a la Tora, como dice el versículo: *Porque os doy buena enseñanza*,[103] y *la buena*, a la [bendición por la] construcción de Jerusalén, como dice el versículo: *aquella buena montaña, y el Líbano*.[91]

Se ha enseñado que dijo el rabí Eliézer: El que no dice en la bendición del país: "un país hermoso, bueno y extenso", y en la bendición "que construye a Jerusalén": "el reinado de la casa de David", no cumple su obligación. — Dijo Najum el mayor: Hay que mencionar en ella[104] el pacto. — Dijo el rabí Iosí: Hay que mencionar la Tora. — Dijo el rabí Pelimo: Hay que mencionar el pacto antes que la Tora, porque esta se dio con tres pactos,[105] [49 a] y aquel con trece.[106] — Dijo el rabí Abá: Hay que dar gracias al principio y al final; cuando se abrevia, se puede suprimirlo una sola vez. El que lo suprime más de una vez, merece ser reprochado. El que termina la bendición por el país con las palabras "que da países en herencia", o la bendición "que construye a Jerusalén", con las palabras "salvador de Israel", es un ignorante. El que no recuerda el pacto y la Tora en la bendición por el país, ni el reino de la casa de David en "que construye a Jerusalén", no cumple su obligación. — Lo cual respalda al rabí Ileá; porque dijo el rabí Ileá que dijo el rabí Iacov bar Ajá en nombre de nuestro maestro: El que deja de mencionar el pacto y la Tora en la bendición por el país, o el reino de la casa de David en la bendición "que construye a Jerusalén", no cumple su deber. — Sobre esto discrepan Abá Iosí ben Dostái y los rabíes. Una parte dice que en la bendición "que es bueno y hace el bien" hay que recordar el reino [de Dios], y la otra parte dice que no es preciso recordar el reino [de Dios]. La parte que dice que debe mencionarse el reino [de Dios], opina que esa bendición fue establecida por los rabíes;[107] la parte que dice que no es preciso mencionar el reino [de Dios] sostiene que [la bendición] es precepto de la Tora.

Enseñaron los rabíes: ¿Cómo termina la bendición de la construcción de Jerusalén? — Dijo el rabí Iosí hijo del rabí Iehudá: [Con las palabras] salvador de Israel. ¿Salvador de Israel? ¿O constructor de Jerusalén? — Digamos: También "salvador de Israel". — Rabáh hijo del rabí Huná, hallándose en la casa del exilarca, comenzó[108] con una de las dos [frases] y terminó con las dos.[109] — Dijo el rabí Jisdá: Es una osadía terminar con dos [frases]; se ha enseñado que dijo Rabí: No se termina [la bendición] con dos [frases].

[Vemos] en el texto [que] dijo Rabí: No se termina [la bendición] con dos [frases]. Leví objetó contra Rabí: ¿No decimos "por la tierra y por los alimentos"?[110] — [Significa:] "por la tierra que produce alimentos". — ¿[No decimos] "por la tierra y por los frutos"? — "Por la tierra que produce frutos". — ¿[No decimos] "que santifica a Israel y a las estaciones"? — "Israel, que santifica las estaciones." — ¿[No decimos] "que santifica a Israel y a la luna nueva"? — "Israel que santifica la luna nueva". — ¿[No decimos] "que santifica al sabat, a "Israel que santifica la luna nueva". — ¿[No decimos] "que santifica al sabat, a cia? — Aquí es uno solo,[112] allí son dos,[113] ambos independientes. — ¿Por qué no se debe terminar con dos [frases]? — No se cumplen los preceptos en montón. — ¿Cómo queda, entonces? — Dijo el rabí Sheshet: Cuando se comienza con "ten compasión de tu pueblo Israel", se termina con "salvador de Israel"; cuando se comienza con "ten compasión de Jerusalén", se concluye con "que construye a Jerusalén". — Dijo el rábi Najmán: Aunque se comience con "ten compasión de Israel", se concluye con "que construye a Israel", porque dice lo escrito: *El señor edifica a Jerusalén; a los desterrados de Israel recogerá:*[114] ¿cuándo edifica Dios a Jerusalén? Cuando recoge a los dispersos de Israel.

Dijo el rabí Zerá al rabí Jisdá: ¿Quiere venir el maestro a enseñarnos [a bendecir]? — No conozco la bendición de la comida — respondió—; mal puedo enseñarla a otros. — ¿Cómo es eso? — repuso [el rabí Zerá]. — Estando cierta vez en la casa del exilarca — contestó—, pronuncié la bendición posterior de la comida, y el rabí Sheshet estiró el cuello como una serpiente. ¿Por qué? Porque no mencioné el pacto, ni la Tora,[115] ni el reinado.[116] — ¿Y por qué no lo mencionaste? — Me guié por la enseñanza que dio el rabí Jananel en nombre de Rab. Dijo el rabí Jananel en nombre de Rab: El que deja de mencionar el pacto, la Tora y el reinado, cumple lo mismo su deber; el pacto, porque no rige para las mujeres; la Tora y el reinado, porque no rigen ni para las mujeres ni para los esclavos. — ¿Pasaste por alto a todos los tanaítas y amoraítas, para seguir a Rab?

Dijo Rabáh bar Bar Janá en nombre del rabí Iojanán: En la bendición "que es bueno y hace el bien" hay que recordar el reino [de Dios]. — ¿Qué nos dice con eso? La bendición que no menciona el reino de Dios no es bendición [válida]. Ya lo dijo el rabí Iojanán.[117] — Dijo el rabí Zerá: Nos enseña que el reinado tiene que ser mencionado dos veces; una vez por sí mismo, y una vez para la bendición "que construye a Jerusalén". — En tal caso, debería nombrarse tres veces: una por sí mismo, una para la bendición "que construye a Jerusalén", y una vez para la bendición de la tierra. ¿Por qué [no se exige] ninguna mención en la bendición de la tierra? — Porque es una bendición que se apoya en la vecina. — En tal caso tampoco haría falta mencionarlo en la bendición "que construye a Jerusalén", porque se apoya en la vecina. — En realidad, "que construye a Jerusalén" no requiere esa mención, pero como se nombra el reinado de la casa de David, no sería correcto dejar de mencionar el reino de los cielos. — Dijo el rabí Papa: Lo que quiso decir[118] es que debe recordarse dos veces el reino [de Dios], aparte la mención propia.

El rabí Zerá se hallaba sentado detrás del rabí Guidal, y el rabí Guidal se sentó delante del rabí Huná y dijo: El que se olvida de mencionar el sabat, debe decir: "Bendito sea el que dio en amor el sabat para descanso a su pueblo Israel, como señal y como pacto. Bendito sea el que santifica el sabat". — ¿Quién lo dijo? — preguntó [el rabí Huná]. — Rab — contestó. — Y luego dijo: El que se olvida de nombrar la fiesta del día, debe decir: "Bendito sea el que dio fiestas a su pueblo Israel, para júbilo y recordación; bendito sea el que santifica a Israel y las fiestas". — ¿Quién lo dijo? — le preguntó [el rabí Huná]? — Rab. — Y luego dijo: El que se olvida de mencionar la luna nueva, debe decir: "Bendito sea el que dio novilunios para recuerdo a su pueblo Israel". Pero no sé [—dijo el rabí Zerá—][119] si agregó aquí "para júbilo" o no lo agregó, si la cerró[120] [con una bendición] o no la cerró, y si era de él o de su maestro.[121]

El rabí Guidal bar Miniomí estaba delante del rabí Najmán, y el rabí Najmán se equivocó[122] [49 *b*] y comenzó de nuevo. — ¿Por qué hace esto el maestro? — le preguntó [el rabí Guidal]. — Porque el rabí Shilá — contestó— dijo en nombre de Rab: El que se equivoca debe comenzar de nuevo desde el principio. — ¿No dijo Huná en nombre de Rab: El que se equivoca dice: Bendito sea el que dio, etcétera? — Al respecto — replicó— se ha enseñado que dijo el rabí Menashiiá bar Tajlifá en nombre de Rab: Rige únicamente cuando no se ha comenzado a recitar "que es bueno y hace el bien"; cuando se ha comenzado a recitar "que es bueno y hace el bien" hay que comenzar desde el principio.

Dijo el rabí Idí bar Abín en nombre del rabí Amram, que dijo el rabí Najmán en nombre de Shemuel: Al que se equivoca y deja de nombrar la luna nueva en la oración, se le manda comenzar de nuevo; [al que la omite] en la bendición final de la comida, no se le manda comenzar de nuevo. — Dijo el rabí [Idí bar] Abín al rabí Amram: ¿Por qué es distinto para la oración que para la bendición de la comida? — Yo tuve la misma duda — contestó—, y se lo pregunté al rabí Najmán. Me respondió: "El maestro Shemuel no me dijo nada de eso. Pero veamos: en la oración, que es obligatoria, se hace repetir; en la bendición de la comida, comida que si se quiere se toma y si no se

114 Salmos, CXLVII, 2.

115 En la segunda bendición.
116 El reinado de la casa de David, en la tercera.

117 V *supra*, 40 *b*.

118 El rabí Iojanán.

119 Que estaba relatando el episodio.
120 La bendición citada.
121 Rab.
122 En una bendición.

quiere no se toma, no se hace repetir. — En tal caso, también tendría que comenzar de nuevo el que se equivocara en el sabat y en los días de fiesta, en los que no se puede dejar de comer. — No es así —replicó—, porque el rabí Shilá dijo en nombre de Rab: El que se equivoca debe comenzar de nuevo. — ¿No dijo el rabí Huná en nombre de Rab que cuando uno se equivoca debe decir: "Bendito sea el que dio, etcétera"? — ¿No se ha enseñado al respecto que sólo se aplica cuando no se ha iniciado la bendición "que es bueno y hace el bien", y que cuando la bendición "que es bueno y hace el bien" ya se inició, hay que comenzar desde el principio?

¿Cuánto [hay que comer] para ser invitado [a bendecir]? Etcétera. De aquí se deduciría que según el rabí Meir [la medida] sería una aceituna, y según el rabí Iehudá, un huevo. Pero para nosotros es todo lo contrario, porque se ha enseñado que: De igual modo, el que sale de Jerusalén y recuerda que tiene carne consagrada, si pasó de Tsofim [123] tiene que quemarla allí mismo; si no, tiene que regresar y quemarla delante del Templo con leña del altar. — ¿Por qué cantidad hay que regresar? — Según el rabí Meir: En ambos cascs,[124] hasta el tamaño de un huevo. Según el rabí Iehudá: En ambos casos hasta el tamaño de una aceituna. — Dijo el rabí Iojanán: Hay que invertir las frases. — Dijo Abaie: No hace falta; aquí discrepan acerca del texto del versículo.[125] El rabí Meir opina que *y comerás* se refiere a la comida, y *te saciarás* a la bebida, y que [el tamaño mínimo de] la comida es [el de] una aceituna. El rabí Iehudá sostiene que *y comerás y te saciarás* se refiere a la comida que sacia, que debe ser tanto como [el tamaño de] un huevo. Allí discrepan sobre el principio teórico. El rabí Meir opina que el regreso debe ser igual a la impurificación; lo mismo que la impurificación requiere el tamaño [mínimo] de un huevo,[126] así también el regreso requiere el tamaño [mínimo] de un huevo. El rabí Iehudá opina que el regreso debe ser igual a la prohibición; lo mismo que para la prohibición se requiere el tamaño [mínimo] de una aceituna, también es el tamaño [mínimo] de una aceituna el que hace falta para el regreso.

MISHNÁ 2. ¿Cómo es la bendición conjunta de la comida? Cuando son tres [los comensales] dice:[127] *"Bendigamos . . ." Cuando son tres, además de él,*[127] *dice: "Bendigan". Cuando son diez, dice: "Bendigamos a nuestro Dios". Cuando son diez además de él, dice: "Bendigan". Es lo mismo que sean diez que diez miríadas. Cuando son ciento, dice: "Bendigamos al señor nuestro Dios". Cuando son ciento además de él, dice: "Bendigan". Cuando son mil dice: "Bendigamos al señor nuestro Dios, Dios de Israel". Cuando son mil además de él, dice: "Bendigan". Cuando son diez mil dice: "Bendigamos al señor nuestro Dios, Dios de Israel, Dios de los ejércitos que mora entre los querubines, por la comida que hemos consumido". Cuando son diez mil además de él, dice: "Bendigan". Respondiendo a la bendición, dicen los demás: "Bendito sea el señor nuestro Dios, Dios de Israel, Dios de los ejércitos que mora entre los querubines, por la comida que hemos consumido". Según el rabí Iosí el galileo se bendice de acuerdo con el número de comensales reunidos, como dice lo escrito: Bendecid a Dios en las congregaciones; al señor, vosotros de la fuente de Israel.*[128] *Dijo el rabí Akiba: ¿Qué encontramos en la casa de oración? Haya muchos o pocos, dice siempre [el lector]: "Bendecid al señor". — Dijo el rabí Ishmael: "Bendecid al señor, que es bendito".*

GUEMARÁ. Dijo Shemuel: Uno nunca debe apartarse de la comunidad. — ¿Pero no se ha enseñado que *cuando son tres, además de él, dice: "Bendi-*

123 Localidad próxima a Jerusalén, desde la cual todavía se alcanzaba a divisar el Templo.
124 El de la carne consagrada, y el del leudo que recuerda no haber sacado de su casa el que lleva el cordero pascual.
125 Deut, VIII, 10.

126 Una cantidad de alimento impuro menor que el tamaño de un huevo, no traspasa la impurificación.

127 El que hace la bendición.

128 Salm., LXVIII, 27.

129 Con lo cual se excluye del grupo.

130 Formar grupos de tres o cuatro.

131 "Bendigamos" es la fórmula que se emplea cuando los comensales son tres.

132 Por excluirse del grupo.

133 "De su bondad" significaría que Dios dispensa fragmentos de bondad.

134 2 Samuel VII, 29.

135 Salm., LXXXI, 11.

136 Porque se excluye.

137 Interpretan que "viven" incluye a todo el mundo.

138 La expresión corresponde más bien a un posadero.

139 Sin destacar que pertenecen a Dios.

140 Salm., LXVIII, 27.

141 El rabí Iosí; ¿qué dice de esto?

142 Antes de que el exilarca terminara de comer.

143 Por no esperarlo.

gan"? [129] — [50 a] Leamos de este modo: También se puede decir "bendigan", pero es preferible decir "bendigamos", porque el rabí Adá bar Ajabá dijo en nombre de la escuela de Rab: Se ha enseñado que [siendo] de seis a diez se pueden dividir.[130] Si dices que es preferible decir "bendigamos" se explica que se dividan;[131] pero si dices que es preferible decir "bendigan", ¿para qué se van a dividir? De aquí se desprende que es preferible decir "bendigamos". — Esto lo demuestra.

Se ha enseñado asimismo: Que diga "bendigan" o "bendigamos" no tiene nada de reprochable; pero le pueden hacer reproches los puntillosos.[132] Y por la forma de bendecir se ve si uno es estudioso o no. — ¿De qué modo? — Dijo Rabí: [El que dice:] "en su bondad", es estudioso; [el que dice:] "de su bondad", es ignorante.[133] — Sin embargo —dijo Abaie al rabí Dimí—, dice lo escrito: *. . . y de tu bendición será bendita la casa de tu siervo para siempre.*[134] — Cuando se trata de un pedido es distinto. — También dice lo escrito acerca de un pedido: *Abre tu boca, y yo la llenaré.*[135] — Se refiere a las palabras de la Tora. Se ha enseñado que dijo Rabí: El que dice "y por su bondad vivimos", revela que es un estudioso. El que dice: "viven", demuestra que es ignorante.[136] Los nearbelíes enseñan lo contrario,[137] pero la jurisprudencia no coincide con los nearbelíes.

Dijo el rabí Iojanán: [El que dice:] "Bendigamos a aquel por quien de lo suyo hemos comido", demuestra que es un estudioso; [el que dice] "a aquel de cuyos [alimentos] hemos comido", revela que es un ignorante.[138] — ¿Pero no decimos —replicó al rabí Ashí el rabí Ajá hijo de Rabá— "bendigamos a aquel que hizo para nuestros antepasados y para nosotros todos esos milagros"? — Aquí —le contestó— se ve claro que el que hizo los milagros es el santo, bendito sea. — Dijo el rabí Iojanán: [El que dice:] "bendito sea aquel por quien de lo suyo hemos comido" se ve que es un estudioso; [el que dice:] "por los alimentos que hemos comido",[139] revela que es un ignorante. — Dijo el rabí Huná hijo del rabí Iehoshúa: Se refiere al grupo de tres, porque [al bendecir la comida] no se nombra al cielo; cuando son diez, en cuyo caso se nombra al cielo, el significado es evidente, como dice la enseñanza: *Respondiendo a la bendición dicen los demás: "Bendito sea el señor nuestro Dios, Dios de Israel, Dios de los ejércitos que mora entre los querubines, por la comida que hemos consumido".*

Es lo mismo que sean diez o diez miríadas. Aquí hay una contradicción. Dices: *Es lo mismo que sean diez o diez miríadas,* de donde se desprende que son todos iguales; y luego [la mishná] nos enseña que *cuando son ciento dice* [tal cosa], *cuando son mil dice* [tal otra], *cuando son diez mil dice* [tal otra]. — Respondió el rabí Iosef: No hay contradicción. Una enseñanza sigue al rabí Iosí el galileo; la otra, al rabí Akiba. Porque se ha enseñado que: *Según el rabí Iosí el galileo, se bendice de acuerdo con el número de comensales reunidos, como dice lo escrito: Bendecid a Dios en las congregaciones.*[140]

Dijo el rabí Akiba: ¿Qué encontramos en la casa de oración? Etcétera. ¿Qué hace el rabí Akiba con el versículo mencionado por el rabí Iosí el galileo? — Lo relaciona con la siguiente enseñanza. Se ha enseñado que dijo el rabí Meir: ¿De dónde se toma que junto al mar [Rojo] cantaron himnos de alabanza hasta las criaturas que aún estaban en el vientre de la madre? Del versículo que dice: *Bendecid a Dios en las congregaciones, al señor, vosotros, de la fuente de Israel.* — ¿Y el otro?[141] — Lo deduce de la palabra *fuente.*

Dijo Rabá: La jurisprudencia concuerda con el rabí Akiba. — Rabiná y el rabí Jamá bar Bizí estaban en la casa del exilarca. El rabí Jamá se levantó y comenzó a buscar cien [comensales]. — No hace falta —le dijo Rabiná—, porque Rabá dijo que la jurisprudencia concuerda con el rabí Akiba.

Dijo Rabá: Cuando comíamos en casa del exilarca bendecíamos de a tres.[142] — ¿Por qué no de a diez? — Porque el exilarca podría oírlos y ofenderse.[143] — Podrían cumplir su deber con la bendición del exilarca. — Como todos contestarían en voz alta no lo oirían.

Dijo Rabáh Tosfaá: Cuando tres personas comen juntas y una de ellas termina antes y bendice por sí, las otras cumplen con la bendición conjunta de aquella, pero esta no cumple con la bendición conjunta de aquellas, porque no se retrocede para bendecir.

Dijo el rabí Ishmael. Rafram bar Papa estaba en la casa de oración de Abí Guibar. Subió a leer el rollo de la Tora y dijo: "Bendecid al señor. . ." y se interrumpió, sin agregar: ". . .que es bendito". Todo el mundo contestó: "Bendecid al señor, que es bendito". — ¡Olla negra! —le dijo Rabá— ¿Por qué planteas discrepancias? Además, todo el mundo procede de acuerdo con el rabí Ishmael.

[144] Para la bendición de la comida.

[145] En grupos de tres y cuatro.

MISHNÁ 3. Cuando tres personas comen juntas no deben separarse.[144] *Lo mismo cuando son cuatro, y lo mismo cuando son cinco. Cuando son seis, y [desde seis] hasta diez, se pueden dividir.*[145] *Entre diez y veinte no deben dividirse. Cuando dos grupos comen en un mismo cuarto, y algunos de ellos se pueden ver, se unen [para la bendición final]; si no pueden verse, cada grupo dice su respectiva bendición conjunta. No se hace bendición por el vino mientras no se le haya echado agua; estas son las palabras del rabí Eliézer. Pero según los sabios se bendice lo mismo.*

[146] V. *supra*, 45 *b*.

[147] Los que por alguna razón se apartan de sus grupos respectivos.

[148] Tienen que bendecir juntos la comida, aunque no hayan comido juntos.

GUEMARÁ. ¿Qué nos dice con esto? Ya lo habíamos visto: Cuando tres personas comen juntan tienen que bendecir la comida conjuntamente.[146] — Nos dice lo mismo que enseñó el rabí Abá en nombre de Shemuel: Cuando tres personas se sientan a comer ya no se deben separar, aunque aún no hayan comenzado. — Según otra versión, dijo el rabí Abá en nombre de Shemuel: Lo que enseña es que cuando tres personas se sientan a comer, ya no se deben separar, aunque cada cual coma su propia rebanada de pan. — O lo mismo que enseñó el rabí Huná. Porque dijo el rabí Huná: Cuando se reúnen tres personas procedentes de tres grupos distintos,[147] ya no se deben separar.[148] — Dijo el rabí Jisdá: Únicamente cuando proceden de tres grupos inte-

[149] Porque entonces los separados ya tienen contraída la obligación de bendecir en unión de otros dos.

[150] Con los que se van.

[151] Cuando son, por ejemplo, cuatro.

[152] Cuando se van después de la bendición.

[153] No puede volverse impura. Sólo los utensilios enteros son pasibles de impurificación.

[154] Aunque no se vean.

[155] Variedad de dátil.

[156] Por ejemplo, fruta madura.

[157] Al tirarlos se estropean.

[158] Salmos, LXXI, 8.

[159] ¿El que comete un pecado comiendo sin bendecir debe cometer otro omitiendo la bendición del resto?

[160] Antes de tomar el baño era impuro.

grados por tres personas cada uno.[149] — Dijo Rabá: [50 b] Únicamente cuando los grupos no cuentan con ellcs [150] para la bendición conjunta,[151] pero si cuentan con ellos para la bendición conjunta en el lugar donde se encuentran,[152] la obligación de bendecir en conjunto se esfuma. — Dijo Rabá: ¿De dónde lo tomo? De lo que se ha enseñado: "La cama a la que le roban una mitad, o que pierde una mitad, o que es dividida por [dos] hermanos o [dos] socios, es limpia.[153] Si vuelve [a estar como antes], puede recibir impurificación en adelante". En adelante, sí, pero no hacia atrás. Lo cual demuestra que después de ser dividida la capacidad de impurificarse se esfuma. Aquí lo mismo; si lcs cuentan para la bendición conjunta, la obligación de bendecir en conjunto se esfuma.

Cuando dos grupos, etcétera. Se ha enseñado: Cuando tienen un sirviente común, el sirviente los une.[154]

No se hace bendición por el vino. Enseñaron lcs rabíes: Cuando al vino no se le ha echado agua no se le hace la bendición "que creó el fruto de la vid", sino la que dice "que creó el fruto del árbol", y se puede usar para lavar las manos. Después de echarle agua se le debe hacer la bendición "que creó el fruto de la vid", y no se debe usar para lavarse las manos. Esta es la opinión del rabí Eliézer; según lcs sabios, en ambos casos se dice la bendición "que creó el fruto de la vid" y no se debe usar para lavarse las manos. — ¿Con quién coincide lo que dijo Shemuel, que el hombre puede emplear el pan como mejor la parezca? — ¿Con quién? Con el rabí Eliézer. — Dijo el rabí Iosí hijo del rabí Janiná: Los sabios concuerdan con el rabí Eliézer acerca de la copa de la bendición, en que no se debe bendecir sobre ella mientras no se le haya echado agua. — ¿Por qué? — Dijo el rabí Oshaiiá: Para los actos religiosos hace falta lo mejor. ¿Y según los rabíes, para qué sirve [el vino puro]? — Dijo el rabí Zerá: Para [mezclarlo con] *cariotis.*[155]

Enseñaron los rabíes: Cuatro cosas se dijeron sobre el pan: no se pone carne cruda sobre pan; no se pasa sobre pan una copa llena; el pan no se tira; y no se deposita la fuente sobre el pan. Amemar, Mar Zutrá y el rabí Ashí comían juntos y les sirvieron dátiles y granadas. Mar Zutrá tomó algunas y las tiró delante del rabí Ashí. Este le dijo: ¿No está de acuerdo el maestro con lo que se enseñó, que no se tiran lcs alimentos? — Eso se enseñó con respecto al pan. — También se enseñó —repuso [el rabí Ashí]— que lo mismo que no se tira el pan, tampoco se tiran los alimentos. — Y también se enseñó —dijo el otro— que si bien no se debe tirar el pan, se pueden tirar otros alimentos. Pero no hay contradicción; una enseñanza se refiere a las cosas que [si se tiran] se estropean,[156] y la otra a la cosas que no se estropean.

Enseñaron los rabíes: Delante del novio y de la novia se hace pasar el vino por caños, y se arrojan espigas asadas y nueces, en verano solamente; en la época de las lluvias no. Los pasteles no deben tirarse ni en verano ni en la estación de las lluvias.[157]

Dijo el rabí Iehudá: El que por olvido se pone comida en la boca sin haber bendecido, la corre a un costado [de la boca] y dice la bendición. Una [baraíta] enseña que se deglute; otra enseña que se escupe; otra, que se corre. —No hay contradicción; la que enseña que se deglute se refiere a las bebidas; la que enseña que se escupe, se refiere a lo que no se echa a perder; la que enseña que se corre a un lado [en la boca] se refiere a lo que se echa a perder [si se escupe]. [51 a] — ¿Y por qué no se corren a un lado también los alimentos que no se echan a perder, y se dice la bendición? — Porque dice el versículo —explicó delante del rabí Iosí hijo del rabí Abín el rabí Itsjac Cascaá en nombre del rabí Iojanán—: *Esté llena mi boca con tu alabanza.*[158] — Preguntaron al rabí Jisdá: ¿El que come y bebe sin haber bendecido, debe bendecir después? — ¿El que come ajo —contestó— y despide su olor, tiene que comer más ajo para despedir más olor?[159] — Dijo Rabiná: Por eso, y aunque se haya terminado de comer, debe retrocederse y bendecir, porque se ha enseñado que el que toma un baño de purificación debe decir, al salir del agua: "Bendito sea el que nos santificó con sus mandamientos y nos mandó tomar baños de purificación". Pero no es así; allí no está al principio en condiciones [de bendecir],[160] y aquí está al principio en condiciones, y lo que se omite queda omitido.

Enseñaron lcs rabíes: El [licor de] espárragos es grato al corazón y es bueno para los ojos y más aún para los intestinos. Cuando se toma habitualmente, es bueno para todo el cuerpo, pero si uno se embriaga con él es malo para todo el cuerpo Como dice que es "grato al corazón" se infiere que se trata de vino. También dice que es "más (bueno) aún para los intestinos", y sin embargo se ha enseñado que es bueno para el corazón, los ojos y el bazo, y malo para la cabeza, los intestinos y el recto. — Aquella enseñanza se refiere al [licor de vino] añejo, como se ha enseñado: [Cuando alguien dice:] "Hago voto de no beber vino, porque es malo para los intestinos", y le dicen que el vino añejo es bueno para los intestinos, y él no dice nada, se le prohíbe beber vino nuevo y se le permite beber vino añejo. — De aquí se deduce.

Enseñaron los rabíes: Del [licor de] espárrago se han dicho seis cosas: Se toma únicamente [con vino] puro y [en vaso] lleno; se recibe con la mano derecha y se bebe con la izquierda; no se habla después [de beberlo], ni se interrumpe [cuando se está bebiendo]; se devuelve únicamente a la persona de quien se recibe; se escupe después [de beber] y se apoya [161] únicamente con [alimentos de] la misma clase. — ¿No se ha enseñado que se apoya nada más que con pan? — No hay contradicción; una [enseñanza] se refiere al que está hecho con vino; la otra al que está hecho con aguardiente.

Uno enseñó que es bueno para el corazón, los ojos y el bazo, y malo para la cabeza, los intestinos y el recto. Otro, en cambio, enseñó que es bueno para la cabeza, los intestinos y el recto, y malo para el corazón, los ojos y el bazo. — No hay contradicción; uno habla de [licor de] vino, y el otro de [licor de] aguardiente. — Uno enseña que si se escupe [después de beber] se sufre un castigo, y el otro enseña que si no se escupe se sufre un castigo. — No hay contradicción; uno habla del [licor hecho con] vino, y el otro del [hecho con] aguardiente. — Dijo el rabí Ashí: Si dices que si no se escupe [después de beberlo] se sufre un castigo, habría que escupir incluso en presencia del rey.

Dijo el rabí Ishmael ben Elishá: Tres cosas me dijo Suriel, príncipe del rostro [de Dios]: No tomes por la mañana tu camisa, para ponértela, de manos de tu sirviente; no te laves las manos con la ayuda de quien no se lavó las suyas; no le devuelvas la copa de [licor de] espárrago a nadie más que al que te la dio, porque [una cuadrilla de] demonios, según otros, ángeles destructores, aguardan al hombre y dicen: ¿Cuándo hará el hombre alguna de estas cosas, para que podamos apresarlo?

Dijo el rabí Iehoshúa ben Leví: Tres cosas me dijo el ángel de la muerte: No tomes por la mañana tu camisa, para ponértela, de manos de tu sirviente; no te laves las manos con la ayuda de quien no se lavó las suyas; y no te detengas delante de las mujeres cuando vuelven de [acompañar a] un muerto, porque yo ando saltando delante de ellas con la espada en la mano, y tengo permiso para dañar. — ¿Qué debe hacer el que se encuentra con ellos? — Tiene que retroceder cuatro codos. Si hay un río, que lo cruce; si hay otro camino, que lo tome; si hay una pared, que se ponga detrás. En caso contrario [162] que vuelva la cara y diga: *Y dijo el señor a Satán: El señor te reprenda, Satán*, etcétera,[163] hasta que hayan pasado.

Dijo el rabí Zerá en nombre del rabí Abahú (según otros, se enseñó en una baraíta): Diez cosas se han dicho sobre la copa de la bendición de la comida: tiene que ser enjuagada y lavada; tiene que contener [vino] puro y estar llena; necesita coronación y envoltura;[164] hay que alzarla con las dos manos y tomarla con la derecha; hay que levantarla a un palmo del suelo, y [el que bendice] tiene que mirarla, y según agregan algunos, se la manda de regalo a los familiares. — Nosotros —dijo el rabí Iojanán— conocemos únicamente cuatro: enjuague, lavado, [vino] puro y [copa] llena. — Se ha enseñado: Enjuagarla, por dentro; lavarla, por fuera. — Dijo el rabí Iojanán: Al que bendice con la copa llena se le da la una herencia ilimitada, como dice lo escrito: *Y lleno de la bendición del señor, posee el mar y el sur.*[165] — Dijo el rabí Iosí hijo del rabí Janiná: Está destinado a heredar ambos mundos, este y el del futuro. — "Coronación." El rabí Iehudá la corona con sus discípulos.[166] El rabí Jisdá la rodea de copas. — Dijo el rabí Janán: Y puro.[167] — Dijo el rabí Sheshet: Hasta la bendición de la tierra.[168] — "Envoltura." El rabí Papa se envolvía [en el manto] y se sentaba [para bendecir]. El rabí se extendía un pañuelo sobre la cabeza. "Hay que alzarla con las dos manos." Dijo el rabí Jiená bar Papa: ¿De qué versículo [se toma]? — *Alzad vuestras manos al santuario, y bendecid al señor.*[169] "Y tomarla con la derecha." Los [discípulos] anteriores —dijo el rabí Jiiá bar Abá en nombre del rabí Iojanán— preguntaban: ¿La izquierda tiene que sostener a la derecha? — Dijo el rabí Ashí: Puesto que los [discípulos]

[161] Se come algo después de beberlo.
[162] Si no puede hacer nada de eso.
[163] Zacarías, III, 2.
[164] Se explica en la guemará.
[165] Deut., XXXIII, 23.
[166] Los discípulos lo rodean.
[167] Esta frase es extraña al texto, y algunos comentaristas excluyen la primera parte, dejando: "Y [vino] puro".
[168] Hasta ahí se bendice con vino puro; luego se añade agua.
[169] Salm., CXXXIV, 2.

¹⁷⁰ Sin sostener la derecha con la izquierda.

¹⁷¹ Salmos, CXVI, 13.

¹⁷² La esposa del rabí Najmán.

¹⁷³ Deut., VII, 13.

¹⁷⁴ De que Ulá no había querido mandarle la copa.

¹⁷⁵ No se pueden pedir peras al olmo.

¹⁷⁶ Los números pares son de mala suerte.

¹⁷⁷ Amós, IV, 12.

anteriores formularon la pregunta sin que el punto haya sido aclarado, [51 *b*] procedemos de acuerdo con el criterio más estricto.[170] "Hay que levantarla a un palmo del suelo." Dijo el rabí Ajá bar Janiná: ¿De qué versículo [se extrae esa norma]? — *Alzaré la copa de la salvación, e invocaré el nombre del señor.*[171] "Y tiene que mirarla", para no distraer de ella la atención. "Se la manda de regalo a los familiares", para que sea bendecida su mujer.

Ulá se hallaba en la casa del rabí Najmán; comió, bendijo y entregó al rabí Najmán la copa de la bendición. — Le dijo el rabí Najmán: Mándele el maestro la copa de la bendición a Ialta.[172] — Dijo esto el rabí Iojanán —le respondió—: El fruto del cuerpo de una mujer es bendecido únicamente por el fruto del cuerpo de un hombre, como dice lo escrito: *Y bendecirá el fruto de tu vientre.*[173] No dice "el fruto de su vientre", sino *el fruto de tu vientre.* Se ha enseñado asimismo: ¿Cómo se sabe —dijo el rabí Natán— que el fruto del cuerpo de una mujer es bendecido únicamente por el fruto del cuerpo de un hombre? Porque dice lo escrito: *Y bendecirá el fruto de tu vientre.* No dice "el fruto de su vientre", sino *el fruto de tu vientre.* — Entretanto Ialta, que se había enterado,[174] se levantó furiosa, fue a la bodega y rompió cuatrocientas cubas de vino. — Envíele el maestro otra copa —le dijo [a Ulá] el rabí Najmán. — [Se la envió y] le mandó a decir: Todo ese [vino] es de la copa de la bendición. — Ella le mandó a contestar: De los vagos los chismes, y de los harapos los gusanos.[175]

Dijo el rabí Así: Con la copa de la bendición [en la mano], no se habla. — Dijo también el rabí Así: Con la copa del infortunio [en la mano], no se bendice. — ¿Cuál es la copa del infortunio? — Dijo el rabí Najmán bar Itsjac: La segunda copa.[176] — Se ha enseñado asimismo: El que bebe [copas] duplicadas no debe bendecir, porque dice lo escrito: *Prepárate para venir al encuentro de tu Dios, Israel,*[177] y este no está convenientemente preparado.

Dijo el rabí Abahú (según otros, lo enseña una baraíta): El que come caminando, bendice la comida de pie; el que come de pie, bendice sentado; el que come recostado, para bendecir se incorpora. La jurisprudencia dice que en todos los casos se bendice la comida sentado.

CAPÍTULO VIII

¹ Sabat, o día de fiesta.

² Para la bendición anterior a la comida.

³ El lavado posterior a la comida y previo a la bendición.

⁴ Desarrollo de una comida en sabat o día de fiesta, cuando hay *havdalá,* o separación, bendición que establece la distinción entre el sabat o la fiesta, y los días habituales.

⁵ Usados en funerales.

⁶ Porque puede haber mencionado el monte Gerizín.

MISHNÁ 1. Los siguientes son los puntos de discrepancia existentes entre la escuela de Shamái y la escuela de Hilel, con respecto a las comidas: La escuela de Shamái dice que primero se dice la bendición [por la santidad] del día[1] *y luego la bendición por el vino; la escuela de Hilel dice que primero se dice la bendición por el vino y luego la bendición [por la santidad] del día. La escuela de Shamái dice que primero se lavan las manos y luego se llena la copa;*[2] *la escuela de Hilel dice que primero se llena la copa y luego se lavan las manos. La escuela de Shamái dice que se secan las manos con un paño que después se pone en la mesa; la escuela de Hilel dice que se pone en un almohadón. La escuela de Shamái dice que [después de comer] se barre el piso y luego se lavan las manos;*[3] *la escuela de Hilel dice que se lavan las manos y luego se barre el piso. La escuela de Shamái dice: velas, comida, perfumes y separación;*[4] *la escuela de Hilel dice: velas, perfumes, comida y separación. La escuela de Shamái dice: [En la bendición de las velas decimos] "que creó la luz del fuego"; la escuela de Hilel dice: "que crea la luz del fuego". — No se bendice por velas y perfumes de idólatras, ni por velas y perfumes de muertos,*[5] *ni por velas y perfumes de idolatría, ni se bendice por velas sin haber usado la luz. — El que come y se olvida de bendecir por la comida, según la escuela de Shamái tiene que volver al lugar [donde comió] y decir la bendición, y según la escuela de Hilel debe decir la bendición donde recuerde [que no bendijo]. ¿Hasta cuándo debe decirse la bendición? Hasta que se haya digerido la comida en los intestinos. Cuando se sirve vino después de la comida, y es la única copa, según la escuela de Shamái se bendice primero por el vino y luego por la comida; según la escuela de Hilel, primero se bendice por la comida y luego por el vino. Se contesta amén a la bendición de un israelita, pero no se contesta amén a la bendición de un cuteo cuando no se oye toda la bendición.*[6]

GUEMARÁ. Enseñaron los rabíes: Los siguientes son los puntos de discrepancia que existen entre la escuela de Shamái y la escuela de Hilel, con respecto a las comidas: La escuela de Shamái dice que primero se dice la bendición [por la santidad] del día, y luego la bendición por el vino, porque el día es el que da motivo para el vino, y porque el día ya es santo antes de que haya vino. La escuela de Hilel dice que primero se bendice por el vino y después por el día, porque el vino es el que da motivo para la bendición de santificación. Otra explicación: La bendición por el vino es permanente, la bendición por el día no es permanente; entre lo permanente y lo no permanente tiene prioridad lo permanente. La jurisprudencia coincide con la escuela de Hilel. — ¿Qué objeto tiene esta otra explicación? — Podría decirse que allí [7] hay dos razones, y aquí [8] sólo una; esta es la segunda: la bendición por el vino es permanente y la bendición [por la santificación] del día no es permanente; entre los que es permanente y lo que no es permanente tiene prioridad lo que es permanente. — "La jurisprudencia coincide con la escuela de Hilel." Es evidente; lo proclamó el eco [celestial].[9] — Si quieres, diré que [la enseñanza] es anterior al eco [celestial]; y si quieres diré que en realidad es posterior al eco [celestial] [52 a] y que sigue la opinión del rabí Iehoshúa, de que no se hace caso al eco [celestial]. — ¿Pero es que la escuela de Shamái opina que la bendición [por la santidad] del día es más importante? Sin embargo, se ha enseñado: El que entra en su casa al finalizar el sabat dice las bendiciones por el vino, por la luz, y por la fragancia, y luego la bendición de la separación.[10] En el caso de que tenga una sola copa, la guarda para después de la comida y las dice todas una tras otra. — ¿Cómo sabes que esta es la opinión de la escuela de Shamái? ¿No será la opinión de la escuela de Hilel? — Imposible; porque nombra primero la luz y luego la fragancia. ¿Y a quien le hemos oído sostener este criterio? A la escuela de Shamái. Porque se ha enseñado que dijo el rabí Iehudá: Las escuelas de Shamái y de Hilel no discuten que primero se dice la bendición por la comida y luego la de separación. ¿En qué disienten? En lo que respecta a la luz y los perfumes. La escuela de Shamái dice: Primero la luz y luego los perfumes; la escuela de Hilel dice: Primero los perfumes y luego la luz. — ¿Cómo sabes que esa es la opinión de la escuela de Shamái expresada por el rabí Iehudá? ¿No será la opinión de la escuela de Hilel expresada por el rabí Meir? — Es imposible. Aquí enseña [la mishná]: *La escuela de Shamái dice: velas, comida, perfumes y separación; la escuela de Hilel dice: velas, perfumes, comida y separación.* Y allí la baraíta enseña: En el caso de que tenga una sola copa, la guarda para después de la comida y dice las demás a continuación. Esto demuestra que sigue la opinión de la escuela de Shamái, tal como la expresara el rabí Iehudá. De todas maneras la contradicción se mantiene.[11] — La escuela de Shamái opina que la entrada de un día [santo] es distinta de su salida. Al entrar, [tratamos de que sea] cuanto antes mejor; al salir, cuanto más tarde mejor, para que no parezca que es una carga para nosotros.

¿Opina realmente la escuela de Shamái que para la bendición posterior de la comida hace falta una copa [de vino]? Sin embargo, se ha enseñado que *cuando se sirve vino después de la comida, y es la única copa, según la escuela de Shamái se bendice primero por el vino y después por la comida.* ¿Esto no significa que se dice la bendición y se bebe [el vino]? — No; se dice la bendición y se deja [la copa]. — ¿No dijo el maestro que el que bendice debe probarlo? — Lo prueba [y deja la copa]. — Pero el maestro dijo que después de haber sido probado [el vino] ya no sirve.[12] — Lo prueba con la mano. — Pero el maestro dijo que la copa de la bendición debe contener la cantidad necesaria, y de este modo la disminuye. — Hay más de lo necesario. — ¿No dice: *...y es la única copa?* — No hay para dos, pero sí para más de una. — El rabí Jiiá enseñó que dijo la escuela de Shamái: Se hace la bendición por el vino, se bebe y luego se hace la bendición por la comida. — Dos tanaítas discrepan sobre la opinión de la escuela de Shamái.[13]

La escuela de Shamái dice, etcétera. Enseñaron los rabíes: Según la escuela de Shamái primero se lavan las manos y después se llena la copa. Porque si dijeras que primero se llena la copa, [te diré que] existe el temor de que las manos impurifiquen el líquido que haya en la parte externa de la copa, y que [ese líquido] impurifique a su vez toda la copa. — Las mismas manos podrían impurificar la copa. — La [impurificación] de las manos es de segundo grado,[14] y lo que se vuelve impuro en segundo grado transmite impureza de tercer grado a objetos no consagrados, únicamente por medio de algún líquido. — Según la escuela de Hilel, primero se llena la copa y luego se lavan las manos. Y si dijeras que primero se lavan las manos, [te haré notar que] existe el riesgo de que el líquido de las manos se vuelva impuro por [el contacto con] la copa,[15] y comunique la impurificación a las manos. — ¿No se pueden impurificar las manos directamente por [el contacto con] la copa? — Las vasijas no impurifican a los hombres. — Pero [la copa] podría impurificar el líquido que contenga. — Se trata, en este caso, de una vasija impurificada exteriormente por un líquido; está, por lo tanto, limpia por dentro e impura por fuera, porque se ha enseñado que las vasijas impurificadas exteriormente por un líquido son impuras por fuera, [52 b] pero el interior, el borde, el asa y la guarnición son limpios. Si se vuelve impura la parte interior, se impurifica todo. — ¿En qué consiste la discrepancia? — La escuela de Shamái opina que está prohibido emplear las vasijas cuya parte exterior haya sido impurificada por un líquido, por temor a las gotas;[16] de este modo no será necesario temer que el líquido de las manos impurifique la copa.[17] La escuela de Hilel opina que se permite usar una vasija impurificada exteriormente por un líquido, porque dice que las gotas no son frecuentes, existiendo, por lo tanto, el peligro de que la copa impurifique el líquido de las manos [húmedas].[18] — Otra explicación: La comida sigue inmediatamente al lavado de manos. — ¿Qué objeto tiene esta otra explicación? — Dijo la escuela de Hilel a la escuela de Shamái: Aunque ustedes dicen que se prohíbe usar las vasijas que se han vuelto exteriormente impuras, por temor a las gotas, aun así es mejor [nuestra norma], porque la comida sigue inmediatamente al lavado de manos.

La escuela de Shamái dice que se secan, etcétera. Enseñaron los rabíes: La escuela de Shamái dice que después de secarse las manos se deja el paño sobre la mesa, porque si dijeras que se deja sobre un almohadón, cabría el temor de que el líquido del paño se impurificara por el almohadón e impurificara las manos. — ¿El almohadón no puede impurificar directamente el paño? — Un utensilio no impurifica otro utensilio. — ¿El almohadón no puede impurificar al hombre mismo? — Los utensilios no impurifican a los hombres. — La escuela de Hilel dice [que se pone] en el almohadón, porque si dijeras que se pone en la mesa, se correría el riesgo de que el líquido del paño se impurificara por la mesa e impurificara los alimentos. — ¿La mesa no puede impurificar directamente los alimentos puestos sobre ella? — Se trata en este caso de una mesa [cuya impureza es] de segundo grado, y en objetos profanos lo que es impuro en segundo grado sólo comunica [impurificación de] tercer grado por medio de un líquido. — ¿En qué consiste la discrepancia? — La escuela de Shamái opina que se prohíbe usar una mesa de segundo grado [de impurificación], por si alguien come en ella una oblación.[19] La escuela de Hilel opina que se permite usar una mesa de segundo grado [de impurificación], porque los que comen oblación están atentos.[20] — Otra explicación: El lavado de las manos para alimentos profanos, no es prescripción de la Tora. — ¿Qué objeto tiene esta otra explicación? — Dijo la escuela de Hilel a la escuela de Shamái: Aunque ustedes preguntaran qué tienen de distinto los alimentos para que haya que temer por ellos, y qué tienen de distinto las manos, para que no se tema por ellas, aun así nuestra norma es superior, porque el lavado de las manos para las comidas profanas no está indicado en la Tora. Es preferible que se vuelvan impuras las manos, de las cuales la Tora no da ninguna regla básica, que los alimentos, sobre los cuales hay una regla básica en la Tora.

La escuela de Shamái dice que se barre, etcétera. Enseñaron los rabíes: La escuela de Shamái dice que se barre la casa y luego se lavan las manos. Porque si dijeras que primero se lavan las manos, podría resultar que echaras a perder la comida. Pero la escuela de Shamái no opina que primero haya que lavarse las manos. ¿Por qué? Por las migas. La escuela de Hilel dice que cuando el sirviente es un estudioso recoge las migas que tienen el tamaño de una aceituna y deja las que no tienen el tamaño de una aceituna. Lo cual respalda al rabí Iojanán. Porque dijo el rabí Iojanán: Se pueden destruir con las manos las migajas que no tengan el tamaño de una aceituna.[21] ¿En qué consiste la discrepancia? — La escuela de Shamái opina que está prohibido hacer servir [la mesa] por un sirviente del vulgo.[22] La escuela de Shamái opina que se permite emplear para servir la mesa a un hombre del vulgo. — Dijo el rabí Iosí bar Janiná en nombre del rabí Huná: En todo este capítulo la jurisprudencia concuerda con la escuela de Hilel, menos en esta [enseñanza], en la que concuerda con la escuela de Shamái. — El rabí Oshaiiá lo enseña al revés: También aquí concuerda la jurisprudencia con la escuela de Hilel.

La escuela de Shamái dice: Velas, comida, etcétera. El rabí Huná bar Iehudá estaba en la casa de Rabá, y vio que Rabá decía primero la bendición por

23 Coinciden en que la bendición por la luz es anterior.

24 Isaías, XLV, 7.
25 Amós, IV, 13.
26 Isaías, XLII, 5.

27 Los distintos colores que se ven en la llama.
28 Las velas de los idólatras.
29 Los idólatras las habrán usado los sábados.

30 La segunda frase fundamenta la primera.

31 Un trabajo realizado a favor de su luz.

32 Encendida antes de la llegada del sabat.

33 Al finalizar el sabat.

34 Tal vez se haya usado para hacer trabajos prohibidos.

35 La llama no es un algo continuo, sino una sucesión de llamaradas.
36 En sabat.
37 Si la llama es una sucesión de llamaradas no se viola la prohibición de pasar una cosa de un ámbito a otro. La que saca de la casa no es la misma que pone en la calle.
38 La primera llama encendida en sabat por un pagano.
39 Al finalizar el sabat.

la fragancia. — Mira —le dijo— que la escuela de Shamái y la escuela de Hilel ya no discrepan acerca de la luz,²³ porque se ha enseñado que *la escuela de Shamái dice: Velas, comida, perfumes y separación; y la escuela de Hilel dice: Velas, perfumes, comida y separación.* — Y Rabá completó: "Esta es la opinión del rabí Meir; el rabí Iehudá dijo: La escuela de Shamái y la escuela de Hilel convienen en que primero se dice [la bendición por] la comida, y al final la separación. Discrepan sobre la luz y los perfumes. La escuela de Shamái dice que primero [se bendice] por la luz y después por los perfumes, y la escuela de Hilel, que primero [se bendice] por los perfumes y luego por la luz, y al respecto dijo el rabí Iojanán: La gente se guía por la escuela de Hilel, de acuerdo con lo expresado por el rabí Iehudá.

La escuela de Shamái dice: que creó, etcétera. Dijo Rabá: Acerca de [la palabra] creó *(bará)* nadie discute que significa [precisamente] creó. La discrepancia se refiere a [la expresión] "que crea" *(bore)*. En opinión de la escuela de Shamái, "que crea" significa "que creará en lo futuro"; en opinión de la escuela de Hilel, "que crea" también significa "creó". El rabí Iosef objetó [que dice lo escrito]: *que formo la luz y creo (bore) las tinieblas;*²⁴ *el que forma los montes y crea (bore) el viento;*²⁵ *el que creó (bore) los cielos, y el que los desplegó.*²⁶ Más bien —dijo el rabí Iosef—, nadie discute que *bará* y *bore* significan "lo que ya] creó". ¿Sobre qué disienten? Sobre [si debe decirse] luz *(maor)* o luces *(meorí)*. La escuela de Shamái opina que el fuego tiene una sola luz; la escuela de Hilel opina que el fuego tiene varias luces.²⁷ Se ha enseñado asimismo que dijo la escuela de Hilel a la escuela de Shamái: El fuego contiene diversas clases de luz.

No se bendice, etcétera. Se justifica en cuanto a las velas,²⁸ porque no han reposado;²⁹ ¿pero por qué no los perfumes? — Dijo el rabí Iehudá que dijo Rab: Se trata en este caso de una comida de paganos, y las comidas de los paganos están habitualmente consagradas a la idolatría. — ¿Como en una cláusula posterior dice *ni por velas y perfumes de idolatría,* debe deducirse que esta frase anterior no se refiere a la idolatría? — Dijo el rabí Janiná de Surá: [Esta frase] expresa la razón.³⁰ — ¿Cuál es la razón de que no se bendiga por velas y perfumes de paganos? — Porque las comidas de los paganos se dedican generalmente a la idolatría.

Enseñaron los rabíes: Por una vela que ha reposado se bendice; por una vela que no ha reposado, no se bendice. — ¿Qué significa (que ha reposado y) que no ha reposado? [53 a] ¿Diremos que no ha reposado por un trabajo,³¹ aunque haya sido un trabajo permitido? Pues se ha enseñado que: "Se puede decir la bendición por la vela de una parturienta o la vela de un enfermo". — Dijo el rabí Najmán bar Itsjac: ¿Qué significa que ha reposado? Que ha reposado de un trabajo violatorio. Se ha enseñado asimismo: Por una lámpara que ha estado ardiendo todo el día ³² se bendice al expirar el sabat.

Enseñaron los rabíes: Se bendice por la [vela] de un israelita encendida por un pagano,³³ o la de un pagano encendida por un israelita, pero no por la [vela] de un pagano encendida por un pagano. ¿Por qué no por la [vela] de un pagano encendida por un pagano? — Porque tal vez no haya reposado.³⁴ — También es posible que no haya reposado la [vela] de un pagano encendida por un israelita. Y si me objetas que la [llama] prohibida se extingue, y esta es otra, engendrada por la mano del israelita,³⁵ qué diremos entonces de la siguiente enseñanza: El que saca una llama a la calle ³⁶ es culpable [de transgresión]. ¿Por qué es culpable? Lo que saca no lo pone, y lo que pone no lo saca.³⁷ — Será que la [llama] prohibida continúa existiendo, y que la bendición se dice por la parte complementaria, que es permitida. En tal caso, debería permitirse [bendecir por] la [vela] de un pagano encendida por un pagano. — En realidad es así, pero se toma esta medida por el primer pagano y la primera llama.³⁸

Enseñaron los rabíes: El que sale de la ciudad ³⁹ y ve una luz, cuando la mayoría [de los pobladores] son paganos, no bendice; cuando son israelitas, bendice. — Aquí hay una contradicción. Primero dices: "cuando la mayoría son paganos no bendice"; por consiguiente, siendo mitad y mitad, bendice. Luego nos enseña: "cuando la mayoría son israelitas, bendice"; por consiguiente, siendo mitad y mitad, no bendice. — Legalmente, también bendice cuando son mitad y mitad, pero como en la primera cláusula dice: "cuando la mayoría son paganos", tiene que decir en la cláusula final: "cuando la mayoría son israelitas".

Enseñaron los rabíes: El que sale del pueblo y ve un niño con una antorcha en la mano, averigua, y si el niño es israelita, bendice; si es pagano, no bendice. — ¿Por qué un niño? Lo mismo sería si se tratara de una persona mayor. — Dijo el rabí Iehudá en nombre de Rab: Se trata de uno que sale inmediatamente después de la puesta del sol. Una persona mayor sería indudablemente un pagano;[40] un niño podría ser un israelita que toma accidentalmente [la antorcha].

Enseñaron los rabíes: El que sale del pueblo y ve fuego, si este es denso como el de la boca de un horno, bendice por él; si no, no bendice por él. Uno enseña: Por el fuego de un horno se bendice. Otro enseña: No se bendice. — No hay contradicción. Uno se refiere al principio;[41] el otro, al final. — Uno enseña: Por el fuego de una estufa o de un fogón se bendice. Otro enseña: No se bendice. — No hay contradicción; uno habla del comienzo del fuego, y el otro del final. — Uno enseña: Por la luz de una casa de oración o una casa de estudio se bendice. Otro enseña: No se bendice. — No hay contradicción; uno se refiere al caso de que haya una persona distinguida,[42] y el otro al caso de que no haya ninguna persona distinguida. Y si quieres, diré que tanto el uno como el otro se refieren al caso de que haya una persona distinguida; pero no hay contradicción: uno habla de la [casa] que tiene conserje,[43] y el otro de la que no tiene conserje. Y si quieres, diré que tanto el uno como el otro hablan de la que tiene conserje, pero no hay contradicción, porque uno se refiere a aquella en la que hay luz de luna y el otro a aquella en la que no hay luz de luna.

Enseñaron los rabíes: Cuando se trae luz a la casa de estudio,[44] según la escuela de Shamái los presentes dicen cada cual su bendición; según la escuela de Hilel, bendice uno en nombre de todos, porque dice lo escrito: *En la multitud del pueblo está la gloria del rey*.[45] — [La opinión de] la escuela de Hilel se justifica, porque da la razón; ¿en qué se funda la opinión de la escuela de Shamái? — Será para no perturbar el estudio.[46] — Se ha enseñado asimismo: Los familiares del rabán Gamaliel no decían "salud"[47] para no perturbar el estudio.

No se bendice por velas y perfumes de muertos. ¿Por qué? — Las velas se encienden en su honor; los perfumes son para alejar el olor. — Dijo el rabí Iehudá en nombre de Rab: Cuando se llevan [velas] delante de él,[48] tanto de día como de noche, no se bendice;[49] cuando se llevan de día solamente, se bendice.[50]

Dijo el rabí Huná: Por los perfumes empleados en la letrina[51] y el aceite usado para quitar la grasitud [de las manos][52] no se bendice. De aquí se desprende que por lo que no se usa para perfumar no se bendice; y contra esto se objetó: "El que entra en una tienda de perfumes y huele la fragancia, bendice una sola vez, aunque se quede allí todo el día; pero si entra y sale continuamente, dice cada vez una bendición". En este caso [los perfumes] no están para perfumar,[53] y hay que bendecir. — También están para perfumar, porque la gente los huele y [si les gustan] los compran.

Enseñaron los rabíes: El que anda por las afueras de la ciudad y siente un olor [grato], no dice ninguna bendición cuando [los habitantes de la ciudad] son en su mayoría paganos; cuando la mayoría son israelitas, bendice. Según el rabí Iosí, tampoco se bendice aunque la mayoría sea israelita, porque las hijas de Israel queman incienso con fines de brujería. — ¿Todas queman incienso con fines de brujería? — Una parte quema incienso para brujerías, y una parte para sahumar la ropa, de donde resulta que la mayor parte no se emplea para perfumar, y cuando la mayor parte no se emplea para perfumar no se bendice. — Dijo el rabí Jiiá bar Abá en nombre del rabí Iojanán: El que en la víspera del sabat anda por Tiberíades, o al finalizar el sabat por Seforis, y siente un olor [grato], no bendice, porque es indudable que se está usando [la esencia] para sahumar ropa. — Enseñaron los rabíes: El que anda por una calle de idólatras y aspira con ganas el aroma, es un pecador.

[53 b] *Ni se bendice por velas sin haber usado (la luz).* Dijo el rabí Iehudá en nombre de Rab: No es que haya que usar realmente la luz; igual sería para los que están a distancia, si estando cerca pudieran usarla.[54] Lo mismo dijo el rabí Ashí: Hemos visto que es igual para los que están a distancia. — Presentóse una objeción: "El que tiene una vela escondida en el pecho, o en una linterna, o ve una llama pero no usa su luz, o aprovecha la luz pero no ve la llama, no bendice hasta que haya visto la llama y aprovechado la luz". Se explica el caso de que use la luz sin ver la llama; puede ocurrir cuando está en un rin-

cón. ¿Pero [cómo es posible] ver una llama sin aprovechar la luz? Únicamente estando lejos. — No; cuando, por ejemplo, [la llama] se va oscureciendo.

Enseñaron los rabíes: Por brasas crepitantes se bendice; por [carbones] moribundos no se bendice. — ¿Cuáles son las [brasas] crepitantes? — Dijo el rabí Jisdá: Si se pone entre ellas una astilla se enciende sola. — Formulóse esta pregunta: ¿[Cómo se escribe] *omemot?* [55] — Ven y escucha. El rabí Jisdá bar Abdimí citó [este versículo]: *Los cedros no lo oscurecieron (amemuhu)* [56] *en el huerto de Dios.* [57]

Rabá, sin embargo, dijo: [Significa, realmente,] "sin haber utilizado [su luz]". — ¿A qué distancia? — Dijo Ulá: [A la distancia necesaria] para distinguir un *isar* [58] de un *pondión.* — Dijo Jiskiiá: [La necesaria] para distinguir una *melozma* [59] de Tiberíades de otra de Seforis. — El rabí Iehudá solía decir la bendición [por la luz] en la casa de Adá el sirviente. [60] Rab bendecía en la casa de Guriá bar Jamá. [61] Abaie bendecía en la casa de Bar Abuhá. — Dijo el rabí Iehudá en nombre de Rab: No se busca una luz [62] como se busca para [otros] mandamientos. — Dijo el rabí Zerá: Yo, al principio buscaba una luz; desde que supe lo que dijo el rabí Iehudá en nombre de Rab ya no la busco. Cuando me encuentro con alguna, bendigo.

El que come, etcétera. Dijo el rabí Zebid (según otros, el rabí Dimí bar Abá): La discrepancia se refiere únicamente al caso de que sea por olvido; cuando se omite de propósito, todos concuerdan en que debe volverse al lugar [donde se ha comido] y decir allí la bendición. — Es evidente; la enseñanza dice: ...*y se olvida.* — Podría creerse que es lo mismo cuando se omite de intento, y que si enseña "y se olvida" es para ponerte de relieve la opinión contraria de la escuela de Shamái. Por eso nos dice [que no es así]. — Se ha enseñado que la escuela de Hilel dijo a la escuela de Shamái: ¿Según ustedes, cuando alguien come en la cima de una montaña y se olvida y baja sin haber bendecido, tiene que volver a la cima de la montaña a bendecir? — Contestó la escuela de Shamái a la escuela de Hilel: ¿Según ustedes, el que se deja olvidado un bolsillo en la cima de una montaña, no debe subir a recuperarlo? Si lo hace para honrarse a sí mismo, con mayor razón subirá para honrar al cielo.

De dos discípulos [que no dijeron la bendición por la comida], uno, que lo había hecho inadvertidamente, procedió de acuerdo con la escuela de Shamái [63] y halló un bolsillo de [monedas de] oro; el otro, que lo había hecho de propósito, [64] procedió de acuerdo con la escuela de Hilel, y fue comido por un león. Rabáh bar Bar Janá, viajando en una caravana, comió y se olvidó de bendecir por la comida. ¿Qué hago?, pensó. Si les digo a los demás que me olvidé de bendecir, dirán: Bendice [aquí]; dondequiera que bendigas, bendices al misericordioso. Será mejor que les diga que dejé olvidada una paloma de oro. Y les dijo: Espérenme; dejé olvidada una paloma de oro. Regresó, dijo la bendición y encontró una paloma de oro. — ¿Por qué precisamente una paloma de oro? — Porque la comunidad de Israel fue comparada con una paloma de oro, como dice lo escrito: *Seréis como alas de paloma cubiertas de plata, y sus plumas con amarillez de oro.* [65] Así como la paloma se salva por sus alas, se salva Israel por sus mandamientos.

¿Hasta cuándo...?, etcétera. ¿Cuánto se tarda en digerir la comida? — Dijo el rabí Iojanán: El lapso durante el cual no se siente hambre. — Dijo Resh Lakish: El lapso durante el cual se siente sed por causa de la comida. — Dijo el rabí Iemar bar Shelemiiá a Mar Zutrá (según otros, el rabí Iemar bar Shezbí a Mar Zutrá): ¿Habrá dicho eso Resh Lakish? Porque el ramí Amí dijo en nombre de Resh Lakish: ¿Cuánto se tarda en digerir la comida? El tiempo que se tarda en recorrer cuatro *miles.* — No hay contradicción; en un caso es una comida abundante, en el otro caso una comida liviana.

Cuando se sirve vino, etcétera. De aquí se deduce que [siendo] un israelita [el que bendice], aunque no se haya escuchado toda la bendición, se responde [amén]. — ¿Pero cómo se puede cumplir sin haber escuchado? — Dijo el rabí Jiiá bar Rab: Se refiere al que no participa de la comida. [66] — Lo mismo dijo el rabí Najmán en nombre de Rabáh bar Abuhá: El que no participa de la comida. — Dijo Rab a su hijo Jiiá: Hijo mío, apodérate [de la copa] y bendice. [67] — Y lo mismo dijo el rabí Huná a su hijo Rabáh: Hijo mío, apodérate y bendice. — De aquí se desprende que el que bendice es mejor que el que responde amén. Sin embargo, se ha enseñado que dijo el rabí Iosí: Es más grande el que responde amén que el que bendice. — Así es, ¡por el cielo! —le dijo el rabí Nehorái—. Porque mira: los soldados avanzan e inician la batalla, y los

---

[55] Moribundos. ¿Con *alef* o con *ain*, al principio?
[56] Con *ain*.
[57] Ezequiel, XXXI, 8.
[58] Moneda romana de cobre, la mitad del tamaño de un *pondión*.
[59] Según Rashi, una medida de peso; según otros, una moneda.
[60] Que vivía lejos.
[61] Que vivía cerca.
[62] Para hacer la bendición.
[63] Volvió al lugar donde había comido.
[64] Porque tenía prisa.
[65] Salmos, LXVIII, 14.
[66] No tiene obligación de bendecir.
[67] Trata siempre de ser tú quien bendiga en nombre de los demás.

[68] Nehemías, IX, 5.

héroes avanzan y la ganan. — Sobre esto discuten los tanaítas, porque se ha enseñado: [El versículo] [68] alude tanto al que bendice como al que responde amén, sólo que se le da [la recompensa] al que bendice más rápidamente que al que dice amén.

Preguntó Shemuel a Rab: ¿Se contesta amén a [la bendición de] escolares? — Se contesta amén —respondió— a todo el mundo menos a los escolares, porque dicen [la bendición] para aprenderla. Salvo cuando leen la *haftará*;[69] cuando leen la *haftará* se les contesta [amén].

[69] El capítulo del libro de los Profetas, o de las Escrituras, que se lee en las sinagogas los sábados, días de fiesta y días de ayuno después del Pentateuco.

[70] El que se usa para quitarse la grasitud de las manos después de comer.

[71] Antes de comer.

[72] Después de la comida.

[73] Levítico, XI, 44.

Enseñaron los rabíes: El aceite,[70] [cuando falta,] impide la bendición; esta es la opinión del rabí Zilái. El rabí Zivái dijo: No la impide. El rabí Ajá dijo: El buen aceite la impide. El rabí Zuhamái dijo: Lo mismo que una persona sucia es inepta para el servicio del Templo, las manos sucias son ineptas para la bendición de la comida. Dijo el rabí Najmán bar Itsjac: Nada sé de Zilái, Zivái y Zuhamái; conozco esta enseñanza: Dijo el rabí Iehudá en nombre de Rab (aunque según otros, lo enseña un baraíta): *...os santificaréis...* se refiere al primer lavado de manos,[71] *...y seréis santos,...* se refiere al segundo lavado,[72] *...porque santo...* se refiere al aceite, *... soy yo, el señor vuestro Dios,*[73] se refiere a la bendición.

CAPÍTULO IX

[1] Se considera que se refiere al Mediterráneo.

[*54 a*] *MISHNÁ* 1. *El que ve un lugar donde se han hecho milagros para Israel, debe decir: Bendito sea el que hizo milagros para nuestros antepasados en este lugar. El que ve un lugar del que se extirpó la idolatría, debe decir: Bendito sea el que extirpó la idolatría en nuestra tierra. Ante estrellas fugaces, terremotos, truenos, tormentas y relámpagos, se dice: Bendito sea aquel de cuya fuerza y poderío está lleno el mundo. Ante montañas, colinas, mares, ríos y desiertos, se dice: Bendito sea el que hizo la creación. Según el rabí Iehudá, el que ve el gran mar* [1] *debe decir: Bendito sea el que hizo el gran mar. [Lo dice] cuando lo ve de tiempo en tiempo. Ante la lluvia, y ante buenas noticias, se dice: Bendito sea el que es bueno y hace el bien. Ante malas noticias se dice: Bendito sea el juez de verdad. El que se construye una casa nueva, o se compra ropa nueva, dice: Bendito sea el que nos dejó vivir, nos protegió y nos hizo llegar hasta este día. Por el mal se bendice como por el bien, y por el bien como por el mal.* [2] *Clamar por lo pasado es orar en vano. Cuando el marido de la embarazada dice: Ojalá que mi mujer tenga un varón, ora en vano. El que oye gritos en la ciudad cuando regresa de un viaje, y dice: Ojalá que no sea en mi casa, ora en vano. El que [viaja y] tiene que atravesar una ciudad importante, reza dos veces, una al entrar y otra al salir. Según Ben Azái, cuatro veces, dos al entrar y dos al salir: agradece lo pasado y ruega por lo porvenir. Es deber del hombre bendecir por el mal, como bendice por el bien, como dice lo escrito: Y amarás al señor tu Dios de todo tu corazón, etcétera.* [3] *De todo tu corazón,... —es decir, con tus dos instintos, el instinto del bien y el instinto del mal— ...y de toda tu alma,... —es decir, aunque te quite el alma— ...y con todas tus fuerzas —es decir, con todos tus bienes. Otra explicación de con todas tus fuerzas* (meodecá): *Cualquiera que sea la medida* (midá) *que tome contigo. — No hay que mirar con ligereza la puerta del este [del Templo], porque está enfrente del sanctasanctórum. No se sube al monte del Templo con bastón, ni con botas, ni con la cartera, ni con los pies embarrados. Tampoco debe usarse como atajo, y por cal vajomer se deduce que allí no se escupe. — En el Templo solía terminarse la bendición con las palabras "hasta la eternidad"* (ad haolam). *Cuando los saduceos degeneraron y dijeron que hay un solo mundo,* [4] *se dispuso que se respondiera "desde la eternidad hasta la eternidad".* [5] *También se ordenó que la gente se saludara en nombre de Dios, como dice lo escrito: Y he aquí que Booz vino de Belén, y dijo a los segadores: El señor sea con vosotros. Y ellos respondieron: El señor te bendiga.* [6] *Y también dice: El señor está contigo, varón esforzado y valiente.* [7] *Y también dice: Y cuando tu madre envejeciere, no la menosprecies.* [8] *Y también dice: Tiempo es de actuar por el señor, porque han invalidado tu ley.* [9] *Según el rabí Natán, [significa:] han invalidado tu ley porque es tiempo de actuar por el señor.*

[2] Se explica en la guemará.

[3] Deut., VI, 5.

[4] Negando el mundo del futuro. *Olam* significa mundo y también eternidad.

[5] O: "De mundo a mundo".

[6] Rut, II, 4.

[7] Jueces, VI, 12.

[8] Prov., XXIII, 22.

[9] Salmos, CXIX, 126.

[10] La de que debe bendecirse por los milagros.

[11] Éxodo, XVIII, 10.

GUEMARÁ. ¿Esta [norma][10] de dónde [la sacamos]? — Del versículo que dice —respondió el rabí Iojanán—: *Y Jetró dijo: Bendito sea el señor, que os libró,* etcétera.[11] — ¿Se bendice [únicamente] por el milagro hecho para muchos? ¿Por el milagro hecho para uno solo no se bendice? Un hombre que iba por Eber Ieminá fue atacado por un león, pero ocurrió un milagro y el hombre se salvó. Cuando se presentó ante Rabá este le dijo: Cada vez que que pases por allí di lo siguiente: Bendito sea el que hizo por mí un milagro en este lugar. Mar, hijo de Rabiná, iba por el valle de Arabot. Estaba sediento y ocurrió un milagro; creóse para él un pozo de agua, en el que bebió. Otro día iba por los alrededores de Majozá lo atacó un camello furioso. De pronto se abrió una pared y él escapó por allí. Luego, cada vez que iba a Arabot, decía: Bendito sea el que me hizo milagros en Arabot y con el camello. — Cuando iba por los alrededores de Majozá decía: Bendito sea el que me hizo milagros con el camello y en Arabot. — Dijeron: Por milagros hechos para muchos, están obligados a bendecir todos; por milagros hechos para uno, sólo él está obligado a bendecir.

Enseñaron los rabíes: El que ve los vados del mar,[12] los vados del Jordán, los vados de los arroyos de Arnon, las piedras *elgabish* de la pendiente de Bet Horón, la piedra que Og, el rey de Basán, quiso arrojarle a Israel, la piedra en la que Moisés se sentó cuando Josué peleó con los amalecitas, la esposa de Lot,[13] o la muralla de Jericó, que se hundió en su sitio, por todas estas cosas tiene que agradecer y loar al omnipresente. — Se explica en cuanto a los vados del mar [Rojo], porque dice lo escrito: *Los hijos de Israel entraron en medio del mar, en seco.*[14] También en cuanto a los vados del Jordán, porque dice lo escrito: *Mas los sacerdotes que llevaban el arca del pacto del señor estuvieron en seco, firmes en medio del Jordán, hasta que todo el pueblo hubo acabado de pasar el Jordán; y todo Israel pasó en seco.*[15] ¿Pero de dónde se saca lo de los vados de los arroyos de Arnon? — Del versículo que dice: *Por tanto se dice en el libro de las batallas del señor: Et y Hab al final*, etcétera.[16] Sobre lo cual se ha enseñado: "Et y Heb al final", eran dos leprosos, que iban detrás del ejército de Israel. Cuando los israelitas estaban por cruzar [el valle de Arnon], vinieron los amorreos, [54 b] abrieron cuevas y se escondieron, diciendo: Cuando pasen por aquí los israelitas, los mataremos. No sabían que el arca marchaba delante de Israel y le iba aplanando las colinas. Al llegar allí el arca, las montañas se cerraron unas sobre otras, y la sangre corrió hacia los arroyos de Arnon. Cuando vinieron Et y Heb vieron que brotaba sangre de las montañas; se lo fueron a decir a los israelitas, que comenzaron a cantar. Por eso dice lo escrito: *Y a la corriente de los arroyos que va a parar en Ar, y descansa en el límite de Moab.*[17]

"Las piedras *elgabish*". ¿Cuáles son las piedras *elgabish*? Se ha enseñado: Unas piedras que quedaban suspendidas por un hombre (*al gab ish*) y descendían por un hombre. "Quedaban suspendidas por un hombre": se refiere a Moisés, como dice lo escrito: *Y aquel hombre Moisés era muy manso*;[18] y también dice: *...y cesaron los truenos y el granizo, y la lluvia ya no cayó sobre la tierra.*[19] "Y descendían por un hombre": se refiere a Josué, como dice lo escrito: *Toma a Josué hijo de Nun, hombre en el cual hay espíritu*;[20] y dice también *Y mientras iban huyendo de los israelitas, a la bajada de Bet Horón, el señor arrojó desde el cielo grandes piedras.*[21]

"La piedra que Og, el rey de Basán, quiso arrojarle a Israel." Se sabe por la tradición. ¿Qué extensión tiene el campamento de Israel? —preguntó.— Tres parasangas. — Voy a arrancar una montaña de tres parasangas, la tiro sobre ellos y los mato. — Arrancó una montaña de tres parasangas y se la cargó en la cabeza. El santo, bendito sea, mandó hormigas para que abrieran un agujero, y [la montaña] le cayó [a Og] hasta el cuello. Se la quiso sacar, pero se le prolongaron los dientes hacia ambos lados y no pudo desprenderla. Por eso dice lo escrito: *Los dientes de los perversos quebrantaste*,[22] de acuerdo con la opinión del rabí Shimeón ben Lakish. Porque dijo el rabí Shimeón ben Lakish: ¿Qué significa el versículo que dice: *Los dientes de los perversos quebrantaste*? No leamos *quebrantaste* (shibarta), sino *prolongaste* (shirbabta). ¿Cuál era la estatura de Moisés? Diez codos.[23] Tomó una hacha de diez codos, dio un salto de diez codos, le asestó un golpe en el tobillo y lo mató.

"La piedra en la que Moisés se sentó." Es como dice lo escrito: *Y las manos de Moisés se cansaban; por lo que tomaron una piedra, y la pusieron debajo de él, y se sentó sobre ella.*[24]

"La esposa de Lot." Como dice el versículo: *Entonces su mujer miró hacia atrás y se convirtió en una columna de sal.*[25]

[12] El lugar por donde se cruzó el mar Rojo.

[13] La estatua de sal en que se convirtió la mujer de Lot. V. Génesis, XIX, 26.

[14] Éxodo, XIV, 22.

[15] Josué, III, 17.

[16] Números, XXI, 14. *ET VAHEB BESUFÁ* (interpretado en el Talmud como *Et y Heb al final*) figura, en las traducciones de la Biblia al castellano y otros idiomas, como: [cruzamos el arroyo de] Vaheb en Sufá.

[17] Números, XXI, 15.

[18] Ídem, XII, 3.

[19] Éxodo, IX, 33.

[20] Núm., XXVII, 18.

[21] Josué, X, 11.

[22] Salmos, III, 8.

[23] Más o menos, cuatro metros y medio.

[24] Éxodo, XVII, 12.

[25] Génesis, XIX, 26.

26 Josué, VI, 20.
27 Se explica que haya que bendecir.
28 La columna de sal.
29 La bendición por las malas noticias.

30 Génesis, XIV, 29.

31 Salm., CVII, 23-31.

32 Ídem, íd., 4-8.

33 Ídem, íd., 17-21.

34 Ídem, íd., 10-15.

35 Ídem, íd., 32.

36 Tienen que ser protegidas de los malos espíritus.

37 Esperando que por eso se cumplan sus ruegos.
38 Prov., XIII, 12.
39 El pecador que pasa junto a una pared inclinada desafía el castigo del cielo.

"La muralla de Jericó, que se hundió." Como dice lo escrito: *...y el muro se derrumbó en su lugar.*[26]

Se explica en cuanto a todos los demás hechos,[27] porque fueron milagros, pero el de la esposa de Lot fue un castigo. Habría que decir, al verla:[28] "Bendito sea el juez de verdad";[29] pero la enseñanza dice: "agradecer y loar". — Digamos: Por Lot y su esposa se hacen dos bendiciones. Por la esposa se dice: "Bendito sea el juez de verdad"; por Lot se dice: "Bendito sea el que recuerda a los justos". — Dijo el rabí Iojanán: El santo, bendito sea, se acuerda de los justos incluso en sus momentos de ira, como dice lo escrito: *Cuando Dios destruyó las ciudades de la llanura, Dios se acordó de Abraham, y envió a Lot fuera de la destrucción.*[30] — "La muralla de Jericó, que se hundió." ¿La muralla de Jericó se hundió? El versículo dice que se derrumbó: *...y aconteció que cuando el pueblo oyó el sonido de la bocina, gritó con gran vocerío y el muro se derrumbó en su lugar.*[26] — Como el ancho era igual a la altura, se tiene que haber hundido.

Hay cuatro [clases de personas] —dijo el rabí Iehudá en nombre de Rab— que tienen que dar las gracias: los que navegan por mar, los que viajan por el desierto, los que están enfermos y se curan y los que están presos y recobran la libertad. — ¿De los que navegan por mar de dónde se toma? — Del versículo que dice: *Los que descienden al mar en naves, etcétera. Ellos han visto las obras del señor ... hizo levantar un viento tempestuoso ... suben a los cielos, descienden a los abismos ... tiemblan y titubean como ebrios ... claman al señor en su angustia, y los libra de sus aflicciones. Cambia la tempestad en sosiego ... Luego se alegran, porque se apaciguaron ... Alaben la misericordia del señor, y sus maravillas para con los hijos del hombre.*[31] — ¿De los que viajan por el desierto? — De los versículos que dicen: *Anduvieron perdidos por el desierto, por la soledad sin camino, sin hallar la ciudad habitada. ... Entonces clamaron al señor ... y los dirigió por camino derecho. ... Alaben la misericordia del señor.*[32] — ¿De los que están enfermos y se curan? — De los versículos que dicen: *Afligidos los insensatos, a causa del camino de su rebelión y a causa de sus maldades; su alma abominó todo alimento, etcétera. Clamaron al señor en su angustia, etcétera. Envió su palabra y los sanó, etcétera. Alaben la misericordia del señor.*[33] — ¿De los que están presos y recobran la libertad? — De los versículos que dicen: *Moraban en tinieblas y sombra de muerte, etcétera. Porque fueron rebeldes a las palabras del señor, etcétera. Por eso quebrantó con el trabajo sus corazones, etcétera. Clamaron al señor en su angustia, etcétera. Los sacó de las tinieblas y de la sombra de muerte, etcétera. Alaben la misericordia del señor.*[34] — ¿Cómo es la bendición? — Dijo el rabí Iehudá: Bendito sea el que otorga generosidad. — Dijo Abaie: Hay que bendecir ante diez [hombres], como dice lo escrito: *Exáltenlo en la congregación del pueblo*, etcétera.[35] — Dijo Mar Zutrá: Dos de ellos tienen que ser rabíes, como dice lo escrito: *...y en la reunión de ancianos lo alaben.*[35] — Objetó el rabí Ashí: En tal caso tendrían que ser todos rabíes. — No dice "en la congregación de los ancianos", sino "en la congregación del pueblo". — Digamos: Ante diez hombres del pueblo y dos rabíes. — Es dudoso.

El rabí Iehudá enfermó y se curó. El rabí Janá de Bagdad y los rabíes fueron a visitarlo y le dijeron: Bendito sea el misericordioso que te devolvió a nosotros y no te entregó al polvo. — Ustedes me eximen de dar gracias —contestó. — ¿No dijo Abaie que deben darse las gracias ante diez [personas]? — Había diez [personas]. — Pero no dio las gracias. — No hacía falta; dijo amén.

Dijo el rabí Iehudá: Hay tres [clases de personas] que necesitan vigilancia:[36] los enfermos, los novios, y las novias. Dice una enseñanza: Los enfermos, las parturientas, los novios y las novias. Algunos agregan a los dolientes, y otros a los eruditos, de noche.

Dijo también el rabí Iehudá: Hay tres cosas cuyo prolongamiento alarga los días y los años del hombre [que los prolonga]: el prolongamiento de la oración, el prolongamiento de [la comida en] la mesa, y el prolongamiento de la permanencia en el retrete. — ¿Prolongar la oración es un mérito? Sin embargo, dijo el rabí Jiiá bar Abá en nombre del rabí Iojanán: [55 a] El que dilata los rezos por especulación,[37] sufre al final penas del corazón, como dice lo escrito: *La esperanza que se demora es tormento del corazón.*[38] También dijo el rabí Itsjac: Hay tres cosas que hacen recordar los pecados del hombre. Ellas son: una pared inclinada,[39] la oración especulativa y la queja presentada al cielo contra el prójimo. — No hay contradicción; una [enseñanza] se refiere al que especula, la otra al que no especula. — ¿Cómo se hace? — Se dicen muchos ruegos. — "El prolongamiento de [la comida en] la mesa." A la espera de que venga algún pobre, para darle algo, como dice lo escrito: *La altura del altar de madera era de tres codos...; y luego dice: Y me dijo: Esta es la mesa que está delante del señor.*[40] Comienza con *altar* y termina con *mesa.* — Los rabíes Iojanán y Eleazar dijeron los dos: Cuando existía el Templo, el altar expiaba por Israel; ahora es la mesa del hombre la que expía por él. — "El prolongamiento de la permanencia en el retrete." ¿Es bueno eso? Sin embargo, se ha enseñado: Hay diez cosas que le producen hemorroides al hombre: comer hojas de caña, hojas de vid, ramas de vid, carne áspera de vaca, la espina dorsal del pescado y pescado en salmuera mal cocido, beber borra de vino, limpiarse con cal, tiestos o guijarros usados por otros. Otros dicen: También forzar demasiado el cuerpo en el retrete. — No hay contradicción. Una [enseñanza] se refiere al que se demora y se esfuerza; la otra al que se demora sin esforzarse. Es como el caso de la matrona que le dijo al rabí Iehudá hijo del rabí Ileái: Tu cara es igual que la de los criadores de cerdos y los usureros.[41] — Respondió [el rabí]: A decir verdad, ambas cosas están prohibidas para mí, pero entre mi vivienda y la casa de estudio hay veinticuatro retretes, y cuando voy hago la prueba en todos ellos.

Dijo también el rabí Iehudá: Hay tres cosas que acortan los días y años del hombre: No leer el rollo de la Tora que le ofrecen, rechazar la copa para bendecir por la comida, y adoptar actitudes autoritarias. "No leer el rollo de la Tora que le ofrecen", como dice lo escrito: *Porque es vida para ti, y prolongación de tus días.*[42] "Rechazar la copa para bendecir por la comida", como dice lo escrito: *Bendeciré a los que te bendijeren.*[43] "Adoptar actitudes autoritarias", como dijo el rabí Jamá bar Janiná: ¿Por qué murió José antes que sus hermanos? Porque se mostró autoritario.

Dijo también el rabí Iehudá en nombre de Rab: Hay tres cosas por las que debe rogarse: un buen rey, un buen año y un buen sueño. "Un buen rey", como dice lo escrito: *Como las corrientes de agua, así está el corazón del rey en la mano del señor.*[44] "Un buen año", como dice lo escrito: *Siempre están sobre ella los ojos del señor tu Dios, desde el principio del año hasta el fin.*[45] "Un buen sueño", como dice lo escrito: *me harás que sueñe y me harás que viva.*[46]

Dijo el rabí Iojanán: Hay tres cosas que el mismo santo, bendito sea, proclama. Son ellas: el hambre, la abundancia y los buenos jefes. "El hambre", como dice lo escrito: *Porque el señor ha llamado al hambre,* etcétera.[47] "La abundancia", como dice lo escrito: *...y llamaré al trigo, y lo multiplicaré.*[48] "Los buenos jefes", como dice lo escrito: *Habló el señor a Moisés, diciendo: Mira, yo he llamado por nombre a Bezalel,* etcétera.[49]

Dijo el rabí Itsjac: No se debe nombrar jefe para la comunidad sin consultar a la comunidad, como dice lo escrito: *Mirad, el señor ha nombrado a Bezalel.*[50] El santo, bendito sea, dijo a Moisés: Moisés, ¿te parece bien Bezalel? — Señor del mundo — contestó [Moisés] —, si a ti te parece bien, con mayor razón me parecerá bien a mí. — De todos modos — le dijo [Dios] — ve a decirles. — Fue y preguntó a Israel: ¿Les parece bien Bezalel? — Si les parece bien al santo, bendito sea, y a ti — contestaron — con mayor razón nos parecerá bien a nosotros.

Dijo el rabí Shemuel bar Najmaní en nombre del rabí Iojanán: Bezalel se llamaba así por su sabiduría.[51] Cuando el santo, bendito sea, le dijo a Moisés: Ve a decir a Bezalel que me haga un tabernáculo, una arca y utensillos,[52] Moisés se lo transmitió al revés: Haz una arca, utensillos y un tabernáculo. — Moisés, maestro nuestro — le contestó [Bezalel] —, en todas partes se acostumbra que el hombre se construya primero la casa y luego traiga los utensillos; y tú me dices: Haz una arca, utensillos y un tabernáculo. ¿Dónde pondré los utensillos que haga? ¿No te habrá dicho el santo, bendito sea: Haz un tabernáculo, una arca y utensillos? — Tú habrás estado — respondió [Moisés] — *en la sombra de Dios;* por eso lo sabes.

Dijo el rabí Iehudá que dijo Rab: Bezalel sabía combinar las letras con las que se creó el cielo y la tierra, porque aquí dice *...y lo ha llenado del espíritu de Dios, en sabiduría, en inteligencia, en ciencia...,*[53] y allí dice: *el señor con sabiduría fundó la tierra; afirmó los cielos con inteligencia.*[54] Y dice también: *Con su ciencia los abismos fueron divididos.*[55]

[40] Ezequiel, XLI, 22.

[41] Caracterizados por ser bien nutridos y rubicundos.

[42] Deut., XXX, 20.
[43] Génesis, XII, 3.

[44] Prov., XXI, 1.
[45] Deut., XI, 12.

[46] Isaías, XXXVIII, 16.

[47] 2 Reyes, VIII, 1.

[48] Ezeq., XXXVI, 29.
[49] Éxodo, XXXI, 1.

[50] Ídem, XXXV, 30.

[51] *Be zel el*, en la sombra de Dios.
[52] V. Éxodo, XXXI, 7.

[53] Ídem, XXXV, 31.
[54] Prov., III, 19.
[55] Ídem, íd., 20.

Dijo el rabí Iojanán: El santo, bendito sea, da sabiduría únicamente al que ya posee sabiduría, como dice lo escrito: *da la sabiduría a los sabios, y la ciencia a los entendidos.*[56] — Lo oyó el rabí Tajlifá, el del oeste[57] y lo repitió ante el rabí Abahú. Este le manifestó: Ustedes lo toman de ahí; nosotros lo tomamos del siguiente versículo: *He puesto sabiduría en el ánimo de todo sabio de corazón.*[58]

Dijo el rabí Jisdá: Todos los sueños [tienen significado], menos los del ayuno. — Dijo también el rabí Jisdá: Un sueño que no se interpreta es como una carta que no se lee. — Dijo también el rabí Jisdá: Nunca se cumplen totalmente los sueños, ni los buenos ni los malos. — Dijo también el rabí Jisdá: El sueño malo es mejor qu el sueño bueno.[59] — El rabí Jisdá dijo también: Para el sueño malo es suficiente la aflicción; para el sueño bueno es suficiente la alegría.[60] — Dijo el rabí Iosef. Hasta para mí,[61] la alegría de un buen sueño lo hace ineficaz. — Dijo también el rabí Jisdá: El sueño malo es peor que los azotes, porque dice lo escrito: *Lo hace Dios, para que delante de él teman los hombres,*[62] a lo que dijo Rabáh bar Bar Janá en nombre del rabí Iojanán: Se refiere al sueño malo.

El profeta que tuviere un sueño, cuente el sueño; y aquel a quien fuere mi palabra, cuente mi palabra verdadera. ¿Qué tiene que ver la paja con el trigo?, dice el señor.[63] ¿Qué relación tienen la paja y el trigo con los sueños? — Será —dijo el rabí Iojanán en nombre del rabí Shimeón ben Iojái— que lo mismo que no puede haber trigo sin paja, tampoco puede haber un sueño sin bagatelas. — Dijo el rabí Berakiiá: Podrá cumplirse una parte del sueño, pero no todo el sueño. — ¿Cómo lo sabemos? — Por José; porque dice lo escrito: *...y he aquí que el sol y la luna, etcétera,*[64] [55 b] y en ese momento la madre ya no vivía. — Dijo el rabí Leví: El hombre debe esperar durante veintidós años el cumplimiento de un buen sueño. ¿Cómo lo sabemos? Por José, porque dice lo escrito: *Esta es la historia de la familia de Jacob: José, siendo de edad de diecisiete años, etcétera,*[65] y dice: *Era José de edad de treinta años cuando fue presentado ante Faraón, etcétera.*[66] ¿Cuánto hay de diecisiete a treinta? Trece. Más los siete años de abundancia y los dos años de hambre, son veintidós.

Dijo el rabí Huná: A los hombres buenos no se les muestran sueños buenos, y a los hombres malos no se les muestran sueños malos.[67] — Se ha enseñado igualmente: David nunca tuvo un buen sueño, y Ahitofel nunca tuvo un mal sueño. — Dice, sin embargo, lo escrito: *No te sobrevendrá mal,*[68] sobre lo cual dijo el rabí Jisdá en nombre del rabí Irmiiá bar Abá: Significa que no te estremecerán malos sueños ni malos pensamientos; [y la continuación] *...ni plaga tocará tu morada,* que no encontrarás a tu mujer con menstruación dudosa al volver del viaje. — Aunque él no lo haya tenido,[69] otros lo tuvieron acerca de él. — ¿Es una ventaja que él no lo haya tenido? Sin embargo, dijo el rabí Zeirá: Al que no tiene un solo sueño durante siete días lo llaman malo, porque dice lo escrito: *Vivirá satisfecho (sabeá); no será visitado por el mal.*[70] — No leas satisfecho *(sabeá),* sino siete *(shebá).*[71] Significa lo siguiente: Ve, pero no sabe lo que vio.[72]

Dijo el rabí Huná bar Amí que dijo el rabí Pedat en nombre del rabí Iojanán: El que tiene un sueño que le entristece el alma, debe ir a que se lo interpreten ante tres [personas]. — ¿A que se lo interpreten? Sin embargo, el rabí Jisdá dijo que un sueño que no se interpreta es como una carta que no se lee.[73] — Digamos, más bien: A que se lo apliquen para bien ante tres [personas.] Que traiga a tres [personas] y les diga: Tuve un buen sueño. Ellos le dirán: Bueno es y bueno será. Que el misericordioso lo vuelva para bien; que el cielo disponga para ti siete veces que es bueno y sea bueno. Recitarán tres "cambios"[74] tres "redenciones" y tres "paces". Tres "cambios": *Has cambiado mi lamento en baile; desataste mi cilicio, y me ceñiste de alegría.*[75] Entonces la virgen se alegrará en la danza, los jóvenes y los viejos juntamente, y cambiaré su lloro en gozo, etcétera.[76] *Mas no quiso el señor tu Dios oír a Balaam; y cambió, etcétera.*[77] Tres "redenciones", los versículos: *Él redimirá en paz mi alma de la guerra contra mí, etcétera.*[78] *Y los redimidos del señor volverán, etcétera.*[79] *Entonces el pueblo dijo a Saúl: ¿Ha de morir Jonatán, el que hizo esta gran salvación...?, etcétera.*[80] Tres "paces", los versículos: *Produciré fruto de labios: Paz, paz al que está lejos y al cercano, dijo el señor; y lo sanaré.*[81] *Entonces el espíritu vino sobre Amasái, etcétera.*[82] *Y decidle así: Sea paz a ti, y paz a tu familia, etcétera.*[83]

---

[56] Daniel, II, 21.
[57] De Palestina.

[58] Éxodo, XXXI, 6.

[59] Porque induce a arrepentirse.
[60] No hace falta que se cumpla.
[61] El rabí Iosef era ciego.
[62] Eclesiastés, III, 14.

[63] Jerem., XXIII, 28.

[64] Gén., XXXVII, 9.

[65] Gén., XXXVII, 2.
[66] Ídem, XLI, 46.

[67] Rashi lo interpreta de este modo: Los buenos tienen sueños malos, para que se arrepientan, y los malos tienen sueños buenos, para que obtengan recompensa en este mundo.
[68] Salmos, XCI, 10.
[69] El mal sueño.

[70] Prov., XIX, 23.
[71] "Si vive siete (días) sin ser visitado (por un sueño), es malo."
[72] Sueña, pero no recuerda el sueño.

[73] Si ignora su contenido no puede hacerle daño.

[74] Tres versículos que contengan la palabra cambiar.
[75] Salmos, XXX, 12.
[76] Jerem., XXXI, 13.
[77] Deut., XXIII, 6.
[78] Salmos, LV, 19.
[79] Isaías, XXXV, 10.
[80] 1 Samuel, XIV, 45.
[81] Isaías, LVII, 19.
[82] 1 Crón., XII, 19.
[83] 1 Samuel, XXV, 6.

Estaban sentados juntos Amemar, Mar Zutrá y el rabí Ashí, y dijeron: Que cada uno de nosotros diga algo que .los demás no conozcan. Comenzó uno de ellos y dijo: El que tiene un sueño y no lo recuerda, que se ponga delante del sacerdote cuando extiende los brazos,[84] y diga: "Señor del mundo, yo soy tuyo y mis sueños son tuyos. Tuve un sueño y no sé cuál. Ya sea que haya soñado conmigo, o que mis compañeros hayan soñado conmigo, o que yo haya soñado con otros, si son [sueños] buenos, refuérzalos y vigorízalos, como los sueños de José; y si necesitan remedio, cúralos, como Moisés, nuestro maestro, [curó] las aguas de Mará, como Miriam [se curó] de la lepra y Ezequías de su enfermedad, y como Eliseo [curó] las aguas de Jericó. Así como volviste en bendición la maldición del malvado Balaam, vuélveme para bien todos mis sueños". Termina la oración junto con la [bendición] de los sacerdotes, para que la congregación responda amén. Si no lo consigue, dice: Todopoderoso de las alturas que moras en la fuerza, tú eres la paz y tu nombre es paz; sea tu voluntad concedernos la paz.

El segundo comenzó a hablar y dijo: El que va a entrar en una ciudad y teme al mal de ojo, que se tome el pulgar derecho con la mano izquierda, y el pulgar izquierdo con la mano derecha, y diga: Yo, Fulano hijo de Zutano, soy de la estirpe de José, sobre quien no obraba el mal de ojo, como dice lo escrito: *Rama fructífera es José, rama fructífera junto a una fuente (ale ain)*], etcétera.[85] No leamos *ale ain* (junto a una fuente), sino *ole ain* (más allá del ojo).[86] El rabí Iosí hijo del rabí Janiná lo deduce de aquí: *y multiplíquense (veidgú) en gran manera en medio de la tierra;*[87] del mismo modo que a los peces[88] del mar los tapa el agua y están a cubierto del mal de ojo, así también está a cubierto la simiente de José.[89] Y si es a su propio mal de ojo al que teme, debe mirarse su fosa nasal izquierda.

Comenzó entonces el tercero y dijo: El que se enferma no debe anunciarlo el primer día, para no quebrar su suerte, pero puede hacerlo después. Como Rabá; cuando se enfermaba, el primer día no se lo decía a nadie, pero luego ordenaba a su criado: Sal y anuncia que Rabá está enfermo; los que sean mis amigos que rueguen por mí, y los que sean mis enemigos que se alegren, como dice lo escrito: *Cuando cayere tu enemigo, no te regocijes; y cuando tropezare, no se alegre tu corazón; no sea que el señor lo mire, y le desagrade, y aparte de sobre él su enojo.*[90]

Cuando Shemuel tenía un mal sueño, decía: *Los sueños dicen vanidades.*[91] Cuando tenía un buen sueño decía: ¿*Los sueños dicen vanidades?* Sin embargo, dice el versículo: *en sueños hablaré con él.*[92] —Rabá señaló una contradicción. Dice un versículo: *en sueños hablaré con él,*[93] y otro versículo: *los sueños dicen vanidades.* —No hay contradicción: en uno es por medio de un ángel; en el otro, de un demonio

El rabí Birná bar Zabdá dijo en nombre del rabí Akiba que dijo el rabí Pandá que dijo el rabí Nahúm que el rabí Biriam dijo en nombre de un anciano, que es el rabí Banaá: En Jerusalén había veinticuatro intérpretes de sueños. Cierta vez tuve un sueño y fui a verlos a todos. Cada cual lo interpretó de distinta manera, y todas las interpretaciones se cumplieron; lo cual comprueba lo que se dijo: Los sueños se guían por la boca. — ¿"Los sueños se guían por la boca" está en la Escritura?[94] —Según el rabí Eleazar, sí; porque dijo el rabí Eleazar: ¿Cómo se sabe que todos los sueños se guían por la boca? Por el versículo que dice: *Y aconteció que como él nos lo interpretó, así fue.*[95] —Dijo Rabá: Es así cuando se interpreta de acuerdo con el contenido del sueño, como dice lo escrito: *...y declaró a cada uno conforme a su sueño.*[96] *Viendo el jefe de los panaderos (que había interpretado bien).*[97] ¿Cómo lo sabía? —Dijo el rabí Eleazar: Esto nos enseña que a cada cual se le mostraba su sueño y la interpretación de los sueños de sus compañeros.

Dijo el rabí Iojanán: Cuando alguien se levanta temprano y le viene a la boca un versículo, [lo que dice] es una pequeña profecía. —Dijo también el rabí Iojanán: Hay tres clases de sueños que se cumplen: los sueños matutinos, los sueños que otros tienen sobre uno, y los sueños que se explican en el mismo sueño. Según otros, también los sueños que se repiten, como se dijo: *Y por repetirse el sueño,* etcétera.[98]

Dijo el rabí Shemuel bar Najmaní en nombre del rabí Ionatán: Al hombre se le muestran [en sueños] únicamente los pensamientos que lo abruman, como dice lo escrito: *Estando, rey, en tu cama, te vinieron pensamientos.*[99] Y si quieres, como dice en este: *...para que entiendas los pensamientos*

[84] Para pronunciar la bendición sacerdotal.

[85] Génesis, XLIX, 22.
[86] Fuera del alcance del (mal de) ojo.
[87] Gén., XLVIII, 16.
[88] La deducción se hace sobre la similitud de *dagá*, multiplicarse, y *dag*, pez.
[89] V. *supra*, 20 a.

[90] Prov., XXIV, 17.
[91] Zacarías, X, 2.

[92] Números, XII, 6.

[93] Dios con el profeta.

[94] El Talmud emplea generalmente la frase "lo que se dijo" para citar versículos de la Biblia.
[95] Génesis, XLI, 13.
[96] Ídem, íd., 12.
[97] Ídem, XL, 16.

[98] Ídem, XLI, 32.

[99] Daniel, II, 29.

100 Ídem., íd., 30.

de tu corazón.[100] — Dijo Rabá: Imagínate que nunca se ve en sueños una palma de oro, o un elefante pasando por el ojo de una aguja.

[56 a] Dijo el emperador al rabí Iehoshúa hijo del rabí Janiná: Ustedes afirman que son sabios. Dime qué es lo que soñaré. — Verás a los persas — le contestó— imponiéndote trabajos forzados, saqueándote y obligándote a alimentar animales abominables con un palo de oro. — [El emperador] pensó en eso todo el día, y por la noche lo soñó. — El rey Sapor dijo cierta vez a Shemuel: Ustedes afirman que son sabios. Dime qué voy a soñar. — Verás a los romanos — le contestó—, que vendrán, y te harán prisionero, y te obligarán a moler huesos de dátiles en un molino de oro. — [El rey Sapor] pensó en eso todo el día, y por la noche lo soñó.

Bar Jediiá era intérprete de sueños. Al que le pagaba le declaraba el sueño para bien; al que no le pagaba, le declaraba para mal. Abaie y Rabá soñaron. Abaie le dio un _zuz_; Rabá no le dio nada. — En nuestro sueño — le dijeron— nos hicieron leer el versículo: _Tu buey será matado delante de tus ojos,_ etcétera.[101] — A Rabá le dijo: Tus asuntos fracasarán, y el pesar te hará perder

101 Deut., xxviii, 31.

el apetito. — A Abaie le dijo: Tus negocios se agrandarán, y la alegría no te dejará comer. — Ellos le dijeron: Leímos [en el sueño] el versículo: _Hijos e hijas engendrarás,_ etcétera.[102] A Rabá se lo interpretó de acuerdo con su mal

102 Ídem, íd., 41.

contenido. A Abaie le dijo: Tendrás muchos hijos e hijas; tus hijas se casarán y se irán por todo el mundo, y a ti te parecerá como si estuvieran cautivas. — Hemos leído: _Tus hijos y tus hijas serán entregados a otro pueblo._[103] — A

103 Ídem, íd., 32.

Abaie le dijo: Tendrás muchos hijos e hijas; tú querrás [que se casen] con tus parientes, y ella[104] querrá [que se casen] con sus parientes, y te obligará a darlos [en matrimonio] a sus parientes, lo que a ti te parecerá como si se

104 Tu esposa.

tratara de otro pueblo. — A Rabá le dijo: Tu mujer morirá, y sus hijos e hijas quedarán bajo la férula de otra esposa. — Porque dijo Rabá que el rabí Irmiiá bar Abá dijo en nombre de Rab: ¿A qué se refiere el versículo que dice: _Tus hijos e hijas serán entregados a otro pueblo?_ A la madrastra. — Hemos leído en el sueño: _Anda, y come tu pan con gozo._[105] — A Abaie le dijo: Tu negocio

105 Ecles., ix, 7.

florecerá, y tú comerás, beberás y leerás este versículo con el corazón alegre. — A Rabá le dijo: Tu negocio fracasará, matarás [animales] pero no comerás, y para aliviarte las penas beberás y leerás versículos. — Leímos: _Sacarás mucha semilla al campo._[106] — A Abaie [le hizo la interpretación] con la primera

106 Deut., xxviii, 38.

parte [del versículo]; a Rabá, con la segunda parte.[107] Leímos: _Tendrás oli-_

107 ...y recogerás poco, porque la langosta lo consumirá.

vos en todo tu territorio, etcétera.[108] — A Abaie [le hizo la interpretación] con

108 Ídem, íd., 40.

la primera parte; a Rabá, con la segunda.[109] Leímos: _Y verán todos los pueblos_

109 ...mas no te ungirás con el aceite, porque tu aceituna se caerá.

de la tierra, etcétera.[110] — A Abaie le dijo: Se difundirá tu nombre como jefe

110 Ídem, íd., 10.

de la academia, y todo el mundo te temerá. — A Rabá le dijo: Entrarán a robar en la tesorería real, y a ti te arrestarán por ladrón, y todo el mundo sacará conclusiones de tu ejemplo. — Al día siguiente entraron ladrones en la tesorería real y Rabá fue arrestado. — Vimos lechuga — siguieron diciendo— en la boca de una vasija. — A Abaie le dijo: Tu negocio se duplicará como la lechuga. — A Rabá le dijo: Tu negocio será amargo como la lechuga. — Vimos carne — le dijeron— en la boca de una vasija. — A Abaie le dijo: Tu vino será dulce, y todo el mundo irá a comprarte carne y vino. — A Rabá le dijo: Tu vino se pondrá agrio, y todo el mundo irá a comprar carne para comerla con él. — Vimos un tonel — le dijeron— colgado de una palmera. — A Abaie le dijo: Tu negocio subirá como una palmera. — A Rabá le dijo: Tu

111 Para los clientes, por la baja forzosa de los precios.

negocio va a ser dulce como un dátil.[111] — Vimos una granada —dijeron— que había brotado en la boca de una vasija. — A Abaie: Tus mercaderías serán de alto precio, como las granadas. — A Rabá: Tu negocio se pondrá agrio como una granada. — Vimos un tonel —dijeron— que caía en un pozo. — A Abaie le dijo: Tu negocio será buscado, como dice el refrán: Tu pan cayó en el pozo y no se pudo hallar. — A Rabá le dijo: Tu negocio se hunde y caerá en el pozo. — Vimos —dijeron— un borriquito que rebuznaba en la cabecera de la cama. — A Abaie le dijo: Serás rey,[112] y tendrás un

112 Jefe de la academia.

intérprete a tu lado.[113] — A Rabá le dijo: [Las palabras] _primogénito de asno_[114]

113 El que repite en voz alta las palabras del expositor.

han sido borradas en tus filacterias. — Miré —respondió Rabá— y estaban.

114 Frase de Éxodo, xiii, 13, una de las cuatro que figuran en las filacterias.

— La "o" de asno ha sido indudablemente borrada en tus filacterias.

Finalmente fue Rabá a verlo solo, y le dijo: Soñé que se caía la puerta exterior. — Tu esposa morirá —respondió. — Soñé —le dijo— que se me caían los dientes, atrás y adelante. — Tus hijos y tus hijas morirán —respondió. — Vi —le dijo— dos palomas que se volaban. — Te divorciarás de dos esposas

—respondió. — Vi dos cabezas de nabo —le dijo.— Recibirás dos palazos —contestó.— Rabá se fue a la casa de estudio y se quedó allí todo el día. Encontró dos ciegos que reñían. Rabá los quiso separar y [los ciegos] le dieron dos golpes. Iban a darle otro, pero él los detuvo: ¡Basta! —dijo— Soñé con dos solamente.

Finalmente fue Rabá a verlo, le dio dinero y le dijo: Soñé que se caía una pared. — Recibirás riquezas ilimitadas —contestó.— Soñé que se derrumbaba la casa de Abaïe y el polvo me cubría. — Abaie morirá y a ti te ofrecerán la [jefatura de la] escuela —contestó.— Soñé que se derrumbaba mi casa y todos venían a llevarse un ladrillo —dijo.— Tus enseñanzas —contestó— serán desparramadas por todo el mundo. — Soñé que se me partía la cabeza —le dijo— y se salía el cerebro. — A tu almohada le saldrá el relleno —contestó.— Tuve que leer en sueños los salmos del éxodo[115] —dijo.— Te ocurrirán milagros —contestó.

Cierta vez viajaba [Bar Hediá] con él en un bote,[116] y se dijo: ¿Por qué voy con un hombre a quien le ocurren milagros? — Cuando iba a salir [del bote] se le cayó un libro. Rabá lo encontró y vio que decía: Todos los sueños se guían por la boca. — ¡Malvado! —exclamó— ¡Todo depende de ti, y tú me has hecho sufrir tanto! Te perdono todo, menos lo de la hija del rabí Jisdá.[117] Sea su voluntad que este hombre caiga en manos del gobierno, y que no tengan piedad de él. — ¿Qué hago? —pensó el otro—. Es fama que la maldición de un sabio, aunque injusta, se cumple. ¡Cuánto más esta de Rabá, que es justa! — Me exiliaré —replicó—, porque el maestro dijo que con el exilio se expía la culpa. — Se levantó y emigró a territorio romano. Allí se sentó a la puerta del jefe de tesoreros del rey. El jefe de tesoreros tuvo un sueño y le dijo: Soñé que me había clavado una aguja en un dedo. — Dame un *zuz* —le dijo.— No quiso dárselo, y [Bar Hediá] se negó a decirle nada. — Volvió a decirle aquel: Soñé que me había caído un gusano entre dos dedos. — Dame un *zuz* —contestó.— No se lo quiso dar, y [Bar Hediá] no le dijo nada. — Soñé —le dijo nuevamente— que un gusano me llenaba toda la mano. — Los gusanos —le contestó— llenaron toda la [ropa de] seda.[118] — Enterados en el palacio real, detuvieron al jefe de tesoreros para ajusticiarlo. — ¿Por qué a mí? —dijo este—. Traigan al hombre que lo sabía y no lo dijo. Trajeron a Ber Hediá y le dijeron: Por tu *zuz* se arruinó la ropa de seda del rey. [56 *b*] Juntaron dos cedros atándolos con una soga, le amarraron [a Bar Hediá] una pierna a un cedro y la otra pierna al otro cedro, y soltaron la soga. Se partió hasta la cabeza. [Los árboles] volvieron cada cual a su lugar y el cuerpo cayó dividido en dos.

Ben Damá, hijo de la hermana del rabí Ishmael, preguntó al rabí Ishmael: Soñé que se me habían caído las dos mandíbulas. — Dos funcionarios romanos —respondió— te desearon mal y murieron. — Dijo Bar Capará a Rabí: Soñé que se me había caído la nariz. — Se apartó la ira[119] de ti —le contestó.— Soñé —le dijo— que me habían cortado las manos. — Ya no tendrás que hacer trabajo manual —contestó.— Soñé —le dijo— que me habían amputado ambas piernas. — Andarás a caballo —respondió.— Soñé que me decían: Morirás en adár; no verás nisán.[120] — Morirás con honores (*adrata*) —contestó—, y no caerás en la tentación (*nisaión*).

Dijo un hereje al rabí Ishmael: Me he visto [en sueños] echando aceite a los olivos. — Se echó con la madre[121] —contestó.— Soñé que arrancaba una estrella —dijo.— Robaste a un israelita —contestó.— Soñé que me tragué la estrella —dijo.— Vendiste a un israelita —contestó— y te comiste el importe.— Soñé —dijo— que mis ojos se besaban. — Violó a la hermana —respondió.[121]— Soñé que besaba a la luna —dijo.— Fornicó con la mujer de un israelita —contestó.— Soñé que caminaba a la sombra de un mirto —dijo.— Violó a una doncella comprometida —respondió.— Vi sobre mí una sombra que estaba debajo de mí —dijo.— La cama al revés[122] —contestó.— Soñé que venían cuervos a mi cama —dijo.— Tu mujer tuvo muchos amantes —respondió.— Soñé que venían palomas a mi cama —dijo.— Violaste a muchas mujeres —contestó.— Soñé que tenía dos palomas y se volaban —dijo.— Te casaste con dos mujeres y las despediste sin carta de divorcio —respondió.— Soñé que mondaba huevos —dijo.— Despojaste a muertos —respondió.— Todo es cierto —dijo—, menos esto.— En ese momento llegó una mujer que le dijo: El manto que llevas es de Fulano, que murió; tú se lo sacaste. — Soñé —dijo— que vinieron a comunicarme: Tu padre te

---

Notas al margen:

[115] Los que se leen en la víspera de la pascua.

[116] Con Rabá.

[117] La esposa de Rab, cuya muerte había vaticinado el intérprete de sueños.

[118] La que estaba al cuidado del jefe de los tesoreros del rey.

[119] *Af*, que significa ira y también nariz.

[120] Respectivamente, duodécimo y primer mes del calendario israelita.

[121] Se lo dice en tercera persona, como si hablara de algún otro, porque no le puede hablar directamente a quien comete una abominación como esa.

[122] Practicó el coito antinatural.

123 En arameo.
124 En griego.

125 Génesis, XXVI, 19.
126 Prov., VIII, 35.
127 Es decir, de agua fresca.
128 Tres cosas que significan paz, cuando se ven en sueños.
129 Isaías, IXVI, 12.
130 Ídem, XXXI, 5.
131 De *shatat*, verbo que en el Talmud se usa también para indicar la acción de "poner una olla al fuego".
132 Isaías, XXVI, 12.
133 Miqueas, III, 3.
134 Isaías, LIX, 19.

135 Prov., XXVII, 8.

136 Ezeq., XXIV, 3.

137 Oseas, IX, 10.
138 Deut., XXXII, 32.

139 Isaías, LII, 7.
140 Jeremías, IX, 9.
141 Isaías, XXVII, 13.
142 Oseas, V, 8.

143 Éxodo, XI, 7.
144 Isaías, LVI, 11.
145 Amós, III, 8.
146 Jeremías, IV, 7.
147 Génesis, XLI, 14.

148 Jueces, XVI, 17.
149 Cantares, IV, 15.
150 Jeremías, VI, 7.

151 Isaías, XLII, 3.
152 Ídem, XXXVI, 6.

153 Prov., IV, 5.

154 Ídem, íd., 7.
155 Son parónimos de caña: *cará, corá, kirá* y *kiniá,* respectivamente.

156 Deut., XXXIII, 17.
157 Éxodo, XXI, 28.

158 "Que se darán cornadas."

159 Por la redacción de este párrafo tanto podría ser que el hombre monta al buey como que el buey monta al hombre.
160 Zacarías, IX, 9

dejó bienes en Capadocia. — ¿Tienes propiedades en Capadocia? —le preguntó. — No —contestó. — ¿Tu padre fue a Capadocia? — No. — En tal caso —dijo [el rabí Ishmael]— "capa" [significa] viga,[123] y "dica", diez;[124] busca la primera viga de diez, que está llena de *zuzim.* — Fue, y la encontró llena de *zuzim.*

Dijo el rabí Janiná: El que ve en sueños un pozo, ve paz, porque dice lo escrito: *Los siervos de Isaac cavaron en el valle, y hallaron allí un pozo de agua de vida.*[125] — Dijo el rabí Natán: Encuentra la Tora, porque dice lo escrito: *El que me halla, halla la vida.*[126] Y aquí dice: *un pozo de agua de vida.*[127] — Dijo Rabá: Significa literalmente vida.

Dijo el rabí Janán: Hay tres paces, que son:[128] los ríos, los pájaros y las ollas. Los ríos porque dice lo escrito: *He aquí que yo extiendo paz sobre ella como un río.*[129] Los pájaros, porque dice: *Como las aves que vuelan, así amparará el señor de los ejércitos,* etcétera.[130] Las ollas, porque dice: *Señor, tú nos darás*[131] *paz.*[132] — Dijo el rabí Janiná: Se refiere a la olla que no contiene carne [como dice el versículo]: *...y los rompéis como para el caldero, y como carnes en ella.*[133]

Dijo el rabí Iehoshúa ben Leví: El que sueña con un río tiene que levantarse temprano y decir: *He aquí que yo extiendo paz sobre ellos como un río,* antes de que se le ocurra otro versículo, [como, por ejemplo]: *...vendrá el enemigo como río.*[134] El que sueña con un pájaro, debe levantarse temprano y decir: *Como las aves que vuelan, así amparará,* etcétera, antes de que le venga a la memoria este otro: *Cual ave que se va de su nido,* etcétera.[135] El que sueña con una olla, tiene que levantarse temprano y decir: *Señor, tú nos darás paz,* antes de que recuerde otro, como este: *Pon una olla, ponla.*[136] El que sueña con uvas tiene que levantarse temprano y decir: *Como uvas en el desierto,*[137] antes de que se le ocurra otro [como ser]: *Las uvas de ellos son uvas ponzoñosas.*[138] El que ve una montaña en sueños, debe levantarse temprano y decir: *Cuán hermosos son sobre los montes los pies del que trae buenas nuevas,*[139] antes de que se le ocurra decir: *Por los montes levantaré llanto y lamentos.*[140] El que ve en sueños un cuerno debe levantarse temprano y decir: *Acontecerá también en aquel día que se tocará con gran trompeta,*[141] antes de que se le ocurra otro versículo: *Tocad bocina en Gabaa.*[142] El que sueña con un perro, debe levantarse temprano y decir: *Contra ningún hijo de Israel ningún perro afilará la lengua,*[143] antes de que se le ocurra otro versículo: *Los perros son insaciables.*[144] El que ve en sueños un león debe levantarse temprano y decir: *Si el león ruge, ¿quién no temerá?,*[145] antes de que se le ocurra otro versículo: *El león sube de la espesura.*[146] El que ve en sueños afeitar, debe levantarse temprano y decir: *...y se afeitó, y se cambió de ropa,*[147] antes de que se le ocurra otro versículo: *Si fuere rapado, mi fuerza se apartaría de mí.*[148] El que sueña con un pozo, debe levantarse temprano y decir: *Pozo de aguas vivas,*[149] antes de que se le ocurra otro versículo: *Como el agua mana de la cisterna.*[150] El que ve en sueños una caña, debe levantarse temprano y decir: *No quebrará la caña cascada,*[151] antes de que se le ocurra otro versículo: *He aquí que confías en este báculo de caña frágil.*[152]

Enseñaron los rabíes: El que sueña con una caña (*cané*), debe esperar sabiduría, porque dice lo escrito: *Adquiere (kené) sabiduría.*[153] [El que sueña] con cañas, debe esperar inteligencia, porque dice el versículo: *Y sobre todas tus posesiones (kinianecá) adquiere inteligencia.*[154] — Dijo el rabí Zerá: Ver en sueños una calabaza, una hoja de palmera, cera o una caña, es buen augurio.[155] — Se ha enseñado: Sólo les muestran calabazas en sueños a los que temen al cielo con todas sus fuerzas. — El que sueña con un toro, debe levantarse temprano y decir: *Como el primogénito de su toro es su gloria,*[156] antes de que se le ocurra otro versículo: *Si un buen acorneare a hombre.*[157]

Enseñaron los rabíes: Se han dicho cinco cosas sobre los bueyes [de los sueños]. El que come [en sueños] su carne se vuelve rico; el que [sueña que] es acorneado, tendrá hijos que rivalizarán[158] en el estudio de la Tora; el que [sueña que] es mordido, tendrá sufrimientos; el que [sueña que] es pateado, hará un largo viaje; el que [sueña que] lo monta, llegará a ser grande. — ¿No se ha enseñado que el que sueña que lo monta,[159] se muere? — No hay contradicción; en un caso se refiere a que [el hombre] monta al buey, y el otro a que el buey lo monta [al hombre]. — El que sueña con un asno, puede esperar la salvación, porque dice lo escrito: *He aquí tu rey vendrá a ti, justo y salvador, humilde y cabalgando sobre un asno.*[160] El que sueña con un gato en donde [a los gatos] los llaman *shunara*, recibe una hermosa canción (*shirá naé*); en donde les dicen *shinra*, sufre· un mal cambio (*shinui ra*). Soñar con uvas blancas, en su sazón o no, es buena señal; negras, en su sazón, es buena señal; fuera de sazón, es mala señal. Soñar con un caballo blanco, al paso o al galope, es buen augurio; zaino, al paso, es buen augurio, al galope, mal augurio. Al que ve en sueños a Ismael, le escuchan los ruegos.[161] Pero a Ismael, el hijo de Abraham; no a un árabe cualquiera.[162] El que sueña con un camello tiene dispuesta por el cielo la muerte y lo libran de ella. — Dijo el rabí Jamá hijo del rabí Janiná: ¿De qué versículo se extrae? — *Descenderé contigo a Egipto, y yo también te haré volver.*[163] — El rabí Najmán bar Itsjac lo toma del siguiente: *También el señor ha remitido tu pecado; no morirás.*[164] Al que ve en sueños a Finees le ocurre un milagro. Al que ve un elefante (*pil*) en sueños, le ocurren milagros (*pilaot*); [al que ve] elefantes, le ocurren los milagros de los milagros. — ¿No se ha enseñado que: Cualquier clase de animal que se vea en sueños, es buena señal, pero se exceptúan los elefantes y los monos? — No hay contradicción: [57 a] se refiere en un caso al [elefante] que tiene montura, y en el otro al que no tiene montura. Al que ve en sueños [el nombre de] Huná le ocurre un milagro.[165] [Al que ve] Janiná, Janaiá o Ionatán le ocurren los milagros de los milagros.[166] Cuando uno sueña con un panegírico fúnebre (*hesped*), se apiadan (*jus*) de él en el cielo y lo redimen (*pad*). Pero únicamente cuando ve la palabra escrita. El que responde [en sueños]: "Bendito sea su gran nombre", tiene asegurada su participación en el mundo futuro. El que recita [en sueños] el *shemá* merece que repose sobre él la presencia divina, pero no lo merece su generación. El que se pone en sueños las filacterias puede esperar la grandeza, porque dice lo escrito: *Y verán todos los pueblos de la tierra que el nombre del señor es invocado sobre ti*, etcétera.[167] Y al respecto se ha enseñado que dijo el rabí Eliézer el grande: Se refiere a las filacterias de la cabeza.

Soñar que uno está rezando es buena señal, siempre que no se concluya la oración.[168] El que sueña que se echa con la madre puede esperar entendimiento, porque dice lo escrito: *Si llamares madre a la inteligencia.*[169] El que [sueña que] se echa con una doncella comprometida, espera obtener conocimiento de la Tora, porque dice lo escrito: *Cuando Moisés nos ordenó una ley, como heredad a la congregación de Jacob.*[170] No leamos *morashá* (heredad), sino *meorasá* (comprometida). El que sueña que se echa con la hermana, espera sabiduría, porque dice lo escrito: *Di a la sabiduría: Tú eres mi hermana.*[171] El que se echa en sueños con una mujer casada tiene la certeza de que participará en el mundo del futuro; pero sólo si no la conoce ni pensó en ella por la tarde.

Dijo el rabí Jiiá bar Abá: El que sueña con trigo, sueña con la paz, porque dice el versículo: *Él da en tu territorio la paz; te hará saciar con lo mejor del trigo.*[172] Al que sueña con cebada (*seorim*), le será quitada la culpa (*sar avon*), como dice el versículo: *...es quitada tu culpa, y limpio tu pecado.*[173] — Dijo el rabí Zerá: Sólo subo de Babilonia al país de Israel cuando sueño con cebada.[174] La mujer del que sueña con vides cargadas no aborta, porque dice lo escrito: *Tu esposa será como fructífera vid.*[175] [El que ve en sueños] una vid colorada espera al Mesías, porque dice lo escrito: *Atando a la vid su pollino, y a la vid colorada el hijo de su asna.*[176] Al que ve en sueños una higuera, se le conserva en su ser su ciencia, porque dice lo escrito: *El que cuida la higuera come su fruto.*[178] Al que ve en sueños granadas, si son chicas, se le multiplican los negocios como una granada; si son grandes, le crecen los negocios como una granada; si están partidas, el estudioso confía en la Tora, como dice lo escrito: *Y yo te haría beber vino, adobado del mosto de mis granadas.*[178] Si es ignorante, confía en los mandamientos, como dice lo escrito: *Tus mejillas, como una granada partida.*[179] — ¿Qué significa *recatec* (tus mejillas)? — Hasta los vacíos (*recanim*)[180] de los tuyos, están llenos de preceptos como una granada. — Al que sueña con aceitunas, si son chicas, se le multiplican y acrecientan los negocios como las aceitunas; pero sólo [cuando sueña] con la fruta. El que sueña con el árbol, tiene muchos hijos, como dice lo escrito: *Tus hijos como plantas de olivos*, etcétera.[175] Según otros, el que sueña con un olivo adquiere buena fama, como dice lo escrito: *Olivo verde, hermoso en su fruto y en su parecer, llamó el señor tu nombre.*[181] El que sueña con aceite de oliva confía en la luz de la Tora, como dice el versículo: *...que te traigan aceite puro de olivas (machacadas, para el alumbrado).*[182] Al que sueña con palmeras se le terminan las transgresiones, como dice lo escrito: *Se cumplió el castigo de tus transgresiones, hija de Sión.*[183]

161 Cf. Gén., XXI, 17.
162 Un "ismael" es un árabe.

163 Génesis, XLVI, 4. *Gam aló*, también te haré volver, es fonéticamente parecido a *gamal*, camello.
164 2 Samuel, XII, 13.

165 Contiene la letra *nun*, "n", inicial de la palabra *nes*, milagro.
166 Tienen varias enes.

167 Deut., XXVIII, 10.

168 Tiene que despertar antes de terminarla.
169 Prov., II, 3.

170 Deut., XXXIII, 4.

171 Prov., VII, 4.

172 Salm., CXLVII, 14.
173 Isaías, VI, 7.

174 Por la expiación de los pecados.
175 Salm., CXXVIII, 3.

176 Gén., XLIX, 11.
177 Prov., XXVII, 18.
178 Cantares, VIII, 2.

179 Ídem, IV, 3.
180 Los carentes de conocimientos.

181 Jeremías, XI, 16.

182 Éxodo, XXVII, 20.

183 Lament., IV, 22.

184 Prov. XXVII, 27.

185 El arbusto plantado.

186 Levít., XXIII, 40.

187 Prov., I, 20.

188 Fue nombrado jefe de la escuela de Mata Mejasiá.

189 El contenido del huevo está suspendido dentro de la cáscara; cuando se rompe el huevo deja de estar suspendido.

190 Salmos, CVII, 30.

191 El que lo sueña.

192 Isaías, LI, 14.

193 La sentencia desfavorable del cielo.

194 Fue jefe de la escuela de Naresh, localidad próxima a Surá.

195 Salmos, CIV, 15.

196 Prov., XXXI, 6.

197 Ídem, IX, 5.

Dijo el rabí Iosef: El que sueña con una cabra tiene un año de bendición; con cabras, años de bendición, como dice el versículo: *Y abundancia de leche de cabras para tu mantenimiento.*[184] Al que ve en sueños un mirto le prosperan los bienes; si no tiene bienes, los hereda de algún lado. — Dijo Ulá (según otros, lo dice una enseñanza): Es así únicamente cuando se sueña con el mirto en el tronco.[185] — El que sueña con una cidra es grato para su creador, porque dice: *Fruto de árbol hermoso, ramas de palmeras.*[186] El que sueña con una rama de palmera sólo tiene un corazón para su padre del cielo. El que ve en sueños una gansa confía en la sabiduría, como dice lo escrito: *La sabiduría clama en las calles.*[187] Y al que sueña que se echa con ella, lo nombran jefe de escuela. — Dijo el rabí Ashí: Yo vi una en sueños y me eché con ella, y alcancé mi grandeza.[188] El que sueña con un gallo espera tener un hijo varón; con gallos, espera hijos varones; con una gallina, un buen huerto y alegría. Al que sueña con huevos le quedan los ruegos en suspenso; si los huevos se rompen, se le conceden los ruegos.[189] Lo mismo en cuanto a las nueces, los pepinos, las vasijas de vidrio y otros objetos frágiles similares.

Al que [sueña que] entra en una ciudad importante se le cumplen los deseos, porque dice: *Y así los guía al puerto que deseaban.*[190] Afeitarse la cabeza en sueños es buena señal; la cabeza y la barba, [buen augurio] para él[191] y toda su familia. El que [sueña que] está en un botecito, adquiere buena fama; si está en un bote grande, la adquieren él y toda su familia. Pero sólo en alta mar. Soñar que se evacua el vientre es buena señal para el que lo sueña, como dice: *El preso agobiado será libertado pronto;*[192] pero sólo cuando no se limpia. El que sueña que sube al techo, sube a la grandeza; que baja, cae de su grandeza. Pero tanto Abaie como Rabá sostienen que el que sube, queda arriba. Al que se rasga en sueños la ropa, le rasgan la sentencia.[193] El que sueña que está desnudo, si es en Babilonia, es que está desprovisto de pecados; si es en el país de Israel, es que está desprovisto de buenas intenciones. El que [sueña que] lo detiene la policía, recibe protección; que lo acollaran, protección más protección. Pero sólo si lo acollaran; [si lo atan con] una cuerda cualquiera, no. Al que sueña que anda por un pantano, lo nombran jefe de escuela; por un bosque, jefe de estudiantes.

Los rabíes Papa y Huná hijo del rabí Iehoshúa tuvieron un sueño. El rabí Papa soñó que andaba por un pantano, y lo nombraron jefe de escuela.[194] El rabí Huná hijo del rabí Iehoshúa soñó que iba por un bosque, y lo nombraron jefe de estudiantes. Según otros, [soñaron que] iban por un pantano, pero el rabí Papa llevaba un tambor, y lo nombraron jefe de escuela, y el rabí Huná hijo del rabí Iehoshúa no llevaba ningún tambor, y lo nombraron jefe de estudiantes. — Dijo el rabí Ashí: Yo [soñé que] iba por un pantano, llevaba un tambor y lo hacía sonar.

Enseñó un tanaíta delante del rabí Najmán bar Itsjac: Al que se hace sangrar en sueños le perdonan los pecados. — ¿No se ha enseñado que se le cuentan los pecados? — ¿Cómo que se le cuentan? — Se cuentan para ser perdonados. — Enseñó un tanaíta delante del rabí Sheshet: El que ve en sueños una serpiente, tiene la subsistencia asegurada; si lo muerde, se le duplican las ganancias; si la mata, pierde los ingresos. — Le dijo el rabí Sheshet: Razón de más para que se le dupliquen las ganancias. Pero no es así, porque el rabí Sheshet vio una serpiente en sueños y la mató.

Enseñó un tanaíta delante del rabí Iojanán: Soñar con cualquier clase de bebida es buena señal, pero no con vino. Unos lo beben y les va bien; otros lo beben y les va mal. Unos lo beben y les va bien, como dice lo escrito: *Vino que alegra el corazón del hombre.*[195] Otros lo beben y les va mal, como dice lo escrito: *Dad licor al desfallecido, y vino a los de ánimo amargado.*[196] — Dijo el rabí Iojanán al tanaíta: Enseña que para los estudiosos es siempre bueno, como dice lo escrito: *Venid, comed mi pan, y bebed del vino que yo he mezclado.*[197]

[57 b] Dijo el rabí Iojanán: Cuando alguien se levanta por la mañana y le viene a la memoria un versículo, es una pequeña profecía.

Enseñaron los rabíes [el significado de] tres reyes: el que sueña con David espera piedad; con Salomón, espera sabiduría; con Abad, teme un castigo. — El de tres profetas: El que ve [en sueños] el Libro de los Reyes, espera grandeza; [el que ve] a Ezequiel, espera sabiduría; a Isaías, espera consuelo; a Jeremías, teme un castigo. — El de tres libros mayores de las Escrituras: el que ve el Libro de los Salmos, espera piedad; el de los Proverbios, espera sabiduría; el de Job, teme un castigo. El de tres libros menores de las Escrituras: el que ve en sueños el Cantar de los Cantares, espera piedad; el Eclesiastés, espera sabiduría; las Lamentaciones, teme un castigo. Y al que ve el rollo de Ester le ocurre un milagro. — El de tres sabios: el que ve en sueños a Rabí, espera sabiduría; al rabí Eleazar ben Azariiá, espera riquezas;[198] al rabí Ishmael ben Elishá, teme un castigo. — El de tres estudiosos: el que ve en sueños a Ben Azái espera piedad; a Ben Zomá, espera sabiduría; a Ajer,[200] teme un castigo.

Soñar con un animal de cualquier especie es buena señal; se exceptúan los elefantes, los monos y los macacos. — ¿No dijo el maestro que al que ve en sueños un elefante le ocurre un milagro? — No hay contradicción; aquí es cuando está ensillado; allí, cuando está sin montura. — Es buena señal soñar con cualquier utensilio de metal, menos con azadas, picos y hachas; pero sólo cuando se ven con el mango. Es buena señal soñar con cualquier clase de fruta, menos con dátiles verdes. Soñar con cualquier clase de vegetales es buena señal, exceptuándose los nabos. — ¿No dijo Rab: Me volví rico únicamente después de haber soñado con nabos? — Los vio con el pedúnculo.[201] — Es buena señal soñar con cualquier color, menos con el azul celeste.[202] Cualquier ave que se vea en sueños es buena señal, menos las lechuzas, los buhos y los murciélagos.

(Señal: el cuerpo, el cuerpo, fuente, animan, ensanchan.) Hay tres cosas que entran en el cuerpo sin que el cuerpo las goce: las cerezas, los higos malos y los dátiles verdes. Hay tres cosas que aunque no entran en el cuerpo, el cuerpo las aprovecha: el lavado, el untamiento y el coito. Hay tres cosas que son la fuente del mundo por venir; son ellas: el sabat, el sol y el uso. — ¿El uso de qué? ¿El uso de la cama?[203] Debilita. — Será el uso de los orificios [del cuerpo]. Hay tres cosas que animan al hombre. Son ellas: los sonidos [musicales], las vistas [agradables] y los [buenos] olores. Hay tres cosas que ensanchan el espíritu. Son ellas: las hermosas viviendas, las bellas mujeres y la ropa elegante.

(Señal: Cinco, seis y diez.) Hay cinco cosas que son sexagésimos. Ellas son: el fuego, la miel, el sabat, el sueño y el ensueño. El fuego es un sexagésimo del infierno; la miel es un sexagésimo del maná; el sabat es un sexagésimo del mundo futuro; el sueño es un sexagésimo de la muerte; el ensueño es un sexagésimo de la profecía. — Hay seis cosas que son de buen agüero para los enfermos. Ellas son: el estornudo, el sudor, la diarrea, el flujo seminal, el sueño y los sueños. El estornudo, como dice lo escrito: *Sus estornudos encienden la luz.*[204] El sudor, como dice lo escrito: *Con el sudor de tu rostro comerás el pan.*[205] La diarrea, como dice lo escrito: *El preso agobiado que se libra rápidamente, no morirá en la mazmorra.*[206] El flujo seminal, como dice lo escrito: *Verá simiente, y vivirá largos días.*[207] El sueño, como dice: *Dormiría, y entonces tendría descanso.*[208] Los sueños, como dice: *Me harás soñar, y harás que viva.*[209] Hay seis cosas que curan al enfermo de su enfermedad, con curación verdadera. Ellas son: el repollo, la espinaca, la zamarrilla desecada, el estómago, la matriz y el lóbulo mayor del hígado. Según otros, también los peces chicos; y no sólo eso,[210] los peces chicos desarrollan y vigorizan todo el cuerpo del hombre.

Hay diez cosas que ocasionan la recaída del enfermo, con la enfermedad agravada. Ellas son: comer carne de buey, carne grasa, carne asada, carne de ave y huevos asados; afeitarse; el berro; la leche; el queso; y bañarse. Según otros, también las nueces. Y según otros, también los pepinos. Se ha enseñado en la escuela del rabí Ishmael: ¿Por qué se llaman *kishuím* (pepinos)? Porque son para el cuerpo dolorosos (*cashim*) como espadas. — Sin embargo, dice lo escrito: *Y le respondió el señor: Dos naciones hay en tu seno.*[211] No leamos *goim* (naciones), sino *gueim* (señores), y el rabí Iehudá dijo en nombre de Rab: Son Antoninus y Rabí, en cuya mesa nunca faltaban rábanos, lechuga y pepinos, ni en los días templados ni en los días de lluvia. — No hay contradicción; una [enseñanza] se refiere a los grandes, y la otra a los chicos.

Enseñaron los rabíes: [Soñar que hay] un muerto en la casa, es señal de paz en la casa; que uno come y bebe en la cama, es buena señal para la casa; que uno saca utensilios de la casa, es mal augurio para la casa. Según el rabí Papa se refiere a los zapatos o las sandalias. Cualquier cosa que el muerto se lleve [en el sueño], es buena señal, menos zapatos y sandalias; cualquier cosa que el muerto dé es buena señal, menos tierra y mostaza.

El que ve un lugar del que se extirpa la idolatría. Enseñaron los rabíes: El que ve a Mercurio dice: "Bendito sea el que da indulgencia al que viola su voluntad". [El que ve] un lugar del que se extirpó la idolatría, dice: "Bendito

---

[198] El rabí Eleazar era muy rico.
[199] El rabí Ishmael fue torturado por los romanos.
[200] Elisha ben Abuiá. Cuando renegó se referían a él llamándolo "Ajer" (el otro). V. Jaguigá, 15 a.

[201] Plantados.
[202] El color de la enfermedad.

[203] El ayuntamiento sexual.

[204] Job, XLI, 10.
[205] Génesis, III, 19.
[206] Isaías, LI, 14.
[207] Ídem, LIII, 10.
[208] Job, III, 13.
[209] Is., XXXVIII, 16.

[210] No sólo curan la enfermedad.

[211] Génesis, XXV, 23.

sea el que extirpó la idolatría de nuestra tierra; y lo mismo que fue extirpada de este lugar, que sea extirpada de todos los lugares de Israel, y haz que el corazón de aquellos que los sirven te sirva a ti". Fuera de Israel no hace falta decir: "Haz que el corazón de aquellos que los sirven te sirva a ti", porque la mayoría son idólatras. — Según el rabí Shimeón ben Eleazar, fuera de Israel también hay que decirlo, porque algún día se convertirán, como dice lo escrito: *En aquel tiempo devolveré a los pueblos pureza de labios.*[212]

El rabí Hamnuná expuso: El que ve a la perversa Babilonia debe decir cinco bendiciones. El que ve a Babilonia,[213] dice: "Bendito sea el que destruyó a la perversa Babilonia". El que ve el palacio de Nabucodonosor, dice: "Bendito sea el que destruyó el palacio del malvado Nabucodonosor". El que ve el foso de los leones, o el horno de fuego, dice: "Bendito sea el que en este lugar hizo milagros para nuestros antepasados". El que ve a Mercurio dice: "Bendito sea el que concede indulgencia a los que trasgreden su voluntad". El que ve un lugar del que se saca tierra, dice: "Bendito sea el que dice y hace, decreta y ejecuta". Cuando Rab veía asnos que conducían tierra, les daba una palmada en el lomo y decía: "Corran, justos, a cumplir la voluntad de su amo". Cuando Mar, hijo de Rabiná, estaba en Babilonia, recogía tierra en un pañuelo y la desparramaba, para cumplir lo que dice el versículo: *. . . y la barreré con escobas de destrucción.*[214] — Dijo el rabí Ashí: Yo no se lo oí decir al rabí Hamnuná, pero dije todas estas bendiciones por mi propio criterio.

[58a] Dijo el rabí Irmiiá ben Eleazar: Cuando Babilonia fue maldecida, sus vecinos también fueron maldecidos, pero cuando Samaria fue maldecida, sus vecinos fueron bendecidos. Cuando Babilonia fue maldecida, sus vecinos también fueron maldecidos, como dice lo escrito: *Y la convertiré en posesión de erizos, y en lagunas de agua.*[215] Cuando Samaria fue maldecida, sus vecinos fueron bendecidos, como dice lo escrito: *Haré, pues, de Samaria montones de ruinas, y tierra para plantar viñas,* etcétera.[216]

Dijo también el rabí Hamnuná: El que ve una multitud de israelitas, dice: "Bendito sea el sabedor de los secretos". El que ve una multitud de paganos, dice: *Vuestra madre se avergonzó mucho,* etcétera.[217]

Enseñaron los rabíes: El que ve una multitud de israelitas, dice: "Bendito sea el sabedor de secretos", porque la mentalidad de cada cual es diferente de la mentalidad de los demás, como la cara de cada cual es diferente de la cara de los demás. — Ben Zomá vio una multitud en una loma del monte del Templo, y dijo: "Bendito sea el sabedor de secretos, y bendito sea el que creó a todos estos para servirme". Solía decir: ¡Todo lo que tuvo que trabajar Adán para comer pan! Arar, sembrar, segar, agavillar, trillar, aventar, seleccionar, moler, tamizar, amasar y cocer; por fin comió. Yo, en cambio, me levanto y lo encuentro todo hecho para mí. ¡Y todo lo que tuvo que hacer Adán para vestirse! Esquilar, lavar [la lana], peinarla, hilar y tejer; por fin obtuvo un vestido para ponerse. Yo me levanto y lo encuentro todo hecho para mí. Personas[218] de toda clase vienen por la mañana a mi puerta, y cuando me levanto lo encuentro todo ante mí. — Solía decir: ¿Qué dice un buen invitado? "¡Cuántas molestias se toma el dueño de casa por mí! ¡Cuánta carne me puso delante! ¡Cuánto vino me sirvió! ¡Cuántos bollos me puso delante! ¡Y toda esta molestia se la tomó por mí!" ¿Y qué dice un mal invitado? "¿Qué molestias se tomó el dueño de casa por mí? Comí un solo pan, y un solo trozo de carne, y bebí una sola copa de vino. El dueño de casa se molestó únicamente por su mujer y sus hijos." Acerca de los buenos huéspedes dice lo escrito: *Acuérdate de engrandecer su obra, la cual contemplan los hombres.*[219] Y de los huéspedes malos dice: *Le temerán por tanto los hombres,* etcétera.[220]

Y en el tiempo de Saúl este hombre era viejo y de gran edad entre los hombres.[221] Dijo Rabá (según otros, el rabí Zebid, y según otros, el rabí Oshaiiá): Era Isaí, el padre de David, que salió con una multitud, entró con una multitud, y expuso ante una multitud. — Dijo Ulá: Sabemos por tradición que no hay multitud en Babilonia. Se ha enseñado: En una multitud hay por lo menos sesenta miríadas.

Enseñaron los rabíes: El que ve sabios israelitas, dice: "Bendito sea el que repartió de su sabiduría a los que le temen". [El que ve] sabios paganos, dice: "Bendito sea el que dio de su sabiduría a sus criaturas". El que ve a los reyes de Israel, dice: "Bendito sea el que hizo participar de su gloria a los que le temen". [El que ve] reyes paganos, dice: "Bendito sea el que dio de su gloria a sus criaturas". — Dijo el rabí Iojanán: Uno debe apresurarse siempre a salirle al

---

[212] Sofonías, III, 9.

[213] La ciudad.

[214] Isaías, XIV, 23.

[215] Ídem, íd., 23.

[216] Miqueas, I, 6.

[217] Jeremías, I, 12.

[218] En la acotación marginal: artesanos.

[219] Job, XXXVI, 24.
[220] Ídem, XXXVII, 24.

[221] 1 Sam., XVII, 12.

222 A entrar en el mundo futuro.

encuentro a los reyes de Israel; y no solamente a los reyes de Israel, sino también a los reyes paganos, para que, en caso de que esté destinado,[222] sepa distinguir entre un rey de Israel y un rey pagano.

El rabí Sheshet era ciego. Cuando todo el mundo iba a recibir al rey, el rabí Sheshet se levantaba e iba con ellos. Cierta vez le salió al paso un saduceo que le dijo: Las jarras [sanas van] al río; ¿adónde [van] las rotas? — Ven —le contestó— te haré ver que sé más que tú. — Pasó una compañía y se oyeron gritos. — Viene el rey —dijo el saduceo. — No viene —respondió el rabí Sheshet. — Pasó otra compañía y se oyó gritar. — Ahora viene el rey. — Todavía no viene el rey —replicó el rabí Sheshet. — Pasó otra compañía y se guardó silencio. — Ahora viene el rey —dijo el rabí Sheshet. — ¿Cómo lo sabes? —le preguntó el saduceo. — El reino de la tierra —contestó— es igual que el reino del cielo, porque dice lo escrito: *Sal afuera, y ponte en el monte delante del señor. Y he aquí el señor que pasaba, y un viento grande y poderoso, que rompía los montes y quebraba las peñas delante del señor; pero el señor no estaba en el viento. Y tras el viento un terremoto; pero el señor no estaba en el terremoto. Y tras el terremoto un fuego; pero el señor no estaba en el fuego. Y tras el fuego un silbo apacible y delicado.*[223] Cuando llegó el rey, el rabí Sheshet dijo la bendición por él. — ¿Tú bendices —le dijo el saduceo— por alguien a quien no ves? — ¿Qué le pasó a aquel saduceo? Unos dicen que sus compañeros le sacaron los ojos; otros dicen que el rabí Sheshet le pusó los ojos encima, y el hombre se transformó en un montón de huesos.

El rabí Shilá azotó a un hombre que se había ayuntado con una egipcia. El hombre lo denunció al rey. Dijo: Hay entre los judíos un hombre que juzga sin autorización real. — Mandaron un funcionario a llamarlo. Cuando se presentó le preguntaron: ¿Por qué azotaste a este hombre? — Se echó con una asna —respondió. — ¿Tienes testigos? —le preguntaron. — Sí —contestó. — Vino entonces Elías con la forma de un hombre y declaró. — En tal caso —dijeron aquellos— merece la muerte. — Después que nos desterraron de nuestro país —respondió [el rabí]— no tenemos libertad para dar muerte. Pero ustedes pueden hacer con él lo que quieran. — Mientras ellos se dedicaban a examinar el caso, dijo el rabí Shilá: *Tuya es, señor, la magnificencia y el poder*, etcétera.[224] — ¿Qué dijiste? —le preguntaron. — Dije lo siguiente —respondió—: Bendito sea el misericordioso que estableció el reinado terrestre igual que el reinado celestial, y les otorgó a ustedes poder y amor a la justicia. — Se preocupa por la dignidad del gobierno —dijeron ellos, y dándole un bastón le ordenaron—: Juzga tú. — Cuando salió, le dijo aquel hombre: ¿El misericordioso hace milagros para los mentirosos? — ¡Malvado! —contestó—. ¿Acaso no los llaman asnos? Porque dice lo escrito: ...*cuya carne es como carne de asnos*.[225] — Vio que aquel hombre iba a entrar a decirles que los había llamado asnos, y dijo: Este hombre es un perseguidor, y la Tora dice que cuando alguien viene a matarte, adelántate y mátalo a él.[226] — Lo golpeó con el bastón y lo mató. Luego dijo: Puesto que se produjo por mí un milagro mediante ese versículo, pasaré a exponerlo. *Tuya es, señor, la magnificencia*, se refiere a la obra de la creación, como dice lo escrito: *Él hace cosas grandes e incomprensibles.*[227] ...*y el poder*,... se refiere al éxodo de Egipto, como dice lo escrito: *Y vio Israel aquel gran hecho*, etcétera,[228] ...*la gloria*,... se refiere al sol y la luna, que se detuvieron para Josué, como dice lo escrito: *Y el sol se detuvo y la luna se paró*, etcétera.[229] ...*la victoria (netasj)*... se refiere a la caída de Roma, como dice lo escrito: ...*y su sangre (nitsjam) salpicó mis vestidos*, etcétera.[230] ...*y el honor*, se refiere a la batalla de los arroyos de Arnón, como dice lo escrito: *Por tanto se dice en el libro de las batallas del señor: Lo que hizo en el mar Rojo*, etcétera.[231] *Porque todas las cosas que están en el cielo y en la tierra*, se refiere al combate de Sísara, como dice lo escrito: *Desde los cielos pelearon las estrellas, desde sus órbitas*, etcétera,[232] *Tuyo, señor, es el reino*,... se refiere a la guerra con Amalec, como dice lo escrito: ...*se levantó la mano (de Amalec) contra el trono del señor.*[233] ...*y tú eres excelso*..., se refiere a la guerra de Gog y Magog, como dice lo escrito: *Mira, yo estoy contra ti, Gog, príncipe soberano de Mesec y Tubal.*[234] ...*sobre todos*; acerca de esto dijo el rabí Janán bar Rabá en nombre del rabí Iojanán: Hasta el cuidador del agua es nombrado en el cielo. Se ha dicho en una enseñanza en nombre del rabí Akiba: *Tuya es, señor, la magnificencia*... se refiere a la partición del mar Rojo; ...*y el poder*,... a la plaga de los primogénitos; ...*la gloria*,... a la entrega de la Tora; ...*la victoria*... a Jerusalén, ...*y el honor*, al Templo.

223 1 Reyes, xix, 11 y 12.

224 Crón., xxix, 11.

225 Ezeq., xxiii, 20.

226 Interpretación rabínica del Éxodo, xxii, 2: *Si el ladrón fuese hallado forzando una casa, y fuese herido y muriese, el que lo hirió no será culpado de su muerte.*
227 Job, ix, 10.
228 Éxodo, xiv, 31.
229 Josué, x, 13.
230 Isaías, lxiii, 3.

231 Núm., xxi, 14.

232 Jueces, v, 20.

233 Éxodo, xvii, 16.

234 Ezeq., xxxviii, 3.

[235] Jerusalén.

[236] Prov., xv, 25.
[237] Salmos, xciv, 1.

[238] Ezeq., xxi, 11.

[239] Ídem, íd., 12.

[240] Isaías, v, 9.

[241] Salmos, cxxv, 1.

[242] Que se conforme el rabí Janá con que su casa haya corrido la misma suerte que el Templo.
[243] La bendición.

[244] Jeremías, l, 12.

[245] Salmos, xxxi, 13.

[58 *b*] Enseñaron los rabíes: El que ve casas de israelitas, si están habitadas, dice: "Bendito sea el que establece los límites de la viuda".[235] Si están en ruinas, dice: "Bendito sea el juez de verdad". [El que ve] casas de paganos, si están habitadas, dice: *El señor asolará la casa de los soberbios*.[236] Si están en ruinas, dice: *Señor, Dios de las venganzas, Dios de las venganzas, muéstrate*.[237]

Ulá y el rabí Jisdá iban por el camino. Cuando llegaron a la puerta de la casa del rabí Janá bar Janilái, el rabí Jisdá se angustió y suspiró. — ¿Por qué suspiras? —le preguntó Ulá—. Rabá dijo que el suspiro destroza medio cuerpo del hombre, como dice lo escrito: *Y tú, hijo de hombre, suspira con quebrantamiento de tus lomos*, etcétera;[238] y el rabí Iojanán dijo que destroza todo el cuerpo del hombre, como dice lo escrito: *Y cuando te digan: ¿Por qué suspiras?, dirás: Por una noticia que cuando llegue hará que desfallezcan todos los corazones*, etcétera.[239] — ¿Cómo no voy a suspirar? —contestó—. Era una casa en la que había sesenta cocineros de día y sesenta de noche que cocinaban para todos los necesitados. Y [el rabí Janá] nunca sacaba la mano de la bolsa porque pensaba: Tal vez venga algún pobre de buena familia a quien le dé vergüenza esperar mientras tomo la bolsa. [Una casa que] tenía cuatro puertas que se abrían hacia los cuatro extremos y en la cual el que entraba hambriento salía saciado. [Una casa] de la que en los años de escasez tiraban a la calle trigo y cebada, para que aquellos a los que les daba vergüenza tomarla de día la recogieran de noche. Ahora quedó en ruinas; ¿cómo no voy a suspirar? — Dijo esto el rabí Iojanán —contestó [Ulá]—: Desde el día en que fue destruido el Templo hay una decisión que dispone la destrucción de las casas de los justos, como dice lo escrito: *Ha llegado a mis oídos de parte del señor de los ejércitos que muchas casas han de quedar desoladas, sin morador las grandes y hermosas*.[240] Y dijo también el rabí Iojanán: El santo, bendito sea, hará algún día que las habiten de nuevo, como dice lo escrito: *Cántico gradual de David. Los que confían en el señor son como el monte de Sión*.[241] Así como el santo, bendito sea, hará habitable el monte de Sión, el santo, bendito sea, hará también habitables las casas de los justos.— Viendo [Ulá] que todavía [el rabí Jisdá] no se había tranquilizado, le dijo: Es bastante para el siervo ser como el amo.[242]

Enseñaron los rabíes: El que ve tumbas de israelitas, dice "Bendito sea el que os creó en justicia, os nutrió en justicia, os mantuvo en justicia y os reunió en justicia, y que algún día os hará levantar, también en justicia". Mar, hijo de Rabiná, la concluyó[243] de este modo en nombre del rabí Najmán: "Y que sabe cuántos sois, y que algún día os resucitará y levantará. Bendito sea el que revive a los muertos". — [El que ve] tumbas de paganos, dice: *Vuestra madre se avergonzó*, etcétera.[244]

Dijo el rabí Iehoshúa ben Leví: El que ve a un amigo después de treinta días, dice: "Bendito sea el que nos conservó con vida, nos sostuvo y nos hizo llegar hasta esta época". [El que lo ve] después de doce meses, dice: "Bendito sea el que resucita a los muertos".— Dijo Rab: Los muertos no se olvidan antes de los doce meses, como dice lo escrito: *He sido olvidado de su corazón como un muerto; he venido a ser como un vaso quebrado*.[245]

Los rabíes Papa y Huná hijo del rabí Iehoshúa se encontraron en el camino con el rabí Janiná, hijo del rabí Icá, y le dijeron: Ahora que te vemos haremos por ti dos bendiciones: "Bendito sea el que imparte de su sabiduría a los que le temen" y "[Bendito sea] el que nos conservó con vida".— Verlos a ustedes —contestó—, es como ver sesenta miríadas de israelitas; diré, por lo tanto, tres bendiciones, aquellas dos, y: "Bendito sea el sabedor de los secretos".— ¡Eres muy sabio! —replicaron ellos.— Le pusieron los ojos encima y lo hicieron morir.

Dijo el rabí Iehoshúa ben Leví: El que ve a un picoso, dice: "Bendito sea el que hace seres [diversos]".— Presentóse una objeción: [Dice una enseñanza:] El que ve a un negro, un pelirrojo, un albino, un jorobado, un enano o un rubicundo, dice: "Bendito sea el que hace seres [diversos]". [El que ve] a un mutilado, un ciego, un macrocéfalo, un tullido, un furunculoso o un picoso, dice: "Bendito sea el juez de verdad".— No hay contradicción; una [bendición] se dice cuando es [una característica] congénita; la otra, cuando es adquirida. Lo prueba el hecho de que lo ponga junto con el mutilado. De aquí se deduce.

Enseñaron los rabíes: El que ve un elefante, un mono, un macaco, dice: "Bendito sea el que crea seres [diversos]. El que ve seres hermosos, o árbo-

les hermosos, dice: "Bendito sea el que los tiene de esta clase en su mundo".
Ante estrellas fugaces. ¿Qué son estrellas fugaces? — Dijo Shemuel: Cometas. — Dijo también Shemuel: Conozco los caminos del cielo tan bien como las calles de Neardea, con la excepción de los cometas, de los que no sé nada. Según la tradición, no pasan de [la constelación de] Orión; si pasaran de Orión, se destruiría el mundo. ¿Pero no los hemos visto pasar? — Lo que pasa es el brillo, pareciendo que pasara el cometa. — Dijo el rabí Huná, hijo del rabí Iehoshúa: El velo [246] se desgarra y se enrolla, dejando a la vista el resplandor de *rakia*. [247] — Dijo el rabí Ashí: Se desprende una estrella de un lado de Orión, y del otro lado aparece la vecina, impresiona y hace creer que [la estrella] cruzó [la constelación]. — Shemuel señaló una contradicción. Dice un versículo: *Él hizo la Osa (Ash), el Orión y las Pléyades (Kimá);* [248] y otro versículo: *...al que hace las Pléyades y el Orión.* [249] ¿Cómo se explica? — Sin el calor de Orión el mundo no aguantaría el frío de las Pléyades; sin el frío de las Pléyades, el mundo no aguantaría el calor de Orión. Dice la tradición que si la cola de Escorpión no estuviera en el río de fuego, [250] no sobreviviría ninguna persona mordida por un escorpión. A esto se refería el misericordioso cuando le dijo a Job: *¿Podrás atar los lazos de las Pléyades? ¿Desatarás las ligaduras de Orión?* [251] — ¿Qué significa *kimá*? — Dijo Shemuel: Más o menos un centenar (*ke-meá*) de estrellas. Unos dicen que están juntas; otros, que están desparramadas. — ¿Qué significa *Ash*? — Dijo el rabí Iehudá: *Iutá*. — ¿Qué es *Iutá*? — Según unos, la cola de Aries; según otros, la mano de Tauro. Es más verosímil la opinión del que dice que es la cola de Aries, porque dice lo escrito: *¿Y consolarás a Aish por sus hijos?* [252] De aquí se desprende que le falta algo; [59 a] parece un colgajo desgarrado. La sigue [253] para decirle: Dame mis hijos. Porque el santo, bendito sea, cuando quiso enviar el diluvio al mundo, tomó dos estrellas de *Kimá* y mandó el diluvio sobre el mundo; cuando quiso detenerlo, tomó dos estrellas de *Aish* y lo detuvo. — ¿Por qué no volvió a dejar aquellas? — No se rellena un pozo con sus escombros; o también, el acusador no puede convertirse en defensor. — Podría haberle creado a aquella otras dos estrellas. — *No hay nada nuevo bajo el sol.* [254] — Dijo el rabí Najmán: El santo, bendito sea, algún día se las devolverá, como dice lo escrito: *Y consolarás a Aish por sus hijos.*

(Ante) terremotos. ¿Qué es un terremoto? — Dijo el rabí Catiná: Un sacudimiento. — El rabí Catiná iba por el camino, y al llegar a la casa de un nigromante se produjo un temblor de tierra. ¿Sabrá el nigromante —dijo— lo que es este temblor? — Lo asaltó una voz: ¡Catiná, Catiná! ¿Cómo no lo voy a saber? Cuando el santo, bendito sea, se acuerda de sus hijos, que viven sufriendo entre las naciones del mundo, deja caer en el océano dos lágrimas; el ruido se oye desde un extremo del mundo al otro, y ese es el temblor. — Dijo el rabí Catiná: El nigromante es un embustero y sus palabras son mentirosas. Si fuera como él dice, habría un temblor tras otro. [255] Pero no es así; en realidad hubo un temblor tras otro, pero no le dio la razón para evitar que la gente lo siguiera. El rabí Catiná, por su parte, dijo: [Dios] golpea las manos, como dice lo escrito: *Y yo también batiré las palmas, una con otra, y desahogaré mi furia.* [256] — Dijo el rabí Natán: [Dios] lanza un suspiro, como dice lo escrito: *Saciaré mi furia con ellos, y quedaré satisfecho.* [257] — Los rabíes dijeron: [Dios] pisotea el cielo, como dice lo escrito: *Dará voces, como los que pisotean las uvas, contra todos los moradores de la tierra.* [258] — Dijo el rabí Ajá bar Iacov: Aprieta los pies debajo del trono de gloria, como dice lo escrito: *Dijo así el señor: El cielo es mi trono, y la tierra estrado de mis pies.* [259]

Truenos. ¿Qué son los truenos? — Dijo Shemuel: Nubes en torbellino, como dice lo escrito: *La voz de tu trueno estaba en el torbellino; tus relámpagos alumbraron el mundo; se estremeció y tembló la tierra.* [260] — Dijeron los rabíes: Nubes que se echan agua mutuamente, como dice lo escrito: *A su voz se produce muchedumbre de aguas en el cielo.* [261] — Dijo el rabí Ajá bar Iacov: Un fuerte relámpago, que resplandece en las nubes y destroza el granizo. — Dijo el rabí Ashí: Las nubes se estremecen y viene un viento y les sopla en la boca, haciendo un ruido parecido al que se produce cuando el viento sopla en la boca de una vasija. — La opinión más verosímil es la del rabí Ajá bar Iacov, porque primero brilla el relámpago, luego braman las nubes y finalmente cae la lluvia.

Tormentas. ¿Qué es una tormenta? Dijo Abaie: Un huracán. Dijo también Abaie: Según la tradición, nunca hay huracanes de noche. Pero vemos

[246] El más bajo de los siete cielos.
[247] El cielo siguiente.

[248] Job, IX, 9.
[249] Amós, V, 8.

[250] V. Daniel, VII, 10. Se cree que se refiere a la vía láctea.
[251] Job, XXXVIII, 31.

[252] Ídem, íd., 32.

[253] *Aish* a *Kimá*.

[254] Eclesiastés, I, 9.

[255] Uno por cada lágrima.

[256] Ezeq., XXI, 22.
[257] Ídem, V, 13.

[258] Jerem., XXV, 30.

[259] Isaías, LXVI, 1.

[260] Salm., LXXVII, 19.

[261] Jeremías, X, 13.

que sí los hay. — Comienzan de día. — Dijo también Abaie: Según la tradición, los huracanes duran menos de dos horas, para cumplir lo que dice el versículo: *No se alzará el sufrimiento por segunda vez.* [262] — Pero los hemos visto durar. — Con una pausa entre uno y otro.

(Ante) relámpagos, se dice: *Bendito sea aquel de cuya fuerza y poderío está lleno el mundo.* ¿Qué son los relámpagos? — Dijo Rabá: Resplandores. — Dijo también Rabá: El resplandor aislado, el relámpago blanco, el relámpago verde, las nubes que se levantan en el oeste y vienen del sur, y dos nubes que se levantan frente a frente, son todos dañinos. — ¿Qué importancia tiene? — Hay que rezar.[263] Pero sólo de noche; de día no significan nada. — Dijo el rabí Shemuel bar Itsjac: Las nubes matutinas no tienen ningún significado, como dice lo escrito: *La piedad vuestra es como nube de la mañana*, etcétera.[264] — Pero la gente dice — observó el rabí Papa a Abaie—: Si al abrir la puerta ves que llueve, ya puedes, arriero de mulas, tender tu costal y echarte a dormir.[265] — No hay contradicción; aquí [el cielo] está cubierto de nubes espesas; allí, de nubes transparentes.

Dijo el rabí Alexandri en nombre del rabí Iehoshúa ben Leví: Los truenos no fueron creados más que para apartar la obstinación del corazón, como dice lo escrito: *Lo hace Dios, para que delante de él teman los hombres.*[266] — Dijo también el rabí Alexandri en nombre del rabí Iehoshúa ben Leví: El que ve un arco iris entre las nubes, debe postrarse sobre el rostro, como dice lo escrito: *Como parece el arco iris que está en las nubes.* . . . *Y cuando yo la vi, me postré sobre mi rostro.*[267] En el oeste maldicen al que lo hace, porque parece que se prosternaran ante el arco iris; pero hay que decir una bendición. — ¿Qué bendición se dice? "Bendito sea el que recuerda el pacto". Expresa una enseñanza: Según el rabí Ishmael, hijo del rabí Iojanán ben Berocá, se dice: "El que es fiel al pacto y cumple su palabra".

Ante montañas, colinas. . . ¿Lo que se ha nombrado hasta ahora no pertenece a la obra de la creación? ¿No dice lo escrito: *Hace los relámpagos para la lluvia?* [268] — Dijo Abaie: Combínalas, y enséñalas de ese modo. — Dijo Rabá: En aquellos casos se dicen dos bendiciones: "Bendito sea aquel cuya fuerza llena el mundo", y "el que hizo la obra de la creación". En este, únicamente "el que hizo la obra de la creación"; no se dice: "cuya fuerza llena el mundo".[269] — Dijo el rabí Iehoshúa ben Leví: El que ve el cielo en su pureza dice: "Bendito sea el que hizo la obra de la creación". — ¿Cuándo lo dice? — Dijo Abaie: Cuando llueve toda la noche, y por la mañana el viento norte deja el cielo limpio. — Con esto discrepa de [lo que enseñó] Rafram bar Papa en nombre del rabí Jisdá. Dijo Rafram bar Papa en nombre del rabí Jisdá: Desde que fue destruido el Templo el cielo no volvió a mostrarse en su pureza, porque dice lo escrito: *Visto de oscuridad los cielos, y hago como cilicio su cubierta.*

[59 b] Enseñaron los rabíes: El que ve el sol en su vuelta, la luna en su fuerza, las estrellas en su órbita y las constelaciones en su ordenación, dice: "Bendito sea el que hizo la obra de la creación". — ¿Cuándo es eso? — Cada veintiocho años, cuando se reinicia el ciclo [271] y la estación de nisán [272] cae en Saturno, en la noche del martes al miércoles.

Según el rabí Iehudá, el que ve el gran mar, etcétera. ¿Cada cuánto tiempo se considera que es *de tiempo en tiempo?* En nombre del rabí Itsjac dijo Ramí bar Abá: Hasta treinta días. — Dijo también Ramí bar Abá en nombre del rabí Itsjac: El que ve el Éufrates desde el puente de Babilonia, dice: "Bendito sea el que hizo la obra de la creación".[273] Pero ahora que los persas lo modificaron,[274] [se bendice cuando se ve] a partir de Be Sapor. — Dijo el rabí Iosef: A partir de Ihí Dakirá. — Dijo también Ramí bar Abá: El que ve el Tigris desde el puente de Shebistena, dice: "Bendito sea el que hizo la obra de la creación". — ¿Por qué lo llaman Jidekel? [275] — Dijo el rabí Ashí: Porque sus aguas son cortantes (*jad*) y rápidas (*cal*). — ¿Por qué lo llaman Perat? [276] — Porque sus aguas crecen y se mutiplican (*perín verabín*). — Dijo también Rabá: Los pobladores de Mejozá son agudos porque beben agua del Tigris; son rojizos porque practican el coito de día; parpadean porque viven en casas oscuras.

Ante la lluvia, etcétera. ¿La bendición por la lluvia es "que es bueno y hace el bien"? Sin embargo, dijo el rabí Abahú (o según otros, una enseñanza): ¿Cuándo se dice la bendición por la lluvia? Cuando el novio sale al encuentro de la novia.[277] ¿Cómo se bendice? — Dijo el rabí Iehudá: "Te damos

[262] Nahúm, I, 9.

[263] Para contrarrestar el mal augurio.

[264] Oseas, VI, 4.

[265] La lluvia hará bajar el precio de los granos.

[266] Ecles., III, 14.

[267] Ezequiel, I, 28.

[268] Salm., CXXXV, 7.

[269] Las montañas no están todas en el mismo sitio.
[270] Isaías, L, 3.

[271] El ciclo solar, del calendario juliano.
[272] La primavera.

[273] Se dice que desde ese punto el Éufrates no cambió de curso desde la creación.
[274] Abriendo canales.
[275] Al Tigris.
[276] Al Éufrates.

[277] Cuando las gotas que caen chocan con las que rebotan.

las gracias por cada gota que nos dejas caer". El rabí Iojanán termina de este modo: "Aunque tuviéramos la boca llena de canciones, como el mar, etcétera, no podríamos agradecerte bastante, señor nuestro Dios", hasta: "se prosterna ante ti. Bendito seas, señor, a quien tantas gracias se le deben". ¿"Tantas gracias"? ¿O "todas las gracias"? — Dijo Rabá: Digamos "Dios de gracias". — Dijo el rabí Papa: Digamos, entonces, ambas frases: "a quien tantas gracias se le deben", y "Dios de gracias". — En tal caso, hay una contradicción.

[278] — No hay ninguna contradicción; una [de las bendiciones][278] la dice el que se entera,[279] y la otra el que ve [la lluvia]. — El que se entera, recibe una buena noticia, y se ha enseñado que al recibir una buena noticia se dice: "Bendito sea el que es bueno y hace el bien". — En realidad, ambas [bendiciones se dicen] cuando se ve [llover], pero tampoco hay contradicción: una [se dice] cuando llueve poco, y la otra cuando llueve mucho. Y si quieres diré que tanto una como otra [se dicen] cuando llueve mucho, y sigue sin haber contradicción, porque una [la dice] el que posee tierra, y la otra, el que no posee tierra. — ¿El que posee tierra dice "que es bueno y hace el bien"? Sin embargo, se ha enseñado: El que edifica una casa nueva, o se compra ropa nueva, dice: "Bendito sea el que nos conservó con vida, nos sostuvo y nos hizo llegar hasta este momento". Por lo que uno posee junto con otros: "que es bueno y hace el bien". — No hay contradicción; esta [la dice] el que tiene socios, y aquella, el que no tiene socios. Se ha enseñado asimismo: En resumen, por las cosas propias se dice: "Bendito sea el que nos conservó con vida y nos sostuvo"; por lo que se comparte con el prójimo, se dice: "Bendito sea el que es bueno y hace el bien". — ¿El que no comparte con otros no dice la bendición "que es bueno y hace el bien"? Sin embargo, se ha enseñado: Cuando a un hombre le anuncian que su mujer tuvo un hijo, dice: "Bendito sea el que es bueno y hace el bien". — En este caso se asocia con él la mujer, que se alegra de tener un hijo. Ven y escucha. Cuando a uno se le muere el padre, a quien hereda, dice primero: "Bendito sea el juez de verdad", y luego: "Bendito sea el que es bueno y hace el bien". En este caso hay hermanos, que heredan con él. Ven y escucha. Por el cambio del vino [280] no hace falta bendecir de nuevo; cuando se cambia de lugar,[281] se vuelve a bendecir. A esto dijo el rabí Iosef bar Abá en nombre del rabí Iojanán: Aunque se haya dicho que por el cambio de vino no hace falta volver a bendecir, se dice: "Bendito sea el que es bueno y hace el bien". — Allí también hay compañeros de mesa, con los que se bebe.

El que se construye una casa nueva o se compra utensilios nuevos, etcétera. Dijo el rabí Huná: Únicamente cuando no tiene otros iguales, pero si tiene otros iguales no hace falta que bendiga. — Dijo el rabí Iojanán: Aunque

---

[278] "Que es bueno y hace el bien."

[279] De que llovió.

[280] Por una nueva clase de vino que se sirve durante la comida.

[281] Cuando los comensales se trasladan a otra parte a terminar de comer.

282 Recibidas en herencia.
283 La compra, de todas maneras, es un hecho nuevo.
284 Nuevas unidades de los mismos objetos.

285 El rabí Iehudá opina que no se bendice cuando se repite una compra.

286 Porque estropea la siembra.

287 Génesis, xxx, 21.

288 Juzgada.

289 Posteriores al embarazo.

290 El de que sea varón.
291 No depende, por lo tanto, del ruego.
292 Levítico, xii, 2.

293 Salmos, cxii, 7.

294 Isaías, xxxiii, 14.
295 Prov., xxviii, 14.
296 Hay que tener constantemente el temor de olvidar las palabras de la Tora.

tenga otros iguales,[282] debe bendecir.[283] [60 a] De aquí se deduce que cuando se compra algo y luego se vuelve a comprar,[284] todos concuerdan en que no hace falta bendecir. Según algunos, dijo el rabí Huná: Esta norma se aplica únicamente cuando no se compra de nuevo después de haber comprado; cuando se compra una vez y se vuelve luego a comprar, no hace falta bendecir. El rabí Iojanán dijo: Aun cuando se compra y se vuelve a comprar, es necesario bendecir. De aquí se deduce que cuando se compra lo que ya se tiene, todos concuerdan en que se debe bendecir. — Se hizo esta objeción: "El que se construye una casa nueva, sin tener otra igual, o el que se compra utensilios nuevos, sin tener otros iguales, tiene que bendecir: son las palabras del rabí Meir. Según el rabí Iehudá, de una manera u otra tiene que bendecir. Se explica de acuerdo con la primera versión, porque el rabí Huná opina lo mismo que el rabí Meir, y el rabí Iojanán lo mismo que el rabí Iehudá. Pero de acuerdo con la segunda versión, si bien el rabí Huná opina lo mismo que el rabí Iehudá, ¿cómo quién opina el rabí Iojanán? Ni como el rabí Meir ni como el rabí Iehudá.[285] — El rabí Iojanán te dirá que, en realidad, según el rabí Iehudá también debe bendecirse cuando se compra y se vuelve a comprar; discrepan sobre el caso del que compra algo de lo que ya tiene, para enseñarte hasta dónde alcanza el concepto del rabí Meir, porque dice que aunque se compre algo de lo que ya se poseía no hace falta bendecir, y menos aún hará falta bendecir cuando se compra y se vuelve a comprar. — Más bien deberían discrepar sobre el caso del que compra y vuelve a comprar, por lo que no hace falta bendecir, para enseñar la prolongación de la opinión del rabí Iehudá. — Prefiere la opinión de la autorización.

Por el mal se bendice, etcétera. ¿Cómo es eso? — Por ejemplo, cuando una creciente inunda un campo. Aunque en realidad es beneficioso, porque la tierra recibe cieno y mejora, entretanto es un mal.[286]

Y por el bien, etcétera. ¿Cómo es eso? — Por ejemplo, cuando uno encuentra algo de valor. Aunque puede resultarle perjudicial, porque si el rey se entera se lo quitan, entretanto es un beneficio.

Cuando el marido de la embarazada dice: Ojalá que mi mujer, etcétera, *ora en vano.* ¿Es inútil orar? —objetó a esto el rabí Iosef—. [Sin embargo, dice el versículo:] *Después dio a luz una hija, y llamó su nombre Dina.*[287] ¿Qué significa ese *después?* — Dijo Rab: Después de haberse Lea juzgado a sí misma. Dijo ella: "Doce tribus tienen que salir de Jacob. Ya salieron seis de mí y cuatro de la criada; son diez. Si este es varón, mi hermana Raquel no será igual a una de las criadas". Inmediatamente la criatura se tornó en mujer, como dice lo escrito: *Y llamó su nombre Dina.*[288] — No se citan milagros como argumento. Y si quieres diré que el caso de Dina ocurrió dentro de los cuarenta días;[289] se ha enseñado al respecto: Durante los primeros tres días el hombre ruega que no se pudra [la simiente]; del tercero al cuadragésimo, ruega que sea varón; desde el cuadragésimo día hasta el tercer mes, ruega que no sea un aborto; del tercer mes al sexto, ruega que no sea un malparto; del sexto mes al noveno, ruega por un nacimiento feliz. — ¿Da resultado el ruego?[290] Porque el rabí Itsjac, hijo del rabí Amí, dijo: Cuando siembra primero el hombre, nace una mujer; cuando siembra primero la mujer, nace un varón,[291] como dice lo escrito: *La mujer cuando conciba, y dé a luz varón.*[292] — Se refiere al caso de que ambos siembren a la vez.

El que ... regresa de un viaje. Enseñaron los rabíes: Ocurrió cierta vez que Hilel el mayor, al volver de un viaje, oyó un grito en la ciudad. — Estoy seguro —dijo— de que no es en mi casa. — Sobre él dice lo escrito: *No temerá a las malas noticias. Su corazón es firme, confiado en el señor.*[293] — Dijo Rabá: Siempre que expongas este versículo, explica la primera cláusula por la segunda, y la segunda por la primera. "Explica la primera cláusula por la segunda": *No temerá a las malas noticias,* ¿por qué?, porque *su corazón es firme, confiado en el señor.* "Y la segunda por la primera": *Su corazón es firme, confiado en el señor,* y por eso *no temerá a las malas noticias.* — Cierta vez un discípulo seguía al rabí Ishmael hijo del rabí Iosí por las calles de Sión. [El rabí] lo notó asustado, y le dijo: Eres pecador, porque dice lo escrito: *Los pecadores se asustaron en Sión.*[294] — También dice —le contestó—: *Bienaventurado el hombre que siempre teme.*[295] — [Ese versículo] —replicó— se refiere a las palabras de la Tora.[296] — Iehudá bar Natán seguía al rabí Hamnuná para conversar con él. Como suspirara, le dijo el otro: Este hombre se acarreará sufrimientos, porque dice lo escrito: *Porque el temor que me espantaba me ha venido, y me*

[297] Job, III, 25.

ha acometido lo que yo temía.[297] — También dice —contestó—: *Bienaventurado el hombre que siempre teme.* — Se refiere —replicó— a las palabras de la Tora.

El que tiene que atravesar una ciudad importante. Enseñaron los rabíes: ¿Qué dice al entrar? "Sea tu voluntad, señor Dios mío, hacerme entrar en esta ciudad en paz." Después de haber entrado, dice: "Te doy las gracias, señor Dios mío, por haberme hecho entrar a esta ciudad en paz". Cuando quiere salir, dice: "Sea tu voluntad, señor Dios, mío y de mis antepasados, hacerme salir de esta ciudad en paz". Despúes de haber salido, dice: "Te doy las gracias, señor Dios mío, por haberme hecho salir de esta ciudad en paz; y así como me hiciste salir en paz, guíame en paz, sostenme en paz y hazme marchar en paz, y líbrame de las manos de todos los enemigos y todas las emboscadas del camino". — Dijo el rabí Matená: Se refiere a las ciudades en las que se ejecuta sin juicio;

[298] Donde impera la ley y hay garantías judiciales.

en las ciudades donde hay proceso y sentencia,[298] no hace falta. — Según otros, dijo el rabí Matená: También en las ciudades donde hay proceso y sentencia, porque a veces no se puede encontrar defensor.

Enseñaron los rabíes: El que entra en una casa de baños, dice: "Sea tu voluntad, señor Dios mío, librarme de esto y lo similar, y evitar que caiga en la perversión y en el pecado; y si caigo en la perversión y el pecado, que expíe con la muerte todos mis pecados". — Dijo Abaie: No debe hablarse de este modo, para no abrirle la boca a Satán. Porque dijo Resh Lakish, y lo mismo se enseñó en nombre del rabí Iosí: El hombre no debe nunca abrir la boca para Satán. — Dijo el rabí Iosef: ¿En qué versículo [se funda]? — En el que dice:

[299] Isaías, I, 9.
[300] Ídem, íd., 10.
[301] De la casa de baños.

Seríamos como Sodoma, y semejantes a Gomorra.[299] — ¿Qué les contestó el profeta? — *Príncipes de Sodoma, oíd la palabra del señor,* etcétera.[300] — ¿Qué se dice al salir?[301] — Dijo el rabí Ajá: "Te agradezco, señor Dios mío, por haberme librado del fuego". — Cierta vez entró el rabí Abahú en la casa de baños, y el piso se le hundió bajo los pies. Le ocurrió un milagro: quedó sobre una viga, y con un solo brazo salvó a ciento una personas. — A esto se refería

[302] Al decir que deben darse las gracias al salir de la casa de baños.

el rabí Ajá —dijo[302]—. Porque [lo] dijo el rabí Ajá. El que se va a hacer sangrar, dice: "Sea tu voluntad, señor Dios mío, que esta acción me remedie. Cúrame, señor, porque tú eres un Dios curador leal y tu curación es verdadera; los hombres no tienen poder para curar, pero tienen el hábito de hacerlo". — Dijo Abaie: El hombre no debe hablar de este modo, porque se ha enseñado en la escuela del rabí Ishmael: *...y hará que le curen;*[303] esto nos enseña

[303] Éxodo, XXI, 19.
[304] Después de la sangría.

que al médico se le dio autorización para curar. — ¿Cuando sale, qué dice?[304] — Dijo el rabí Ajá: "Bendito sea el que cura gratis".

[60 *b*] El que entra en el retrete, dice:³⁰⁵ "Sed honrados, honorables y santos servidores del altísimo. Honrad al Dios de Israel. Dejadme; entraré a hacer mis necesidades, y volveré a reunirme con vosotros". — Dijo Abaie: El hombre no debe decir eso, porque pueden realmente dejarlo e irse. Lo que debe decir es esto: "Guardadme, guardadme, ayudadme, ayudadme, sostenedme, sostenedme, aguardadme, aguardadme a que entre y vuelva a salir, porque esto es propio del hombre". Cuando sale, dice: "Bendito sea el que formó al hombre sabiamente, haciéndole aberturas y aberturas, y cavidades y cavidades. Es público y notorio ante el trono de tu gloria que si alguno de ellos estuviera abierto, o alguno de ellos cerrado, sería imposible mantenerse en pie delante de ti". — ¿Cómo termina? — Dijo Rab: "[Bendito sea] el que cura a los enfermos". — Dijo Shemuel: Para Abá ³⁰⁶ todo el mundo está enfermo. [Se dice,] más bien: "El que cura toda carne". — Dijo el rabí Sheshet: "El que actúa maravillosamente". — Dijo el rabí Papa: Se dicen ambas cosas: "El que cura toda carne y actúa maravillosamente".

Al acostarse a dormir, se recita desde "Oye, Israel", hasta "Si me obedeciereis". Luego se dice: "Bendito sea el que me deja caer la venda del sueño sobre los ojos y la modorra sobre los párpados, y da luz al globo del ojo. Sea tu voluntad, señor Dios mío, hacerme dormir en paz, y darme participación en tu ley; acostúmbrame a cumplir los mandamientos, pero no me habitúes a violarlos; no me hagas caer en el pecado, ni en la transgresión, ni en la tentación, ni en el desprecio. Haz que me gobiernen las buenas inclinaciones y no dejes que me dominen los malos instintos. Líbrame de los malos encuentros y de las malas enfermedades; que no me perturben malos sueños ni malos pensamientos, y que mi lecho esté inmaculado ante ti; dame luz a los ojos, para que no me duerma con el sueño de la muerte. Bendito seas, señor, que iluminas al mundo con tu gloria".

Cuando uno se despierta, dice: "Dios mío, el alma que me diste es pura; tú me la formaste, tú me la insuflaste, tú la guardas en mí y tú algún día te la llevarás y me la devolverás en el futuro. Mientras está en mí te agradezco, señor Dios mío y Dios de mis padres, soberano de todos los mundos, señor de todas las almas. Bendito seas, señor, que devuelves el alma a los cuerpos muertos". Cuando se oye cantar al gallo, se dice: "Bendito sea el que dio entendimiento al gallo para distinguir entre el día y la noche". Al abrir los ojos se dice: "Bendito sea el que abre los ojos a los ciegos". Cuando se estira y se incorpora, dice: "Bendito sea el que alivia el encierro". Cuando se viste, dice: "Bendito sea el que viste al desnudo". Cuando se yergue, dice: "Bendito sea el que levanta al agobiado". Cuando pone los pies en el suelo, dice: "Bendito sea el que extiende la tierra sobre el agua". Cuando echa a andar, dice: "Bendito sea el que afirma los pasos del hombre". Cuando se calza, dice: "Bendito sea el que me suministra lo que necesito". Cuando se pone el cinturón, dice: "Bendito sea el que rodea a Israel de poder". Cuando se ata el pañuelo en la cabeza, dice: "Bendito sea el que corona a Israel de gloria". Cuando se envuelve en el manto de franjas, dice: "Bendito sea el que nos santificó con sus preceptos y nos mandó envolvernos en el manto de franjas". Cuando se pone las filacterias en el brazo, dice: "Bendito sea el que nos santificó con sus mandamientos, y nos ordenó ponernos filacterias". [Cuando se pone] la de la cabeza, dice: "Bendito sea el que nos santificó con sus mandamientos y nos ordenó observar el precepto de las filacterias". Cuando se lava las manos, dice: "Bendito sea el que nos santificó con sus preceptos, y nos mandó cumplir el lavado de las manos". Cuando se lava la cara, dice: "Bendito sea el que me retiró el sueño de los ojos y el adormecimiento de los párpados. Sea tu voluntad, señor Dios mío, habituarme a tus leyes; hazme perseverar en tus mandamientos y no me dejes caer en el pecado, ni en la transgresión, ni en la tentación, ni en el desprecio, e impón a mis instintos que se sometan a ti; aléjame de los malos hombres y las malas compañías, y hazme inclinarme a los buenos impulsos y las buenas compañías de tu mundo; haz que encuentre, hoy y todos los días, favor, benevolencia y misericordia en tus ojos y en los ojos de todos los que vean; y concédeme tu bondad. Bendito seas, señor, el que concede bondad a su pueblo Israel".

Es deber del hombre bendecir, etcétera. ¿Cómo es eso de que *es deber del hombre bendecir por lo malo lo mismo que por lo bueno*? ¿Diremos que así como se bendice por el bien "al que es bueno y hace el bien", también debe bendecirse por el mal "al que es bueno y hace el bien"? Sin embargo, hemos visto que: *Ante buenas noticias se dice "bendito sea el que es bueno y hace el bien", y ante malas noticias se dice "bendito sea el juez de verdad".*—Dijo Rabá: No significa otra cosa sino que debe recibirse [el mal] con alegría.— Dijo el rabí Ajá en nombre del rabí Leví: ¿De qué versículo [se toma]? [Del que dice:] *Misericordia y juicio cantaré; a ti te cantaré, señor.*[307] Si es misericordia, cantaré; si es juicio, cantaré.— De este versículo —dijo el rabí Shemuel bar Najmaní—: *En el señor alabaré su palabra; en Dios alabaré su palabra.*[308] *En el señor alabaré su palabra,* se refiere a la cualidad del bien; *en Dios alabaré su palabra,* a la cualidad del infortunio.— De estos —dijo el rabí Tanjum—: *Alzaré la copa de salvación, e invocaré el nombre del señor.*[309] *Hallé angustia y dolor, e invoqué el nombre del señor.*[310] — Los rabíes lo toman de aquí: *El señor dio y el señor quitó; sea el nombre del señor bendito.*[311]

El hombre —dijo el rabí Huná que dijo Rab en nombre del rabí Meir, y lo mismo se ha enseñado en nombre del rabí Akiba— debe decir siempre: "Todo lo que hace el misericordioso es para bien". Como en el siguiente episodio: Marchando por el camino, el rabí Akiba llegó a una ciudad, buscó alojamiento y no se lo ofrecieron en ninguna parte. "Todo lo que hace el misericordioso es para bien", dijo, y pasó la noche al raso. Llevaba consigo un gallo, un asno y una vela. Un golpe de viento le apagó la vela, una comadreja le comió el gallo, y un león le devoró el asno. "Todo lo que hace el misericordioso es para bien", dijo [el rabí]. Aquella noche llegó un ejército y capturó a los habitantes de la ciudad. — ¿No les dije —les declaró [el rabí Akiba][312]— que todo lo que hace el santo, bendito sea, [61 a] es para bien?

Dijo también el rabí Huná que dijo Rab en nombre del rabí Meir: Las palabras que dice el hombre ante el santo, bendito sea, deben ser siempre pocas, como dice lo escrito: *No te des prisa con tu boca, ni tu corazón se apresure a proferir palabra delante de Dios; porque Dios está en el cielo, y tú sobre la tierra; por tanto, sean pocas tus palabras.*[313]

Expuso el rabí Najmán hijo del rabí Jisdá: ¿Por qué escribieron [en el versículo]: *Entonces el señor Dios formó (vaiitser) al hombre,*[314] [vaiitser] con dos íes? Para indicar que el santo, bendito sea, creó dos instintos, un instinto del bien y un instinto del mal. —En tal caso —objetó el rabí Najmán bar Itsjac—, los animales, con respecto a quienes no dice *vaiitser,*[315] no tendrían instinto [del mal]; sin embargo, vemos que hacen daño, muerden y patean.— En realidad es como lo explicó el rabí Shimeón ben Pazí. Dijo el rabí Shimeón ben Pazí: Ay de mí por mi creador (*iotsrí*),[316] y ay de mí por mi instinto (*itsrí*).[317] O como lo explicó el rabí Irmiiá ben Eleazar. Dijo el rabí Irmiiá ben Eleazar: El santo, bendito sea, le creó dos caras a Adán,[318] como dice lo escrito: *Detrás y delante me formaste.*[319]

Y de la costilla que el señor Dios tomó.[320] [Sobre este discrepan] Rab y Shemuel. Uno dijo que era un rostro; [321] el otro, una cola. Se justifica la opinión del que dice que era un rostro, porque dice el versículo: *Detrás y delante me formaste;*[319] ¿pero cómo se explica que diga *detrás y delante me formaste,* de acuerdo con el que dice que era una cola? — Como lo hizo el rabí Amí. Dijo el rabí Amí: Detrás [322] de la obra de la creación, y delante [323] para el castigo. — Estoy de acuerdo en que haya sido el último de la creación, porque fue formado la víspera del sabat. Pero "el primero para el castigo", ¿para qué castigo? ¿Diremos, el castigo por lo de la serpiente? Se ha enseñado que dijo Rabí: Para honrar se comienza por el más grande; para maldecir, por el más chico. Se comienza por el más grande para honrar, como dice lo escrito: *Y Moisés dijo a Aarón, y a Eleazar y a Itamar sus hijos que habían quedado: Tomad,* etcétera.[324] Para maldecir, por el más chico, porque primero fue maldecida la serpiente, luego Eva y luego Adán.[325] — Más bien se referirá al castigo del diluvio, como dice lo escrito: *Así fue destruido todo ser que vivía sobre la faz de la tierra, desde el hombre hasta la bestia.*[326] — Se justifica la opinión del que dice que era una cara, porque figura *vaiitser,* con dos íes, ¿pero cómo explica las dos íes el que dice que era una cola? — Como lo hizo el rabí Shimeón ben Pazi. Dijo el rabí Shimeón ben Pazi: Ay de mí por mi creador (*iotsrí*), y ay de mí por mi instinto (*itsrí*). — Es explicable la opinión de que era una cara, porque dice el versículo: *Varón y hembra los creó.*[327] ¿Pero cómo interpreta *varón y hembra los creó* el que dice que era una cola? — Como lo hizo el rabí Abahú. El rabí Abahú señaló una contradicción. Dice un versículo: *Varón y hembra los creó,* y otro versículo: *Porque a imagen de Dios es hecho el hombre.*[328] ¿Cómo es eso? — Al principio quiso crear dos, pero al

---

[307] Salmos, CI, 1.

[308] Ídem, LVI, 11.

[309] Ídem, CXVI, 13.
[310] Ídem, íd., 3 y 4.
[311] Job, I, 21.

[312] Probablemente a sus discípulos.

[313] Eclesiastés, V, 1.

[314] Génesis, II, 7.

[315] Dice *vaitser,* con una sola "i". (En Génesis, II, 9.)
[316] Si obedezco a mi instinto.
[317] Si resisto a mi instinto.
[318] Con una de ellas hizo a Eva.
[319] Salm., CXXXIX, 5.
[320] Génesis, II, 22.
[321] Lo que usó Dios para formar a Eva.

[322] Al final.
[323] Primero.

[324] Levít., X, 12.
[325] V. Gén., III, 14-20.

[326] Ídem, VII, 23. El hombre antes que la bestia.

[327] Ídem, V, 2. Dos rostros, uno de hombre y otro de mujer.

[328] Ídem, IX, 6.

329 Génesis, II, 21.

330 La cara ya estaba hecha.

331 La mujer se levanta la falda para entrar en el agua.

332 Prov., XI, 21.

333 Jueces, XIII, 11.
334 No existe ningún versículo de ese texto.
335 2 Reyes, IV, 30.
336 En el caso de Manoa.

337 Gén., XXIV, 61.

338 V. supra, 8 b.

339 Eclesiastés, X, 1.
340 Génesis, IV, 7.

341 Eclesiastés, X, 2.

342 Cuando la nariz y el estómago funcionan al revés.

final creó uno solo. — Es razonable la opinión del que afirma que era una cara, porque dice lo escrito: *. . . y cerró la carne en su lugar.*[329] ¿Pero cómo explica que diga *y cerró la carne en su lugar* el que sostiene que era una cola? — Dijo el rabí Irmiiá (según otros, el rabí Zebid, y según otros, el rabí Najmán bar Itsjac): Se refiere únicamente al lugar del corte. — Se explica la opinión del que afirma que era una cola, porque dice el versículo: *Y construyó.*[329] ¿Pero cómo se entiende que diga *y construyó* de acuerdo con el que opina qu era una cara?[330] — Como dijo el rabí Shimeón ben Menasiiá. ¿Qué significa —expuso el rabí Shimeón ben Menasiiá—: *Y el señor construyó la costilla?* Enseña que el santo, bendito sea, le trenzó el cabello a Eva y le llevó [Eva] a Adán, porque en las ciudades del mar para decir trenzar se dice construir. — Otra explicación: *Y construyó* —dijo el rabí Jisdá (según otros, lo dice una enseñanza)— enseña que el santo, bendito sea, construyó a Eva a la manera de una despensa; lo mismo que una despensa es angosta arriba y ancha abajo, para contener los frutos, así también la mujer es arriba angosta y abajo ancha, para contener a la criatura. — *Y la trajo al hombre.*[329] Dijo el rabí Irmiiá ben Eleazar: Esto enseña que el santo, bendito sea, fue padrino de boda de Adán. La Tora imparte una norma social: un hombre distinguido debe ser padrino de boda de un hombre inferior, sin sentirse incómodo.

De acuerdo con el que dice que era una cara, ¿cuál de las dos estaba delante? — Dijo el rabí Najmán bar Itsjac: Probablemente estaba delante la del hombre, porque se ha enseñado: El hombre no debe andar por la calle detrás de una mujer, aunque sea su propia esposa. Cuando se encuentran en un puente, debe hacerse a un lado. El que cruce un río detrás de una mujer no entrará en el mundo del futuro.[331]

Enseñaron los rabíes: El que cuenta dinero pasándolo de su mano a la mano de una mujer, con el objeto de observarla, no escapará al castigo del infierno, aunque pueda rivalizar en conocimiento de la Tora y buenas acciones con nuestro maestro Moisés, porque dice lo escrito: *Mano sobre mano, el malo no quedará sin castigo.*[332] No escapará al castigo del infierno.

Dijo el rabí Najmán: Manoa era un ignorante, porque dice lo escrito: *Y . . . Manoa siguió a su mujer.*[333] — También dice —objetó el rabí Najmán bar Itsjac—, con respecto a Elcana: *Y Elcana siguió a su mujer;*[334] y con respecto a Eliseo: *El, entonces, se levantó y la siguió.*[335] ¿Habrá que interpretar esto literalmente? Más bien significa que siguió su palabra y su consejo. Lo mismo aquí;[336] siguió su palabra y su consejo. — Dijo el rabí Ashí: De acuerdo con lo expresado por el rabí Najmán, Manoa era un ignorante que no había ido a aprender a la casa de estudio; pero dice lo escrito: *Entonces se levantó Rebeca y sus doncellas, y montaron en los camellos, y siguieron al hombre.*[337] [Fueron detrás], no delante del hombre.

Dijo el rabí Iojanán: [Es preferible ir] detrás de un león y no detrás de una mujer; detrás de una mujer y no detrás de un ídolo; detrás de un ídolo y no detrás de una casa de oración cuando la congregación se halla rezando;[338] pero sólo cuando uno no va cargado; cuando va cargado no importa. Y sólo cuando no hay otra puerta; cuando hay otra puerta, no importa. Y sólo cuando no va montado en un asno; cuando uno va montado en un asno, no importa. Y sólo, además, cuando no lleva puestas las filacterias; si lleva la filacterias puestas, no importa.

Dijo Rab: El instinto del mal es como una mosca, y reside entre las dos aberturas del corazón, como dice lo escrito: *Las moscas muertas hacen heder y dar mal olor al perfume del perfumista.*[339] — Dijo Shemuel: Es como el trigo *(jitá)*, porque dice lo escrito: *el pecado (jatá) está a la puerta.*[340]

Enseñaron los rabíes: El hombre tiene dos riñones; uno lo aconseja para el bien, el otro lo aconseja para el mal. Es verosímil que el bueno esté a la derecha y el malo a la izquierda, porque dice lo escrito: *El corazón del sabio está a su mano derecha, mas el corazón del necio a su mano izquierda.*[341]

Enseñaron los rabíes: Los riñones aconsejan, el corazón verifica, la lengua prepara [las palabras], la boca las completa, el esófago recibe y hace salir toda clase de alimentos, la tráquea hace salir la voz, [61 b] los pulmones absorben toda clase de líquidos, el hígado promueve la ira, la bilis le echa una gota y lo aplaca, el bazo provoca la risa, el buche muele, el estómago da sueño y la nariz despierta. Cuando el despertador duerme, o el durmiente se despierta,[342] el hombre languidece. Se ha enseñado: Cuando ambos dan sueño, o ambos despiertan, uno se muere inmediatamente.

³⁴³ Los guía.
³⁴⁴ Salmos, CIX, 22.

³⁴⁵ Ídem, XXXVI, 2.

³⁴⁶ Ídem, CIX, 31.
³⁴⁷ ¿Si Rabá es mediocre, qué serán los demás?

³⁴⁸ Que era muy rico. V. 1 Reyes, XX, 3.
³⁴⁹ Que era muy pobre.
³⁵⁰ Deut., VI, 5.

Se ha enseñado que dijo el rabí Iosí el galileo: A los justos los juzga ³⁴³ el instinto del bien, como dice lo escrito: *Mi corazón está herido dentro de mí.*³⁴⁴ Los perversos son juzgados por el instinto del mal, como dice lo escrito: *La iniquidad del impío me dice al corazón: No hay temor de Dios delante de sus ojos.*³⁴⁵ A los mediocres los juzgan tanto el uno como el otro, según dice el versículo: *Porque él se pondrá a la diestra del pobre, para librar su alma de los que la juzgan.*³⁴⁶ — Dijo Rabá: Nosotros, por ejemplo, somos mediocres. — El maestro —le dijo Abaie— no deja vivir a nadie.³⁴⁷ — Dijo también Rabá: El mundo fue creado únicamente para los completamente perversos o los completamente justos. — Dijo Rabá: Que cada cual sepa por sí mismo si es cabalmente justo o no. — Dijo Rabá: El mundo fue creado únicamente para Acab ben Omrí ³⁴⁸ y para el rabí Janiná ben Dosá.³⁴⁹ Para Acab ben Omrí este mundo, y para el rabí Janiná ben Dosá, el mundo futuro.

*Amarás al señor tu Dios.*³⁵⁰ Se ha enseñado que dijo el rabí Eliézer: ¿Si dice *con toda tu alma,* para qué dice además *con todas tus fuerzas?* ¿Y si dice *con todas tus fuerzas,* para qué dice además *con toda tu alma?* Para el caso de que haya un hombre que aprecie más su cuerpo que su dinero, dice: *con toda tu alma;* para el caso de que haya un hombre que aprecie más su dinero que su cuerpo, dice: *con todas tus fuerzas.* — Dijo el rabí Akiba: *Con toda tu alma,* aunque te quite el alma.

Enseñaron los rabíes: Cierta vez el perverso gobierno [romano] emitió un decreto prohibiendo a los israelitas que se dedicaran a la Tora. Papus ben Iehudá encontró al rabí Akiba haciendo reuniones públicas para dedicarse a la Tora. — Akiba —le dijo—, ¿no temes al gobierno? — Te contestaré con una parábola —respondió—. Este caso se puede comparar al del zorro que caminando junto al río vio que los peces se juntaban y se trasladaban de un lugar a otro. — ¿De quién huyen? —les preguntó. — De las redes que nos echan los hombres —contestaron. — Les dijo [el rabí]: ¿No quieren venir a tierra, para que ustedes y yo vivamos juntos, como en un tiempo vivieron juntos mis antepasados y los de ustedes? — ¿Tú eres el que llaman el más inteligente de los animales? —replicaron—. No eres inteligente, sino tonto. Si tememos en el lugar donde vivimos, con mayor razón temeremos en el lugar donde morimos. Y lo mismo nos pasa a nosotros. Si estamos así cuando nos dedicamos a la Tora, de la que dice lo escrito: *...es vida para ti, y prolongación de tus días,*³⁵¹ cuánto peor estaríamos si la descuidáramos. — Se cuenta que pocos días más tarde el rabí Akiba fue arrestado y encarcelado, y que Papus ben Iehudá fue también apresado y encerrado junto con él. — ¿Quién te trajo? —le preguntó [el rabí Akiba]. — Dichoso de ti, rabí Akiba —contestó—, que fuiste apresado por dedicarte a la Tora; desdichado de Papus, que fue apresado por andar ocioso. — Sacaron al rabí Akiba para hacerlo ejecutar cuando era la hora del *shemá,* y mientras le desgarraban la carne con peines de hierro, él recibía sobre sí el yugo del reino de los cielos.³⁵² — Sus discípulos le dijeron: Maestro, ¿hasta este momento? — Toda mi vida —contestó— me estuvo afligiendo este versículo: *con toda tu alma.* "Aunque te quite el alma." Yo pensaba: ¿Cuándo tendré la oportunidad de cumplirlo? ¿Y ahora que se presentó, no he de cumplirlo? — Estiró la palabra *uno,*⁵³³ hasta que le salió el alma diciendo *uno.* Oyóse una voz (celestial) que dijo: Dichoso de ti, rabí Akiba, que despediste el alma con la palabra *uno.* — Los ángeles servidores dijeron ante el santo, bendito sea: ¿Esa es la Tora, y esa la recompensa? *De los mortales con tu mano, señor, de los mortales,* etcétera.³⁵⁴ — *...cuya porción* —les contestó— *la tienen en esta vida.*³⁵⁴ Oyóse una voz que dijo: Dichoso de ti, rabí Akiba, que estás destinado a la vida del mundo que vendrá.

No hay que mirar con ligereza la puerta del este, porque está enfrente del sanctasanctórum, etcétera. Dijo el rabí Iehudá en nombre de Rab: Se refiere únicamente al lado de acá del Tsofim,³⁵⁵ y siempre que se vea [el Templo].³⁵⁶ — Se ha enseñado, asimismo que dijo el rabí Abá hijo del rabí Jiiá ber Abá: Dijo lo siguiente el rabí Iojanán: Se refiere únicamente al lado de acá del Tsofim, y siempre que se vea, no habiendo ninguna valla, y cuando repose sobre él la presencia divina.³⁵⁷

Enseñaron los rabíes: El que evacua el vientre en Judea no debe hacerlo hacia el este y el oeste,³⁵⁸ sino hacia el norte y el sur. En Galilea, hacia el este y el oeste.³⁵⁹ El rabí Iosí lo permite, porque dijo el rabí Iosí: Se prohíbe únicamente cuando se ve [el Templo], en un lugar donde no hay cercas, y en

³⁵¹ Ídem, XXX, 20.

³⁵² Recitaba el *shemá.* V. *supra,* 13 a.

³⁵³ *Oye, Israel, el señor nuestro Dios es uno.*

³⁵⁴ Salmos, XVII, 14. Tendría que haber muerto por tu mano, no de esa manera.
³⁵⁵ Del lado de allá no se veía el Templo.
³⁵⁶ Que ningún obstáculo o accidente del terreno impida verlo.
³⁵⁷ Cuando el Templo exista.
³⁵⁸ Para no quedar con las nalgas descubiertas del lado de Jerusalén.
³⁵⁹ Galilea está al norte de Jerusalén.

³⁶⁰ En el Templo, es decir, cuando este existe.

³⁶¹ En posición oblicua, que no esté exactamente frente a Jerusalén. Los sabios lo permiten, porque sólo están en contra de la opinión del rabí Iosí.

³⁶² Para sentarse sobre ellos a hacer las necesidades.

³⁶³ Con su mujer.

³⁶⁴ El nombre de Rab.

³⁶⁵ Deut., XXXIII, 2.

³⁶⁶ Es la que se usa para comer.

³⁶⁷ Sobre el brazo izquierdo.

³⁶⁸ Cuando se cantan los versículos.

³⁶⁹ Para ahuyentar a los espectros.

³⁷⁰ Figura que adoptan los espectros de los retretes. Saír, en hebreo, significa ambas cosas, chivo y espectro.

³⁷¹ Su esposa.

³⁷² Como jefe de la escuela necesitaba más protección.

³⁷³ Los que cuidan las prensas de aceitunas para impedir que entren personas impuras.

³⁷⁴ No se impurifican las aceitunas.

³⁷⁵ Los obreros.

³⁷⁶ Los lagares.

³⁷⁷ Preparados de acuerdo con las leyes rituales.

momentos en que reposa en él ³⁶⁰ la presencia divina. Pero los sabios lo prohíben. — ¿Los sabios dicen lo mismo que el primer tanaíta? — Disienten cuando es de costado.³⁶¹ Dice otra enseñanza: El que mueve el vientre en Judea no debe hacerlo de este a oeste, sino de norte a sur. En Galilea, al norte o al sur se prohíbe, y al este o al oeste se permite. El rabí Iosí lo permite, porque el rabí Iosí dijo: Se prohibió únicamente para el caso de que [el Templo] fuera visible. El rabí Iehudá dijo: Se prohíbe cuando el Templo existe. Cuando el Templo no existe, se permite. El rabí Akiba dijo: Se prohíbe en todas partes. — ¿El rabí Akiba coincide con el primer tanaíta? — Difieren en cuanto al exterior del país. — Rabá se hizo poner ladrillos de este a oeste.³⁶² Cierta vez fue Abaie y los puso de norte a sur. Rabá los volvió a su posición anterior. ¿Quién es el que me fastidia? —dijo—. Yo opino, como el rabí Akiba, que está prohibido en todas partes.

[62 a] Se ha enseñado que dijo el rabí Akiba: Entré cierta vez al retrete detrás del rabí Iehoshúa, y aprendí de él tres cosas. Aprendí que no se hacen las necesidades hacia el este o hacia el oeste, sino hacia el norte o hacia el sur. Aprendí que no se defeca de pie, sino sentado. Y aprendí que no hay que limpiarse con la derecha, sino con la izquierda. — ¿Te atreviste a tanto con tu maestro? —le preguntó Ben Azái. — Es conocimiento —respondió—, y yo necesito aprender.

Se ha enseñado que dijo Ben Azái: Cierta vez entré en el retrete detrás del rabí Akiba, y aprendí de él tres cosas. Aprendí que no se mueve el vientre hacia el este o el oeste, sino hacia el norte o el sur; aprendí que no se defeca de pie, sino sentado; y aprendí que no hay que limpiarse con la [mano] derecha, sino con la izquierda. — ¿Te atreviste a tanto con tu maestro? —le preguntó el rabí Iehudá. — Es conocimiento —respondió—, y a mí me hace falta aprender.

Cierta vez el rabí Cahaná se tendió debajo de la cama de Rab, y lo oyó conversar,³⁶³ bromear y hacer lo que necesitaba. — Parecería —le dijo— que la boca de Abá ³⁶⁴ no hubiera probado nunca la comida. — Cahaná —respondió—, ¿estás ahí? Sal, no es decoroso. — Es conocimiento —replicó—, y yo tengo que aprender.

¿Por qué no hay que limpiarse con la derecha, sino con la izquierda? — Dijo Rabá: Porque la Tora se dio con la derecha, como dice lo escrito: Con la ley de fuego a su mano derecha.³⁶⁵ — Dijo Rabáh bar Bar Janá: Porque es la que se lleva a la boca.³⁶⁶ — Dijo el rabí Shimeón ben Lakish: Porque con ella se enrollan las filacterias.³⁶⁷ — Dijo el rabí Najmán bar Itsjac: Porque con ella se marca la acentuación [musical] de la Tora.³⁶⁸ — Sobre este punto [discrepan] también los tanaítas. — Según el rabí Eliézer: Porque con ella se come. Según el rabí Iehoshúa: Porque con ella se escribe. Según el rabí Akiba: Porque con ella se marcan los acentos de la Tora.

Dijo el rabí Tanjum bar Janilái: El que se conduce correctamente en el retrete se libra de tres cosas: las serpientes, los escorpiones y los espectros. Según otros, tiene, además, sueños apacibles.

En Tiberíades había un retrete del cual la gente salía dañada, aunque entraran de a dos y de día. Los rabíes Amí y Así entraban uno por uno y no sufrían ningún daño. —les preguntaron los rabíes. — Hemos recibido tradiciones; una sobre los retretes: corrección y silencio; otra sobre el castigo: paciencia y oración. — La madre de Abaie le crió un cordero para que lo acompañara al retrete.³⁶⁹ — ¿Por qué no le crió una cabra? — Un chivo ³⁷⁰ se puede transformar en una cabra. — A Rabá, antes de ser nombrado jefe de la escuela, la hija del rabí Jisdá ³⁷¹ le tamborileaba con una nuez sobre sobre una palangana;³⁶⁹ cuando lo nombraron jefe, [la mujer] hizo un agujero [en la pared], y [pasando el brazo] le ponía la mano en la cabeza.³⁷²

Dijo Ulá: Detrás de una cerca se defeca en seguida. En campo abierto, siempre que el prójimo no alcance a oír la ventosidad. — Isí bar Natan lo enseñó de este modo: Detrás de una cerca, siempre que no se oiga la ventosidad; en campo abierto, siempre que nadie vea. — Presentóse una objeción. [Los obreros]³⁷³ pueden salir por la puerta del lagar [de aceitunas] para evacuar detrás de la cerca; y quedan limpias.³⁷⁴ — Es una excepción hecha por la pureza ritual. — Ven y escucha. ¿Hasta dónde pueden alejarse ³⁷⁵ sin dejar de estar limpios?³⁷⁶ Hasta donde los sigan viendo. — Tratándose de alimentos puros,³⁷⁷ los rabíes hacen una excepción. — Dijo el rabí Ashí: ¿Qué significa "en campo abierto, siempre que nadie vea", como dijo Isí bar Natán? Siempre que no se vea la desnudez, pero a uno pueden verlo.

378 Hablando del difunto.

379 Por ser pecador.
380 Al que le dedique méritos falsos.
381 Diciendo amén.

382 Decentemente.

383 Nombre que emplea el Talmud para referirse a un lugar muy lejano.
384 Palabras mágicas, o tal vez nombres de brujos.
385 Puede haber una serpiente.
386 Se puede romper.

387 Mueve el vientre cuando te lo reclame.
388 La trompeta del mercado.
389 No pierdas tiempo aguardando a tu padre.
390 Para averiguar si había alguien.
391 Espectro de letrina.
392 Invitándolo a entrar.
393 En el patio del Templo, para calentar el ambiente.
394 Hablar en el retrete.
395 El rabí Safrá.
396 Contener la exigencia de evacuación.
397 *Supra*, 25 a.
398 Palabra puesta evidentemente por la censura en lugar de romano.
399 Isaías, XLIII, 4.
400 1 Sam., XXIV, 10.
401 V. *supra*, 58 a.

402 1 Sam., XXIV, 3.

403 Poniéndose el manto sobre la cabeza, como si fuera una carpa.
404 Ídem, íd., 4.

405 1 Reyes, I, 1.

Un orador fúnebre se puso delante del rabí Najmán y dijo:[378] Era decente en todas las cosas. — Le dijo el rabí Najmán: ¿Lo seguiste alguna vez al retrete, para saber si era decente? Porque se ha enseñado: Sólo es decente el que se porta con decencia en el retrete. — ¿Y al rabí Najmán qué le importaba? — Es que se ha enseñado que si se castiga al muerto,[379] también se castiga al orador fúnebre [380] y a los que lo confirman.[381]

Enseñaron los rabíes: Decente es aquel que hace de noche sus necesidades en el mismo lugar donde las hace de día. — No es así, porque el rabí Iehudá dijo en nombre de Rab: El hombre debe habituarse a hacerlo siempre al amanecer y al anochecer, para no tener que alejarse mucho. Además, Rabá se iba de día a un *mil* de distancia, pero de noche le decía al criado: Búscame un lugar en la plaza. Y lo mismo le decía el rabí Zerá a su criado: Mira si hay alguien detrás de la casa conciliar, porque quiero evacuar. — No digamos "en el mismo lugar", sino "de la misma manera como las hace de día".[382] — Dijo el rabí Ashí: Se puede incluso decir: en el mismo lugar, pero con referencia a un rincón [apartado].

[Leemos en] el texto: "Dijo el rabí Iehudá en nombre de Rab, que el hombre debe habituarse a hacerlo siempre al amanecer y al anochecer, para no tener que alejarse mucho". Se ha enseñado asimismo que dijo Ben Azái: Sal de madrugada y sal al anochecer, para que no tengas que alejarte mucho. Pálpate antes de sentarte, pero no te palpes después de haberte sentado, porque si uno se sienta primero y se palpa después, la brujería lo daña, aunque haya sido lanzada contra él en Aspamia.[383] — ¿Y si uno se olvida y se sienta, y después se palpa, qué puede hacer? — Cuando se levanta dice lo siguiente: A mí no, a mí no, ni a Tajim ni a Tajtim,[384] ni a estos ni a nada de estos, ni a brujerías de brujos ni a brujerías de brujas.

[62 *b*] Se ha enseñado que dijo Ben Azái: Acuéstate en cualquier cosa, menos en el suelo.[385] Siéntate en cualquier cosa, menos en una viga.[386]

Dijo Shemuel: El sueño de la madrugada es como acero para el hierro. La evacuación de la madrugada es como acero para el hierro.

Bar Capará vendía proverbios por denarios: Sigue comiendo mientras te dure el hambre. Sigue bebiendo mientras te dure la sed. Vacía la olla cuando está caliente.[387] Cuando suene la trompeta en Roma,[388] vende, hijo de vendedor de higos, los higos de tu padre.[389] — Dijo Abaie a los rabíes: Cuando vayan por las calles de Majoza en dirección al campo, no miren a los costados, porque puede haber mujeres sentadas y no es decoroso observarlas.

Cierta vez que el rabí Safrá había entrado en un retrete, vino el rabí Abá, se detuvo en la puerta y carraspeó.[390] — Pase, maestro —le dijo aquel. — Cuando salió, [el rabí Abá] le dijo: Hasta ahora no te volviste chivo,[391] pero ahora aprendiste las costumbres de los chivos.[392] Porque hemos visto lo siguiente: Había fuego allí,[393] y un retrete de respeto. El respeto consistía en lo siguiente: cuando uno lo encontraba cerrado, sabía que había alguien dentro; cuando lo encontraba abierto, sabía que no había nadie. Eso, por lo tanto, no es decoroso.[394] — Pero aquel [395] opinaba que era peligroso.[396] Se ha enseñado al respecto que dijo el rabán Shimeón ben Gamaliel:[397] La retención de las heces produce en el hombre hidropesía; la retención de la orina, ictericia.

El rabí Eleazar entró cierta vez en un retrete, y llegó un persa [398] y lo empujó. El rabí Eleazar se levantó y salió. Vino entonces un dragón y le arrancó al otro el recto. El rabí Eleazar le aplicó el versículo que dice: *daré un hombre (adam) por ti*;[399] no leamos *adam* sino *edom* (edomita).

Dijo que te matara, pero te perdonó.[400] "Dijo": debería decir "dije". "Te perdonó": debería decir "te perdoné". — David —explicó el rabí Eleazar— le dijo a Saúl: De acuerdo con la ley eres reo de muerte, por ser perseguidor, y la Tora dice: Cuando alguien viene a matarte, adelántate y mátalo a él;[401] pero el decoro que mostraste te protege. — ¿Cuál era? — Lo que dice el versículo: *Cuando llegó a unas cercas de ovejas del camino, donde había una cueva, entró Saúl en ella para cubrirse los pies.*[402] Sobre esto se ha enseñado: Había una cerca detrás de una cerca, y una cueva dentro de una cueva. *Para cubrirse*: Esto —dijo el rabí Eleazar— enseña que se cubrió como [si entrara] en una cabaña.[403]

Y se levantó David y calladamente cortó la orilla del manto de Saúl.[404] Dijo el rabí Iosí hijo del rabí Janiná: El que descuida la ropa termina por no aprovecharla, como dice lo escrito: *Cuando el rey David era viejo y avanzado en días, lo cubrían de ropas, pero no se calentaba.*[405]

[406] 1 Sam., XXVI, 19.

[407] Éxodo, XXX, 12.
[408] 1 Crón., XXI, 1.
[409] 2 Sam., XXIV, 1.

[410] Ídem, íd., 15.

[411] Ídem, íd. 16.

[412] La muerte de los justos expía los pecados.

[413] 1 Crón., XXI, 15.

[414] Gén., XXXII, 3.
[415] Ídem, XXII, 8.

[416] Éxodo, XXX, 16.

[417] Gén., XXII, 14.

[418] Del latín, *compendiaria via.*

[419] Antes de que se construyese la casa de oración.

[420] Ezeq., XLVI, 9. *...el que entrare por la puerta del norte saldrá por la puerta del sur...*
[421] Cuando ya no existe el Templo.
[422] 1 Reyes, IX, 3.

[423] Se prohíbe usar las casas de oración como atajo. V. Meguilá, 28 a.

[424] Éxodo, III, 5.

[425] Ester, IV, 2.

Si el señor te incita contra mí, acepte él la ofrenda.[406] Dijo a David el santo, bendito sea —explicó el rabí Eleazar—: Me llamaste incitador. Te haré tropezar en algo que hasta los escolares conocen. Dice el versículo: *Cuando tomes el número de los hijos de Israel conforme a la cuenta de ellos, cada uno dará al señor el rescate de su persona,* etcétera.[407] En seguida: *Pero Satanás se levantó contra Israel.*[408] Y dice también: *Incitó a David contra ellos, a que dijese: Ve, haz un censo de Israel.*[409] Cuando lo hizo, no tomó el dinero del rescate. Dice también lo escrito: *Y el señor envió la peste sobre Israel, desde la mañana hasta el tiempo señalado.*[410] — ¿Qué significa *el tiempo señalado?* — Shemuel el viejo, el yerno del rabí Janiná, contestó en nombre del rabí Janiná: Desde la hora del sacrificio de la ofrenda permanente, hasta la hora de la aspersión de la sangre. — Dijo el rabí Iojanán: Hasta mediodía.

Y (Dios) dijo al ángel que destruía al pueblo: Basta (rab).[411] El santo, bendito sea —explicó el rabí Eleazar— dijo al ángel: Toma de ellos al más grande (*rab*), y por su intermedio quedarán expiados muchos de sus pecados.[412] En aquel momento murió Abishái ben Tseruiá, que valía tanto como la mayoría del sanedrín.

...Cuando él estaba destruyendo, miró el señor y se arrepintió.[413] ¿Qué vio? — Vio —respondió Rab— a nuestro antepasado Jacob, como dice lo escrito: *Y dijo Jacob cuando los vio.*[414] — Vio —respondió Shemuel— las cenizas de Isaac, como dice lo escrito: *Dios mismo verá lo del cordero.*[415] — Vio —respondió el rabí Itsjac el herrero— el dinero de la expiación, como dice lo escrito: *Y tomarás de los hijos de Israel el dinero de la expiación,* etcétera.[416] — Vio el Templo —respondió el rabí Iojanán—, como dice lo escrito: *En el monte del señor será visto.*[417] — Sobre esto discrepan también los rabíes Iacov bar Idí y Shemuel bar Najmán. Uno dijo: Vio el dinero de la expiación; y el otro dijo: Vio el Templo. Es más verosímil la opinión del que dijo que vio el Templo, porque dice lo escrito: *Por tanto se dice hoy: En el monte del señor será visto.*

No se sube al monte del Templo con bastón, etcétera. ¿Qué significa *capandaria?* — Atajo —respondió Rabá—, como el nombre [lo indica].[418] — Como cuando uno dice el rabí Janá bar Adá en nombre del rabí Samá hijo del rabí Merí—: En lugar de dar un rodeo por las calles, entraré por aquí. — Dijo el rabí Najmán en nombre de Rabáh bar Abuhá: El que entra en la casa de oración sin intención de usarla como atajo, puede usarla como atajo. — Dijo el rabí Abahú: Si allí había anteriormente [419] un camino, se permite. — Dijo el rabí Jelbó en nombre del rabí Huná: El que entra en la casa de oración para rezar, puede usarla como atajo, según dice lo escrito: *Cuando el pueblo de la tierra entrare delante del señor en las fiestas,* etcétera.[420]

Por cal vajomer se deduce que allí no se escupe. Dijo el rabí Bibái en nombre del rabí Iehoshúa ben Leví: El que en estos tiempos [421] escupe en el monte del Templo, es como si escupiera [a Dios] en el globo del ojo; porque dice lo escrito: *Y en ella estarán mis ojos y mi corazón todos los días.*[422] — Dijo Rabá: En la casa de oración se permite escupir, porque es lo mismo que llevar calzado. Así como se prohíbe llevar calzado en el Templo pero se permite en la casa de oración, también se prohíbe escupir en el Templo pero se permite en la casa de oración. — Dijo el rabí Papa a Rabá (según otros, Rabiná a Rabá, y según otros, el rabí Abá bar Mataná a Rabá): En lugar de deducirlo del calzado, es mejor deducirlo del atajo.[423] — Contestó [Rabá]: El tanaíta lo deduce del calzado, y tú propones [deducirlo] del atajo. — ¿De dónde [se toma]? — De lo que se ha enseñado: No se sube al monte del Templo con el bastón en la mano, ni con el calzado puesto, ni con el dinero atado en el pañuelo, ni con el bolsillo del dinero echado al hombro; tampoco se usa [el monte] como atajo, ni se escupe [en él], lo que se deduce por *cal vajomer* del caso del calzado: si a pesar de que llevar el calzado puesto no significa desprecio, la Tora lo prohíbe, como dice el versículo: *quítate el calzado de los pies,*[424] con mayor razón [deberá prohibirse] escupir, que significa desprecio. — Esto no hace falta —dijo el rabí Iosí bar Iehudá—, porque dice lo escrito: *Pues no era lícito pasar por la puerta del rey con vestido de cilicio.*[425] Por *cal vajomer,* si no lo era para el cilicio, que no es ofensivo, y ante [un rey de] carne y hueso, con mayor razón no lo será para la escupidura, que es ofensiva, y ante el rey de los reyes. — Lo que he querido decir —contestó el otro— es lo siguiente: Hay que ser severos tanto aquí como allí. [63 a] Con respecto al monte del Templo, donde se pro-híbe el calzado, lo deducimos del caso del calzado; con respecto a la casa de oración, en la que el calzado se permite, en lugar de deducirlo del calzado, permitiéndolo, deduzcámoslo del atajo, prohibiéndolo. — Más bien —dijo Ra-bá— es como la casa. Lo mismo que uno prohíbe que le usen la casa como atajo, pero no que se escupa en ella ni que se lleve el calzado puesto, así tam-bién se prohíbe usar la casa de oración como atajo, pero se permite escupir y llevar el calzado puesto.

En el Templo solía permitirse la bendición, etcétera. ¿Para qué todo eso? —Porque en el Templo no se contestaba amén. — ¿Cómo se sabe que en el Templo no se contestaba amén? — Porque dice el versículo: *Levantaos, ben-decid al señor vuestro Dios desde la eternidad hasta la eternidad.*[426] Y dice [en seguida]: *Y bendígase el nombre tuyo, glorioso y alto sobre toda bendición y alabanza.* Podría creerse que hay una sola alabanza para todas las bendicio-nes; por eso dice: *sobre toda bendición y alabanza,* es decir, para cada bendi-ción una alabanza.[427]

Se ordenó que la gente se saludara, etcétera. ¿Para qué el "además"? — Podría creerse que Booz lo hizo por su propia idea; pues entonces ven y escu-cha:[428] *El señor está contigo, varón esforzado y valiente.* Y si me dices que a Gedeón era un ángel el que le hablaba,[429] ven y escucha:[428] *Y cuando tu madre envejeciere, no la menosprecies.* Y dice también: *Tiempo es de actuar, señor; han invalidado tu ley.* — Dijo Rabá: En este versículo se puede expli-car la segunda cláusula por la primera, y la primera por la segunda. Se puede explicar la segunda cláusula por la primera: Es tiempo de actuar, señor. ¿Por qué? Porque han invalidado tu ley. Y la primera por la segunda: Han invali-dado tu ley. ¿Por qué? Porque es tiempo de actuar, señor.

Se ha enseñado que dijo Hilel el mayor: Cuando [los sabios] las reco-gen,[430] desparrámalas;[431] cuando las desparraman, recógelas. Cuando veas una generación que ama a la Tora, desparrámala, porque dice lo escrito: *Hay quie-nes reparten, y les es añadido más.*[432] Cuando veas una generación que no ama a la Tora, recógela, porque dice lo escrito: *es tiempo de actuar, señor; invali-dan tu ley.*

Expuso Bar Capará: Cuando es barato, recoge y compra. Donde no haya hombre, sé hombre tú. — Dijo Abaie: De aquí se deduce: Donde haya hom-bre[433] no seas hombre.[434] — Es evidente. — [Debe expresarse], para el caso de que ambos sean iguales.[435]

Expuso Bar Capará: ¿Cuál es la sección breve de la que dependen todas las partes de la Tora? *Reconócelo en todos tus caminos, y él enderezará tus senderos.*[436] — Dijo Rabá: Incluso en caso de transgresión.

Expuso Bar Capará: El hombre debe enseñar siempre a su hijo un oficio limpio y fácil. — ¿Como cuál? — Dijo el rabí Jisdá: Costura.

Se ha enseñado que dijo Rabí: Uno no debe multiplicar los amigos en su casa, porque dice lo escrito: *El hombre de muchos amigos labra su destruc-ción.*[437] — Se ha enseñado que dijo Rabí: No debe ponerse mayordomo en la casa. Si Potifar no hubiese nombrado a José mayordomo de su casa, no le ha-bría ocurrido lo que le ocurrió. Se ha enseñado que dijo Rabí: ¿Por qué está la parte de los nazarenos[438] a continuación de la parte de la sospechosa de adúltera?[439] Para enseñarte que el que vea a una sospechosa de adúltera en su degeneración, debe abstenerse de beber vino. — Jizkiiá, hijo del rabí Par-nac, dijo en nombre del rabí Iojanán: ¿Por qué está la parte de la sospechosa de adulterio a continuación de la parte de las oblaciones y los diezmos? Para enseñarte que el que tiene [que separar] oblaciones y diezmos y no se los da al sacerdote, termina por necesitar al sacerdote por [cuestiones con] su mujer. Porque dice lo escrito: *Y lo santificado de cualquiera será suyo;*[440] y luego dice: *Si la mujer de alguno se descarriase;*[441] y más adelante dice: *En-tonces el marido traerá su mujer al sacerdote,*[442] etcétera. Más aún, al final lle-gará a necesitarlo, como dice lo escrito: *Y lo santificado de cualquiera será suyo.*[443] — Dijo el rabí Najmán bar Itsjac: Si los entrega, llega a ser rico, como dice el versículo: *el que diere al sacerdote, lo tendrá.*[440] Tendrá mucho dinero.

Dijo el rabí Huná bar Berekiiá en nombre del rabí Eleazar Hacapar: Al que une el nombre del cielo a sus penurias,[444] se le duplican las ganancias, como dice el versículo: *El todopoderoso será tu defensa, y tendrás plata do-ble.*[445] — Dijo el rabí Shemuel bar Najmaní: Las ganancias acudirán a él vo-

[426] Nehemías, IX, 5.

[427] Se responde con la misma alabanza des-pués de cada bendición.

[428] La cita siguiente de la mishná.

[429] Sus palabras no eran de saludo; eran el mensaje que le trans-mitía.

[430] Las enseñanzas de la Tora.

[431] Para que no cai-gan en el olvido.

[432] Prov., XI, 24.

[433] Para enseñar la Tora.

[434] No asumas ese papel.

[435] No hay duda de que el superior desalo-ja al inferior.

[436] Prov., III, 6.

[437] Ídem, XVIII, 24.

[438] Núm., VI, 1-21.

[439] Ídem, V, 11-31.

[440] Ídem, íd., 10.

[441] Ídem, íd., 12.

[442] Ídem, íd., 15.

[443] Si pierde el di-nero, tiene que recurrir al diezmo de los po-bres.

[444] Bendiciendo a Dios por el mal.

[445] Job, XXII, 25. Se le da este sentido supo-niendo que *toafot,* mon-tones (de plata), es vo-cablo arameo derivado de *of,* doble.

446 Aquí se hace derivar *toafot* del vocablo hebreo *uf*, volar.

447 En el estudio de la Tora.

448 Prov., XXIV, 10. El versículo dice, en realidad: *Si fueras flojo en el día de la adversidad, tu fuerza será reducida.*

449 Que no siga intercalando y estableciendo los meses.

450 Dirigente de la comunidad.

451 Isaías, II, 3.

452 La academia de Iavne, nombrada de ese modo ya sea porque funcionara en un viñedo, o porque tuviera los asientos dispuestos en filas, como las vides en las viñas.

453 Éxodo, XXXIII, 7.

454 Que buscaban a Dios.

455 Ídem, íd., 11.

456 Dios y Moisés.

457 Deut., XXVII, 9.

lando como un pájaro, según dice lo escrito: *...la plata volará hacia ti.*⁴⁴⁶

Dijo el rabí Tabí en nombre del rabí Ioshiiá: Al que es flojo en [el estudio de] la Tora, le faltarán fuerzas para resistir en el día de la adversidad, como dice lo escrito: *Si fueras flojo,*⁴⁴⁷ *en el día de la adversidad tu fuerza será reducida.*⁴⁴⁸ — Dijo el rabí Amí bar Matená en nombre de Shemuel: Incluso para un solo mandamiento, porque el versículo dice: *Si fueras flojo,* es decir, en cualquier caso.

Dijo el rabí Sufrá: El rabí Abahú contaba que cuando el rabí Jananiiá, hijo del hermano del rabí Iehoshúa se fue al exilio, y se dedicó, en el exterior del país, a prolongar los años y determinar las lunas nuevas, le mandaron [del juzgado] dos estudiosos, el rabí Iosí ben Kipar y el nieto de Zejaría ben Ketubal. Cuando los vio les preguntó: ¿A qué vienen? — Venimos a aprender la Tora —le contestaron. — Anunció entonces [el rabí Jananiiá]: Estos hombres son de lo más grande de esta generación. Ellos y sus antepasados sirvieron en el Templo. Hemos visto al respecto que dijo Zejaría ben Ketubal: A menudo le leía [al sumo sacerdote] el libro de Daniel. — Cuando [posteriormente] comenzaron a declarar limpio lo que él tachaba de impuro, y a permitir lo que él prohibía, hizo sobre ellos este anuncio: Estos hombres son mentirosos e inútiles. — Tú construiste —le dijeron ellos—, y ya no puedes derribar; levantaste una cerca, y no puedes tumbarla. — ¿Por qué declaran ustedes limpio —replicó— lo que yo declaro impuro? ¿Por qué permiten lo que yo prohíbo? — Porque prolongas los años —le contestaron— y determinas los meses en el exterior del país. — También Akiba ben Iosef —replicó— prolongaba los años y establecía los meses en el exterior del país. — Dijeron ellos: ¡Vaya! El rabí Akiba no dejó en el país de Israel ninguno que se le iguale. — Yo tampoco —dijo él— dejé a ninguno que se me iguale en el país de Israel. — Los cabritos que dejaste —le respondieron— se convirtieron en machos cabríos con todos los cuernos, y ellos nos mandaron, diciéndonos: Vayan y díganselo ⁴⁴⁹ en nombre de nosotros. Si obedece, bien; si no obedece, será excomulgado. [63 b] Díganselo también a nuestros hermanos del exilio. Si les hacen caso, bien; si no, que se vayan a la montaña en la que Ajía ⁴⁵⁰ levantó un altar; que Jananiiá toque el arpa y que reniegan todos juntos y digan que no tienen parte en el Dios de Israel. — Todo el pueblo comenzó inmediatamente a llorar, exclamando: ¡Dios nos libre y guarde! Tenemos parte en el Dios de Israel. — ¿A qué viene todo esto? —Porque dice lo escrito: *De Sión saldrá la ley, y de Jerusalén la palabra del señor.*⁴⁵¹ — Se explica que ellos declararan impuro lo que él encontraba limpio, porque era extremar la exigencia; pero no se explica que declararan limpio lo que él daba por impuro, desde el momento que se ha enseñado que lo que un sabio sanciona como impuro su colega no debe declararlo puro. — Querían evitar que la gente se pusiera de su lado.

Enseñaron los rabíes: Cuando entraron nuestros maestros en el viñedo de Iavne,⁴⁵² estaban allí los rabíes Iehudá, Iosí, Nejemiiá y Eliézer hijo del rabí Iosí el galileo. Comenzaron todos con exposiciones en honor de los anfitriones, y el rabí Iehudá, principal orador en todas partes, empezó a exponer en honor de la Tora: *Y Moisés tomó el tabernáculo, y lo levantó fuera del campamento.*⁴⁵³ De aquí se puede deducir, por *cal vajomer,* que si a pesar de estar el arca del señor a sólo doce *miles* de distancia, la Tora dice: *Y cualquiera que buscaba al señor salía al tabernáculo de reunión,*⁴⁵³ con mayor razón habría que decirlo ⁴⁵⁴ de los estudiosos que van de ciudad en ciudad y de país en país, para estudiar la Tora.

*Y hablaba el señor a Moisés cara a cara (panim).*⁴⁵⁵ El santo, bendito sea —explicó el rabí Itsjac—, dijo a Moisés: Moisés, yo y tú opinaremos sobre aspectos (*panim*) de la jurisprudencia. — Según otros, el santo, bendito sea, dijo a Moisés: Como yo te puse cara amable a ti, pon tú cara amable a Israel, y trae la tienda de vuelta a su lugar.

*Y él volvía al campamento.*⁴⁵⁵ El santo, bendito sea —explicó el rabí Abahú—, dijo a Moisés: Ahora dirán: El maestro está enojado, y el discípulo está enojado;⁴⁵⁶ ¿qué le pasará a Israel? Si traes la tienda de vuelta a su sitio, bien; si no, Josué ben Nun, tu discípulo, hará el servicio en tu lugar. — Por eso dice lo escrito: *Y él volvía al campamento.* — Dijo Rabá: De todas maneras, esas palabras no se pronunciaron en vano, porque dice lo escrito: *Pero el joven Josué hijo de Nun, su servidor, nunca se iba del tabernáculo.*⁴⁵⁵

Comenzó luego el rabí Iehudá y expuso en honor de la Tora: *Escucha y oye, Israel; hoy has venido a ser pueblo.*⁴⁵⁷ ¿Acaso fue ese día cuando le die-

458 Los que pasaron los israelitas en el desierto.

459 Jeremías, L, 36.
460 "Sobre los estudiosos", con las palabras "los enemigos" como amuleto para alejar el peligro que pudieran acarrear las palabras y transferirlo a los enemigos.
461 Números, XII, 11.
462 Isaías, XIX, 13.
463 Núm., XIX, 14.

464 Escucha en silencio a tu maestro, y luego analiza lo que dijo.

465 El que se suena con fuerza.
466 Prov., XXX, 33.

467 Respectivamente, la que la mujer expide por la menstruación y la que pierde por alguna lesión interna.

468 Prov., XXX, 32.
469 El que no vacila en hacer preguntas que puedan parecer pueriles.
470 No sabe contestar lo que le preguntan.
471 1 Samuel, XV, 6.
472 El ceneo. V. Jueces, I, 16.

473 Deut., XXIII, 8.

474 Génesis, XLVII, 6.

475 2 Samuel, VI, 12.

476 La esposa de Obededom.

477 1 Crón., XXVI, 5.

ron la Tora a Israel? ¿No era que ese día terminaban los cuarenta años? [458] Pero por eso te enseña que aquellos que estudian la Tora la aman todos los días tanto como el día en que fue dada, en el monte Sinaí. — Dijo el rabí Tanjum de Kefar Acó, hijo del rabí Jiiá: Esto te lo prueba también el que al hombre que deja de recitar el *shemá* una sola tarde le parezca, aunque lo recite todos los días, mañana y tarde, como si nunca lo hubiese hecho. — *Escucha (hasket)*, [es decir] formen grupos *(kitot)* y dedíquense a la Tora, porque [el conocimiento de] la Tora sólo se adquiere en comunidad, según el rabí Iosí hijo del rabí Janiná. Dijo el rabí Iosí hijo del rabí Janiná: ¿Qué significa el versículo: *Espada sobre los adivinos (badim), y quedarán entontecidos?* [459] Espada sobre los (enemigos de los) estudiosos,[460] que estudian separadamente *(bad bebad)* la Tora. Además, se vuelven tontos, porque aquí dice *y quedarán entontecidos (noalú)*, y allí [461] dice: *hemos actuado tontamente (noalnú)*. Además, son pecadores, como dice lo escrito: *. . . y hemos pecado.*[461] Y si quieres, lo extraigo de aquí: *Se entontecieron (noalú) los príncipes de Zoán.*[462] — Otra interpretación: *Escucha (hasket) y oye, Israel*. Según lo que dijera Resh Lakish: Despedácense *(catet)* por la palabra de la Tora. Porque dijo Resh Lakish: ¿Cómo sabemos que las palabras de la Tora las mantiene el que por ellas se mata? Por el versículo que dice: *Esta es la Tora: cuando alguno muere en la tienda.*[463] — Otra explicación: *Escucha y oye, Israel*. Según lo que dijera Rabá: Calla *(has)* y luego desmenuza *(catet)*.[464] Porque dijo Rabá: La Tora, primero hay que estudiarla, y luego discutirla.

¿Qué significa —dijeron en la escuela del rabí Ianái—: *El que bate leche saca mantequilla, el que se estruja la nariz* [465] *se saca sangre, y el que provoca ira causa contienda?*[466] ¿A quién se le encuentra la mantequilla de la Tora? Al que expele por ella la leche que mamó en el pecho de la madre. *El que se estruja la nariz se saca sangre*. El discípulo que guarda silencio cuando el maestro se enoja con él por primera vez, está destinado a determinar si la sangre es [ritualmente] impura o limpia.[467] *El que provoca ira causa contienda*. El discípulo que guarda silencio cuando el maestro se enoja con él por primera vez y por segunda vez, está destinado a determinar si un proceso es monetario o de pena de muerte. Se ha enseñado al respecto que dijo el rabí Ishmael: El que quiera ser sabio deberá dedicarse a juzgar cuestiones de dinero, porque en la Tora no hay ramas más [completas] que ellas, que son una fuente inagotable [de experiencia].

Dijo el rabí Shemuel bar Najmaní: ¿Por qué dice: *Si neciamente (nobaltá) has procurado enaltecerte, o si tramaste (zamot) hacer mal, ponte la mano sobre la boca.*[468] El que se degrada *(menabel)* por las palabras de la Tora,[469] termina por ser exaltado; el que se amordaza *(zamam)*, termina por ponerse la mano en la boca.[470]

Luego comenzó a exponer el rabí Nejemiiá en honor de los anfitriones: *Y dijo Saúl a los ceneos: Idos, apartaos y salid de entre los de Amalec, para que no os destruya juntamente con ellos; porque vosotros mostrasteis misericordia a todos los hijos de Israel.*[471] Se deduce de aquí por *cal vajomer*, que si esto se aplica a Jetro,[472] que recibió a Moisés para beneficiarse él, con mayor razón se aplicará al que agasaja en su casa a un estudioso, le da de comer y beber y le permite usar sus bienes.

Comenzó a exponer el rabí Iosí en honor de los anfitriones: *No aborrezcas al edomita, porque es tu hermano; no aborrezcas al egipcio, porque fuiste forastero en su tierra.*[473] Por *cal vajomer* se deduce que si esto se aplica a los egipcios, que recibieron a los israelitas para beneficiarse, como dice lo escrito: *Y si entiendes que hay entre ellos hombres capaces, ponlos por mayorales de mi ganado,*[474] con mayor razón se aplicará al que agasaja en su casa a un estudioso, le da de comer y beber y le permite usar sus posesiones.

Comenzó el rabí Eliézer hijo del rabí Iosí el galileo, y expuso en honor de los anfitriones: *El señor bendijo la casa de Obededom y todo lo que tiene, a causa del arca de Dios.*[475] De aquí se extrae por *cal vajomer* la siguiente deducción: Si lo hizo por el arca, que no come ni bebe, y ante la cual sólo tuvo que barrer y rociar, con mayor razón lo haría por agasajar a un estudioso en su casa, darle de comer y beber y permitirle usar sus bienes. — ¿Con qué lo bendijo? — Respondió el rabí Iehudá bar Zebidá: Jamot [476] y sus ocho nueras dieron a luz seis [mellizos] cada una, [64 a] como dice lo escrito: *el octavo Peultái;*[477] y añade: *porque Dios lo había bendecido (a Obededom)*. Y dice luego: *Todos estos de los hijos de Obededom; ellos con sus hijos y sus herma-*

478 Ídem, íd., 8. A los hijos se agregan, para sumar 62, 6 mellizos de la esposa y 6 de cada nuera.
479 El que trata de adelantar su hora de buena suerte.
480 Su hora de buena suerte lo rechaza.
481 Profundo conocedor de las leyes y las tradiciones del Sinaí.
482 Sagaz polemista.
483 Había que nombrar a uno de ellos jefe de la academia.
484 A los rabíes de Palestina.
485 El que conoce la tradición.
486 Los astrólogos.
487 Y moriría.
488 No reclamó ningún privilegio.
489 Salmos, XX, 2.
490 Invocar el nombre de Jacob, tronco del pueblo judío, sería más eficaz.
491 Éxodo, XVIII, 12.
492 Ídem, IV, 18.
493 2 Samuel, XV, 9.

494 Génesis, XV, 15.

495 Salm., LXXXIV, 8.

496 Isaías, LIV, 13.
497 Los estudiosos de la Tora, que edifican el mundo.
498 Salm., CXIX, 165.
499 Ídem, CXXII, 7, 8 y 9.
500 Ídem, XXIX, 11.

nos, hombres robustos y fuertes para el servicio; sesenta y dos, de Obededom.[478]

Dijo el rabí Abín el levita: El que empuja su hora,[479] es empujado por su hora,[480] y al que se deja apartar de su hora, su hora se le aparta. Es lo que les ocurrió a Rabá y al rabí Iosef. El rabí Iosef era "sinaí",[481] y Rabá "arrancador de montañas".[482] En ese entonces los necesitaban.[483] Mandaron a preguntar allí:[484] ¿Cuál es preferible, "sinaí" o el "arrancador de montañas"? — "Sinaí" —contestaron—, porque a todos les hace falta el dueño del trigo.[485] — Pero el rabí Iosef no aceptó, porque los caldeos[486] le dijeron que regiría [la academia] dos años solamente.[487] Rabáh la rigió veintidós años, sucediéndole el rabí Iosef, que la rigió durante dos años y medio. Durante la jefatura de Rabáh, [el rabí Iosef] no llamó a su casa ni siquiera a un enfermero.[488]

Dijo también el rabí Abín el levita: ¿Por qué dice el versículo: *El señor te oiga los días de aflicción; el nombre del Dios de Jacob te proteja?*[489] ¿Por qué el Dios de Jacob, y no el Dios de Abraham e Isaac? Para deducir que el dueño de la viga entra en la parte más gruesa de la viga.[490]

Dijo también el rabí Abín el levita: El que saborea una comida a la que asiste un erudito, es como si saboreara el resplandor de la presencia divina; porque dice lo escrito: *Y vino Aarón y todos los ancianos de Israel para comer con el suegro de Moisés delante de Dios.*[491] ¿Comieron delante de Dios? ¿No era delante de Moisés que habían comido? Pero es que esto te enseña que cuando uno saborea una comida a la que asiste un erudito, es como si saboreara el resplandor de la presencia divina.

Dijo también el rabí Abín el levita: El que se despide de un amigo no debe decirle: Ve en paz, sino: Ve a la paz. Porque Jetro le dijo a Moisés: *Ve a la paz,*[492] y [Moisés] subió y prosperó. Y David dijo a Absalón: *Ve en paz,*[493] y [Absalón] se fue y lo colgaron.

Dijo también el rabí Abín el levita: El que se despide de un muerto no debe decirle: Ve a la paz, sino: Ve en paz, como dice lo escrito: *Y tú vendrás a tus padres en paz.*[494]

Dijo el rabí Leví bar Jiiá: El que sale de la casa de oración para ir a la casa de estudio a ocuparse con la Tora, está destinado a recibir el rostro de la divinidad, como dice lo escrito: *Irán de poder en poder; verán a Dios en Sión.*[495]

Dijo el rabí Jiiá bar Ashí en nombre de Rab: Los estudiosos no reposan, ni en este mundo ni en el que vendrá, porque dice el versículo: *Irán de poder en poder; verán a Dios en Sión.*

Dijo el rabí Eleazar en nombre del rabí Janiná: Los estudiosos acrecientan la paz del mundo, como dice lo escrito: *Y todos tus hijos serán enseñados en el señor, y será grande la paz de tus hijos.*[496] No leamos *banaíc* (tus hijos), sino *bonaíc* (tus constructores).[497] *Mucha paz tienen los que aman tu ley, y no hay para ellos tropiezo.*[498] *Sea la paz dentro de tus muros, y el descanso dentro de tus palacios. Por amor de mis hermanos y mis compañeros diré yo: La paz sea contigo. Por amor a la casa del señor nuestro Dios, buscaré tu bien.*[499] *El señor dará fortaleza a su pueblo; el señor bendecirá a su pueblo con paz.*[500]

LIBROS RECOMENDADOS

- Y La Biblia Tenia Razon por Werner Keller

- La Biblia de Israel: Torah Pentateuco: Hebreo - Español : Libro de Bereshít - Génesis (Spanish Edition)
- por Yoram Rovner

- La Disputa de Barcelona por Rabbi Moshe Ben Najman

- Cuentos para el Alma: Basados en la Torah y el Talmud por el Rabino Isaac Sakkal

- Leyes de los Fundamentos de la Tora por Maimonides

- El Gran Diseño y Dios ¿Necesita Stephen Hawking y su multiverso a Dios? por Matias Libedinsky

- Los Codigos Ocultos de La Biblia por Uri Trajtmann

- Como un Hombre Piensa Asi es Su Vida por James Allen

Disponibles en

www.bnpublishing.com

Printed in the USA
CPSIA information can be obtained
at www.ICGtesting.com
LVHW071403100124
768623LV00007B/90

9 781638 231462